GeschichtsBilder

GeschichtsBilder

46. Deutscher Historikertag vom 19. bis 22. September in Konstanz

Berichtsband

Herausgegeben im Auftrag des
Verbandes der Historiker und Historikerinnen Deutschlands

von

Clemens Wischermann, Armin Müller,
Rudolf Schlögl und Jürgen Leipold

UVK Verlagsgesellschaft mbH

Bibliografische Information der Deutschen Nationalbibliothek
Die Deutsche Nationalbibliothek verzeichnet diese Publikation in der Deutschen Nationalbibliografie; detaillierte bibliografische Daten sind im Internet über http://dnb.d-nb.de abrufbar.

ISBN 978-3-86764-014-5

Einbandgestaltung: Susanne Weiß, Konstanz
unter Verwendung einer Grafik von TARTSCH und TARTSCH, Agentur für integrierte Kommuniktion
Satz und Layout: Heike Kempe, Konstanz
Druck: Ebner & Spiegel, Ulm

UVK Verlagsgesellschaft mbH
Schützenstr. 24 · D-78462 Konstanz
Tel. 07531-9053-0 · Fax 07531-9053-98
www.uvk.de

Inhalt

Zum Geleit

Es gehört ganz offensichtlich zu den Eigenarten Deutscher Historikertage, dass sich bei der Wahl des Schwerpunktthemas jeweils eine sinnfällige Koinzidenz mit der Wahl des Veranstaltungsortes ergibt. Das war in Aachen (2000), Halle (2002) und Kiel (2004) nicht anders als in Konstanz beim 46. Deutschen Historikertag 2006. Die gastgebende Universität, die 2006 ihren 40. Geburtstag feierte, hat sich in ihrer vergleichsweise jungen Geschichte zu einer Hochschule entwickelt, von der wichtige Impulse für die Profilierung des Faches Geschichte als Teil einer modernen, theorie- und methodenorientierten Geistes- und Kulturwissenschaft ausgehen und deren geschichtswissenschaftliche Ausrichtung in Forschung und Lehre daher eine besonders ausgeprägte Affinität zum Rahmenthema „GeschichtsBilder“ aufwies.

Das Motto des Konstanzer Historikertages hatte eine überaus große Resonanz gefunden, die sich nicht nur in der Zahl der weit über 3000 Teilnehmer widerspiegelte, sondern, wegen der verfügbaren Zeitkapazitäten, auch die Ablehnung von mehr als der Hälfte der eingereichten Sektionsvorschläge erzwang. Die Zeit schien (über)reif, nicht mehr allein Debatten um den *iconic turn* zu führen, sondern darüber hinaus auch eine Standortbestimmung des Faches in der politisch bedeutsamen Diskussion um die Deutungskompetenz und Deutungshoheit historischen Geschehens in einer modernen, bildorientierten Mediengesellschaft vorzunehmen. Auch wenn in Konstanz keine abschließenden Antworten zu erwarten waren, sind doch wichtige Schritte auch auf diesem Feld gemacht worden.

In der Zusammensetzung und konzeptionellen Ausgestaltung vieler Sektionen fand sich ein Trend bestätigt, der sich schon seit längerem immer deutlicher abzeichnet: Die ausschließlich epochal ausgerichteten Themenblöcke treten zurück hinter epochenübergreifende Sektionen, in die dann auch Nachdisziplinen mit eingebunden werden. So entsteht im Zusammenwirken aus den einzelnen (Teil-)Disziplinen eine wirklich sinnvolle und ertragreiche Interdisziplinarität, die wiederum geeignet ist, den leistungskräftigen Zusammenhalt des Gesamtfaches Geschichte unter Beweis zu stellen, so, wie es auch auf dem 46. Deutschen Historikertag in Konstanz wieder eindrucksvoll geschehen ist.

Schon während und zum Abschluss des Historikertages ist das Konstanzer Organisationsteam – bestehend aus Jürgen Leipold, Armin Müller (Geschäftsführer), Rudolf Schlögl und Clemens Wischermann (Sprecher) – zu Recht mit großem Lob bedacht worden. Ich möchte aber auch an dieser Stelle dieses Lob – verbunden mit herzlichstem Dank – noch einmal ausdrücklich wiederholen. Ihnen und der Heerschar ihrer Mitarbeiterinnen und Mitarbeiter kommt das Verdienst zu, dass der Historikertag mit der Präzision und Perfektion eines Uhrwerks ablief, ohne dass man die Unruhe auch nur im Geringsten spürte.

Münster, im März 2007

Peter Funke

Vorwort

Unter dem Leitthema „GeschichtsBilder“ fand vom 19. bis zum 22. September 2006 der 46. Deutsche Historikertag an der Universität Konstanz statt. Damit war der Kongress seit längerem wieder an eine Universität in Baden-Württemberg und erstmals an den Bodensee vergeben worden. Der veranstaltende Historikerverband VHD, der mitveranstaltende Geschichtslehrerverband VGD und die Konstanzer Organisatoren können eine erfolgreiche Bilanz vorlegen: Fast 300 Referenten traten in den 50 Sektionen des Kongresses auf und rund 3150 Teilnehmer fanden in den Septembertagen den Weg an den Bodensee. Damit wurde der Deutsche Historikertag ein Mal mehr seinem Ruf gerecht, größter geisteswissenschaftlicher Kongress Europas zu sein.

Mit der Wahl des Leitthemas „GeschichtsBilder“ gelang es den Veranstaltern, das Fach Geschichte als eine theorieorientierte und zu verschiedenen Nachbardisziplinen hin offene Geistes- und Kulturwissenschaft zu präsentieren. Die Sektionen spiegelten das breite Spektrum des Faches wider. Auffallend war die stark internationale und vergleichende Ausrichtung der Vortragsthemen. Schwerpunkte lagen hierbei auf der Rolle von Bildern als Quellen für historische Forschung, auf der Funktion von Geschichtsbildern bezüglich kollektiver und individueller Identitätsbildung sowie auf aktuellen Fragen nach der Erinnerungspolitik, der „Geschichtsproduktion“ und der Geschichtsvermittlung.

Die breite mediale Wahrnehmung und umfassende Berichterstattung zeigte das große Interesse der Öffentlichkeit am Fach Geschichte. In allen großen deutschen Tageszeitungen und in einer Vielzahl von Radio- und Fernsehbeiträgen wurde das Geschehen auf dem Konstanzer Historikertag begleitet und kommentiert. Dabei wurden insbesondere das Verhältnis der akademischen Geschichtswissenschaft zu den modernen Bildmedien und ihre Konkurrenzsituation in der Zeitgeschichtsschreibung thematisiert. Hier zahlte sich aus, dass die Veranstalter hierzu nicht nur eine Reihe hochkarätig besetzter Sektionen präsentieren konnten, sondern auch mit bekannten Vertretern aus Medien und Wissenschaft eine große öffentliche Podiumsdiskussion durchführten.

Nicht zu kurz kamen Veranstaltungen zu den aktuellen Entwicklungen der Bildungs- und Wissenschaftspolitik. In insgesamt vier Sonderveranstaltungen wurden sowohl die Situation der Geschichtswissenschaft in Forschung und Lehre, die Trends der Wissenschaftsfinanzierung, Probleme und Lösungen bei den Bildungsstandards im Schulfach Geschichte sowie die Herausforderungen an die universitäre Historikerausbildung diskutiert.

Traditionelle Höhepunkte des Historikertags waren die großen Abendveranstaltungen. Für die Eröffnungsveranstaltung war es gelungen, den Präsidenten des Deutschen Bundestages, Dr. Norbert Lammert, für die Festrede zu gewinnen. Darin setzte sich Lammert mit der Erinnerung der Vertriebenen nach dem Ende des Zweiten Weltkriegs auseinander. Im Mittelpunkt der zweiten Abendveranstaltung in den historischen Räumen des Konstanzer Konzils stand die Rede des Schriftstellers und Literaturwissenschaftlers Prof. Dr. Adolf Muschg. Mit seinen Ausführungen zum Deutsch-Schweizer Verhältnis verwies er auf die Schweiz als Partnerland des Historikertags 2006. Den Abschluss des Kongresses bildete der Vortrag des Berliner Kunsthistorikers Prof. Dr. Horst Bredekamp.

Zum zweiten Mal seit dem Kieler Historikertag 2004 entschied sich der Historikerverband dazu, ein Partnerland zu benennen. Die Wahl fiel auf die Schweiz, was angesichts der geografischen Lage der veranstaltenden Universität in der Grenzregion des Bodensees nahe lag. Mit dem Abendvortrag von Adolf Muschg, mit der Veranstaltung einer Gastsektion der Schweizerischen Gesellschaft für Geschichte SGG und zahlreichen großen und kleinen Angeboten im Rahmen- und Exkursionsprogramm sollte die Grenzüberschreitung gelungen sein.

Ein immer wichtiger werdender Teil des Historikertags wird von dem und für den wissenschaftlichen Nachwuchs veranstaltet. Der Historikerverband hat die hierfür eingeführten Programmelemente weiter ausgebaut und vertieft. Preise des VHD wurden an zwei besonders herausragende Qualifikationsarbeiten vergeben: Christina Lutter (Wien) erhielt einen Preis für ihre Habilitationsschrift und Carola Dietze (Gießen) den Hedwig Hintze-Preis für ihre Dissertation. Die schon länger übliche Präsenz junger Historiker auf dem Historikertag wurde dieses Mal in Form eines epochenübergreifenden Habilitandenforums verwirklicht. Hier wurden aus einer offenen Ausschreibung fünf Bewerber ausgewählt, die Gelegenheit erhielten, ihr aktuelles Habilitationsprojekt vorzustellen. Insbesondere die Attraktivität des Doktorandenforums als zentrales Forum für Geschichtsstudierende konnte weiter gesteigert werden. Die Möglichkeit, Promotionsprojekte in Form eines DIN A0-Posters zu präsentieren, war sowohl für die 44 Teilnehmer als auch für das Publikum eine interessante und spannende Form der Wissenschaftsdarstellung. Die Auswahljury des Historikverbands hatte es angesichts der Qualität einer ganzen Reihe von Postern nicht leicht, die besten auszuwählen. Letztlich konnten mit Jochen Voit (1. Preis), Valeska Huber (2. Preis), Sibylle Gausing (3. Preis) und Sita Steckel (ebenfalls einen 3. Preis) aber würdige Preisträger gefunden werden.

Der Historikertag stellt nicht nur ein Forum für fachinterne Diskussionen dar, sondern er richtet sich mehr und mehr an ein breiteres Publikum. Dem wurde mit dem Angebot eines eigenständigen Schülerprogramms und mehrerer öffentlicher Veranstaltungen Rechnung getragen. Am Schülerprogramm (Vorträge und Filme) nahmen rund 800 Schüler teil, die aus zahlreichen Gymnasien der näheren und weiteren Region angereist waren. Diese Zahl ist besonders bemerkenswert, wenn man bedenkt, dass der Historikertag in Baden-Württemberg in der ersten Schulwoche nach den Sommerferien lag und es deshalb für viele Klassen nicht einfach war, den Tagesausflug nach Konstanz zu organisieren.

Ein Großkongress, wie es der Konstanzer Historikertag war, kommt nicht ohne ein entsprechend umfangreiches und vielschichtiges Begleit- und Exkursionsprogramm aus. Hier konnten die Stadt und Region Konstanz sowie die angrenzende Schweiz ihre Stärke als attraktive Kultur- und Naturlandschaft demonstrieren. Dank der engagierten Unterstützung durch die Tourist-Information Konstanz, durch den Kanton Thurgau und durch einige weitere Institutionen und Einzelpersonen konnten 44 Programmangebote (Exkursionen, Führungen, Stadtspaziergänge) durchgeführt werden, die zum größten Teil gut bis sehr gut besucht waren. Abgerundet wurde das Rahmenprogramm durch ein ausgewähltes Filmprogramm in den beiden Konstanzer Programmkinos Scala und Zebra.

Nicht zuletzt sei auf die umfangreiche Verlagsausstellung verwiesen. Über 100 Verlage, Stiftungen und Wissenschaftseinrichtungen nutzten den Historikertag, um dem Publikum ihr aktuelles Bücher- und Medienangebot vorzustellen und um den Austausch mit ihren Autoren und Lesern zu suchen.

Für die Vor-Ort-Organisatoren stellte der Historikertag eine vielfältige logistische Herausforderung dar. Die Vorbereitungs- und Durchführungsaufgaben wurden von einem vierköpfigen „Team Historikertag" koordiniert, an dessen Spitze der Sprecher Prof. Dr. Clemens Wischermann stand, dessen Arbeitsebene vom Geschäftsführer Dr. Armin Müller koordiniert wurde und dem weiterhin Prof. Dr. Rudolf Schlögl und der Akademische Direktor Jürgen Leipold angehörten. In der engeren Vorbereitungsphase wurde das Organisationsteam um weitere neun Mitarbeiter erweitert, die für Teilressorts zuständig waren: Sven Stabroth M.A., Markus Frei, Maxi Itta, Maren Schoßmeier, Justyna Többens M.A., Yvonne Radecker BA, Eva Schmid, Lisa Stachorski, Heike Kempe M.A. und Patrick Pfeuffer. Während des Historikertags waren insgesamt weitere 53 studentische Hilfskräfte im Tagungsteam beschäftigt. In der ganzen Zeit standen dem Organisationsbüro die verschiedenen Verwaltungsabteilungen und Einrichtungen der Universität Konstanz hilfreich zur Seite. Unterstützung kam von der Haushalts- und von der Personalabteilung, von der Abteilung Facility Management, von den wissenschaftlichen Werkstätten, vom Hausdienst, vom Rechenzentrum und von der Universitätsbibliothek. Sie alle haben mit ihrer Arbeit zum Gelingen des Kongresses wesentlich beigetragen. Besonders erwähnt werden muss die sehr gute Zuarbeit durch den Tagungsservice der Tourist Information Konstanz. Kirstin Kraußе, Maren Krefeld und Isabelle Springer haben die Aufgaben des umfangreichen Anmeldeverfahrens sowie der Unterbringung der Teilnehmer bestens gelöst.

Unser Dank gilt darüber hinaus allen Sponsoren und Unterstützern, ohne die der Historikertag nicht hätte verwirklicht werden können. An erster Stelle gilt dieser Dank dem Land Baden-Württemberg, der Stadt und der Universität Konstanz sowie den Hauptsponsoren, der Landesbank Baden-Württemberg, dem Sparkassenverband Baden-Württemberg und der Sparkasse Bodensee. Großzügig unterstützt wurden wir ebenfalls durch den Kanton Thurgau, die Deutsche Forschungsgemeinschaft, die Gerda Henkel Stiftung, die Zeit-Stiftung, den Böhlau-Verlag, den Oldenbourg Wissenschaftsverlag, das Südkurier Medienhaus, die Unisto GmbH, die Randegger Ottilien-Quelle GmbH, die Badische Staatsbrauerei Rothaus AG, die Schwarz Außenwerbung GmbH sowie die Spitalkellerei Konstanz.

Im vorliegenden Berichtsband finden Sie eine Dokumentation sämtlicher Kurzzusammenfassungen der Vorträge sowie der Reden der Abendveranstaltungen. Insbesondere freuen wir uns, dass wir die drei zentralen Reden von Dr. Norbert Lammert, Prof. Dr. Adolf Muschg und Prof. Dr. Horst Bredekamp im Wortlaut abdrucken und sie somit einem breiten Publikum zugänglich machen können. Dank unseres Medienpartners H-Soz-u-Kult können Sie darüber hinaus im Internet ausführliche Berichte zu den Sektionen und zu den wichtigsten Querschnittsthemen nachlesen. Unser Dank gilt

Heike Kempe M.A., die die redaktionelle Arbeit sowie das Layout des Berichtsbandes geleistet hat und Heidi Fugunt, die die abschließenden Korrekturen durchführte.

Konstanz, im März 2007

Clemens Wischermann
Armin Müller

Eröffnungsveranstaltung

Eröffnung durch den Vorsitzenden des Verbands der Historiker und Historikerinnen Deutschlands

Prof. Dr. Peter Funke

Meine sehr geehrten Damen und Herren,

wer könnte sich der Stadt Konstanz als Teilnehmer eines Kongresses – zumal eines Historikertages – nähern, ohne sich des größten Kongresses des europäischen Mittelalters zu erinnern, des 16. allgemeinen Konzils, das vor nunmehr fast 600 Jahren in dieser Stadt zusammentrat und von dem uns die Chronik des Konstanzer Bürgers Ulrich Richental in Wort und Bild in so anschaulicher Weise berichtet. Nun wäre es zweifellos vermessen, den diesjährigen Historikertag in seiner Bedeutung dem Konstanzer Konzil gleichrangig an die Seite stellen zu wollen; auch wird unsere Teilnehmerzahl nicht einmal annähernd die des Konzils erreichen, zu dem sich in den Jahren zwischen 1414 und 1418 insgesamt – wenn wir denn Richentals Angaben folgen wollen und kein Rechenfehler unterlaufen ist – 72.460 Menschen (3 Päpste und 700 Dirnen eingerechnet) – in dieser Stadt einfanden. Gleichwohl bleibt mit einem gewissen Stolz zu vermerken, dass ich Sie alle hier als Teilnehmer des zumindest seitdem größten Kongresses in Konstanz begrüßen darf. Und ich danke Ihnen, dass Sie durch Ihre Teilnahme dazu beitragen, dass auch dieser 46. Deutsche Historikertag wieder – da bin ich sicher – eine eindrucksvolle Demonstration des Zusammenhalts und der Leistungsfähigkeit unserer Disziplin werden wird.

Ganz besonders freue ich mich, dass auch Sie, Herr Bundestagspräsident, trotz einer reichlich gefüllten Sitzungswoche die Zeit gefunden haben, hierher nach Konstanz zu kommen und den Eröffnungsvortrag zu halten. Ich danke Ihnen für diese hohe Ehre und heiße Sie sehr herzlich willkommen.

Mein Willkommensgruß und Dank gilt auch Ihnen, Herr Ministerpräsident Oettinger. Ihr Land war zuletzt im Jahre 1988 ein großzügiger Gastgeber unseres Verbandes, als wir den damaligen Internationalen Historikerkongress in Stuttgart ausgerichtet haben. Auch jetzt hat uns Baden-Württemberg erneut tatkräftig unterstützt. Diese große Unterstützung und die Übernahme der Schirmherrschaft über unseren Kongress nehmen wir als Ausdruck Ihrer besonderen Wertschätzung der Geschichtswissenschaft, die an den Hochschulen Ihres Landes auf höchstem Niveau betrieben wird und die auch künftig der uneingeschränkten Förderung bedarf.

Erlauben Sie mir, dass ich in diesem Zusammenhang die Bitte einfüge, dass Sie und auch Ihre Kollegen aus den übrigen Bundesländern weiterhin im Blick behalten mögen, dass es exzellente und damit förderungswürdige Forschung auch jenseits dessen gibt, was in Bälde zur Exzellenz erklärt werden wird.

Herr Oberbürgermeister, wir sind sehr gern in Ihre wunderschöne Stadt gekommen. Von Beginn an haben Sie uns das Gefühl vermittelt, hier willkommen zu sein. Sie, Herr Frank, und alle Ihre Mitarbeiter haben uns und vor allem dem Organisationsteam vor Ort alle nur erdenkliche Hilfe und Unterstützung zukommen lassen. Dafür sei Ihnen von Herzen gedankt. Ich bin sicher, dass wir uns bei Ihnen wohl fühlen werden und jenseits des Kongresses die Stadt mit ihrer herrlichen Umgebung in vollen Zügen genießen werden.

Magnifizenz, lieber Herr Kollege von Graevenitz, meinen Dankes- und Willkommensgruß an Sie darf ich mit den herzlichsten Glückwünschen zum 40. Geburtstag Ihrer Universität verbinden. Auch die Konstanzer Universität ist in den vergangenen 40 Jahren nicht verschont geblieben von den tiefgreifenden bildungspolitischen Wandlungsprozessen; und manches Ideal, das sich mit der Idee der Gründung einer Reformuniversität verband, mag den Läufen der Zeit zum Opfer gefallen sein. Dennoch kann man die Geschichte Ihrer Universität vorbehaltlos als eine Erfolgsgeschichte bezeichnen, zu der auch das bisherige gute Abschneiden der hiesigen Geisteswissenschaften bei der Exzellenzinitiative zu zählen ist. Es wäre daher doch ein schönes Geburtstagsgeschenk, wenn hier auch noch die letzte Hürde erfolgreich genommen werden könnte.

Ich darf Ihnen dazu viel Erfolg wünschen.

Die Wahl des Ortes hat auch die Wahl der Schweiz als Partnerregion des diesjährigen Historikertages bestimmt.

Aus diesem Anlass begrüße ich sehr herzlich die Vorsitzende der „Schweizerischen Gesellschaft für Geschichte“, meine Kollegin Regina Wecker. Ich danke Ihnen, Frau Wecker, dass Sie die Einladung zur Gestaltung einer Gastsektion angenommen haben, und damit dem angestrebten Brückenschlag sichtbaren Ausdruck verleihen. Dem Nachbarland Schweiz ist daher auch der Abendvortrag gewidmet, für den erfreulicherweise Adolf Muschg gewonnen werden konnte.

Ich bitte um Verständnis, wenn ich schon allein aus Zeitgründen nicht alle Vertreter der Politik auf Bundes-, Landes- und städtischer Ebene sowie die Vertreter zahlreicher Verbände namentlich begrüßen kann. Es ist mir aber ein Anliegen, an dieser Stelle zumindest unsere wahrlich mäzenatischen Hauptförderer – die Landesbank Baden-Württemberg, an deren Spitze mit Herrn Dr. Jaschinski ein promovierter Althistoriker steht, und die baden-württembergische Sparkassen-Finanzgruppe – zu nennen und Ihnen meinen herzlichsten Dank auszusprechen. Historikertage sind mittlerweile finanzielle Großunternehmungen geworden, die ohne eine entsprechende Unterstützung von dritter Seite nicht mehr durchzuführen wären.

Mein Dank gilt daher auch der Zeit-Stiftung und der Gerda-Henkel-Stiftung, die die Abendvorträge bzw. das Doktorandenforum finanzieren. Ein Blick in das Programmheft lehrt, dass die genannten Förderer aber nur die Spitze des Eisbergs sind und die Finanzierung auch noch von zahlreichen weiteren Sponsoren mit getragen wird, denen ich in gleicher Weise sehr dankbar für ihr Engagement bin.

Bei der Gestaltung der Historikertage war unser Verband stets auf eine gewisse Koinzidenz zwischen Ortswahl und Themenwahl bedacht. Und mir will scheinen, dass dies uns in diesem Jahr besonders gut gelungen ist. Die geschichtswissenschaftliche Ausrichtung der Universität Konstanz weist in Forschung und Lehre eine besondere Affinität zum diesjährigen Rahmenthema auf. Von hier gehen wichtige Impulse für die Profilierung unseres Faches als Teil einer modernen, theorie- und methodenorientierten Geistes- und Kulturwissenschaft aus. Und eben hierauf zielt auch das Rahmenthema „GeschichtsBilder". Wir greifen damit nicht nur die derzeitige wissenschaftliche Diskussion über den Stellenwert nichtschriftlicher historischer Quellen auf, sondern vor allem auch die aktuelle, politisch sehr bedeutsame Debatte um die Deutungskompetenz und Deutungshoheit bei der Interpretation historischer Geschehnisse in der modernen, stark bildorientierten Mediengesellschaft.

Mit der Themenwahl wurde keineswegs nur ein Rekurs auf den so genannten pictorial oder iconic turn angestrebt, wie er schon seit dem Beginn der 90er Jahre thematisiert wird. Das zwar auch, aber eben nicht nur. Bilder als eine spezifische Form sprachlicher Äußerung sind als eine zentrale historische Quellengattung auch schon in der Vergangenheit auf Historikertagen immer wieder ins Zentrum der Betrachtung gerückt worden. Ich erinnere – um nur ein Beispiel von vielen zu nennen – an den Bamberger Historikertag 1988 – also noch 6 Jahre bevor Gottfried Boehm den Begriff des iconic turn prägte – und an das dortige Streitgespräch zwischen dem Althistoriker Jochen Martin und dem Archäologen Paul Zanker über dessen damals gerade erschienenes Buch mit dem mittlerweile zu einem geflügelten Wort gewordenen Titel: „Die Macht der Bilder".

Sich den historischen Tiefendimensionen dieser Macht aber einmal umfassender zuzuwenden, erscheint angebracht in einer Zeit, in welcher viele glauben, dass eine solche Macht ein ureigenes Phänomen erst der eigenen Gegenwart sei. Es ist gängig geworden, von einer allgegenwärtigen Bilderflut zu sprechen und diese als eine moderne Zeiterscheinung zu beklagen. Lässt man aber den Blick von den Höhlenmalereien der Frühzeit über die Herrscherikonographie der frühen Hochkulturen und die überreichen Bilderwelten der griechisch-römischen Antike und des Mittelalters bis hin zur Renaissance und dem Bilderrausch des Barock streifen, oder betrachtet etwa die Bilderfreude in den außereuropäischen Kulturen, in denen Bild und Schrift in einer Symbiose aufs engste miteinander verwoben sind – zieht man alles dies in Betracht, nimmt also eine historische Perspektive ein, dann relativiert sich die vordergründige Vorstellung von der Bilderflut als einem vermeintlich bloß zeitgenössischen Problem und der Blick wird frei für die Betrachtung der Funktionsmechanismen und Wirkungsweisen der je eigenen Bilderwelten.

„GeschichtsBilder" sind aber auch Bilder in unseren Köpfen, die unser Denken und Handeln in Bezug auf die Vergangenheit wie auch die Gegenwart entscheidend prägen. Jede Epoche und jede Gesellschaft, aber auch jede einzelne Person hat ihre eigenen Welt- und Geschichtsbilder, die sie in Erzählungen gießen und in materiellen Formen symbolisieren. Das Wissen um die je eigene Vergangenheit – in welches Bild sie dann auch immer gekleidet wird – ist eine unabdingbare Voraussetzung individueller wie sozialer Identität. Um die „richtige" oder „falsche" Welt- und Geschichtsanschauung wurden und werden blutige Kriege geführt. Derartige Spannungen bestehen aber nicht nur zwischen unterschiedlichen Gruppen jedweder Art, sondern sie treten auch auf zwischen den kollektiven Geschichtsbildern einer Gemeinschaft, dem „sozialen Gedächtnis", und den individuellen Erfahrungen und Erinnerungen. Man kann dieses komplexe und vielschichtige Spannungsgefüge durchaus als eine Art anthropologischer Grundkonstante sozialer Gruppenbildungen bezeichnen, deren historische Analyse einen grundlegenden Beitrag zum besseren Verständnis gegenwärtiger Konflikte zu leisten vermag.

Das Rahmenthema „GeschichtsBilder" zielt aber noch auf einen weiteren Aspekt, dessen Vergegenwärtigung mir besonders wichtig erscheint. Die Fachwissenschaft muss sich bewusst sein, dass die medialen Verhältnisse vergangener Gesellschaften darüber bestimmen, in welcher Weise diese Gesellschaften zum Gegenstand historischen Wissens werden können. Sie muss sich aber auch der „Macht der Bilder" in der modernen Mediengesellschaft stellen, und sie muss sich mit der Wirkkraft der medialen Geschichtserzählungen auseinandersetzen. Zwar sind die Zeiten einer betonten Zurückhaltung der Fachwissenschaft gegenüber den modernen Medien und allem, was auch nur annährend in den Ruch des so genannten „Populären" geraten konnte, längst überwunden und durch einen Dialog mit den Produzenten publikumswirksamer Geschichtsdarstellungen ersetzt. Aber der Kampf um die Deutungshoheit und Vermittlungskompetenz ist härter geworden, wo Dokumentation und Fiktion immer mehr ineinanderfließen und der Einsatz neuer Medien einer so genannten „fiktionalen Rekonstruktion" dienen soll.

Wir dürfen uns dieser Auseinandersetzung aber nicht entziehen, wenn wir unserer Aufgabe als Historiker gerecht bleiben wollen. Schließlich kann die Tatsache, dass sich historische Themen jedweder Art als so überaus einschaltquotenträchtig erweisen, als ein klares Indiz für die Aktualität und Attraktivität von Geschichte in der Öffentlichkeit genommen werden. Wir müssen uns bei der Vermittlung unserer Wissensbestände die veränderten Rahmenbedingungen von Wahrnehmung und Rezeption in der heutigen, stark bildorientierten Mediengesellschaft bewusst machen, ohne einem effektheischenden Histotainment zu frönen, bei dem das Nachdenken durch ein Nacherleben und Nachfühlen ersetzt wird. Es gibt zu denken, wenn Jugendliche anlässlich der Premiere des Napola-Films von Dennis Gansel angaben, dass sie Spielfilme bevorzugen, da Dokumentationen zu unecht wirkten. Ich denke, diese Aussage macht hinreichend deutlich, welche Dimensionen die uns gestellte Aufgabe hat und wie notwendig eine Standortbestimmung der Geschichtswissenschaft in diesem gesellschaftlichen Umfeld ist. Der diesjährige Historikertag möchte dazu einen Beitrag leisten.

Meine sehr verehrten Damen und Herren, eine Standortbestimmung in der heutigen Gesellschaft schließt auch eine Standortbestimmung innerhalb der deutschen Wissenschaftslandschaft mit ein. Auch wenn die deutsche Geschichtswissenschaft mit der Schließung des Göttinger Max-Planck-Instituts für Geschichte und mit der Debatte um die finanzielle Absicherung des Historischen Kollegs in München in diesem Jahr Tiefschläge zu verkraften hatte, möchte ich mich nachdrücklich der jüngsten Stellungnahme des Wissenschaftsrats zur Lage der Geisteswissenschaften anschließen und betonen, dass vor dem Hintergrund des außerordentlich hohen, international anerkannten Leistungsvermögens der deutschen Geschichtswissenschaft in Forschung und Lehre in der

Tat kein Anlass für eine „stellenweise noch gepflegte Krisenrhetorik" besteht. Bloße Krisenrhetorik ist ungeeignet, „tatsächlich bestehende konkrete Defizite, Desiderate und Herausforderungen" (WR) auszumachen. Der bunte Reigen von Evaluationen und Akkreditierungen, der uns beständig in Atem hält, hat die so überaus positive Bewertung der deutschen Geschichtswissenschaft immer wieder bestätigen können. Manches dieser Prüfungsverfahren gleicht zwar einem Hühnerstall, in dem der Hahn seinen verblüfften Hühnern ein riesiges Straußenei mit den Worten präsentiert: „Da seht ihr einmal, was draußen produziert wird." Wir sollten aber mit Blick auf das hervorragende Leistungspotential selbstbewusst genug sein, um – wie es der Wissenschaftsrat formuliert hat – unseren nicht unerheblichen Anteil „an der kulturellen und politischen Selbstvergewisserung Deutschlands" herauszustellen.

Es bleibt zu hoffen, dass die offenbar noch immer nicht zur Gänze gelösten Probleme der Grundfinanzierung des Münchener Historischen Kollegs nicht ein Anzeichen für einen Rückzug der Länder aus der Gesamtverantwortung für die Ausgestaltung der deutschen Wissenschaftslandschaft ist. Vor dem Hintergrund der Föderalismusreform und einer zunehmenden Autonomisierung unserer Hochschulen wird es immer schwieriger, den Bestand der Vielgestaltigkeit der Wissenschaftsdisziplinen zu sichern. Das betrifft nicht allein die so genannten „Kleinen Fächer", sondern auch die zahlreichen Teildisziplinen der Geschichtswissenschaft, die eben nicht einfach auf die dreigliedrige Epochenstruktur von Antike, Mittelalter und Neuzeit zu reduzieren ist. Eine Gesellschaft, die ständig von Internationalisierung und Globalisierung redet, kann es sich eigentlich gar nicht leisten, auf die Expertise von Historikern etwa der osteuropäischen oder der vielgestaltigen außereuropäischen Geschichte oder auch der Wirtschafts- und Sozialgeschichte zu verzichten. Selbstverständlich kann nicht Alles überall erforscht und gelehrt werden. Was Not tut, dass ist eine umfassende Planung, die aber nicht in der Entscheidungshoheit der einzelnen Hochschulen liegen darf und die auch an Ländergrenzen nicht halt machen kann.

Hochschul- und Studienreformen verändern derzeit unsere Universitäten auf eine zuvor nie dagewesene Weise. Die Folgen für die Geschichtswissenschaft werden uns auch auf diesem Historikertag wieder beschäftigen. Was sich hier immer stärker als ein Kernproblem herausschält, das ist der Mangel an Ausbildungszeit und vor allem an Ausbildungskapazität. Vielfach scheint man immer noch der irrigen Auffassung zu sein, dass ein derartig tiefer Eingriff in das universitäre Bildungssystem als ein kostenneutrales Nullsummenspiel durchzuführen sei.

Wenn aber in immer kürzerer Zeit – und hier denke ich nicht nur an die 6semestrige Bachelorausbildung, sondern auch an die Verkürzung der Gymnasialzeit – bei Wahrung der bewährten Qualitätsstandards immer mehr Studierende ausgebildet werden sollen, dann hat das seinen Preis, der sich nicht einfach durch ein Drehen der Kapazitätsschraube regulieren lässt.

Wir benötigen hinreichend Raum um die Grundlagen zu legen. Damit meine ich gar nicht einmal das so genannte Basiswissen, sondern vielmehr Techniken und Fertigkeiten wie das Erlernen der erforderlichen Fremdsprachen und das Einüben wissenschaftlichen Arbeitens. Und wollen wir das in kürzerer Zeit als bisher erreichen, dann benötigen wir vor allem mehr Personal. Ich möchte dies ausdrücklich nicht als eine übliche, undifferenzierte Forderung nach mehr Stellen abgetan wissen, sondern mit allem Nachdruck darauf verweisen, dass wir es hier mit einem sich rasant verschärfenden Strukturproblem zu tun haben, das dringend einer Lösung bedarf.

Und eine Lösung steht bereit. Wir verfügen in allen Teilbereichen der Geschichtswissenschaft über einen hervorragenden Nachwuchs, der trotz aller Forschungsprogramme und Förderinitiativen immer noch in eine ungewisse Zukunft schaut und immer noch allzu oft jede Gelegenheit zum Absprung ins Ausland nutzt. Alle Überlegungen etwa zu tenure track – Positionen bleiben leere Versprechungen, wenn letztlich nicht doch ein hinreichend großes Stellengerüst vorhanden ist. Man wird daher über ganz neue Stellenstrukturen nachzudenken haben, in denen es eine flexible Relation von Lehr- und Forschungszeiten geben sollte und die dann auch dem wissenschaftlichen Nachwuchs eine wirkliche Perspektive bieten. Das hier Hoffnung auf Veränderung besteht und etwas in Bewegung gekommen ist, zeigt das am vergangenen Mittwoch vom Bundeskabinett verabschiedete Gesetz nur Neuregelung des Befristungsrechts für Arbeitsverträge in der Wissenschaft, das zumindest im Rahmen von Drittmittelprojekten eine Weiterbeschäftigung über die fatale 12-Jahres-Grenze hinaus ermöglicht.

Dieses Gesetz ist ein erster wichtiger Schritt, der dem wissenschaftlichen Nachwuchs zumindest ein Stück mehr Sicherheit geben wird. Wir hoffen sehr, Herr Bundestagspräsident, dass dieses Gesetz auch die letzten parlamentarischen Hürden möglichst rasch nehmen wird.

Mit dieser hoffnungsvollen Perspektive und in der Gewissheit, spannende und ertragreiche Tage vor uns zu haben, die einmal mehr die Vitalität unserer Wissenschaft und ihre enge Verbundenheit mit der internationalen Forschung unter Beweis stellen werden, erkläre ich den 46. Deutschen Historikertag für eröffnet.

Begrüßung durch den Vorsitzenden des Verbands der Geschichtslehrer Deutschlands

Dr. Peter Lautzas

Sehr geehrter Herr Bundestagspräsident,
sehr geehrter Herr Ministerpräsident,
meine sehr geehrten Damen und Herren,

seitens des Verbandes der Geschichtslehrer Deutschlands darf ich Sie zum 46. Deutschen Historikertag ebenfalls begrüßen und herzlich willkommen heißen!

Es ist schon eine bemerkenswerte Situation und nicht alltäglich, dass sich Wissenschaft und Praxis zu einer großen gemeinsamen Veranstaltung wie dieser zusammenfinden, und das traditionell seit Jahrzehnten.

Wir begrüßen das sehr, denn es nützt unserem gemeinsamen Anliegen, - gerade heute, in einer Zeit, in der die Geisteswissenschaften von Politik und Wirtschaft nicht immer besonders hoch geschätzt werden, unser Fach offensiv zu präsentieren und dabei die Verbindung von Wissenschaft und Schule, von universitärer und schulischer Lehre zu demonstrieren.

Dies ist auch dringend erforderlich. Die vornehme Zurückhaltung, die akademisch Gebildete traditionell auszeichnet und die auf den gesellschaftlichen Konsens hinsichtlich der Relevanz von klassischer Bildung und damit auch Geschichtsbewusstsein vertraute, ist heute nur noch bedingt angebracht.

Wir müssen, ganz besonders in der Schule, in Konkurrenz mit anderen Wissens- und Bildungsbereichen inzwischen die Bedeutung von Geschichtsbewusstsein für unsere Gesellschaft nachweisen und verdeutlichen.

Und das ist gar nicht mal negativ zu bewerten, sondern kann uns sehr nützen, denn es ist geeignet, unser eigenes Bewusstsein in dieser Hinsicht und das Profil des Faches zu schärfen.

Ich kann hier unseren Appell von Kiel 2004 an die politisch Verantwortlichen nur wiederholen: Eine stark ökonomisch und naturwissenschaftlich-technisch geprägte und ausgerichtete Gesellschaft wie unsere braucht, soll sie weiterhin im Gleichgewicht und damit funktionstüchtig bleiben, ein humanes Gegengewicht, braucht damit auch Geschichte und Geschichtsbewusstsein – und das ganz besonders für die Erziehung und Bildung junger Menschen! Sichern Sie deshalb den Bestand dieses Faches!

Dies hier in Baden-Württemberg zu sagen, heißt ein wenig Eulen nach Athen tragen, denn der Geschichte geht es in diesem Land, in dem wir zu Gast sind, schon immer recht gut.

Angesichts der zahlreichen Umstrukturierungen im Bildungswesen gilt unsere Hauptsorge in diesem Zusammenhang nach wie vor der Sicherung von Wissenschaftlichkeit in der Ausbildung der Lehrer und in der berufsbegleitenden Fortbildung.

Es darf nicht sein, dass mit der Reform der Lehrerausbildung unter dem Deckmantel von Praxisnähe und Pädagogisierung, an sich sehr begrüßenswerte Vorhaben, ein Verlust an Fachkenntnissen einhergeht.

(Finanzexperten verbinden mit solchen Entwicklungen vielleicht ganz andere, für sie erfreuliche Überlegungen. Ich denke da an die Besoldungstabelle der doch recht teuren Lehrerschaft.)

Erinnern wir uns doch daran, dass wissenschaftliche Qualität zu den Stärken des deutschen Bildungswesens gehört und damit Deutschland zu einer führenden Rolle in der Welt, nicht zuletzt auch bei wirtschaftlichen Erfolgen, verholfen hat.

Heute wird viel, besonders nach PISA, von internationalem Wettbewerb und von der deshalb notwendigen Qualität im Bildungswesen gesprochen. Die Sicherung dieser Qualität fängt aber bei der Sicherung von Wissenschaftlichkeit in der Berufsausbildung von Lehrern an. Qualität von Bildung fängt in der Schule an!

Es ist eigentlich eine Binsenweisheit, dass nicht nur das menschliche Individuum, sondern auch eine Gesellschaft Geschichtsbewusstsein benötigt, das Individuum zur Selbstvergewisserung, die Gesellschaft zur Befähigung zu vernünftigen politischen Entscheidungen.

Eine entsprechende Berücksichtigung der Geschichte in der Schule schafft wichtige Voraussetzungen für beides. In seiner Mainzer Erklärung vom Mai 2005 hat der Verband der Geschichtslehrer Deutschlands noch einmal die Rahmenbedingungen formuliert, wie das geschehen kann – und eigentlich vernünftiger Weise auch muss.

Statt dessen beobachten wir seit einiger Zeit im Schulalltag zunehmend eine Art schleichender Enthistorisierung, indem nämlich da und dort, in der einen oder anderen Jahrgangsstufe oder Schulart dem Fach Geschichte Stunden entzogen oder mit Nachbarfächern zusammen gelegt werden, ferner bisher vorhandene historische Anteile in den anderen Fächern reduziert bzw. gestrichen werden. So geschehen in Sachsen, Bayern und ganz besonders in Nordrhein-Westfalen, das im Zuge der Umstellung auf das acht-jährige Gymnasium in der Sekundarstufe I eine Einbuße von sage und schreibe 25 Prozent zu beklagen hat.

Wie soll da historisches Bewusstsein entstehen?

Solche Vorgehensweisen sind kurzsichtig und einer Gesellschaft nicht zuträglich. Man sollte sich dabei nur einmal fragen, was das allein für den Erwerb der Urteilsfähigkeit in der politischen Bildung bedeutet – angesichts der ständig drohenden Gefahr einer Zunahme des Rechtsradikalismus, von Extremismus und Ausländerfeindlichkeit.

Es ist nicht meine Absicht, Katastrophen-Stimmung zu verbreiten, zumal es um die Geschichtskenntnisse unserer Jugend offensichtlich gegenwärtig noch, - ich betone noch – einigermaßen befriedigend steht.

Die repräsentative Umfrage einer großen Zeitung im letzten Jahr erbrachte ganz annehmbare Ergebnisse.

Wir müssen aber dafür sorgen, dass das mindestens so bleibt. Maßnahmen zur Sicherung von Unterrichtserfolgen, wie etwa in Form von differenziert angesetzten Bildungsstandards und Modernisierungen hinsichtlich der Fragestellungen und Inhalte sind dabei eine ständige Aufgabe, der sich auch der Geschichtslehrerverband in seinen

Arbeitsgemeinschaften unterzieht. In diesem Zusammenhang sind auch Standards erarbeitet worden, die hier in Konstanz zur Diskussion gestellt werden. Jedoch sollten wir uns, vor allem nach PISA, nicht zu sehr an ausländische Modelle anlehnen (die im Rahmen ihrer eigenen Bedingungen durchaus erfolgreich sein mögen und auch sind), sondern uns statt dessen unserer eigenen Traditionen und Stärken im Bildungswesen bewusst werden.

Für mich sind gute und positive Beispiele für qualitätsbewussten Bildungserwerb die Deutschen Historikertage, ganz besonders auch dieser wieder hier in Konstanz, der vom Leitthema, von der Fülle zum Teil sehr ansprechender Einzelthemen und von der Anlage her auch uns Lehrern das bietet, was für einen wissenschaftlichen Beruf in der heutigen Zeit notwendig ist.

Ich wünsche der Veranstaltung einen guten Verlauf und jedem von uns anregende und ertragreiche Tage!

Grußwort des Rektors der Universität Konstanz

Prof. Dr. Dr. h.c. Gerhart von Graevenitz

Herr Bundestagspräsident,
Herr Ministerpräsident,
Herr Landrat,
Herr Oberbürgermeister,
Herr Stadtammann,
Herr Prof. Funke,
Herr Dr. Lautzas,
liebe Ehrengäste,
vor allem aber sehr geehrte Teilnehmerinnen und Teilnehmer des Historikertages.

Es ist eine große Ehre und Freude für mich, Sie im Namen der Universität Konstanz zum 46. Historikerkongress willkommen zu heißen. Wir freuen uns, Ihre Gastgeber sein zu können. Die ganze Universität teilt den Stolz des Fachbereichs Geschichte und Soziologie darauf, dass die veranstaltenden Verbände die Ausrichtung des Historikertages nach Konstanz vergeben haben. Wir verstehen das als große Auszeichnung für die Konstanzer Geschichtswissenschaft. Sie wissen wahrscheinlich, dass wir dem 13. Oktober entgegenfiebern, an dem die Entscheidung fällt, ob das Exzellenzcluster „Kulturelle Grundlagen von Integration" gefördert wird. Beim Zustandekommen dieses Clusterantrags hat der Fachbereich Geschichte und Soziologie eine entscheidende Rolle gespielt. Sollte der Antrag die letzte Hürde nehmen, dann wäre das ein starkes Argument dafür, dass Sie den 46. Deutschen Historikertag an keine Unwürdigen vergeben haben.

Die Stadt Konstanz kennt zwei große historische Ereignisse, das Konzil mit einer Papstwahl vor fast 500 Jahren und die Gründung der Universität vor 40 Jahren. Natürlich können und wollen wir den Historikertag nicht für unser Jubiläum vereinnahmen. Aber umgekehrt zeigt Ihr Kongress bei uns, dass die starke Stellung sich gehalten hat, die die Geschichtswissenschaft in Konstanz vom ersten Tag an hatte.

Unter den ersten acht Professoren der Universität, die am 26. März 1966 ernannt wurden, waren zwei Historiker: Herbert Nesselhauf und Franz Georg Meier.

Die Konstanzer Gründungsidee, die Geisteswissenschaften gleich stark mit den Grundlagenfächern der Natur- und Sozialwissenschaften aufzubauen, hat erfolgreich getragen. Vor allem aber und Sie wissen, dass das keine selbstverständliche und überflüssige Bemerkung ist, die sehr leistungsfähigen und mit Recht selbstbewussten Konstanzer Geisteswissenschaften werden auch in Zukunft ihre starke Stellung in der Universität behalten.

Auch nach 40 Jahren gehört es zu den Besonderheiten der Universität Konstanz, dass es in unserer wenig anonymen Campusgemeinschaft viel Kooperation zwischen den Disziplinen und Dialog zwischen den Wissenschaftskulturen gibt. Unser labyrinthisches Gehäuse macht Interdisziplinarität fast unausweichlich. Dass Historiker und Soziologen in einem Fachbereich produktiv zusammenarbeiten ist eine der Folgen. Das Thema des Historikertages „GeschichtsBilder“ passt gut zu der Tatsache, dass Historiker, Kunst- und Medienwissenschaftler, Kultur- und Sozialwissenschaften Tür an Tür wohnen und vor allem miteinander diskutieren.

Die 40-jährige Konstanzer Kultur der Interdisziplinarität hat auch über Konstanz hinaus ihre deutlichen Spuren in der deutschen Forschungslandschaft hinterlassen. Die bei der Gründung eingerichteten Konstanzer Forschungszentren wurden Vorbild für die Institution der Sonderforschungsbereiche.

Auch die Graduiertenkollegs der DFG haben eine Konstanzer Genealogie. Dass es in Konstanz einen geschichtswissenschaftlichen Sonderforschungsbereich „Norm und Symbol“ gibt, ist darum nur konsequent. Ich weiß, dass viele von Ihnen den Nutzen von Forschung im großen Verbund für die Geisteswissenschaften bezweifeln. Angesichts vieler Schematismen von Drittmitteltechnokraten kann einem das Verbundgeschäft ja auch manchmal unheimlich werden. Doch auch hier sollte man eine gute Idee und eine richtige Sache nicht an ihrem möglichen Missbrauch messen. Es gibt eben auch in den Geisteswissenschaften große Fragen, die nur verschiedene Fachkompetenzen zusammen beantworten können. Und vor allem muss man die Verbundforschung so einrichten, dass sie die individuelle Kreativität fördert und nicht nivelliert. Das Ideal für den geisteswissenschaftlichen Forschungsverbund liegt sicher näher am Schleiermacherschen Verständnis des platonischen Dialogs als beim naturwissenschaftlichen Großprojekt.

Eine der Stärken der Konstanzer Geisteswissenschaften war es sicher, dass sie ganz verschiedene Formen der Forschung ermöglicht und gefördert haben: die Individualforschung, für die Arno Borsts Schriften ein prominentes Beispiel sind. Hochverehrter Herr Borst, ich begrüße Sie sehr herzlich und danke Ihnen, dass Sie uns die Ehre geben. Zu den Stärken gehört aber auch die Teamarbeit. Denken Sie an den Erfolg von „Poetik und Hermeneutik“. Die Verfahren dieser Gruppe bestimmen bis heute die Arbeitsweisen der guten geisteswissenschaftlichen Symposien. Und eben der Sonderforschungsbereich. Das sind, in Konstanz wenigstens, keine sich ausschließenden und vor allem erfolgreiche Sozialformen des wissenschaftlichen Arbeitens. Jedenfalls wird das Exzellenzcluster, sollte es bewilligt werden, keine kulturwissenschaftliche Fließbandfabrik sein. Es wird ein Rahmenwerk sein, in dem die individuelle Forschung wieder viel mehr Freiheit besitzt und die geisteswissenschaftliche Teamarbeit die ihr angemessenen Foren findet.

Meine Damen und Herren, Grenzüberschreitung ist das tägliche Geschäft in Konstanz, nicht nur in unserem interdisziplinären Campus-Labyrinth. Drei km sind es von hier zur Schweizer EU-Außengrenze, 50 km nach Österreich. Bei uns ist selbst die Kirchturmpolitik international. Stuttgart ist unser Rückhalt, Zürich unser Tor zur Welt.

Zwischen Zürich und Konstanz liegt der Kanton Thurgau, der stärkste Kooperationspartner der Universität Konstanz. Wir sind die einzige deutsche Universität mit Schweizer Stiftungslehrstühlen. Und der Kanton Thurgau finanziert zwei Universitätsinstitute auf Schweizer Boden.

Das hat alles seine historische Richtigkeit. Bis zum Schwabenkrieg gehörte der Thurgau zu Konstanz. Bis zur Reformation reichte das Bistum Konstanz bis Bern – Zwingli wurde im Konstanzer Münster zum Priester geweiht. Hecker hat die Deutsche Republik in Konstanz ausgerufen, weil es aus dem Thurgau so liberal herüber wehte. Und als Louis Napoleon auf dem Arenenberg saß und seine Putschpolitik konzipierte, war Konstanz ein Treffpunkt und Arbeitsplatz der internationalen Geheimdienste.

Handel, Banken und Geheimdienste sind die ältesten Wegbereiter der Globalisierung. Tatsächlich sind Sie hier in einer Region, die die Chancen des neuen europäischen Regionalismus in der Globalisierung mit beiden Händen ergreift. So schön, so ländlich, so paradiesisch es bei uns ist, so aktiv ist gerade im Kontakt und in Zusammenarbeit mit der Schweiz die internationale Neuorientierung. Das gilt für unsere Geisteswissenschaften allemal. Unsere Geschichte, Soziologie und Literaturwissenschaft verknüpfen ihre enge Zusammenarbeit mit der ETH und der Universität Zürich mit unserem transatlantischen Netzwerk, den Kooperationen u.a. mit Yale, Chicago und John Hopkins.

Konstanz, Thurgau, Zürich, das ist eine stabile Brücke zur Welt. Darum sind wir sehr froh, dass für den 46. Deutschen Historikertag die Schweiz als Partnerland ausgesucht wurde. Und darum bin ich froh, die Präsidentin der Schweizerischen Gesellschaft für Geschichte, Frau Professor Wecker herzlich begrüßen zu können.

Und was die großen Schönheiten des Thurgau anbelangt, so heißt es zurecht in Ihrem Programm: „Der Thurgau ist auch für Historiker eine schöne Geschichte". Wenn Sie z.B. auf dem Arenenberg drinnen auf die Reliquien von St. Helena und draußen auf die Buchten des Untersees geblickt haben, werden Sie wissen, warum Sie diesen Ort oder einen der vielen anderen unserer Kulturlandschaft nicht haben versäumen wollen.

Ich schließe mit einem dreifachen Dank und einem Wunsch.

Ich danke den Verbänden, dass Sie den Historikertag nach Konstanz gegeben haben.

Ich danke dem Konstanzer Team, den Herren Leipold, Müller, Schlögl und Wischermann für den enormen Einsatz bei der Vorbereitung.

Ich danke Ihnen allen meine Damen und Herren, dass Sie gekommen sind und knüpfe daran meinen Wunsch:

erleben Sie einen Historikertag, dessen Elan und Inspiration lange Wirkung hat, nehmen Sie ein gutes Bild von Konstanz mit und kommen Sie bald wieder!

Rede des Präsidenten des Deutschen Bundestags

Dr. Norbert Lammert

Herr Ministerpräsident,
Herr Oberbürgermeister,
Magnifizenz,
Herr Professor Funke,
Herr Dr. Lautzas,
meine Damen und Herren,

die spontane Annahme Ihrer freundlichen Einladung auf dem Historikertag sprechen zu dürfen, ist Ausdruck des Respekts und des Leichtsinns: des Respekts vor der Wissenschaft im allgemeinen und der Geschichtswissenschaft im besonderen und des Leichtsinns, sich alleine dem Verdacht auszusetzen, die Politik hätte der Geschichte etwas mitzuteilen oder jedenfalls Politiker den Historikern, was diese nicht längst und in der Regel viel besser wüssten. Ich bin beeindruckt von der großen Zahl der Teilnehmerinnen und Teilnehmer, die sich für diese Eröffnungsveranstaltung angemeldet haben und geradezu überwältigt, dass die meisten von Ihnen bis jetzt geblieben sind, zumal meine angedrohte Festrede zu einem Zeitpunkt beginnt, wo sie nach dem Ablaufplan der Veranstalter längst hätte zu Ende sein sollen. Im übrigen wird im Rahmenprogramm des Historikertages für den heutigen Abend die Aufführung des teuersten deutschen Spielfilms aller Zeiten angeboten: „Das Parfum".

Ob die „Geschichte eines Mörders", wie der berühmte Bestseller von Patrick Süskind im Untertitel heißt, den Ansprüchen der historischen Wissenschaft genügt, will ich mal auf sich beruhen lassen. Der Unterhaltungswert ist jedenfalls deutlich höher und ich bin außerordentlich beruhigt, dass sie sich offenkundig mental darauf eingerichtet haben, dass diese Eröffnungsveranstaltung mit diesem Unterhaltungswert weder konkurrieren kann noch will.

Im übrigen, Herr Ministerpräsident, gehöre ich zu der seltenen Spezies von Geisteswissenschaftlern, die aus dem Ruhrgebiet stammen und von regelmäßigen Besuchen in Baden-Württemberg immer wieder freiwillig an die andere große Reform-Universität zurückgekehrt sind, obwohl das Ruhrgebiet im Unterschied zu Baden-Württemberg im Verdacht steht, wir könnten gar nichts außer Hochdeutsch. Wie andere Teilnehmer stehe ich immer noch unter dem Eindruck ihrer großen Geste, die Rechtswissenschaften gemeinsam mit den Geschichtswissenschaften zu den Geisteswissenschaften zu zählen. Ich habe vorhin spontan zu Professor Funke gesagt, das ist bekanntlich eine Frage der Definition. Wenn man alles dazurechnet, was offenkundig nicht zu den exakten Wissenschaften gehört, dann gehört die Juristerei durchaus dahin - und die Geschichtswissenschaften gehören dann offenkundig eher zu den exakten Wissenschaften.

Das Verhältnis von Politik und Geschichte ist bei weitem nicht so banal, wie es auf den ersten Blick erscheinen mag: weder ist Geschichtsschreibung die schlichte Aufzeichnung politischer Entwicklungen noch kann sorgfältige historische Analyse die Wiedergutmachung falscher politischer Entscheidungen und Entwicklungen sein.

Auch wenn die „große Politik" mit und ohne Anführungszeichen zu Recht längst nicht mehr alleiniger Gegenstand der Geschichtswissenschaften ist, so sind es – neben den Politikwissenschaften – vornehmlich die Geschichtswissenschaftler, die sich mit der Politik, ihren Absichten, ihren Ambitionen, ihren Entwürfen und vor allem ihren Wirkungen ernsthaft befassen und befassen müssen.

Dabei ist die Auseinandersetzung in der Wissenschaft gelegentlich selbst ebenso politisch wie wissenschaftlich – wie etwa der legendäre Historikerstreit vor genau zwanzig Jahren (1986) mit seinen Klarstellungen und Vernebelungen, gelegentlichen Übertreibungen und wechselseitigen Empörungen belegt. Über den Umgang mit der Politik durch die Wissenschaft will ich nicht reden, das ist Ihr Beruf, wohl aber über den Umgang der Politik mit der Geschichte. Er drückt sich keineswegs nur in Monumenten und Denkmalen aus, in Gedenktagen und Gedenkfeiern. Und auch die historischen Museen in Berlin, in Bonn, in Leipzig, sind mindestens ebenso Ausdruck des Verhältnisses von Politik und Geschichte wie eine Dokumentation der Abläufe und Ereignisse.

Jede Nation hat ihre eigene Geschichte. Die Art und Weise, wie sie damit umgeht, verdeutlicht ihr Selbstverständnis. Deutschland ist ein Land mit einer schwierigen Geschichte. Aufstiege und Abstürze, Kontinuitäten und Brüche begünstigen eine weithin selektive Wahrnehmung, die häufig von dem Bedürfnis nach Distanz noch mehr gekennzeichnet ist als von dem Wunsch nach Identifikation.

Nach der Erfahrung, dass die verbrecherische Herrschaft des Nationalsozialismus die deutsche Freiheits- und Humanitätsgeschichte zu verdrängen drohte, ist die Frage, womit sich heute die Deutschen in ihrer Geschichte identifizieren können oder sollen, besonders dringlich geworden. Die entsetzlichen Bilder nationalsozialistischer Vernichtungswut stehen im wörtlichen und übertragenen Sinne einem unverstellten, ungebrochenen deutschen Geschichtsbild im Wege. Es gibt kein staatliches oder gesellschaftliches Handeln ohne historischen Kontext. Man kann diesen Kontext leugnen und man kann ihn verdrängen, aber man kann ihm nicht wirklich entgehen. Die Bundesrepublik Deutschland ist in ihrem Selbstverständnis und in ihrer weltweiten Wahrnehmung geprägt durch eine jahrhundertealte Nationalgeschichte, die 1945 nicht zu Ende ging, aber auch nicht erst 1945 begonnen hat. Die Gegenwart ist bis in die aktuelle Politik besonders beeinflusst vom Scheitern der ersten Demokratie sowie von beiden Diktaturen im 20. Jahrhundert.

Verantwortliches politisches Handeln kann diese unmittelbare Vergangenheit nicht ausblenden, darf ihre Orientierung und ihre Perspektiven aber nicht darauf reduzieren. Zum Bewusstsein und zur Auseinandersetzung mit der ganzen deutschen Geschichte müssen vor allem Bildung und Wissenschaft, Literatur und Kunst beitragen, die ihrerseits wesentlich die Kulturnation Deutschland ausmachen, ohne die es den Nationalstaat Deutschland gar nicht gäbe.

Aufgabe der Politik ist es, diesen Ressourcen nationaler Erinnerungskultur Freiräume zu schaffen und zu sichern.

Heute auf den Tag genau vor 60 Jahren, am 19. September 1946, hat nicht weit von Konstanz entfernt, Winston Churchill in seiner Züricher „Rede an die akademische Jugend" über „Europas Tragödie" nach dem Zweiten Weltkrieg gesprochen. „Unter den Siegern herrscht ein babylonisches Stimmengewirr; unter den Besiegten das trotzige Schweigen der Verzweiflung." Und er hat aus diesem babylonischen Stimmengewirr und dem trotzigen Schweigen der Verzweiflung die Vision der Vereinigten Staaten von Europa entwickelt. „Wir müssen eine Art Vereinigte Staaten von Europa errichten." Er hat damit kurz nach Ende des Zweiten Weltkrieges als erster bedeutender Staatsmann eine Melodie intoniert, die zum Leitmotiv des wirtschaftlichen und politischen Wiederaufbaus geworden ist. „Der erste Schritt zu einer Neuschöpfung der europäischen Völkerfamilie", hat Winston Churchill in dieser wahrlich visionären Rede 1946 gesagt, „muss eine Partnerschaft zwischen Frankreich und Deutschland werden. Es gibt kein Wiederaufleben Europas ohne ein geistig großes Frankreich und ein geistig großes Deutschland..."

Winston Churchill hat von geistiger Größe gesprochen zu einer Zeit, als von wirtschaftlicher oder politischer Größe in Frankreich wie in Deutschland wahrlich keine Rede sein konnte. Im nächsten Jahr feiern wir das 50jährige Jubiläum der Römischen Verträge. Damals von sechs Mitgliedsstaaten vereinbart, von denen vermutlich niemand zum Zeitpunkt des Vertragsschlusses für möglich gehalten hätte, dass zum Zeitpunkt der 50-Jahr-Feier dieses Europa 25 – ja voraussichtlich 27 - Mitgliedsstaaten haben würde. Die scheinbar weltfremde Idee der Verbindung der europäischen Nationalstaaten in einer handlungsfähigen europäischen Gemeinschaft hat im Laufe von fünf Jahrzehnten eine Eigendynamik entwickelt, die sie beinahe wirkungsvoll daran gehindert hat, darüber nachzudenken, ob Europa eigentlich auch Grenzen hat und wenn ja, wo diese wohl verlaufen. Das ist eine der unangenehmsten Fragen, die wir beantworten müssen, vor denen wir uns aber nicht mehr länger drücken dürfen, und für deren Beantwortung uns die Historiker manche Hinweise geben können, auch wenn die Politik am Ende die Entscheidung treffen muss.

Gedenktage und Gedenkjahre sind immer auch eine Chance zur Reflexion, zur Identitätsprüfung und Identitätsfindung, wobei der Staat und seine Institutionen weder ein Informationsmonopol noch eine Deutungshoheit für sich beanspruchen dürfen. Niemand kann im übrigen Deutungshoheit oder Interpretationsmonopole für sich reklamieren, weder Historiker noch Politiker, auch nicht Publizisten oder Großschriftsteller, die dazu gelegentlich stärker neigen als die anderen von mir gerade genannten Berufsgruppen. Das nationale Gedächtnis lässt sich weder amtlich formulieren noch durch eine Behörde regeln. Gleichwohl sind Erinnern und Gedenken auch eine öffentliche Aufgabe. Kollektive Erinnerung ist mehr als die Summe persönlicher Erlebnisse, überlieferter Erzählungen, aber auch staatlich und gesellschaftlich organisierter Auseinandersetzung mit bedeutenden Ereignissen und Erfahrungen. Das nationale Gedächtnis muss auf gesicherten historischen Fakten beruhen und sollte Geschichtsklitterungen, Legendenbildungen, unzulässige Verkürzungen und grobe Vereinfachungen verhindern. Keine theoretischen Vorbehalte, vielmehr Erfahrungen, die uns auch und gerade in der deutschen Geschichte mehr als vertraut gewesen sind. Deshalb muss in einem demokratischen Gemeinwesen das staatliche Erinnern und Gedenken die missbräuchliche Funktionalisierung des Erinnerns vermeiden und zugleich unterschiedliche Wahrnehmungen vor allem Betroffener ertragen sowie den Pluralismus unabhängiger wissenschaftlicher Analysen und publizistischer Auseinandersetzungen ermöglichen.

Erinnern und Gedenken umfasst immer und unvermeidlich auch erfreuliche wie bedrückende Ereignisse und damit verbundene Erfahrungen einer Nation wie einer Person. Ein angemessenes würdiges Gedenken an die Freiheits- und Widerstandsbewegungen, die Friedens- und Versöhnungsbeiträge sowie die wirtschaftlichen und politischen Aufbauleistungen ist nicht nur für einen ehrlichen Umgang mit der eigenen Geschichte unverzichtbar, sondern auch konstitutiv für das Selbstverständnis der Nation und ihre demokratische Traditionsbildung. Dazu gehören ganz gewiss die „Weiße Rose" und der 20. Juli 1944, die Versöhnungscharta der deutschen Heimatvertriebenen von 1950, der 17. Juni 1953, die friedliche Revolution von 1989 und die Wiedervereinigung, aber natürlich auch zeitlich weiter zurückliegende Entwicklungen und Errungenschaften: von der Erringung der mittelalterlichen Städtefreiheiten, der Reformation und den Bauernkriegen über die Stein-Hardenberg'schen Reformen, die Befreiungskriege gegen Napoleon, den Vormärz und die Revolution 1848, die Gründung des deutschen Nationalstaates 1871, die Entwicklung des modernen Sozialstaats, den ersten Versuch und das erste Scheitern einer parlamentarischen Demokratie nach der Weimarer Nationalversammlung bis zum Bonner Grundgesetz.

Die Bundesrepublik Deutschland trägt das Erbe zweier Diktaturen, die eben nicht die ganze deutsche Geschichte ausmachen, sondern nur verständlich werden in der Auseinandersetzung mit den Ereignissen, Bedingungen und Zusammenhängen ihrer Vor- und Nachgeschichte in Deutschland und Europa. Die Geschichte der DDR ist nicht lediglich ein ostdeutsches Ereignis, sondern wie die Geschichte des Nationalsozialismus` Teil der deutschen Nationalgeschichte wie der europäischen Geschichte. Das gilt auch für das Schicksal der Heimatvertriebenen. Das Gedenken an die Opfer der Vertreibung und ihr kulturelles Erbe gehören in den Erinnerungsbogen des ganzen Volkes.

Der Respekt vor den Opfern verbietet eine Aufrechnung von Leiderfahrungen und schon gar eine Hierarchisierung totalitärer Gewalt. Die nationalsozialistischen Verbrechen dürfen nicht durch die Auseinandersetzung mit den Verbrechen des Stalinismus relativiert werden. Ebenso wenig dürfen die stalinistischen Verbrechen durch den Hinweis auf die nationalsozialistischen Verbrechen bagatellisiert werden.

Trauer um deutsche Opfer ist ganz gewiss erlaubt, sie relativiert nicht die deutsche Verantwortung für den Nationalsozialismus. Die aufrichtige und beharrliche Auseinandersetzung mit der nationalsozialistischen Diktatur und dem Völkermord an den europäischen Juden ist von Historikern wie Zeitzeugen immer wieder als eine der großen moralischen, gesellschaftlichen und politischen Leistungen der Bundesrepublik Deutschland gewürdigt worden und ist längst Teil unserer nationalen Identität. Eine solche wahrhaftige Kultur der Erinnerung schärft zugleich das gemeinsame europäische Bewusstsein von der Universalität unverzichtbarer Menschenrechte.

Die in der Bundesrepublik Deutschland entwickelte und von staatlichen wie gesellschaftlichen Institutionen, von Schulen und Hochschulen, Forschungseinrichtungen und Gedenkstätten getragene Erinnerungs- und Gedenkkultur für die Zeit des Nationalsozialismus ist in vergleichbarer Form für die Zeit der sowjetischen Besatzung und der nachfolgenden SED-Herrschaft weder in Ost- noch in Westdeutschland erreicht. Die Aufarbeitung der kommunistischen Diktatur muss aber ebenso fest im öffentlichen Bewusstsein verankert und staatlich gefördert werden wie die der nationalsozialistischen Diktatur auch. Beide totalitäre Systeme mit ihren Gemeinsamkeiten und Unterschieden haben gesamtstaatliche Bedeutung, beide gehören zur kollektiven Erinnerung aller Deutschen.

Geschichte ist mehr als die Chronik von Ereignissen: geplanter und zufälliger, großer und kleiner Ereignisse, der bedeutenden und unbedeutenden, der wirkungsmächtigen und der folgenlosen. Herausragende Ereignisse wirken über den Tag hinaus, sie bleiben im Gedächtnis und prägen die weitere Entwicklung. Die herausragenden Daten der jüngeren deutschen Geschichte machen deutlich, wie nahe Glanz und Elend in der deutschen Geschichte des 20. Jahrhunderts oft beieinander liegen, Tage des Scheiterns und Tage des Triumphes. Und manchmal erweist sich der Triumph als Scheitern und das Scheitern als Grundlage des Triumphes. Dies gilt für Hitlers Machtergreifung am 30. Januar 1933 wie für das gescheiterte Attentat am 20. Juli 1944, den gescheiterten Volksaufstand am 17. Juni 1953 und den Fall der Mauer am 9. November 1989.

Geschichte wiederholt sich nicht, aber sie vermittelt Orientierungen. Die deutsche Geschichte des 20. Jahrhunderts ist weiß Gott keine ungebrochene Erfolgsgeschichte, vielmehr hat sie über eine Serie von Niederlagen einen erfolgreichen Neuanfang und am Ende die Einheit der Nation in Freiheit und Frieden mit allen unseren Nachbarn gefunden. Das Bewusstsein der Voraussetzungen dieses Erfolges wach zu halten, ist nicht nur Aufgabe der Historiker, sondern aller Demokraten.

Nach meinem persönlichen Urteil ist die Nachkriegsgeschichte Deutschlands in einem beachtlichen Umfang die eindrucksvolle Widerlegung der stabilen Vermutung, das einzige, was sich aus der Geschichte lernen lasse, sei, dass sich nichts aus ihr lernen lasse, jedenfalls nichts aus ihr gelernt worden sei. Die Bundesrepublik Deutschland und ihre Verfassung war in beinahe jeder Hinsicht der Gegenentwurf zur Weimarer Demokratie und ihrem Scheitern, und wir wissen heute, sie war mehr als ein ehrgeiziger Entwurf, sondern sie war eine weltweit bewunderte Erfolgsgeschichte. So wie der von Bismarck geschaffene deutsche Nationalstaat in einem beachtlichen Maße das politische Gegenkonzept war zu jenem Heiligen Römischen Reich Deutscher Nation, das bei genauerem Hinsehen weder heilig noch römisch war und auch kein Reich und beinahe folgerichtig 1806 – wieder ein Gedenkjahr, vor genau 200 Jahren geradezu lautlos, beinahe unauffällig zu Ende ging.

Wer die Vergangenheit mit ihren Irrungen und Wirrungen nicht in die Zukunft verlängern will, muss die Lektionen der Geschichte lernen, soweit sich überhaupt über Generationen hinweg Erfahrungen vermitteln und Einsichten in Veränderungen umsetzen lassen.

Die Deutschen hatten ihre Geschichte nie für sich allein. Von mehr Nachbarn als jedes andere Land in Europa umgeben, waren die Deutschen immer auch von den Entwicklungen in Nachbarländern und diese von Ereignissen in Deutschland direkt und indirekt betroffen. Mehr als für alle anderen Länder gilt dies für das Verhältnis Deutschlands zu Frankreich und zu Polen. So wie die Identität einer Person durch Herkunft und Erfahrungen ganz wesentlich bestimmt ist, so gilt auch für Länder, für Völker und Nationen, dass die Gegenwart nicht ohne die Vergangenheit zu erklären und die Zukunft ohne das Bewusstsein damit verbundener Erfahrungen nicht zu bewältigen ist.

Eine besondere Schwierigkeit liegt in der Diskrepanz zwischen den großen historischen Ereignissen und den scheinbar kleinen persönlichen Schicksalen, deren Summe aber überhaupt erst die großen Veränderungen ausmachen. Die Geschichte der Vertreibungen in Europa ist dafür ein besonders gutes und zugleich sensibles Beispiel.

Die historischen Kausalitäten, der Zusammenhang zwischen Ursache und Wirkung, liegen bei den großen Vertreibungen, die es in der europäischen Geschichte vor allem des 20. Jahrhunderts gegeben hat, regelmäßig klar zu Tage. Eine hinreichende Erklärung für das persönliche Vertreibungsschicksal ergibt sich daraus fast nie. Das macht den Umgang mit dem Thema persönlich wie politisch so schwierig, das Risiko von Missverständnissen und von Verletzungen so hoch, und darf dennoch nicht zu dem leichten Ausweg verleiten, Einzelschicksale verdrängen zu wollen um für die großen Zusammenhänge und für das veränderte Verhältnis von Nachbarländern zueinander Irritationen zu vermeiden. Der Preis der Verdrängung ist Distanz – nicht die kühle Distanz des Historikers, der emotionslos Fakten und Ereignisse sortiert, sondern die emotionale Distanz von Betroffenen zu den Institutionen und Repräsentanten des eigenen wie des dauerhaft fremden Landes, das auf diese Weise nie zum gefühlten guten Nachbarn werden kann.

Deshalb ist Erinnerungskultur ebenso wichtig wie schwierig. Und deshalb ist sie auch eine staatliche Aufgabe. Nicht nur die Heroen, die tatsächlichen und vermeintlichen Helden, haben Anspruch auf Erinnerung, sondern auch und vor allem die Opfer. Menschen, die persönlich schuldlos Opfer politischer Entwicklungen, staatlich veranlasster Verirrungen oder Verbrechen geworden sind, haben einen Anspruch darauf, in ihrem Schmerz, mit ihrem Schicksal nicht allein gelassen zu werden.

Dass sich das Verhältnis zwischen Deutschland und Polen anders, mühsamer entwickelt und viel fragiler ist als das Verhältnis zwischen Deutschland und Frankreich ist offensichtlich und es hat nachvollziehbare Ursachen, die wiederum in der gemeinsamen schwierigen Geschichte begründet sind. Die aktuellen Irritationen im deutsch-polnischen Verhältnis bestätigen die Bedeutung von Geschichtsbildern, mit denen sich dankenswerter Weise der Historikertag diesmal ganz besonders intensiv befasst. Ich empfinde es als sehr ermutigend, dass ich vor drei Wochen mit meinem polnischen Amtskollegen, Sejmmarschall Marek Jurek, vereinbaren konnte, dass wir uns dieses Themas gemeinsam annehmen und unter der Schirmherrschaft beider Parlamente in der zweiten Hälfte des nächsten Jahres eine gemeinsame Konferenz ausrichten wollen, die sich mit den Geschichtsbildern in Deutschland und in Polen auseinandersetzt. Auch wenn es zwischen dieser Vereinbarung und dem zentralen Thema des Historikertages keinen kausalen Zusammenhang gibt, entnehme ich Ihrem Beifall, dass Ihnen diese Vereinbarung gefällt.

Geschichte hat ebenso wenig nur mit Vergangenheit zu tun wie Politik nur auf die Bewältigung der Gegenwart reduziert werden darf. Wesentlicher Maßstab für beide ist der Beitrag zur Bewältigung der Zukunft.

Der große polnische Publizist, Historiker und Diplomat Bartoszewski, der Häftling in Auschwitz, Mitgründer einer geheimen Hilfsorganisation für Juden, Teilnehmer des polnischen Widerstandes und des Warschauer Aufstandes gewesen ist, der nach dem Krieg durch die polnischen Kommunisten sechseinhalb Jahre inhaftiert war und nach 1990 Botschafter in Wien und Außenminister der Republik Polen gewesen ist, hat kürzlich in einem Beitrag zu einer Festschrift aus Anlass des 70. Geburtstages von Kardinal Lehmann folgende bemerkenswerte Hinweise auf diese Zukunftsperspektive gegeben: „Polen und Deutsche müssen ihre gegenseitigen Relationen neu begreifen und definieren. Ich gehöre der Generation an, die berechtigt ist, folgenden Aufruf mutig zu formulieren: Lasst uns die Vergangenheit nicht vergessen und dafür sorgen, dass das Bewusstsein der Vergangenheit gepflegt wird. Polen und Deutsche müssen einander aber über ihre neue europäische Verantwortung verstehen lernen, es ist nämlich Zeit, dass Polen und Deutsche aufhören, Europa jeweils für sich zu vereinnahmen; sie müssen beginnen, gemeinsam zum Wohle Europas zu wirken..."

Ich unterstreiche diese Beurteilung Satz für Satz und ich bewundere den Geist, der sich darin dokumentiert. Dies gilt auch und gerade für die Schlussfolgerungen, die er daraus zieht: „Diese Erfahrungen sollten wir nicht nur für uns bewahren. Polen und Deutsche können und sollten Exporteure der Versöhnung und der Verständigung werden. Wir müssen uns aber dessen bewusst sein, dass Freiheit und Demokratie die Conditio sine qua non für Versöhnung und Verständigung darstellen. In diesem Sinne ist die Herausforderung der Vollendung Europas untrennbar mit der Herausforderung der Versöhnung verbunden."

Jede Kultur beruht auf Erinnerung. Sie beginnt damit, will freilich darüber hinaus, aber sie hätte ohne diesen Anfang nicht einmal begonnen. Für uns Europäer gilt, schon gar im Kontext einer sich noch immer im Wachstum befindlichen Gemeinschaft nach Überwindung der politischen Teilung dieses Kontinents, die nie, zu keinem Zeitpunkt, eine kulturelle Trennung war, dass wir uns im Interesse der gemeinsamen Zukunft um ein gemeinsames Verständnis der Vergangenheit bemühen müssen. Das ist schwierig, aber möglich und nötig ist es ganz gewiss.

Jean-Claude Juncker, Ministerpräsident des Großherzogtums Luxemburg hat im Mai diesen Jahres in Aachen bei der Verleihung des Karlspreises erklärt: „Die Deutschen sind in ihrer tausendjährigen Geschichte noch nie so gute Nachbarn gewesen wie heute." Dies ist ein wunderschönes, anrührendes Kompliment, das wir uns immer wieder neu verdienen müssen. Es wäre unserem Land und dem ganzen europäischen Kontinent sehr zu wünschen, dass diese politische Einschätzung später einmal dem strengen Urteil der Historiker standhielte. Weil die Geschichte mehr noch als von der Politik von den Menschen handelt – und mehr noch als von ihren Texten und ihren Bildern von ihren Lebensbedingungen und ihrer Verantwortung für sich selbst und für die Welt, in der sie miteinander leben. Sektionen und Sonderveranstaltungen

Sektionen und Sonderveranstaltungen

1. Epochenübergreifende Sektionen

1.1. Geschlecht als Medium von Geschichtserzählung

Leitung: Ulrike Gleixner (Berlin)

Feengeschichten - Die Geschichte der Fee? Vom Gendering des "Wunderbaren" in mittelalterlichen Exempeltraditionen (12./13. u. 15. Jahrhundert)
Bea Lundt (Flensburg)

Frauen tragen die Fahne voran. Vom weiblichen Umgang mit einem Symbol (16. bis 18. Jahrhundert)
Marion Kobelt-Groch (Hamburg)

Geschichtsbilder und Geschlecht: Warum Fontanes Effi Briest zur historischen Quelle avancierte (Ende 19. u. 20. Jahrhundert)
Ulrike Gleixner (Berlin)

Geschlecht und Geschichte als Vermittler neuer Gesellschaftskonzepte: Populäre Erzählungen aus Galizien (Ende 19./Anfang 20. Jahrhundert)
Dietlind Hüchtker (Leipzig)

Zusammenfassung:
Anhand von vier Beiträgen aus drei Epochen der Geschichte (Mittelalter, Frühe Neuzeit, Neuzeit) wird die Frage aufgeworfen, inwiefern Geschlechtersymboliken und Geschlechterkonzeptionen ein zentrales Medium für Geschichtserzählungen darstellen. Die zu diskutierende Hypothese ist, dass populäre und wissenschaftliche Geschichtserzählungen sowohl Geschlechtersymboliken und -metaphern als auch Geschlechterkonzepte und Rollenbilder einsetzen, sei es explizit oder implizit, um Authentizität und Überzeugung zu erzielen. Diese Verknüpfung von Geschichts- und Geschlechterbildern erfolgt häufig im Dienste gesellschaftspolitischer Interessen, die sich benennen lassen. Für die fortlaufende Tradierung muss die Geschichtserzählung ihre Geschlechterbilder immer wieder entsprechend den gesellschaftspolitischen Gegebenheiten der Abfassungszeit verändern und modernisieren.

Ziel der geplanten Sektion ist es, populäre Geschichtserzählungen in den Mittelpunkt der Analyse zu stellen und nach den darin wirksamen Geschlechterkonzeptionen und Geschlechtersymboliken zu fragen. Zu den untersuchten und für Geschichtserzählungen genutzten Medien gehören bildliche Repräsentationen, Filme, Romane, Zeitschriften, Chroniken, populäre Geschichtserzählungen und Exempelliteratur.

Feengeschichten - Die Geschichte der Fee? Vom Gendering des "Wunderbaren" in mittelalterlichen Exempeltraditionen (12./13. u. 15. Jahrhundert)
Bea Lundt (Flensburg)

Europa definiere sich über die Mythen von "Helden und Wundern" des Mittelalters, die das kollektive Gedächtnis bis heute prägen, so eine provokative These Jacques Le Goffs. Von "aparicionibus phantasticis", von merkwürdigen Begebenheiten, Nixen und Feen, Widergängern und Werwölfen ist in den Exempelwerken, die Ende des 12. Jahrhunderts niedergeschrieben werden, die Rede. Einige von diesen Geschichten gehören in der Frühen Neuzeit zu den Bestsellern, andere leben bis heute in Märchentraditionen weiter. Welche Weisen von Männlichkeit und Weiblichkeit repräsentieren sich in diesen Wunderwesen? Sind sie in abwehrender oder vorbildhafter Absicht konstruiert? Ich möchte den "Spielweisen" des Umgangs mit diesen Erzählungen nachgehen. Denn diese Gestalten sind offenbar nicht geschichtslos, sondern erfüllen eine bisher wenig beachtete Funktion für das Selbstverständnis der Menschen und die Konstruktion ihrer Geschichte. Ihre subversive Botschaft über Männer und Frauen erschließt sich freilich erst in der vergleichenden Betrachtung der Entwicklung der Narrationen über eine "Lange Dauer", während der sie als Material und Steinbruch weitergereicht wurden. Im Überlieferungsfluß der Tradierung lassen sich Stationen markieren, die sich gesellschaftsgeschichtlich beschreiben lassen. Der reformatorische Ehediskurs ist eine solche Wegmarke, die Neukonzeptionen im Repertoire der großen Mythen bewirkt hat.

Am Beispiel einiger Geschichten aus den Werken von Walter Map, Gervasius von Tilbury und Caesarius von Heisterbach möchte ich nach den Anfangslogiken fragen und ihre Bedeutung für den Geschlechterdiskurs herausarbeiten. Diese Station des 12./13. Jahrhunderts möchte ich vergleichend gegenüber den Strukturen des 15. Jahrhunderts umreißen.

Frauen tragen die Fahne voran. Vom weiblichen Umgang mit einem Symbol (16. bis 18. Jahrhundert)
Marion Kobelt-Groch (Hamburg)

Ausgangspunkt meiner Überlegungen ist die spektakuläre Schlacht bei Hemmingstedt (17. Februar 1500). Kein historisches Ereignis hat sich derart tief in das lokale Bewusstsein eingegraben und eine bis heute ungebrochene Fülle künstlerischer und literarischer Geschichtsbilder hervorgerufen wie dieser Sieg der Dithmarscher über eine feindliche Übermacht. Vermutlich wäre das glorreiche Ereignis längst nicht mehr so präsent, wären die Dithmarscher nicht angeblich von einer Frau in die Schlacht geführt worden. Die Schlacht von Hemmingstedt ist also nicht allein durch den Triumph der Dithmarscher über ein zahlenmäßig weit überlegenes Feindesheer, sondern vor allem auch durch die Beteiligung einer weiblichen Fahnenträgerin in vorderster Front unsterblich geworden. Telse mag eine Ausnahmegestalt gewesen sein, dennoch ist sie keineswegs die einzige Frau gewesen, die nach der Fahne gegriffen und sich zur Anführergestalt aufgeworfen hat.

Ich möchte in meinem Vortrag der Frage nachgehen, warum bestimmte, zumeist gewaltsame Ereignisse, die weitgehend von Männern dominiert werden, durch eine Frau real oder fiktional geprägt werden. Was hat es mit der Fahne in derartigen Situationen auf sich? Wird die Schlacht durch eine Fahnenträgerin zu einem beide Geschlechter betreffenden Anliegen? Kann von einer Erotisierung der Gewalt gesprochen werden? Oder dient die Frau in vorderster Front lediglich als "Bremse" für den anrückenden Feind? Die Frau mit der Fahne trägt nicht nur zu einer mehr oder weniger symbolischen Feminisierung der Gewalt bei, sondern schafft neue Geschichtsbilder, indem sie das Geschlecht zu einem markanten Medium geschichtlicher Deutung macht. Ohne Telse wäre die Schlacht bei Hemmingstedt ihrer spirituellen Heldin beraubt und ganz anders zu erzählen.

Geschichtsbilder und Geschlecht: Warum Fontanes Effi Briest zur historischen Quelle avancierte (Ende 19. u. 20. Jahrhundert)

Ulrike Gleixner (Berlin)

Anhand von Fontanes Erfolgsroman Effi Briest lässt sich nachzeichnen wie eine literarische Frauenfigur des späten 19. Jahrhunderts in der Rezeption im Laufe des 20. Jahrhunderts zu einer glaubwürdigen Quellenfigur avanciert, deren Leben und Schicksal als symptomatisch für die moralische Rigidität und den destruktiven Ehrenkodex der preußischen Gesellschaft gelesen wird. Hier wird das Geschichtsbild eines militaristischen wilhelminischen Preußens über die weibliche Figur der Effi Briest vermittelt. Das Leseverständnis als historisches Zeitdokument erwächst aus der großen Überzeugungskraft der weiblichen Protagonistin.

In der Rezeption erlangte die Kunstfigur "Effi" den Status eines historischen Abbildes: Wissenschaftlern und Literaturschaffenden, Germanisten und Deutschlehrern wurde sie gleichermaßen zur Zeitzeugin. Diese Lesart des leseerfahrenen wie leseunerfahrenen Publikums zeigt, dass Pierre Noras Unterscheidung zwischen einer analytischen Geschichtswissenschaft und einer populären Erinnerungskultur zumindest dann nicht greift, wenn es um das Geschlecht geht.

Der Beitrag analysiert zudem, wie gegenläufig historischer Verlauf und literarische Tradierung sein können. Anders als die tragisch ablebende Effi Briest lebte Elisabeth von Ardenne, die das Vorbild für Fontanes Romanfigur abgab, als geschiedene und berufstätige Frau bis 1952. Auch weil eine wissenschaftlich historische Aufarbeitung der Sozialgeschichte adeliger Frauen gänzlich ungeschrieben blieb, konnte Fontanes melusinenhafte Phantasiefigur Effi den Status vermeintlicher Historizität erlangen.

Geschlecht und Geschichte als Vermittler neuer Gesellschaftskonzepte: Populäre Erzählungen aus Galizien (Ende 19./Anfang 20. Jahrhundert)
Dietlind Hüchtker (Leipzig)

In den sozialen und politischen Bewegungen des 19./20. Jahrhunderts erscheint die Verbindung zwischen Literatur und Politik besonders eng. Im Zuge einer europaweit zu beobachtenden Nationalisierung von Repräsentationsformen wurden Sprache, Literatur, Bildung und Erziehung politisch aufgeladen und als Mittel politischer Agitation eingesetzt. Dies gilt auch für die Frauenbewegungen in Galizien. Populäre Erzählungen galten als besonders geeignetes Mittel, ganz unterschiedliche Frauen zu erreichen und zu vereinen.

In dem Vortrag sollen einige für den politischen Kontext der Frauenpolitik als besonders relevant geltende Erzählungen im Hinblick auf ihre Geschlechter- und Geschichtsbilder untersucht werden. Dabei wird die These verfolgt, dass Erzählungen über Männer und Frauen (dörfliche Heirats- und Liebesgeschichten, neue Berufswahl etc.) über eine soziologische oder ethnologische Momentaufnahme hinaus Geschichtserzählungen produzieren. Sie ordnen die Bilder in einen Zeitverlauf von Vergangenheit, Gegenwart und Zukunft rsp. von Traditionalität und Modernität. Umgekehrt bedingen diese Erzählungen auch spezifische Geschlechterbilder. Erst ihre reziproke Verknüpfung läßt den Zusammenhang zwischen Vergangenheit und Zukunft authentisch erscheinen. Dadurch werden die emanzipatorischen Zukunftsentwürfe als selbstverständlich, naturgegeben präsentiert. Die Erzählungen wurden so Teil eines mit den dominierenden master narratives konkurrierenden Narrativs - sei es feministisch, sozialistisch oder bauernbewegt

1.2. Eigenbild im Konflikt - Zur Selbstbedeutung von Päpsten in Mittelalter und Neuzeit

Leitung: Michael Matheus (Rom)

"Ich habe die Gerechtigkeit geliebt und die Ungerechtigkeit gehasst" - Gregor VII. in Konflikt und Krise
Jochen Johrendt (Rom)

"...dem Pfeil zum Ziel gegeben" (Lam. 3,12). Strategien Pius II. (1458-1464) in der Auseinandersetzung mit seinen Kritikern
Claudia Märtl (München)

Leo X.: Bilder und Wahrheiten eines januskköpfigen Papstes
Götz-Rüdiger Tewes (Köln)

"Die Fahne des Kreuzes aufs Neue ausgebreitet...", Pius VII. zwischen Revolution, Reorganisation und Restauration

Lutz Klinkhammer (Rom)

Pius IX. - Mythos und Geschichtsschreibung
Stefano Trinchese (Chieti)

Zusammenfassung
Thema der epochenübergreifenden Sektion ist die Selbstdeutung ausgewählter Päpste sowie des Amtes des Stellvertreters Petri. Wie sahen sie sich und ihre Vorgänger, welche Bilder verneinten sie, welche übernahmen sie, welche suchten sie selbst zu erzeugen und wirkungsmächtig werden zu lassen? Der Darstellungsbogen reicht chronologisch von Gregor VII. (1073-1085) bis zu Pius IX. (1846-1878), aus der Perspektive der Quellen gesprochen vom Register Gregors VII. bis zu den letzten komplett freigegebenen Selbstdokumenten des Vatikanischen Geheimarchivs. Für das exemplarische Vorgehen bietet es sich an, Päpste zu behandeln, die an einer Epochenschwelle in der Papstgeschichte sowie der allgemeinen Geschichte stehen, an der sich das "Weltbild" der Zeitgenossen veränderte. Dies wären für Gregor VII. der sog. Investiturstreit, für Pius II. die Konflikte zwischen Konziliarismus und monarchischem Papat, für Leo X. die hereinbrechende Reformation, für Pius VII. die Umwälzungen der Französischen Revolution und für Pius IX. das endgültige Ende des Kirchenstaates und die Konflikte des Kulturkampfes. In diesen Konfliktsituationen läßt sich die gegenseitige Prägung von Person und Amt besonders deutlich erkennen, da hier der selbst gesetzte Gestaltungsspielraum der Päpste und die individuelle Ausübung des Amtes nicht immer von den Zeitgenossen akzeptiert wurden, ja sogar Gegenbilder vom Amt des Stellvertreters Petri hervorriefen. Welche Bilder vom vicarius Petri und später Christi setzten die vom Konflikt um ihr Amt geprägten Päpste ihren Kritikern entgegen? Die Referenten setzen sich vorrangig mit der Deutung der Päpste durch sie selbst auseinander, mit deren eigener Sicht ihrer Person, mit ihrer Interpretation des Amtes sowie der Persönlichkeit und des Handelns ihrer Vorgänger.

"Ich habe die Gerechtigkeit geliebt und die Ungerechtigkeit gehasst" Gregor VII. in Konflikt und Krise
Jochen Johrendt (Rom)

Kein anderer Papst des Mittelalters ist im Bewusstsein der heutigen Öffentlichkeit so sehr mit dem grundlegenden Konflikt zwischen kirchlicher und weltlicher Spitze verbunden wie Gregor VII. (1073-1085). Für die einen ist er der unnachgiebige, machthungrige und seine Gegner demütigende Papst, der seine Kompetenzen weit überschritten hatte, der Inbegriff eines mittelalterlichen Papsttums, das Könige und Kaiser absetzte und exkommunizierte. Dieser Sichtweise bediente sich bereits Otto von Bismarck als er formulierte: "Nach Canossa gehen wir nicht!" Den anderen gilt er als Heiliger, der die Kirche vom Würgegriff der weltlichen Gewalt befreien und ihre Eigenständigkeit wieder herstellen wollte, der unbeirrt an seinen Glaubensüberzeugungen festhielt und - aus Rom vertrieben und scheinbar gescheitert - in Salerno starb. Damit sind Konfliktlinien skizziert, die teilweise schon in den Auseinandersetzungen während und unmittelbar nach dem Pontifikat Gregors VII. vorhanden oder vorgezeichnet waren. Sie spiegeln sich auch in den von den Zeitgenossen benutzten Bildern wider. Der Vortrag konzentriert sich innerhalb dieses Panoramas auf Gregors Vorstellung von den Kompetenzen, Aufgaben und Pflichten, die das päpstliche Amt auch für seine Person nach sich zog: Was bedeutete es für ihn, der vicarius Petri zu sein, und mit welchen anderen Deutungen musste er dabei konkurrieren? Welches Eigenbild vermittelte Gregor VII. etwa an seine Briefpartner und auf welche Gegenbilder stieß er in seiner Korrespondenz? In welchen Fällen und wie reagierte er auf diese? Nicht zuletzt stellt sich die Frage, ob das Ringen um die Deutungshoheit über die Ausgestaltung des Amtes das Eigenbild Gregors VII. veränderte.

"...dem Pfeil zum Ziel gegeben" (Lam. 3,12). Strategien Pius II. (1458-1464) in der Auseinandersetzung mit seinen Kritikern
Claudia Märtl (München)

Papst Pius II. (Enea Silvio Piccolomini, 1405/1458-1464) war sich der Gefahr bewusst, dass jede seiner Handlungen ihm scharfe Kritiken eintragen konnte. Er reagierte darauf nicht nur mit der Anwendung der ihm als Papst zur Verfügung stehenden Weisungs- und Strafgewalt, sondern auch mit subtileren Strategien, um das Bild seines päpstlichen Agierens für Gegenwart und Nachwelt gemäß seinen Absichten zu formen. Seine autobiographischen Commentarii, seine Reden und schriftlichen Verlautbarungen sollten ihn in souveräner Formulierung als göttlich inspiriertes Oberhaupt der Christenheit und versierten, entscheidungssicheren, durchsetzungsfähigen Politiker erweisen. Große liturgische Inszenierungen sollten das einmütige Zusammenwirken der kurialen Kräfte unter seiner Leitung demonstrieren. Die Schaufassade von Vatikanbasilika und -palast wollte er nach antiken Vorbildern gestalten lassen und zugleich dem Papst eine neue Bühne für sein Auftreten schaffen. Neben diesen Maßnahmen, die auf die Erzeugung eines Bildes von historischer longue durée berechnet waren, gab es aber auch noch das tägliche Agieren in der Audienz, im Konsistorium, bei der „segnatura" oder im intimen Gespräch, Gelegenheiten, bei denen sich der Papst in verschiedenen Rollen zeigte, was bei Pius II. durch die überaus dichten Berichte italienischer Beobachter gut verfolgt werden kann. An seinen rhetorischen und taktischen Strategien ist hier hervorzuheben, wie er bisweilen seine eigene Biographie und seine physische Hinfälligkeit - beides potentielle Schwachpunkte seines Pontifikats - argumentativ oder symbolisch in Stärken umzuwandeln wusste. Er benutzte die Kontingenzen seines Lebenswegs bewusst um das Bild eines von Gott erwählten Pontifex zu schaffen.

Leo X.: Bilder und Wahrheiten eines janusköpfigen Papstes
Götz-Rüdiger Tewes (Köln)

Leo X. schuf sofort mit Beginn seines Pontifikates in bildlicher, schriftlicher wie mündlicher Form äußerst wirkmächtige Eigenbilder, durch die er sich - gerade in Absetzung von seinem Vorgänger Julius II., als dessen Gegenbild gleichsam - als Papst des Friedens und Glücks, der Eintracht und Tugend inszenierte, der mit einem universalen Anspruch die zerstrittenen christlichen Länder versöhnen wollte. Durch die Analyse dieser Bilder lassen sich freilich deutlich ideale und reale Eigenbilder unterscheiden, die in den folgenden Jahren aufgrund der durch Leos Handlungen erzeugten Bilder, nicht mehr deckungsgleich, sogar inkompatibel zu sein scheinen. Hierdurch kam es bei Zeitgenossen wie in der Forschung zum konfliktgeladenen Bild eines Medici-Papstes mit "zwei Seelen in seiner Brust", der mit "zwei Kompassen" segelte, letztendlich unaufrichtig, doppelzüngig und verschlagen war. Doch eine solche Ambiguität wird sowohl von Chronisten, die ihn besser kannten, als auch von einer die gesamte Biographie und den historischen Kontext berücksichtigenden Forschung nicht bestätigt. Denn konstitutiv für die Selbstdeutung dieses Papstes ist zum einen eine 18jährige Exilserfahrung, durch welche der Medici zudem sein Pontifikat als Erfüllung eines göttlichen Planes begriff, zum anderen, dass er als Oberhaupt seiner Familie neben dem Kirchenstaat mit der Republik Florenz faktisch auch einen weltlichen Staat regierte, der für sein Haus und sein Pontifikat größte Bedeutung besaß. Deswegen durchdrangen sich für Leo X. das ideale und reale Eigenbild, bildeten keinen Gegensatz; gleichwohl bildete die eigennützige Familienpolitik zunehmend den relativierenden Maßstab für die universalen geistlichen Aufgaben und damit auch für die Behandlung der Luthersache.

"Die Fahne des Kreuzes aufs Neue ausgebreitet...", Pius VII. zwischen Revolution, Reorganisation und Restauration
Lutz Klinkhammer (Rom)

Der Weg der katholischen Kirche in Deutschland im 19. Jahrhundert ist in institutioneller Hinsicht als Weg einer "weitgehend autonomen Priesterkirche in eine abhängige Papstkirche" (W. Schieder) bezeichnet worden. Dies erscheint überraschend, konnte man doch zu Beginn des Jahrhunderts erst einmal meinen, mit der päpstlichen Gewalt sei es, wie Ranke formulierte, "für immer aus". Verfestigen konnte sich diese Vorstellung mit der französischen Okkupation und der sukzessiven Annexion des Kirchenstaats zwischen 1808 und 1814. Wie einschneidend war die revolutionäre Zäsur im religiösen Bereich, welche Erfahrungen und welche Anpassungen hat die napoleonische Herausforderung in der Kurie ausgelöst? Welche Rolle spielte das Bild, das Pius VII. von der Katholischen Kirche und von seinem Amt hatte, für die Erhöhung der päpstlichen Dominanz gegenüber den Bischöfen? Welches Selbstverständnis besaß dieser Papst, der mit der Vergangenheit (und mit seinem Vorgänger) in der Bulle Post diuturnas zu brechen schien, nach 1814 die Jesuiten wieder einführte und die Freimaurer verurteilte, Volksmissionen, Bruderschaften und Wallfahrtswesen intensivierte und die Rolle des Vatikans durch Konkordatsabschlüsse und internationale Verhandlungen erhöhte? Welche Bedeutung kam dem Selbstbild Pius VII. für "eine bis dahin in der Kirchengeschichte unerhörte Romanisierung" (R. Lill) zu?

Pius IX. - Mythos und Geschichtsschreibung
Stefano Trinchese (Chieti)

Pius IX. stand lange Zeit im Zentrum einer heftigen politischen und historiographischen Debatte. Insbesondere am Mythos vom nationalen und liberalen Papst schieden sich lange die Geister. Die eine Seite sah in ihm den Befürworter des nationalen Einigungsprozesses in Italien, der zu einer Diskussion über die neuen liberalen Ideen bereit gewesen sei; die andere Seite betrachtete ihn als "Papa-re", der an den legitimistischen Vorrechten festgehalten und sich in seinen reaktionären Zielsetzungen insbesondere der politischen Moderne entschieden widersetzt habe. In Wirklichkeit war Pius IX. ein Kind seiner Zeit, das die historische Verbindung zwischen Thron und Altar verteidigen wollte. Er war im traditionalistischen, illiberalen Klima einer der gegenreformatorischen Tradition verpflichteten Kirche aufgewachsen. Seine Generation war von den Schrecken der Französischen Revolution geprägt. Dieses Klima weckte im späteren Papst Mastai einen moralischen Missionseifer, der darauf zielte, für die Kirche den verlorenen Boden in der Führung der Gesellschaft zurückzugewinnen. Die überkommene Treue der Kirche zur "legitimen Macht" ging dabei weder 1848 und noch weniger 1870 so weit, die "vollendeten Tatsachen" bedingungslos zu akzeptieren. Vielmehr richtete sich Pius IX. in politisch intransigenter Haltung gegen das neue Königreich Italien. Ebenso intransigent hielt er auf der Ebene von kirchlicher Lehre und Theorie an einer dogmatischen Definition der päpstlichen Rolle und Gewalt (Unfehlbarkeitsdogma) fest und richtete sich mit dem Syllabus gegen die Irrtümer der Moderne. Im Wesentlichen hat sich die Geschichtsschreibung von diesen Bildern noch nicht zu lösen vermocht.

1.3. Beruhen Geschichtsbilder auf Bildern?

Leitung: Achatz von Müller (Basel), Lucas Burkart (Basel)

Die Auratik der Geschichte - Materialität und Glanz von Geschichtsbildern
Lucas Burkart (Basel)

Medialität kultureller Informationssysteme
Wolfgang Hagen (Berlin)

Ende oder Grenzen der Geschichtsbilder in der Post-Histoire
Lutz Niethammer (Jena)

Die Strukturen des frühen Geschichtsbildes - Spätmittelalterliche Geschichtsmalerei
Claus Volkenandt (Basel)

Sprachbilder und Bildersprache: psychoanalytische Gedanken zur (Re) Konstruktion der lebensgeschichtlichen Vergangenheit
Joachim Küchenhoff (Basel)

Vom Ereignis zum historischen Exempel: Wie kommt das Recht ins Bild?
Norbert Schnitzler (Chemnitz), Ulrich Meier (Bielefeld)

Geschichtspolitik- Geschichtsbild - Bildgeschichte. Fabriziert das Fernsehen Geschichtsbilder?
Achatz von Müller (Basel)

Zusammenfassung:
Die Beschäftigung der Geschichtswissenschaft mit Bildern ist seit dem von W.J.T. Mitchell und Gottfried Boehm ausgerufenen iconic/pictorial turn en vogue. Diese Hinwendung zum Bild hat die Geschichtswissenschaft bereits unübersehbar bereichert. Sie konfrontiert die historischen Wissenschaften zugleich aber auch mit der Herausforderung Bedingungen, Disposition und Struktur des Bildmediums zu analysieren und auf ihre eigenen Problemstellungen hin zu befragen. Bilder sind nicht mehr nur als bloße Illustrationen eines durch Textüberlieferung gesicherten Wissens anzusehen. Ebenso wenig können Bilder als ein "etwas anderer Text" behandelt werden. Bilder haben vielmehr eine eigene mediale Textur, der die Geschichtswissenschaft durch eine neuartige Kombination von Bild- und Textanalyse gerecht werden muss.

Erste Anregungen hat die Geschichtswissenschaft für die Frage nach dem Bild aus naheliegenden Gründen aus der Kunst- und Bildwissenschaft erhalten. Neuerdings finden aber auch Debatten aus den Naturwissenschaften, die ihrerseits aus der hohen Bedeutung bildgebender Verfahren für diese Wissenschaftsdisziplinen erwuchsen, vermehrt Eingang in die Diskussion um Bedeutung und Heuristik von Bildern in den Geistes- und Kulturwissenschaften.

Bilder scheinen somit in beinahe allen Wissenschaftsdisziplinen für methodische und analytische Innovation zu stehen. Der Preis hierfür scheint zur Zeit der Verzicht auf die notwendige Trennschärfe des Bildbegriffs in der methodischen Stratifikation der Disziplinen: alles wird zum Bild und Bild ist alles. Dabei drohen die Grenzen zwischen dem metaphorischen Gebrauch des Bildbegriffs und seinen analytischen Möglichkeiten ebenso zu verschwimmen wie die Differenz zwischen epistemologischer Konstruktion und modischem Accessoire. Vor dem Hintergrund dieser aktuellen Situation möchte die vorgeschlagene Sektion das Motto des Historikertages aufnehmen und fragen "Beruhen Geschichtsbilder auf Bildern?" Gerade eine derartig grundständige Problemstellung zielt somit auf die Frage nach der Medialität von Bildern, beziehungsweise deren Bedeutung für eine analytische Geschichtswissenschaft, als auch auf das Zusammenspiel von Bild und Text sowie die neuro-medialen Bedingungen für die Konstitution von Geschichtsbildern.

Wie bereits die Anregung zu einer Hinwendung zum Bild von einer Nachbardisziplin angeregt wurde, so ist auch die Debatte um die (Be-) Deutung von Bildern in der Geschichtswissenschaft nur im Dialog mit den Nachbardisziplinen zu führen. Dementsprechend sollen in der Sektion nebst Historikern ein Medienwissenschaftler, ein Psychologe sowie ein Kunsthistoriker sprechen. Dabei geht es nicht darum, sich die Fragestellungen der Nachbardisziplinen zu eigen zu machen, sondern vielmehr den medialen und analytischen Status von Bildern in diesen Disziplinen für Fragen der Geschichtswissenschaft fruchtbar zu machen. Jenseits einer interdisziplinären Orientierung, die die methodische Reflexion der Bedeutung des Bildes in der Geschichtswissenschaften voranbringen möchte, will die vorgeschlagene Sektion das Thema des Historikertages nach Geschichtsbildern aber gerade auch in seiner historischen Tiefendimension in den Blick nehmen. Das chronologische Spektrum der Beiträge reicht aus diesem Grund von der Geschichte des Mittelalters bis zur Zeitgeschichte.

Die Strukturen des frühen Geschichtsbildes - Spätmittelalterliche Geschichtsmalerei
Claus Volkenandt (Basel)

Aus kunsthistorischer Perspektive pointiert der Beitrag Droysens Frage, wie aus Geschäften Geschichte wird. Dazu ist es nötig, die Opposition von historischem oder ästhetischem Bildumgang, die die Kunstgeschichte in ihrer Fachgeschichte entwickelt und festgeschrieben hat, aufzulösen. Die Alternative von Kunst oder Geschichte verstellt die doppelte Bindung kunsthistorischen Arbeitens: Die Geschichte ist kunsthistorisch genauso unhintergehbar wie die Sinnlichkeit, in der uns Kunst begegnet. Erst mit der Auflösung dieser Alternative wird es möglich, das Verhältnis von Kunst und Geschichte, von Bild und Geschichtsbild produktiv neu zu bestimmen. Exemplarisch wird dieses der Vortrag an Rembrandts "Anatomie des Dr. Tulp" diskutieren. Gefragt wird, ob und wie aus den ästhetisch gewonnenen Einsichten, die die Kunst ermöglicht, ein Brückenschlag zu einer historischen Erfahrung gelingen kann. Mit diesem Brückenschlag ist die Rembrandtsche "Anatomie" kein Spiegel ihrer Zeit mehr, sondern eröffnet Erfahrungen von Geschichte, wie sie allein von ihr als einem Bild aus zugänglich werden.

Sprachbilder und Bildersprache: psychoanalytische Gedanken zur (Re-)Konstruktion der lebensgeschichtlichen Vergangenheit
Joachim Küchenhoff (Basel)

Ziel des Beitrags wird es sein, das Verhältnis von bildhafter und sprachlicher Repräsentation in der Konstruktion oder Rekonstruktion der eigenen Vergangenheit zu untersuchen. Ausgangspunkt werden psychoanalytische Konzepte sein, die die Formen der psychischen Repräsentation zu erfassen versucht haben: S. Freuds Unterscheidung von Sach- und Wortvorstellungen, J. Lacans Differenzierung des Imaginären, des Symbolischen und des Realen und W.R. Bions Theorie des Denkens, insbesondere die Rolle interpersonaler Erfahrung für die Verarbeitung von (bildhaften) Sinnesdaten. Diese klassischen Konzepte werden verglichen mit den gegenwärtig aktuellen interdisziplinären Beiträgen zum Verhältnis von kognitiven Neurowissenschaften und Psychoanalyse, insbesondere mit der multiple coding - Konzeption von W. Bucci. Die Triftigkeit der Fragestellung erweist sich nun an ihrer Nützlichkeit für die Klinik. Das Verhältnis von bildhafter und sprachlicher Repräsentation strukturiert sich je anders für Menschen mit neurotischen Leiden, für traumatisierte, psychosomatisch kranke oder psychotisch kranke Menschen.

Vom Ereignis zum historischen Exempel: Wie kommt das Recht ins Bild?
Norbert Schnitzler (Chemnitz), Ulrich Meier (Bielefeld)

Bilder sind seit jeher Bestandteil historiographischer Darstellungsverfahren. Als scheinbar für sich sprechende Dokumente verleihen sie dem Dargelegten eine zusätzliche visuelle Evidenz. Andererseits entziehen sie sich immer wieder dem begehrlichen Zugriff, sprengen den intendierten Deutungskontext und rufen weitere Sinnzusammenhänge auf bzw. fordern entsprechende Interpretationsbedürfnisse heraus. In dem Beitrag wird es darum gehen, nachzuvollziehen, wie eine aus unterschiedlichen Quellen gespeiste Mirakelerzählung des 14. Jahrhunderts etwa 150 Jahre später für die Produktion einer judenfeindlichen propagandistischen Flugschrift adaptiert wurde. Der Vorgang weist unterschiedliche Ebenen der Verarbeitung auf: Die ursprüngliche Narratio wird neu arrangiert, dazu gehört insbesondere die Bebilderung der Erzählung; die Bilder ihrerseits beruhen auf einer spezifischen Auswahl und Arrangierung vorhandener Motive und Darstellungstechniken. Die Macht des neuen Mediums Flugschrift zeigt sich rasch: Sie erfordert in unterschiedlichen diskursiven Zusammenhängen wiederum Umdeutungen der ursprünglichen Mirakellegende bzw. regt zu weiteren Interpretationen an. In der Folge lösen sich einzelne Illustrationen von dem Text-Bild-Arrangement der Flugschrift und regen die Produktion neuer Bilder an, die wiederum zur Beglaubigung historischer Abläufe in der konfessionell gebundenen Geschichtsschreibung des 16. Jahrhunderts herangezogen werden.

1.4. Repräsentationen der Wohltätigkeit. Der Akt des Gebens und Nehmens im Bild Europas, 13. - 20. Jahrhundert

Leitung: Lutz Raphael (Trier)

Darstellungen der Mantelspende des Heiligen Martin als Indikator der Veränderung sozialer Praktiken (Italien, 13.-16. Jahrhundert)
Philine Helas (Rom)

Die Visualisierung des Bettelns. Geben und Nehmen zwischen Mildtätigkeit und Sozialkritik (Österreich und Süddeutschland, 17.-19. Jahrhundert)
Gerhard Ammerer (Salzburg), Sabine Veits-Falk (Salzburg)

Religiöse Bildprogramme der Armenfürsorge und exkludierende Vergabepraktiken (Geistliche Kurfürstentümer im Alten Reich, 16.-18. Jahrhundert)
Sebastian Schmidt (Trier)

Wohltätige Fremdherrschaft und ihre Inszenierung: eine Fotodokumentation britischer Strukturhilfe für irische Armutsregionen um 1900 (Irland, 19. und 20. Jahrhundert)
Inga Brandes (Trier)

Das Bild des Spendenempfängers in den Werbemaßnahmen bundesrepublikanischer Wohltätigkeitsorganisationen (Deutschland, 20. Jahrhundert)
Gabriele Lingelbach (Trier)

Moderation
Lutz Raphael (Leitung, Trier)

Zusammenfassung:
Seien es die Taten Christi oder seien es die sieben Werke der Barmherzigkeit - im Kontext von Darstellungen der christlichen Caritas kann die Mantelspende des Heiligen Martin als eines der häufigsten Motive in der europäischen Kunst gelten: In Mittelalter und Renaissance wird sie in ganz Europa zum Sinnbild der Mildtätigkeit schlechthin. Ein diachroner Vergleich unterschiedlichster Bildquellen von den Fresken, Tafelbildern und Buchminiaturen des 14./15. Jahrhunderts, über die Druckgraphik des 15./16. Jahrhunderts, bis hin zur Fotografie des 19./20. Jahrhunderts, also vom "autonomen" Kunstwerk über die textgebundene Illustration bis hin zur vermeintlich objektiven sozialdokumentarischen Fotografie erforderte es, den jeweiligen medialen, künstlerischen und sozialen Kontext zu bedenken: Während der Akt des Gebens/Nehmens im Mittelalter als reziprokes religiös aufgeladenes Geschehen gezeigt wird, sind auf Spendenplakaten des 20. Jahrhunderts hingegen fast ausschließlich die Empfänger von Spenden und milden Gaben zum visuellen Sujet avanciert.

Von dieser Beobachtung ausgehend soll in der Sektion die Frage behandelt werden, wie der zweipolige Prozess des mildtätigen Gebens und dankbaren Nehmens visuell dargestellt wird, inwieweit er religiös oder konfessionell konnotiert ist und in welchem Verhältnis die jeweiligen Bildprogramme zu gesellschaftlichen Praktiken, Deutungen und Erwartungen stehen.

Darstellungen der Mantelspende des Heiligen Martin als Indikator der Veränderung sozialer Praktiken (Italien, 13.-16. Jahrhundert)
Philine Helas (Rom)

In der bildenden Kunst ist die Mantelspende des Heiligen Martin wohl die am häufigsten dargestellte Episode aus der Vita eines Heiligen überhaupt: In Mittelalter und Renaissance wird sie in ganz Europa zum Sinnbild der Mildtätigkeit schlechthin.

Die 'Instrumentalisierung' des Bildes des mantelteilenden Hl. Martin soll an zwei Beispielen diskutiert werden. Eine Doppelseite des "Hussitencodex" baut einen doppelten Kontrast auf, indem sie die Mildtätigkeit des Martin und den verschwenderischen Klerikern einerseits und den einfachen, geteilten Mantel und die prunkvollen Gewänder andererseits gegenüberstellt.

Als Sinnbild der Mildtätigkeit wurde der Heilige als Schutzpatron karitativer Bruderschaften gewählt, so etwa von jener 1490 in Ferrara begründeten "Scuola di San Martino", die das Ziel hatte, den poveri vergognosi zu helfen. Die Statuten von 1494 zeigen den Bettler mit einer schwarzen Kutte bekleidet und einer Sammelbüchse in der Hand, mithin als ein Mitglied der Bruderschaft. Diese verteilte das gesammelte Geld unter den "verschämten Armen", welche ihrerseits das Privileg hatten, sich nicht öffentlich exponieren zu müssen. Hier wird das Bildformular der Mantelspende also nur als ein Zeichen aufgerufen, das für Mildtätigkeit steht, der Bedürftige tritt nicht in Erscheinung, sondern die Bruderschaft schaltet sich als Mittler zwischen Spender und Empfänger. Es visualisiert eine Tendenz der spätmittelalterlichen Gesellschaft, Mildtätigkeit über kommunale und bruderschaftliche Organisationen zu kontrollieren und zu steuern.

Die Visualisierung des Bettelns. Geben und Nehmen zwischen Mildtätigkeit und Sozialkritik (Österreich und Süddeutschland, 17.-19. Jahrhundert)
Gerhard Ammerer (Salzburg), Sabine Veits-Falk (Salzburg)

Kirche und weltliche Obrigkeiten versuchen während der Frühen Neuzeit mit zunehmender Intensität die betrügerischen Bettler von den wahren Armen zu unterscheiden und diesen mit fürsorgerischen, jenen mit repressiven Mitteln zu begegnen. Darüber hinaus wurde die individuelle Almosengabe immer stärker problematisiert. Doch weiterhin herrschte zwischen den obrigkeitlich normierten Verhaltensregeln und der alltäglichen "Wirklichkeit" im Umgang mit Almosensammlern eine tiefe Kluft.

Wie dies in Bildern ihren Niederschlag fanden, möchten wir anhand von ausgewählten Beispielen aus dem österreichischen und süddeutschen Raum, die das Betteln als Sujet haben, untersuchen.

Gefragt wird nach den Veränderungen in der Visualisierung der Spender und Empfänger, nach der Repräsentation von Herrschaft und nach den spezifischen "Sichtweisen" der Bilder auf die Almosengabe.

Der zeitliche Rahmen reicht von Stichen aus den Jahren um 1700 ("Bettler-Narr" und "Der Bettler") bis zu Gemälden von Georg Ferdinand Waldmüller und Anton Danhauser aus dem 19. Jahrhundert.

Religiöse Bildprogramme der Armenfürsorge und exkludierende Vergabepraktiken (Geistliche Kurfürstentümer im Alten Reich, 16.-18. Jahrhundert)
Sebastian Schmidt (Trier)

Gerade im Hinblick auf die institutionelle Entwicklung der Caritas lassen sich in der Epoche zwischen Reformation und Auflösung des Alten Reichs bedeutende zukunftsweisende Wandlungsprozesse nachzeichnen. Zugleich wirkten jedoch mittelalterliche Vorstellungen von Gesellschaft, Caritas und Fürsorge noch lange Zeit fort. "Wohltaten am falschen Ort, sind Übeltaten gleich" - diese aus der Antike stammende Redewendung kann als deren Leitmotiv gesehen werden. Das Argumentationsmuster, das sich hierbei konfessionsübergreifend in den meisten Fürsorgeverordnungen der Frühen Neuzeit findet, zielte darauf ab, dass nur die kontrollierte Almosenvergabe Sinn mache und effektiv sei, da man bei den begrenzten Ressourcen eine Auswahl treffen müsse. Die geistlichen Kurfürstentümer standen dabei lange unter dem Generalverdacht, besonders rückständig und reformunwillig zu sein, dabei versuchte auch hier der werdende Staat, die Almosenausteilung zunehmend exklusiv zu gestalten und stärker an Fragen der Arbeitsbereitschaft und Nützlichkeit für das Gemeinwohl zu koppeln. Bettelabwehr und Bettelbekämpfung standen dabei im Zentrum kommunaler und staatlicher "Fürsorgemaßnahmen". Im Vortrag wird der Widerspruch gezeigt, der zwischen religiösen Spendendarstellungen einerseits und dem Verbot persönlicher Almosenspenden in den geistlichen Kurstaaten andererseits bestand, denn in den religiösen Spendenbildprogrammen lässt sich deutlich das Festhalten an traditionellen Repräsentationen des Gebens und Nehmens aufzeigen.

Wohltätige Fremdherrschaft und ihre Inszenierung: eine Fotodokumentation britischer Strukturhilfe für irische Armutsregionen um 1900 (Irland, 19. und 20. Jahrhundert)
Inga Brandes (Trier)

In Irland entstand zwischen 1906 und 1914 eine Reihe von Fotografien, die den Erfolg der europaweit ersten staatlichen Initiative zur regionalen Strukturhilfe visuell dokumentieren sollten. Nach knapp 15 Jahren seines Bestehens beauftragte das so genannte Congested Districts Board mindestens zwei Fotografen, die Resultate seiner Hilfsmaßnahmen im Kampf gegen die permanente Armut irischer Bauern und Landarbeiter fotografisch zu dokumentieren. Ein Teil dieser Bilder wurde dann im Rahmen einer Ausstellung in Dublin der irischen Öffentlichkeit präsentiert.

Neu gebaute Häuser, Brücken oder Hafenanlagen stellen die bevorzugten Sujets der Fotoserie dar. Dabei fällt sehr auf, dass einerseits kaum Personen abgebildet sind und andererseits die Perspektive so gewählt wurde, dass "Landschaft" immer als Hintergrund im Bild bleibt. Die allgemeine Auffassung von der Fotografie als einem besonders wahrheitsgetreu abbildenden Medium wurde von einer staatlichen Behörde genutzt, um die öffentliche Meinung zu ihren Gunsten zu beeinflussen. Im diachronen und synchronen Vergleich mit anderen Fotoreihen aus England oder Irland, die Armut und Elend fotografisch dokumentieren, fällt bei den vorliegenden Bildern auf, wie sehr ihr Bildgehalt sich von zeitgenössischen Tropen der Armutsdarstellungen visuell entfernt hatte.

Das Bild des Spendenempfängers in den Werbemaßnahmen bundesrepublikanischer Wohltätigkeitsorganisationen (Deutschland, 20. Jahrhundert)
Gabriele Lingelbach (Trier)

Die Repräsentation des Gebens und Nehmens wohltätiger Spenden unterlief in der Bundesrepublik während der gut vier Jahrzehnte zwischen Kriegsende und Wiedervereinigung einem deutlichen Wandel. Dieser soll anhand der so genannten Sammlungsplakate, also der Werbeposter, mit denen die spendensammelnden Institutionen in der Öffentlichkeit um Geld baten, analysiert werden. Im Mittelpunkt stehen die kirchlichen Sammlungsträger: Innere Mission, Evangelisches Hilfswerk bzw. später die Diakonie sowie die Drittweltinitiative Brot für die Welt auf der protestantischen, Caritas und als Äquivalent zu Brot für die Welt, Misereor. Ihre Spendenwerbung wird dahingehend untersucht, inwieweit sich religiöse Bildtraditionen in der Repräsentation von Bedürftigkeit und Wohltätigkeit halten konnten bzw. welche Auswirkungen die zunehmende Säkularisierung sowie die zunehmende Konkurrenz auf dem bundesrepublikanischen Spendenmarkt hatten, da sie die sammelnden Organisationen zwangen zu „weltlicheren“ Bildprogrammen zu greifen. Da die Sammlungsplakate ein geschlossenes Sample mit ein und derselben Funktionszuweisung bilden, bieten sie eine ideale Basis, um sowohl synchrone Vergleiche (zwischen katholischer und protestantischer Spendenwerbung) als auch diachrone Vergleiche anzustellen.

1.5. (Geschichts)Bilder als Argument - Image, Imagebildung und Imagetradierung von Herrschenden in der Geschichte

Leitung: Arnd Reitemeier (Kiel)

Einleitung
Arnd Reitemeier

Herrscher mit Erklärungsbedarf: Die englischen Könige während des Hundertjährigen Krieges und ihr Image
Arnd Reitemeier

Imagebildung und Herrschaftslegitimation durch Geschichte im Schweden des 18. Jahrhunderts
Volker Seresse (Kiel)

Gewandeltes Herrscherbild, veränderte Inhalte: Von Stalin zu Chruschev
Jan Kusber (Mainz)

Die Erfindung der republikanischen Präsidentschaft im Zeichen des Geschichtsbruchs. George Washington und die Ausformung eines demokratischen Herrscherimages
Volker Depkat (Regensburg)

Zusammenfassung und Ausblick
Heinz Duchhardt (Mainz)

Resümée
Arnd Reitemeier

Einleitung
Arnd Reitemeier (Kiel)

Bei der Konzeption der Sektion wurde davon ausgegangen, dass Herrscher ihren Untertanen die Legitimität ihrer Herrschaft vermitteln mussten. Wandten sich die Könige im Mittelalter und in der Frühen Neuzeit vornehmlich an die Fürsten sowie zunehmend auch an die Stände, so mussten sie im weiteren Verlauf der Neuzeit die Gesamtheit ihrer Untertanen zunehmend direkt ansprechen. Dies wurde durch die wachsenden Möglichkeiten der Medien erleichert. Herrscher aller Jahrhunderte mussten also ein "Image" ihrer Person und ihrer Herrschaft aufbauen, wobei die Referenten den Begriff des "Image" mit dem des "Vorstellungsbildes" gleichsetzten. Der Versuch, die Wahrnehmung der Person des Herrschers ebenso wie seiner Herrschaft bei Dritten zu beeinflussen, ging mit einer Einordnung in soziale oder religiöse Zusammenhänge einher, wobei die Gesamtheit dieser Elemente kognitive, visuelle und emotionale Komponenten umfassen konnte. Diese Kommunikation zwischen dem Imageträger auf der einen und dem Imagerezipienten auf der anderen Seite bewirkte zugleich, dass das Image eines Herrschenden nicht statisch, sondern immer dynamisch angelegt war. Es wurde von den jeweiligen Medien der Kommunikation einer Zeit geprägt und war den Mechanismen der Machtausübung ebenso wie den politischen Kräfteverhältnissen unterworfen. Folglich konnte ein Herrscher über die Dauer seiner Amtszeit sowohl ein und dasselbe Image verfolgen als auch Akzentuierungen oder Änderungen vornehmen.

In den Sektionsvorträgen wurden die Untersuchungen der Herrscherimages auf den Rückgriff auf die Geschichte und die Instrumentalisierung dieser "Geschichtsbilder" beschränkt. Im Zentrum stand somit die Frage, wie Informationen über historische Ereignisse ebenso wie historische Vorstellungen von den Herrschern für die Schaffung eines Image instrumentalisiert wurden bzw. an welchen historischen Informationen und Vorstellungen sie gemessen wurden. Alle Vorträge versuchten daher Antworten auf drei Leitfragen:

1. Welche Informationen über historische Ereignisse und damit welche "Geschichtsbilder" wurden von Herrschern verwendet, um sich selbst und ihre Herrschaft zu legitimieren? Hierzu gehört auch die Untersuchung der zeitlichen Distanz zwischen dem "Geschichtsbild" und ihrer imagebildenden Verwendung.

2. Welche Mittel wurden eingesetzt, um das Image des Herrschers zu prägen? Diese Frage lässt sich durch weitere Untersuchungsgebiete ergänzen: In welchem Maß wurde auf visuelle Elemente zurückgegriffen? Inwie weit manipulierte der Imageträger die ihm zur Verfügung stehenden historischen Informationen zugunsten der gewünschten Imagerezeption?

3. An wen richtete sich der Herrscher? Wie wurden die imagebildenden Maßnahmen rezipiert? In welcher Weise prägen die von den Herrschenden aufgebauten Images unsere Wahrnehmung ihrer Personen und ihrer Herrschaft bis heute, sprich: in welcher Weise sind die (Geschichts)Bilder konstitutiv für unsere Wahrnehmung der Geschichte?

Herrscher mit Erklärungsbedarf: Die englischen Könige während des Hundertjährigen Krieges und ihr Image

Arnd Reitemeier (Kiel)

Die Außenpolitik der englischen Könige Edward III. und Richard II. wurde durch die Kriege gegen Frankreich und Schottland geprägt, während die Monarchen innenpolitisch die Zustimmung der Fürsten sowie in wachsendem Maß des Parlaments gewinnen mussten, um insbesondere die zur Finanzierung der Kriegszüge notwendigen Steuern erheben zu können. In dem Versuch, die englischen Fürsten von ihrer Politik zu überzeugen, betonten die Könige historische Bezüge und machten Gebrauch von Legenden und Zuschreibungen, die teilweise erst während ihrer Amtszeit entstanden. Vier Elemente wurden hierbei unterschieden: Edward III. wie Richard II. bezogen sich sowohl auf (1) Personen der Geschichte wie auf (2) Heilige: Edward III. vertrat ganz wesentlich das Bild des Königs als oberster Ritter und bezog sich dabei besonders auf König Artus. Im Gegensatz hierzu versuchte Richard II. vor allem ab 1389, das Image eines von Gott eingesetzten, weisen und reifen Herrschers aufzubauen, wobei er nicht zuletzt seine Verbundenheit mit dem Hl. Edward betonte. (3) Beide Herrscher verehrten ihre Vorgänger: Edward III. distanzierte sich von seinem Vater und verehrte öffentlichkeitswirksam seinen Großvater. Richard II. förderte dagegen demonstrativ das Gedenken an seinen Vater und Urgroßvater Edward II., dessen Kanonisierung er betrieb. Schließlich waren (4) historische Legenden Teil des Image der Herrscher, indem Edward III. seine thaumaturgischen Fähigkeiten betonte oder Richard II. und noch mehr Heinrich IV. von der Legende des von Thomas Becket empfangenen Heiligen Öls Gebrauch machten.

Insgesamt kam es gerade bei den langen Regierungszeiten Edwards III. und Richards II. zu Änderungen und Akzentuierungen der außerordentlich komplexen Vorstellungsbilder, die vielfach im Kontext religiöser Motive standen. Die Herrscher wandten sich vorwiegend an den Hof und den Hochadel sowie indirekt an die ökonomische Elite und den Niederadel. Keiner der Herrscher versuchte die englische Historiographie unmittelbar zu beeinflussen. Ihnen gelang es daher nur teilweise, die von ihnen aufgebauten Vorstellungsbilder zu perpetuieren, weil es in Folge der innenpolitischen Wirren zu nachträglichen Umdeutungen und Umschreibungen in der Chronistik kam.

Imagebildung und Herrschaftslegitimation durch Geschichte im Schweden des 18. Jahrhunderts

Volker Seresse (Kiel)

Im 18. Jahrhundert kam es zwei Mal zu tiefgreifenden Veränderungen in der schwedischen Innenpolitik: 1719 begann nach knapp 40 Jahren königlicher Eingewalt die sog. Freiheitszeit, in der die königliche Macht drastisch zugunsten des Reichstages (Adel, Geistlichkeit, Stadtbürger, Bauern) beschnitten war. 1772 kehrte Gustav III. diese Entwicklung in einem Staatsstreich um und retablierte die königliche Eingewalt; diese Regierungsform sollte bis 1809 bestehen.

Bei Gustav III. läßt sich der gezielte Versuch der Imagebildung unter Zuhilfenahme der Geschichte beobachten. Besonders Gustav Vasa wurde in legitimatorischer Absicht in Anspruch genommen, wobei dessen Rolle als Befreier von den Dänen mit Gustavs III. Handeln parallelisiert wurde: auch der Putsch von 1772, so hieß es, habe die wahre Freiheit gerettet. Reden, literarische Werke, Denkmäler u.a.m. zeugen der historisierenden Art der Imagebildung in gustavianischer Zeit.

Eine entsprechende Berufung auf die Geschichte war unter den Eliten der vorhergehenden Freiheitszeit wesentlich weniger ausgeprägt. Gewiss berief man sich auf die „uralte“ schwedische Freiheit. Darüber hinaus gab es aber kaum Versuche, gegen das im Volk verwurzelte, positive Image des Königtums ein konstitutionelles Geschichtsbild zu propagieren: selbst wo diese Möglichkeit nahe lag, wurde sie nicht verwirklicht: Jedenfalls waren die Reichshistoriographen der Freiheitszeit nicht in diesem Sinne tätig. Dagegen spielten Begriffe wie „Vaterland“ und „Gemeinwohl“ eine wichtige Rolle bei der Imagebildung der freiheitszeitlichen Eliten.

Der Grund für die gegenüber der gustavianischen Zeit geringe Rolle der Imagebildung mit Hilfe der Geschichte könnte darin liegen, dass das von 1719 bis 1772 bestehende politische System nicht nur auf die bestmögliche Identifikationsfigur – den König – bei der Imagebildung weitgehend verzichten musste, sondern durch die parteipolitische Fragmentierung eine einheitliche „Öffentlichkeitsarbeit“ zusätzlich erschwert war.

Gewandeltes Herrscherbild, veränderte Inhalte: Von Stalin zu Chruschev

Jan Kusber (Mainz)

Mit dem Tod Joseph Stalins starb eine Führergestalt, die sich in spezifischer Weise öffentlich präsentieren ließ. Sie war ein "Gesamtkunstwerk" (Boris Groys), das mit bestimmten ikonographischen Zeichen versehen, medial gleichsam omnipräsent war. Arbeitete Stalin an der Erschaffung seines Herrscherbildes in den zwanziger und dreißiger Jahren nach Lenins Tod aktiv mit, so begann sich dieses gleichsam gelenkt zu verständigen: Künstler, Filmschaffende, Literaten und andere trugen ihrerseits - eine Erwartungshaltung antizipierend - zur Zementierung dieses Herrscherbildes bei. Der Stalin-Kult in der Sowjetunion und darüber hinaus ist vielfach auch aus kulturgeschichtlicher Perspektive untersucht worden; er wirkt freilich, wie die Feiern zum 60. Jahrestages des Kriegsendes zeigen, bis in die Gegenwart. Die neue Sowjetführung um Nikita Chruschev musste mit der partiellen Entstalinisierung einerseits mit dem Erbe stalinistischer Herrschaftsrepräsentation umgehen, anderseits zu neuen Bildern der Herrschaftslegitimation und der Herrschaftsausübung gelangen, um Akzeptanz zu finden. War es bei Stalin die zunehmende Distanz der Herrschers, wurde es bei Chruschev die bewusste Volksnähe und das diskursive Spiel mit der Öffentlichkeit, die Akzeptanz schaffen sollten, die ihn aber auch angreifbarer machten. Der Wandel des Herrscherimages von Stalin zu Chruschev steht damit auch für veränderte Inhalte und für die Überprüfung der Tauglichkeit der verschiedenen Strategien in einer Modernisierungsdiktatur, die ohne die medial-ikonographische Präsentation einer Führungsfigur nicht auszukommen vermochte, denn auch Chruschev wurde Ende der fünfziger Jahre des 20. Jahrhunderts in dem sowjetischen Kosmos aufeinander bezogener, sekundärer Führerkulte der politischen kollektiven Führung zunehmend hervorgehoben.

Die Erfindung der republikanischen Präsidentschaft im Zeichen des Geschichtsbruchs. George Washington und die Ausformung eines demokratischen Herrscherimages

Volker Depkat (Regensburg)

Der Vortrag erläutert die U.S.-amerikanische Präsidentschaft in doppelter Hinsicht als „Erfindung“: zum einen erfanden die Amerikaner mit dem Präsidenten das Paradox eines „demokratischen Monarchen“, zum anderen delegierten sie die konkrete Ausgestaltung des Amtes an den politischen Prozeß selbst und überließen es George Washington als erstem Amtsinhaber, sich selbst als Präsident der amerikanischen Demokratie zu erfinden.

Dieser spannungsgeladene Zusammenhang gründet im Charakter der Amerikanischen Revolution als doppeltem Geschichtsbruch. Mit ihrer Unabhängigkeitserklärung brachen die Amerikaner 1776 nicht nur mit der Monarchie, sondern mit der Vergangenheit als solcher. Auf den Bruch mit der Vergangenheit folgte 1787 der Bruch mit den Traditionen des Republikanismus, denn eine föderal organisierte, in der Volkssouveränität gründende und auf Expansion angelegte flächenstaatliche Republik war ein historisches Novum. Wohl auch deshalb war die Verfassung von 1787 bewusst vage gehalten und enthielt kaum Handreichungen für die konkrete Ausgestaltung der republikanischen Ordnung.

Das politische Handeln George Washingtons als Präsident fand somit unter den Bedingungen eines doppelten Geschichtsbruchs statt. Er stand vor der Aufgabe, in der Ausgestaltung einer präzedenzlosen Herrschafts- und Gesellschaftsordnung traditionsbildend wirken zu müssen, um die föderale Republik und mit ihr die Ideale von 1776 dauerhaft zu machen. Der Geschichte bediente er sich in zweierlei Hinsicht: Erstens entwarf er sich unter Rückgriff auf die Antike als tugendhafter Republikaner und kaschierte damit die historische Vorbildlosigkeit seines Amtes. Zweitens betätigte er sich als Geschichtspolitiker, der die eigene Gegenwart in die heroische Vergangenheit der erst noch bevorstehenden Zukunft zu verwandeln suchte.

Resümée

Arnd Reitemeier (Kiel)

Die Sektion erbrachte eine ganze Reihe wertvoller epochenübergreifender Forschungsergebnisse. Herrscher aller behandelten Epochen und Räume verbanden ihr Image mit Topoi, Legenden, Mythen und sonstigen Elementen der Geschichte. Methodisch gelang der Vergleich unterschiedlicher Herrschaftssysteme, wobei sich Monarchen, anders als Herrscher in demokratischen, sozialistischen und kommunistischen Systemen, in besonderem Maß auf die Dynastie und die mit ihr verbundenen historischen Elemente bezogen. Wie von H. Duchhardt in der Zusammenfassung betont erwies sich das Image eines Herrschers gerade in Krisenzeiten als von großer politischer Bedeutung, da es die Möglichkeit der historischen Legitimierung der Herrschaft wie des Herrschers bot. In Weiterführung der eingangs genannten Leitfragen ergab sich daher die Frage nach der

Instrumentalisierung der historischen Elemente als Teil der Herrscherbilder: Thesenhaft wurde festgehalten, dass Monarchen offenbar historische Elemente vorwiegend in dem Bemühen verwendeten, Traditionen fortzuführen und sich im Kontext der Geschichte zu verorten. Im Unterschied hierzu gebrauchten augenscheinlich viele Amtsträger in demokratischen, sozialistischen und kommunistischen Systemen auf die Geschichte bezogene Vorstellungsbilder, um einen Kontrast zur unmittelbaren Vergangenheit, teilweise auch zu ihren Vorgängern, zu betonen und damit zugleich Visionen für die Zukunft zu entwerfen.

1.6. Adelsbilder von der Antike bis zur Gegenwart

Leitung: Peter Scholz (Alte Geschichte), Johannes Süßmann (Frühe Neuzeit)

Einführung in die Fragestellung: Öffentliche Bilder des Adels von der Antike bis zur Gegenwart – Ein exemplarischer Vergleich
Peter Scholz (Frankfurt am Main), Johannes Süßmann (Frankfurt am Main)

Vom kouros zum togatus. Öffentliche Bildnisse griechischer Aristokraten und römischer Senatoren
Peter Scholz (Frankfurt am Main)

Adlige, Gruppen, Bilder. Spätmittelalterliches Selbstverständnis in zeichenhafter Verankerung in Zeit und Gemeinschaft
Stephan Selzer (Halle-Wittenberg)

Vom Ritter gegen Tod und Teufel über den Glaubensstreiter zum Kavalier. Zum Wandel der Adelsbilder in der Frühen Neuzeit
Johannes Süßmann (Frankfurt am Main)

Resümee zur Sektion
Walter Demel (München)

Zusammenfassung:
Der Begriff des Adels impliziert Sichtbarkeit, und er produziert sie in Form von Bildwerken, die an eine Öffentlichkeit oder Allgemeinheit adressiert sind. Solche Re-Präsentationen von Adel bilden den Gegenstand der Sektion. In einem diachronen wie interkulturellen Vergleich soll gefragt werden: Wie repräsentiert, symbolisiert, inszeniert die jeweilige Adelsgruppe ihre herausgehobene gesellschaftliche Stellung? Gibt es strukturelle, vielleicht gar epochenübergreifende, universelle Merkmale aristokratischer Herrschaft, die sich aus der Interpretation solcher Adelsbilder gewinnen lassen? Und vor allem ist die Frage zu klären: Inwieweit lassen diese Repräsentationen sich als Ausdrucksgestalten eines spezifisch aristokratischen Habitus (im Sinne eines allgemeinen Denk- und Handlungsstils) verstehen?

Einführung in die Fragestellung: Öffentliche Bilder des Adels von der Antike bis zur Gegenwart – Ein exemplarischer Vergleich
Peter Scholz (Frankfurt am Main), Johannes Süßmann (Frankfurt am Main)

Nicht den Adel als Herrschaftselite nehmen die Beiträge der Sektion in den Blick, als Nutznießer von sozialer Ungleichheit und beschränktem Zugang zur Macht, sondern als Aristokratie. Im Rückgriff auf Überlegungen Max Webers wird darunter eine Schicht verstanden, die sich politisch nutzbar macht, weil sie *für* das Gemeinwesen leben kann, statt *von* ihm leben zu müssen. Sie übt Herrschaft aus, von der sie nicht abhängt. Das setzt ein Vornehmheitsideal voraus, das Hingabe an die Politik einschließt und darüber hinaus Haltungen produziert, die ein universalisierbares Ethos und eine universalisierbare Rationalität ausdrücken.

Dieses Modell bietet trennscharfe Kriterien für die Unterscheidung zwischen Herrschaftseliten allgemein und dem Spezifischen von Aristokratien. Und es verknüpft das äußere Erscheinungsbild einer Aristokratie präziser mit ihrem Daseinsgrund als die Vorstellung, es solle Legitimitätsdefizite verdecken. Adlige müssen ihrem Anspruch nach immer und überall so agieren, als seien alle Augen auf sie gerichtet, sie müssen den Anspruch auf permanente Herausgehobenheit in eine selbstverständliche Haltung verwandeln. Die eigene Vornehmheit wird zur zweiten Natur, die sich in einer spezifischen Haltung manifestiert: im Auftreten, Mienenspiel, Gebaren und in der Kleidung. Thema der Sektion ist die Darstellung dieser Erscheinung in Bildwerken, die der öffentlichen Repräsentation von Adel dienten.

Vom kouros zum togatus. Öffentliche Bildnisse griechischer Aristokraten und römischer Senatoren
Peter Scholz (Frankfurt am Main)

Anhand von vier öffentlich aufgestellten Statuen sollen die zentralen Unterschiede in Repräsentation und Habitus der griechischen und römischen Führungsschicht herausgearbeitet werden: In den archaischen Kouroi-Statuen dokumentiert sich der soziale wie ästhetische Führungsanspruch der griechischen Aristokraten – die aus Götterbildern entwickelten Bildnisse sind sinnfällige Beweise für die „Bestheit" (*arete*) der Verstorbenen. In den hellenistischen Reiterstandbildern wird dieses aristokratische, Götternähe suggerierende Schönheitsideal fortgeführt – die Könige treten in idealischen Posen auf, vor allem als siegende Krieger, die in keiner konkreten historischen oder zeitgenössischen Situation agieren: Sie sind als machtbewusste Einzelne in ihrer Sieghaftigkeit dargestellt. Demgegenüber präsentieren sich die römischen Ritter und Senatoren – eine Togastatue und ein Reiterstandbild werden hierzu beispielhaft vorgestellt – grundsätzlich als politische Autoritäten, die sich in ihren Bildnissen an Familie, Tradition und Bürgerschaft gebunden zeigen und nachdrücklich auf ihre bereits erbrachten Leistungen zugunsten der Allgemeinheit, auf ihre persönlichen *virtutes* und die daraus resultierenden öffentlichen Ehren *(honores)* verweisen.

Adlige, Gruppen, Bilder. Spätmittelalterliches Selbstverständnis in zeichenhafter Verankerung in Zeit und Gemeinschaft

Stephan Selzer (Halle-Wittenberg)

Adel und Rittertum sind zwar am Ende des Mittelalters zu komplementären Begriffen geworden, doch hatten sie zunächst nichts miteinander zu tun. Weil Adel und Rittertum unterschiedlich legitimiert waren, lief auch ihre Repräsentation auf jeweils spezifische Verbildlichungsformen hinaus. Wer adlige Qualität zu zeigen suchte, betonte das vornehme und weit zurückreichende familiäre Herkommen. Wer ritterliche Qualität beweisen wollte, betonte hingegen die individuellen kriegerischen Leistungen.

Im Adelsbild des Spätmittelalters dürften, so die Ausgangsüberlegung des Vortrags, beide Elemente eingelagert gewesen sein. Und je nach Kontext, so steht weiter zu vermuten, konnte entweder der ritterliche oder der aristokratische Aspekt stärker hervortreten. Um diese Zusammenhänge am Bildmaterial zu überprüfen, ist es entscheidend, die soziale Schichtung innerhalb des mittelalterlichen Adels zu berücksichtigen. Der Vortrag differenziert daher nach hochadligen und niederadligen Familien. Gewählt wird dabei Beispielmaterial aus dem spätmittelalterlichen Reich.

Die Aufnahme des ritterlichen Modells durch Hochadlige wird an Reitersiegeln zu beobachten sein. Eine Analyse von Bildquellen aus dem niederadligen Milieu soll dann zeigen, dass sich hier die Erinnerung an das familiäre Herkommen mit einem gruppengebundenen Gedächtnis kreuzte. Diese Gruppenbindung war für den Niederadel höchst bedeutsam und wurde erst nach 1500 immer stärker von der Betonung des familiären Herkommens überlagert. Abschließend sollen die Überlegungen an demjenigen Zeichen vertieft werden, dem die Zeitgenossen in einer Phänomenologie des Adels stets die höchste Bedeutsamkeit zusprachen: dem Wappen.

Vom Ritter gegen Tod und Teufel über den Glaubensstreiter zum Kavalier. Zum Wandel der Adelsbilder in der Frühen Neuzeit

Johannes Süßmann (Frankfurt am Main)

Die fortschreitende Etablierung neuzeitlicher Staatlichkeit setzte den Adel unter Druck, sich als Funktionselite in eine Anstalt einzuordnen. Wie der frühneuzeitliche Adel im Reich und in Westeuropa gegen diesen Druck Daseinszwecke eigenen Rechts behauptete, ist das Thema des Vortrags. Analysiert werden Adelsrepräsentationen, die zu Ikonen geworden sind (Dürer, Tizian, Velázquez, van Dyck), weil sie – im Wortsinn – vorbildlich Adlige als Vorkämpfer universalistischer Prinzipien präsentieren, die von niemand anderm als dem Adel entwickelt werden konnten. Der rasche Wandel dieser Prinzipien zeugt allerdings ebenso von der steigenden Argumentationsnot wie die Inhalte jener Prinzipien.

Zwischen Bronzestatue und Aktionskunst: Bildhafte Inszenierungen adeliger Lebenswelten im 19. und 20. Jahrhundert
Andreas Fahrmeir (Frankfurt am Main)

Im 19. und 20. Jahrhundert stellt sich angesichts des Funktionswandels des Adels durch seine „Abschließung" in Republiken, der Explosion bildlicher Darstellungen im öffentlichen und privaten Raum und des spielerischeren Umgangs mit bildlichen Formen zunehmend die Frage, was als Adelsbilder identifizierbar ist und ob sich in ihnen noch ein verallgemeinerbarer Anspruch ausdrückt. Der Beitrag diskutiert die Frage am Beispiel des britischen Adels, ausgehend von der These von Peter Mandler, in den 1920er Jahren sei eine zunehmende Konvergenz zwischen Adelsbildern und Starbildern zu beobachten. Im Mittepunkt stehen dabei die Betrachtung der Repräsentation einzelner Familien (Curzon, Mitford) und die Rolle des Adels im Kontext der Suche nach Idealbildern im Kontext der Eugenik-Diskussion.

Resümee zur Sektion
Walter Demel (München)

Das Resümee wurde ergänzt durch die Frage, ob es auch in außereuropäischen Kulturen „öffentliche Bilder" zur Darstellung eines aristokratischen Habitus gegeben habe. Das Alte Ägypten kannte Statuen von Beamten und Priestern, die als Herren über die Schrift und damit die Reichsverwaltung dargestellt wurden. Selbst außerhalb der Grabkunst symbolisierten diese Standbilder jedoch stets etwas Überzeitliches und zeigten nie das griechisch-römische Bestreben, die Illusion eines belebten Körpers zu vermitteln. Wenn sich im spätmittelalterlichen Europa zwei einst getrennte Eliten – Adelige und Ritter – faktisch und symbolpublizistisch annäherten, könnte man dafür eine Parallele in Japan finden, wo wenigstens durch „halböffentliche" Bilder die Annäherung zwischen dem alten Hofadel und der neuen Führungsschicht der Samurai dokumentiert wurde. Die These von der letztlich immer wieder gelungenen „bildlichen" Anpassung des frühneuzeitlichen europäischen Adels an sich wandelnde Ideale der „Vornehmheit" gewinnt an Plausibilität durch den Vergleich mit den weitgehend „gesichtslosen" Eliten der islamischen Welt. Deren Bilderverbot mag dazu beigetragen haben, dass sich Führungspersönlichkeiten kaum je als Erbadel etablieren konnten. Wenn der Funktionsverlust des europäischen Adels in der Moderne auch im Zusammenhang mit einer „Demokratisierung des Porträts" gestanden haben dürfte, so musste die Stellung der chinesischen Gentry erst recht erodieren, da deren Porträts – und selbst diejenigen des Mandschu-Adels – den Bezug zum Ahnenkult nie ganz verloren und daher nicht auf eine „Öffentlichkeit" zielten. Ein aristokratischer Habitus lässt sich zwar anscheinend *nicht nur* durch „Adelsbilder" universalisieren, aber diese *können* ein Medium sein, und oft helfen sie, eine Aristokratie zu einer Machtelite erblich privilegierter Familien fortzubilden.

1.7. Identität und Alterität: Deutsche in Schweizer Bildern und Darstellungen (Gastsektion der Schweizerischen Gesellschaft für Geschichte)

Leitung: Regina Wecker (Basel)

Bewunderung und heimliche Angst: Gesellschaftliche und kulturelle Reaktionen in Bezug auf das deutsche Kaiserreich
Hans-Ulrich Jost (Lausanne)

Das Bild der Deutschen um 1945
Georg Kreis (Basel)

"Quia Germani estis" (Jakob Wimpfeling). "Schweizer" und "Deutsche" um 1500
Guy Marchal (Luzern)

Transfer mit Grenzen: das "Modell Deutschland" in der Sozialstaatsgeschichte der Schweiz (1880-1950)
Martin Lengwiler (Basel / Zürich)

Geschlecht und nationale Identität: Darstellungen und Berichte über Deutschland (1945-1950)
Regina Wecker (Basel)

Zusammenfassung:
Die Sektion analysiert Bilder und Darstellungen von Deutschen in Schweizer Quellen. Untersucht werden in fünf Beiträgen Beispiele aus den verschiedenen schweizerischen Sprachregionen - von der Frühneuzeit bis zur Zeitgeschichte - in Hinblick auf ihre Identitäts- und Alteritätswahrnehmungen, sowie ihre Wirkung auf Repräsentationen schweizerischer Nationalität. Die Sektion behandelt drei exemplarische Zeitabschnitte, in denen die schweizerischen Bilder des Deutschen nachhaltig transformiert wurden: die stark situations- und kontextabhängigen schweizerisch-deutschen Identitäts- und Alteritätsbehauptungen im süddeutschen Humanismus um 1500, die Jahre zwischen 1871 und dem Ersten Weltkrieg, in denen sich die Wahrnehmung des Kaiserreichs in der Schweiz zunehmend zwischen offener Bewunderung und "Germanisierungsängsten" polarisierte, die Jahre unmittelbar nach dem Zweiten Weltkrieg, in denen die Beziehungen neu definiert werden mussten.

Analysiert werden die Bilder (im Sinne von Abbildungen wie von verbalen Darstellungen) von Deutschen auch vor dem Hintergrund der vielschichtigen Sozial- und Kulturtransfers zwischen Deutschland und der Schweiz. Welcher Zusammenhang besteht zwischen den historischen Stereotypen des Deutschen und zeitgenössischen Begriffen der schweizerischen Nation? In welcher Form sind Stereotype des Deutschen von zeitgenössischen Sozial- und Kulturtransfers (Migration, gemeinsames Bildungssystem, politischer Austausch etc.) bestimmt? Welche Rolle spielt die Kategorie Geschlecht für solche Zuschreibungen; wie "gendered" sind Alteritätsbehauptungen und Differenzvorstellungen?

Bewunderung und heimliche Angst: Gesellschaftliche und kulturelle Reaktionen in Bezug auf das deutsche Kaiserreich
Hans-Ulrich Jost (Lausanne)

Die ohnehin engen Beziehungen der Schweiz zu Deutschland wurden nach der Schaffung des Deutschen Reiches, dessen politische und kulturelle Zielvorstellungen nicht wenige Schweizer beeindruckten, intensiver. Bismarck, Kaiser Wilhelm II. und die politischen Debatten in Berlin waren in der schweizerischen Presse und Öffentlichkeit äußerst präsent. Hinzu kam, dass das rasche Wirtschaftswachstum des Reiches der schon hochentwickelten schweizerischen Exportindustrie interessante Perspektiven eröffnete. Deutschland ersetzte so Frankreich in der Funktion als politische und wirtschaftliche Referenz, was jedoch nicht nur Bewunderung, sondern auch, insbesondere in der französischen Schweiz, Kritik und Ablehnung auslöste.

Neben einer immer dichteren politischen Berichterstattung wurde die Öffentlichkeit immer mehr von der rasch aufkommenden illustrierten Presse beeinflusst. Die darin enthaltenen Bilder tendierten nicht nur zu stereotypisch vereinfachenden Darstellungen, sondern schufen durch ihre repetitive Präsenz eine Metasprache, die den öffentlichen Diskurs der Schweiz erheblich prägten. Dabei konnten die Interpretationen aber, dem polysemischen Charakter von Bildern entsprechend, durchaus zweideutig und widersprüchlich sein.

Ausgangspunkt ist der Schweizbesuch Wilhelms II. von 1912. Er war für die einen Höhepunkt einer "verwandtschaftlichen" Annäherung, die der Schweiz Sicherheit für die Zukunft versprach; für die andern bildete er eine weiterer Akt der Unterwerfung unter den preussischen Militärgeist und die deutsche Großmachtpolitik. So oder so erregten jedoch die Bilder vom Besuch des Kaisers die politische, wirtschaftliche und selbst kulturelle Öffentlichkeit in hohem Maße.

Das Bild der Deutschen um 1945
Georg Kreis (Basel)

Nach der Beseitigung des NS-Regimes gab es auch eine schweizerische Beteiligung an den staatsbürgerlichen Umerziehungsprogrammen. Inwiefern ging diese von bestimmten Defizitvorstellungen und von einem bestimmten Bild der Deutschen aus? Der Beitrag versucht, auf Grund dieser Aktionen und der sie begleitenden internen und öffentlichen Äusserungen, die in der Schweiz bestehenden Vorstellungen von den Deutschen um 1945 zu ermitteln und zu analysieren. Nur zwei von vielen Fragen: Hat man "die" Deutschen als bloß Irregeleitete und Verführte wahrgenommen oder als typische Abarten eines an sich problematischen Deutschtums? Welche stereotypisierende Einordnung in die grössere Geschichte nahmen die Einschätzung in jener Zeit vor? Der Beitrag gliedert sich in drei Teile: Eine erste Auseinandersetzung mit dem Thema erfolgt an Hand von Karl Barths bekanntem Vortrag vom Frühjahr 1945 "Die Deutschen und wir" und der Reaktionen auf diesen Aufruf. In einem mittleren Teil soll der "Deutschenhass" kurz thematisiert werden, wie er in den Säuberungsaktionen nach Kriegsende zum Ausdruck kam. Im dritten Teil werden auf Grund der Arbeit von Markus Schmitz und bisher unbearbeiteter Quellen die schweizerische Bemühungen zur Förderung der demokratischen Kultur in Deutschland präsentiert und diskutiert. Schon jetzt kann gesagt werden, dass es kaum darum ging, über Re-education den "hässlichen Deutschen" den Dämon auszutreiben, sondern vielmehr um die Unterstützung der positiven Kräfte, die man mit bemerkenswerter Selbstverständlichkeit als gegeben, aber hilfsbedürftig annahm. Die Abklärungen werden sich auf das Verhältnis der deutschen Schweiz zu den Menschen der grösseren deutschen Nachbarschaft beschränken.

"Quia Germani estis" (Jakob Wimpfeling). "Schweizer" und "Deutsche" um 1500
Guy Marchal (Luzern)

Bei Jakob Wimpfeling finden sich höchst unterschiedliche Identitätszuweisungen für die Eidgenossen. In ein und demselben Text erscheinen sie als brutale Kuhschweizer und als Deutsche. Ausgehend von dieser Feststellung wird die gegenseitige Wahrnehmung von "Schweizern" und "Deutschen" anhand dreier Momentaufnahmen - 1470er Jahre, um 1500, 1513 - behandelt. Dabei zeigt sich, dass auf eidgenössischer Seite in Auseinandersetzung mit den gegnerischen "Feindbildern" ein geschichtlich argumentierendes Selbstbild entwickelt worden ist, ein Makrodiskurs, der Ende des 15. Jahrhundert als voll ausgebildetes Geschichtsbild erkennbar ist, das die Zeiten überdauern sollte. Je nach Situation und Kontext kann sich aber dessen Stellenwert und Wahrnehmung ändern und zwar in relativ schneller Folge. So kann vom "deutschen Umfeld" her dieses Selbstbild ignoriert und können die Eidgenossen als "Deutsche" integriert, oder dann als jene gottlosen Bauern, die die christliche Ordnung umgestoßen hätten, stigmatisiert werden. Eidgenössischerseits wird in Perioden der Integration das Identitätsangebot zum Teil und mit Differenzierungen angenommen, die im Geschichtsbild eingeschlossenen Eigenheiten werden aber nicht unterschlagen. In Perioden der Stigmatisierung werden dem Selbstbild in trotziger Alteritätsbehauptung schärfere Konturen gegeben. Bemerkenswerterweise wird aber kein Feindbild des Deutschen oder des Reiches entwickelt. Ferner kann sich die Wahrnehmung auch schichtenspezifisch unterscheiden. Diese Variationen in der Wahrnehmung lassen es geraten erscheinen, das Thema weniger statisch und eindimensional anzugehen und in den identitätsstiftenden Geschichtsbildern Resultate intersubjektiver Kommunikation in sich wandelnden Kontexten zu sehen.

Transfer mit Grenzen: das "Modell Deutschland" in der Sozialstaatsgeschichte der Schweiz (1880-1950)

Martin Lengwiler (Basel / Zürich)

In aktuellen Sozialstaatsdebatten Deutschlands wird häufig das "Modell Schweiz" zitiert. Im ausgehenden 19. Jahrhundert lagen die Verhältnisse genau umgekehrt: die schweizerische Sozialpolitik orientierte sich primär am deutschen Vorbild. Der Beitrag untersucht diese in den 1880er Jahren einsetzende Debatte um die Übernahme der deutschen Sozialversicherungsgesetzgebung in die Schweiz. Noch in den 1890er-Jahren stellte sich praktisch die gesamte politische Elite des Bundesstaates hinter die Forderung nach einem integralen Transfer der Bismarckschen Sozialstaatsgesetze ins schweizerische Recht. Zunächst wird die Frage untersucht, weshalb und in welcher Form linke und progressive bürgerliche Parteien sich trotz politischer Differenzen auf die Bismarcksche Linie zu verständigen wussten. Beleuchtet wird auch, wie sich die Vorstellungen des deutschen Modells aus Sicht der Schweiz historisch veränderten. Weshalb scheiterte nach 1900 die Übernahme der deutschen Sozialversicherungsgesetzgebung, obschon sie ursprünglich breit unterstützt worden war? Welche wirtschafts-, sozial- und kulturhistorischen Faktoren führten zur Systemdivergenz zwischen dem deutschen und dem schweizerischen Sozialstaat? Am Beispiel der Sozialstaatsgeschichte diskutiert der Beitrag die beschränkte Wirkung sozialpolitischer Transfers, beziehungsweise die institutionellen und gesellschaftlichen Hürden, die sozialpolitischen Systemreformen entgegenstanden. Die verhinderte Expansion der Sozialversicherungen und das darauf beruhende lückenhafte Sicherungssystem bildeten paradoxerweise die Grundlage dafür, dass der schweizerische Sozialstaat seit den 1980er-Jahren zunehmend als Modellfall eines "schlanken" Sozialstaats gilt.

Geschlecht und nationale Identität: Darstellungen und Berichte über Deutschland (1945-1950)

Regina Wecker (Basel)

Welche Rolle spielt die Kategorie Geschlecht für Zuschreibungen nationaler Identitäten; wie "gendered" sind Alteritätsbehauptungen und Differenzvorstellungen? Das Untersuchungsfeld des Beitrags sind Berichte, Darstellungen und Reportagen über Deutschland in Schweizer Medien der unmittelbaren Nachkriegszeit, die sich hauptsächlich auf drei Felder beziehen: die Ausweisung deutscher Nazis aus der Schweiz, die unmittelbar bei Kriegende organisierte humanitäre Hilfe der Schweiz, und die Berichterstattung über weibliche Angeklagte in den NS-Prozessen. Das Bild war äußerst heterogen: so wurde die Ehefrau in den Schuldspruch gegen den Mann einbezogen und unabhängig von der Einstellung und den politischen Aktionen ausgewiesen; die "Schweizer Spende" versuchte ihre Pläne anfänglich damit zu legitimieren, dass "nicht nur Parteikämpfer und Bonzen" sondern auch "Frauen, Kinder und Bombardierungskrüppel ... in diesem Elend stecken" ; die Berichterstattung über die NS- Prozesse zeugt vom Entsetzen, dass Frauen zu solchen Greueltaten fähig waren.

Gefragt wird im Beitrag danach welche Bedeutung Geschlechterrollen und - stereotype - und zwar Männlichkeits- und Weiblichkeitsstereotype - in diesen Darstellungen haben, von welchen Bildern sie begleitet werden, sowie danach, wie und in welchem Kontext bei Schuldzuweisungen überhaupt nach Geschlechtern differenziert wird. Weiterhin soll es darum gehen wie weit die innen- und (vor allem) außenpolitisch brisante Situation der Schweiz diese Interpretation, Zuweisungen und Zuschreibungen beeinflusste.

1.8. Kriegs-Bilder I

Leitung: Ulrich Gotter (Konstanz), Birgit Emich (Freiburg), Gabriela Signori (Konstanz)

Einführung Teil1: Die Konstruktion organisierter Gewalt in antiken Kulturen
Ulrich Gotter (Konstanz)

Gesichter des Kriegs. Kampfreliefs und Kriegserfahrung im antiken Hasmonäer
Kai Trampedach (Konstanz)

Funktionale Unordnung. Plünderungen als kommunikatives System in der römischen Republik
Ulrich Gotter (Konstanz)

Zwischen privatem Interesse und Staat: antike warlords
Martin Zimmermann (München)

Einführung Teil2: Krieg und Gewalt in der Bilderwelt des Mittelalters und der Frühen Neuzeit
Birgit Emich (Freiburg), Gabriela Signori (Konstanz)

Schinder, Plünderer, Beutemacher: Bilder von "Kriegsverbrechen" im Spannungsfeld von Imagination und Norm
Michael Jucker (Münster)

Feindbilder. Die Darstellung des Kriegsgegners als negatives Spiegelbild
Simona Slanicka (Bielefeld)

Bilder von Krieg und Gefangenschaft in frühneuzeitlichen Gesandtschaftsberichten aus dem Osmanischen Reich
Peter Burschel (Berlin / Freiburg)

Teil 1: Einführung
Ulrich Gotter (Konstanz)

Wenn man danach fragen würde, was Geschichte eigentlich ausmacht, hätte man in der Antike - und nicht nur in der Antike - zumeist die Antwort erhalten: der Krieg. Noch Edward Gibbon charakterisierte die Friedenszeit des Antoninus Pius mit dem bezeichnenden Diktum: "His reign is marked by the rare advantage of furnishing very few materials for history". Dass Geschichte und Krieg weitgehend Synonyme sind, war auch die Arbeitshypothese antiker Geschichtsschreibung.

Die Faszination an organisierter Gewalt beschränkte sich jedoch nicht nur auf eine spezifische literarische Gattung: Die Erinnerungsmedien der antiken Zeitgenossen kreisten geradezu obsessiv um den Krieg, der daher in den Kulturen der Alten Welt nicht nur als Praxis, sondern als Thema von Wort und Bild nahezu allgegenwärtig war. Diese Präsenz von Kriegs-Bildern sorgte dafür, dass der Raum organisierter Gewalt ein ganz wesentlicher Träger von Normen und Bedeutungen war. Mit der Darstellung von Krieg in den verschiedenen Medien konnten Rollen zugewiesen, Status verteilt, Gedächtnis strukturiert und Identitäten abgegrenzt werden. Unter diesen Umständen ist Krieg nicht nur Handlung und Text, sondern in gleichem Maße ein Zeichensystem, das sich sowohl in realem Handeln als auch in der nachträglichen Darstellung abbildet. Wie man Krieg führt und wie man Krieg zeigt, beschreibt gesellschaftliche Ordnungen, politische Systeme und kulturelle Wahrnehmungen. Das zeigt sich etwa an der Betrachtung von Gewalt, der Essenz des Krieges. Dem antiken Segment der Kriegsbilder-Sektion geht es dabei weniger um ihre Dimension und ihre Entstehung als um die spezifische Bedeutung, die Gewaltakten und ihrer Abbildung zukommt. Da Inszenierungen immer Adressaten haben, lassen sich Handlungen und Darstellungsweisen allerdings nur in einem spezifischen kulturellen Horizont deuten. Will man also das jeweilige Verständnis vom Krieg in den Mittelpunkt rücken, muss man Kulturen vergleichen. Die Gliederung der geplanten Sektion bildet diese Überlegungen ab. In ihr geht es um verschiedene kulturelle Inszenierungen von Krieg in der Antike: in Griechenland, im republikanischen Rom und Israel/Judäa, das die Außengrenzen der hellenistischen Welt bezeichnet.

Gesichter des Kriegs. Kampfreliefs und Kriegserfahrung im antiken Griechenland
Felix Pirson (Istanbul)

Kampfdarstellungen zählen nicht nur zu den häufigsten, sondern auch zu den eindrucksvollsten Sujets der griechischen Kunst. Dennoch gibt es vergleichsweise wenige archäologische Studien, die sich ausführlich mit ihrer Bildsprache und ihren Botschaften beschäftigen. Erst die aktuelle Diskussion über die Entstehungsbedingungen journalistischer Kriegsbilder und deren Einfluss auf die öffentliche Meinung hat zu einer verstärkten Auseinandersetzung mit dem Thema Krieg und Kampf in den Bildmedien geführt. Vor diesem Hintergrund zeigt der Vortrag an ausgewählten Beispielen, dass antike Bilder ebenso wie ihre modernen Pendants Zeugnisse selektiver Sichtweisen sind, die den zeitgenössischen Betrachtern Deutungsmuster für ihre eigene Wahrnehmung zur Verfügung stellten. Analyse und Interpretation solcher Deutungsmuster tragen zwar viel zum Verständnis der Rolle von Krieg und militärischer Gewalt in unterschiedlichen gesellschaftlichen Kontexten bei, sagen jedoch wenig über den Krieg selbst aus. In diesem Sinne liefert der Vortrag einen Baustein zu einer kulturspezifischen Wahrnehmungsgeschichte des Krieges.

Zwangsbeschneidung und religiöse Säuberung. Der Heilige Krieg der Hasmonäer
Kai Trampedach (Konstanz)

Eine radikale Alternative zum griechischen Horizont bietet das hellenistische Judentum. Mit dem Konzept des "Heiligen Kriegs" tritt Krieg hier in einem der griechisch-römischen Antike fremden Aggregatszustand auf. „Zwangsbeschneidungen“ und Ausrottung bzw. Vertreibung der „Heiden“ sind hervorstechende Motive der Konstruktion des „Heiligen Krieges“ durch die Hasmonäer im hellenistischen Israel. Der Rückgriff auf die biblische Tradition erweist sich als Legitimationsstrategie, durch die sowohl die heroische Zeit der Landnahme evoziert als auch der Gesetzesgehorsam der Dynastie demonstriert werden konnte.

Funktionale Unordnung. Plünderungen als kommunikatives System in der römischen Republik
Ulrich Gotter (Konstanz)

Das Plündern ist ebenso eng mit dem Kriegführen verbunden wie die Gewalt selbst. Unter der Gemeinsamkeit des materiellen Profits verbergen sich allerdings ganz verschiedene Optionen: Beute kann erpresst, zentral beschlagnahmt und (wieder)verteilt oder dezentral mit mehr oder weniger Gewalt durch die einzelnen Soldaten erworben werden. Auf die römischen Vorstellungen von Krieg wirft vor allem die letztgenannte Alternative helles Licht: Erst vor dem Hintergrund der für die römische Kriegführung geradezu sprichwörtlichen Disziplin entfaltet das dezentrale Plündern seinen Sinn. Beutemachen dieser Art schuf für die römische Armee eine gewissermaßen inverse Situation, denn sie suspendierte die gewohnte Ordnung zumindest zeitweise. Welchen Sinn diese besondere Inszenierung von Sieg im römischen Kontext hatte, soll der Vortrag mit Blick auf die Interessen von Feldherr, beteiligten Soldaten und Senat zeigen.

Zwischen privatem Interesse und Staat: antike warlords
Martin Zimmermann (München)

Das Bild des Feldherrn ist ein zentraler Schlüssel für das kulturspezifische Verständnis von Krieg. Die Feldherrn-Imago in der Antike - und ihre Dynamik - erschließt sich besonders eindrücklich über die Figur des warlords. Nicht vollständig in die Strukturen der Gemeinschaft integrierbar, bezeichnet er gewissermaßen die Grenzen der Ordnung. In diesem Sinne verfolgt der Vortrag den Weg des militärischen Kommandeurs vom privaten oder semi-privaten Entrepreneur des Krieges zum staatlichen Amtsträger und demonstriert, welche Bedeutung diese Figur für die Wahrnehmung und Konstruktion militärischer Konflikte hatte.

Teil 2: Einführung

Birgit Emich (Freiburg), Gabriela Signori (Konstanz)

Die Literatur zum Thema Gewalt in der Vormoderne ist kaum mehr zu überblicken, mittlerweile aber auch die Literatur zum Thema Krieg nicht mehr, den die Forschung der Titelsetzung von Monographien und Sammelbände nach zu urteilen in den letzten Jahren sukzessive von seinem Gegenpart, dem Frieden, losgelöst hat. Deutlich weniger breit erschlossen sind demgegenüber die vielfältigen Überschneidungen von Krieg und Gewalt, Überschneidungen, die bis heute dies- und jenseits der Wirklichkeit den Bereich der Repräsentationen und Imaginationen des Krieges bestimmen: Gewalt im Krieg, der Tod auf dem Schlachtfeld, Kriegsgräuel (Massaker) und andere feindliche Übergriffe auf die Zivilisten, die inermes in der Sprache des mittelalterlichen Völkerrechts.

Krieg ohne Gewalt ist kein Krieg. Der Krieg ist eine organisierte Form von Gewalt mit dem Ziel, den Gegner zu besiegen. Besiegen heißt aber nicht automatisch töten. Recht und Unrecht stehen in der Praxis, anders als in der Theorie, in einem ambivalenten Verhältnis. Die Frage, ob ein Krieg gerecht ist oder nicht, erweist sich häufig als eine banale Standortfrage. Auch im Kampfgeschehen selbst fällt es schwer, klare Grenzlinien zwischen legitimer und illegitimer Gewalt zu ziehen. Am unteren Rand des Teppichs von Bayeux werden tote Krieger ihrer Kleider beraubt. Nach Timothy Reuter handelt es sich bei dem Kleiderraub um einen Kriegsbrauch, eine legitime Variante, Lohn zu erwirtschaften. Demgegenüber hebt André Crépin die symbolischen Dimensionen der Geste hervor. Mit dem Entzug der Kleider werde der Tote, so Crépin, seiner Identität beraubt. Die Zeichen sind mehrdeutig, auch in Bezug auf die Kriegsbräuche, die in Wort und Bild zur Darstellung gelangten. Auch die Legitimität gewisser Kriegsbräuche wäre demnach primär eine Standortfrage. Aber nicht um die häufig gestellte Legitimitätsfrage soll es in dieser Sektion gehen, sondern, wie angedeutet, um Repräsentationen sowie um die Nähe von Bild und Sprachbild in der Darstellung des Krieges. Nur in Bildern kann über Krieg geschrieben, gedichtet, gezeichnet und gemalt werden. Vor diesen Bildern aber warnte schon Platon ...

Schinder, Plünderer, Beutemacher: Bilder von "Kriegsverbrechen" im Spannungsfeld von Imagination und Norm

Michael Jucker (Münster)

Mit den spätmittelalterlichen Söldnerheeren dringt ein neues Phänomen in die Kriegführung und in die Bilderwelt des Mittelalters ein: das adlige Waffenmonopol wird gebrochen, die ständische Kriegsehre und das ritterliche Ethos geraten ins Wanken. Krieg wird verstärkt zum Geschäft, bei dem die Beute, das Plündern oder die Geiselnahme zum finanziellen Anreiz und zum oft unkontrollierbaren Faktum werden. Damit ändert sich das Bild des Krieges und das Reden bzw. Schreiben über Gewalt grundlegend. An diesem Wendepunkt setzt der vorliegende Beitrag ein. Es soll danach gefragt werden, wo und zu welchem Zweck Bilder und Sprachbilder über mörderische, marodierende, plündernde Truppen und Söldner aufscheinen. Die Darstellbarkeit der Gewalt und der Plünderungen hängt stark von zeitgenössischen Wertevorstellungen und Normen ab. Dabei ist auch ein deutlicher Unterschied zwischen städtischen Kriterien und ritterlichem Ethos und der damit verknüpften bildlichen Darstellung von Gewalt und Plünderungen auszumachen. Andererseits wird dargestellt, welche Implikationen imaginäre Bilder und Vor-Bilder auf die Ausformung von Normen und auf die sprachlichen Darstellungen von Gewaltexzessen haben. Die Frage, welches Bilderarsenal wann und weshalb abgerufen wird, sei es um Barbareivorwürfe stark zu machen, Feindbilder zu konstruieren, Devianz zu markieren oder Gewaltfähigkeit nach Außen zu demonstrieren, ist deshalb immer kontextuell und intertextuell zu untersuchen. Anhand verschiedener Konflikte aus dem Süden des spätmittelalterlichen Reiches werden die vielfältigen und oszillierenden Wechselwirkungen zwischen Recht und Praxis, zwischen Imaginärem und Normativem vergleichend dargestellt.

Feindbilder. Die Darstellung des Kriegsgegners als negatives Spiegelbild
Simona Slanicka (Bielefeld)

In den Chroniken, Bildern und Liedern der Vormoderne gehören Feinde oft einer imaginären Gegenwelt an, die sich als diabolisches Spiegelbild der eigenen Partei präsentiert. Der Kriegsgegner antwortet in diesen Vorstellungen auf Erkennungszeichen mit Gegenzeichen, verhöhnt und beschmutzt sakrale Orte und Objekte der anderen Partei, erniedrigt oder pervertiert deren Hierarchie, kurz, er verkehrt deren Werte in ihr Gegenteil. Die spiegelbildliche Verzerrung findet vor allem da statt, wo die Kontrahenten sich persönlich, sozial und geographisch nahe stehen, nämlich in Bürgerkriegen. Der Beitrag versucht daher, anhand zweier französischer Bürgerkriege, die sich noch in den Auseinandersetzungen um die Hauptstadt Paris zuspitzen und in sogenannten städtischen Tagebüchern mit Berichten, Manifesten, Bildern und Spottversen dokumentiert sind, solche Gegenbilder zu untersuchen und nach ihrer Motivik zu strukturieren. Im Blickpunkt der Aufmerksamkeit steht zum einen die blutige Auseinandersetzung zwischen Armagnaken und Burgundern (1410-1420), zum andern die Religionskriege, bzw. die Bartholomäusnacht von 1572.

Bilder von Krieg und Gefangenschaft in frühneuzeitlichen Gesandtschaftsberichten aus dem Osmanischen Reich
Peter Burschel (Berlin / Freiburg)

Der Vortrag versucht, einem Holzschnitt auf die Spur zu kommen, der sich in einem 1608 erschienenen Gesandtschaftsbericht aus dem Osmanischen Reich findet: Von Reitern bewacht, ziehen habsburgische Kriegsgefangene in langer Reihe aneinandergekettet am Betrachter vorüber und präsentieren dabei nicht nur die Fahnen ihrer alten Einheiten, sondern auch die Köpfe ihrer getöteten Kameraden. Der Vortrag fragt nach den "west-östlichen" Archetypen dieser Trophäen-Travestie; er geht Körper-Zugriffen, Kopf-Kulten und Blut-Metaphern in transkultureller Perspektive nach; er nimmt Überlebensgeschichten christlicher und nicht-christlicher Gefangener in den Blick; und er hofft auf diese Weise, eine "rhétorique de l'altérité" rekonstruieren zu können, die im Horizont eschatologischer Naherwartung dazu beitrug, die innere Logik "west-östlicher" politischer Kommunikation immer wieder neu zu justieren.

1.9. Kriegs-Bilder II

Leitung: Birgit Emich (Freiburg), Gabriela Signori (Konstanz)

Einführung Teil 3: Visualisierung und Intermedialität von Krieg und Zerstörung in der Frühen Neuzeit
Birgit Emich (Freiburg), Gabriela Signori (Konstanz)

Ein europäisches Medienereignis: Die Belagerung und "Einnahme" von Marseille 1596
Wolfgang Kaiser (Paris / Sorbonne)

Hochzeit in Trümmern: Die Zerstörung Magdeburgs 1631 als intermediales Ereignis
Birgit Emich (Freiburg)

Realistische Bilder? Die Technik der Zerstörung in Kriegsdarstellungen des späten 17. und 18. Jahrhunderts
Horst Carl (Gießen)

Das Undarstellbare darstellen. Das Bild der Schlacht im 18. Jahrhundert
Marian Füssel (Münster)

Zusammenfassung:
Frühneuzeitliche Kriege bieten mit ihren spektakulären Schlachten, Stadteroberungen und -zerstörungen ideale Beispiele, um das komplexe Verhältnis von Ereignis und Bild zu analysieren.

Krieg und Zerstörung generieren Bilder auf verschiedenen Ebenen: mentale Imaginationen zur sinnhaften Deutung des Geschehens, graphische wie (bild-) sprachliche Umsetzungen dieser deutenden, oft allegorischen Bilder, aber auch konkrete nicht-allegorische Visualisierungen des Geschehens in Hochkunst wie Bildpublizistik. Solche Kriegs-Bilder eröffnen einerseits einen Zugang zu den in ihnen repräsentierten Denk- und Deutungsmustern. Andererseits erweisen sie sich selbst als Ergebnis von Prozessen, in denen mentale, politische und militärische Faktoren ebenso eine Rolle spielen wie mediale Eigenlogiken und intermediale Wechselwirkungen. Diesem komplexen Verhältnis von historischem Geschehen und medialer Sinnproduktion gelten die Beiträge:

Wolfgang Kaiser rekonstruiert am Beispiel von Marseille 1596, wie die Geschichte eines Ereignisses in einem intermedialen Kommunikationsprozess gemacht wird; Birgit Emich befragt die in der Publizistik zur Einnahme Magdeburgs 1631 dominierende allegorische Deutung nach ihrem intermedialen Charakter; Horst Carl untersucht anhand von realistischen Gemälden von Stadtzerstörungen den Zusammenhang zwischen dargestellten Zerstörungstechniken und Techniken ihrer Darstellung; Marian Füssel setzt umgekehrt an einer Schlacht als konkretem Ereignis an und verfolgt die Bilder, die sie in unterschiedlichen Medien generiert.

Insgesamt möchte die Sektion dazu beitragen, das seit dem Linguistic Turn dominierende sprachtheoretische Paradigma nicht durch eine neue, jetzt visuelle Einseitigkeit zu ersetzen, sondern durch vertiefte Einblicke in das Verhältnis von Text-, Ton- und Bildquellen zu erweitern.

Teil 3: Einführung

Birgit Emich (Freiburg), Gabriela Signori (Konstanz)

Visualisierungen sind Versuche, etwas nicht primär Visuelles wie Ereignisse oder Zusammenhänge vor Augen zu führen, anschaubar zu machen, zu verbildlichen. Solche Versuche produzieren Bilder auf verschiedenen Ebenen: mentale, innere Bilder wie etwa Geschichtsbilder, also Vorstellungen vom Ablauf und inneren Zusammenhang der Geschichte; aber auch materielle, äußere Bilder, in denen die mentalen Bilder im Kopf erst greifbar werden. Solche äußeren Bilder können neben Bildern im engeren Sinn, d.h. visuellen Artefakten, auch Sprachbilder wie Metaphern und Allegorien sein und vielleicht ermittelt die Sektion noch weitere Arten von Bildern.

Intermedialität bezeichnet Phänomene, die Grenzen zwischen Medien überschreiten: Grenzen zwischen Medien als Zeichensysteme wie Bild, Text und Sprache, aber auch Grenzen zwischen Medien im engeren, technisch definierten Sinn wie etwa Flugblatt und Flugschrift.

Visualisierung und Intermedialität: In dieser Kombination zielen die Begriffe folglich auf Grenzüberschreitungen und Wechselwirkungen sowohl zwischen mentalen, sprachlichen und visuellen Bildern als auch zwischen den verschiedenen Quellenarten. Neben den visuellen sind daher auch andere Arten von Bildern zu berücksichtigen, neben den Bildern auch andere Arten von Quellen.

Krieg und Zerstörung liefern geeignete Fallbeispiele, weil solche einschneidenden Ereignisse mit ihrem Nachrichtenwert und Deutungsbedarf die Produktion von Bildern auf allen Ebenen anregen.

Die Frühe Neuzeit eignet sich als Untersuchungszeitraum in besonderem Maße, weil in dieser Blütephase von Allegorien und Text-Bild-Medien die Verbindung zwischen visuellen, sprachlichen und vielleicht auch mentalen Bildern enger als zu anderen Zeiten war.

Diese Verbindung und ihre Wandlungen präziser zu bestimmen ist das Ziel der Sektion.

Ein europäisches Medienereignis: Die Belagerung und „Einnahme" von Marseille 1596

Wolfgang Kaiser (Paris / Sorbonne)

„C'est maintenant que je suis roi", soll Heinrich IV. gesagt haben, als ihm die Nachricht von der Einnahme Marseilles, einer Hochburg der katholischen Liga, überbracht wurde. Die (unbelegte) Äußerung verweist auf die strategische Bedeutung der Hafenstadt, die in den 1590er Jahren unter spanische Herrschaft zu geraten drohte. Daran waren andere Mächte nicht interessiert: das Osmanische Reich, das Großherzogtum Toskana und England verfolgten das Geschehen genau und versuchten es zu beeinflussen. Marseille war ein Knotenpunkt in der dichten Nachrichtenkommunikation im Mittelmeerraum, insbesondere eine Drehscheibe der Beziehungen mit dem Maghreb - deshalb auch ein Tummelplatz von Brokern, Informanten und Agenten. Die Nachricht von der Einnahme Marseilles verbreitete sich in Europa in verschiedener Form, in handschriftlichen Korrespondenzen, Drucken und Stichen. Die Deutung des Geschehens wurde in ihnen medial vermittelt. Während in den Drucken und Stichen im deutschen Sprachraum eine antispanische Außenperspektive vorherrschte, boten die lokalen und französischen Darstellungen widersprüchliche Umdeutungen des Geschehens mit dem Einsatz von Verschwörungstopoi zu einer „Selbstbefreiung" royalistischer Bürger: die ersten Schritte zu einer durch Weglassen und obligates Vergessen geprägten Version des Geschehens, die sich als seine „Geschichte" durchsetzen sollte. Die Version der Verlierer hingegen wurde überliefert in den Schilderungen der Ligisten, die nach Madrid, Genua oder Neapel geflüchtet waren.

Hochzeit in Trümmern: Die Zerstörung Magdeburgs 1631 als intermediales Ereignis

Birgit Emich (Freiburg)

Die Zerstörung Magdeburgs durch Tillys Truppen im Mai 1631 gehört zu den zentralen Medienereignissen des Dreißigjährigen Krieges. In der Bewertung der Vorgänge sind sich die Autoren der ebenso zahlreichen wie vielfältigen Quellen mitnichten einig, in der Allegorik hingegen schon: Ob von protestantischer oder katholischer Seite – die Stadt Magdeburg wird als Jungfrau dargestellt, Tilly als um sie werbender Bräutigam und die Eroberung der Stadt als Hochzeit. Warum die „Magdeburger Hochzeit" zur beherrschenden Allegorie wurde, scheint auf der Hand zu liegen: Dieses Bild entsprach sowohl der Vorgeschichte seit der ersten Belagerung der protestantischen Stadt 1550/51 als auch den gesellschaftlichen Wissensbeständen. Allein mit den Denkweisen der Zeit lässt sich allerdings weder die Dominanz dieses Bildes noch seine konkrete Ausformung erklären. So ist zu zeigen, dass sowohl die Entstehung der Allegorie als auch ihre Durchsetzung in einem Prozess erfolgten, der von medienspezifischen Erzählweisen ebenso geprägt war wie von intermedialen Wechselwirkungen. Überdies strukturierte die Allegorie in ihrer jeweiligen Lesart auch nichtallegorische Darstellungen: Weil die Verfasser der Berichte in den Deutungsschemata der Allegorie verhaftet blieben, ließen sie die Akteure in ihren Schilderungen nach den Vorgaben der Allegorie handeln. Allegorische Bildgehalte wurden auf die Darstellung des konkreten Geschehens übertragen, und so entstanden neben allegorischen und sprachlichen auch performative, in die Handlung eingeschriebene Bilder. Visualisierungen wie die Magdeburger Hochzeit verweisen daher zwar auch auf kollektive Deutungsmuster, vor allem aber zeigen sie die Notwendigkeit, die Intermedialität solcher Bilder gerade im Umgang mit den Quellen zu berücksichtigen.

Realistische Bilder? Die Technik der Zerstörung in Kriegsdarstellungen des späten 17. und 18. Jahrhunderts
Horst Carl (Gießen)

Bilder kriegszerstörter Städte gehören seit dem Zweiten Weltkrieg zum ikonischen Bestandteil des kollektiven Gedächtnisses. Offenbar repräsentieren sie die Zerstörungskraft moderner Kriege nachhaltiger und eindrücklicher als etwa Bilder getöteter Soldaten. Der Vortrag will die Wurzeln solcher „Zerstörungsbilder" in der Frühen Neuzeit aufweisen. Im Zentrum stehen dabei die bekannte Darstellung der infolge preußischen Bombardements zerstörten Dresdener Kreuzkirche durch Bernardo Bellotto (1765) sowie die weniger bekannte Bilderfolge Augustin Coppens, die das infolge des französischen Bombardements 1695 weitgehend zerstörte Brüssel dokumentiert. Das Bombardement Brüssels durch die Franzosen bildete für die Zeitgenossen eine Schlüsselerfahrung technischer Zerstörungskraft moderner Artillerie, war doch hier binnen eines Zeitraums von nur drei Tagen ein Großteil der Brüsseler Innenstadt mit nicht weniger als 4000 Häusern buchstäblich in Schutt und Asche gelegt worden. Der Angriff hatte dabei von vornherein nicht auf die Festungswerke, sondern auf maximale Zerstörung innerhalb der Stadt selbst gezielt. Mit ihrem dezidierten „Realismus", dem „photographischen Blick" einer möglichst naturgetreuen Darstellung und Dokumentation der Kriegszerstörung finden die beiden Maler allerdings auch eine in hohem Maße technische Antwort auf das Ausmaß technisch bedingter Zerstörung, indem sie sich jeweils der Camera obscura bedienten. Gerade im Naturalismus bzw. Realismus der Camera obscura aber liegt zugleich die moralische Aussage der Zerstörungsbilder begründet. Die künstlerische Dokumentation der Kriegszerstörungen bietet damit auch die Möglichkeit, aus kultur- wie militärgeschichtlicher Perspektive einen Beitrag zur derzeit vor allem in der Wissenschaftsgeschichte (Lorraine Daston) geführten Diskussion um die Genese des „photographischen Blicks" sowie um die Moralisierung der Objektivität zu leisten.

Das Undarstellbare darstellen. Das Bild der Schlacht im 18. Jahrhundert
Marian Füssel (Münster)

Die Schlacht bildet eine der Extremformen eines historischen Ereignisses. Unübersichtlich, kontingent und von einer starken räumlichen wie auch zeitlichen Verdichtung geprägt, hat die Gewalt der Schlachtfelder seit je her die Imagination der Menschen beflügelt. Zwischen Heroisierung und Verteufelung, Ordnung und Chaos zirkulieren dabei die Bilderwelten der Schlacht in Selbstzeugnissen und Historiographie ebenso wie in Gemälden und Mythen. Am Beispiel der Schlacht von Zorndorf (1758) während des siebenjährigen Kriegs werden die Repräsentationen dieser undarstellbaren Ereignisse auf drei Aspekte hin untersucht: die Strategien zur Bewältigung von Kontingenz und Unübersichtlichkeit, die Sinnkonstruktion von Gewalt und die unterschiedlichen Wahrnehmungsebenen der beteiligten Akteure vom gemeinen Soldaten bis zum Blick des Feldherren. Besonderes Interesse gilt dabei der Frage, welchen Einfluss die jeweils verwendeten Medien auf das in ihnen entworfene Bild der Schlacht ausüben. So lassen sich die offiziellen Darstellungen etwa von Schlachtplänen als Rationalitätsfassaden beschreiben, die die Unordnung der Schlacht in eine geometrische Ordnung aufheben. Die Produktion von Realitätseffekten lässt sich gerade im Fall Zorndorfs besonders deutlich analysieren, da die blutige aber letztlich unentschiedene Schlacht eine Fortsetzung in Form eines Papierkrieges in Relationen und Zeitungen fand, der einen Einblick in die Konstruktionsprinzipien des richtigen ‚Bildes' von Gewinn und Verlust der Schlacht gewährt. Auch die in Selbstzeugnissen verarbeiteten Erfahrungen der beteiligten Soldaten artikulieren sich zumeist unter Rekurs auf obrigkeitlich geprägte Wahrnehmungskategorien und versuchen den verlorenen Sinn durch Anrufung übergeordneter Sinnagenten wie Gott und König nachzurationalisieren.

Die dem Mittelalter und der Frühen Neuzeit gewidmeten Beiträge der Sektionen Kriegsbilder I und II werden in einem von Gabriela Signori und Birgit Emich herausgegebenen Sammelband veröffentlicht.

1.10. Ein Kaiser mit vielen "Gesichtern" - das Bild Konstantins des Großen im Wandel der Zeiten

Leitung: Heinrich Schlange-Schöningen (Berlin), Andreas Goltz (Bamberg)

Die Visionen Konstantins
Alexander Demandt (Berlin)

Legitimation und Legenden - Konstantin der Große und sein Bild in Byzanz
Albrecht Berger (München)

Konstantin der Große in der Frühen Neuzeit: Konstanz und Wandel visueller "GeschichtsBilder" im Spannungsfeld von künstlerischem Vorbild und politischer Propaganda
Rolf Quednau (Münster)

"Ein abergläubischer Tyrann" zum Konstantinbild der französischen Aufklärung
Heinrich Schlange-Schöningen (Berlin)

Der "mediale" Konstantin - zur Rezeption des ersten christlichen Kaisers in den modernen Medien
Andreas Goltz (Bamberg)

Zusammenfassung:
Die Bewertung des römischen Kaisers Konstantin, der vor 1700 Jahren seine Herrschaft antrat, die Konfrontation zwischen dem römischen Staat und dem Christentum beendete und das christliche Kaisertum vorbereitete, schwankt seit der Antike zwischen positiven und negativen Extremen: Konstantin wurde als Heiliger verehrt und als Vorbild betrachtet, aber auch bezichtigt, das Christentum durch die Übertragung weltlicher Macht korrumpiert zu haben. Er wurde als Erneuerer des Römischen Reiches gelobt und als Verursacher seines Untergangs getadelt, er galt als Muster des dem Glauben dienenden Herrschers und als Inbegriff des Machtmenschen, für den die Religion nur Mittel zum Zweck war.

Die von der Spätantike bis in die Gegenwart unvermindert fortdauernde Wirkungs- und Deutungsgeschichte Konstantins gehört zu den faszinierendsten und hinsichtlich der Fragestellungen des Historikertages besonders aufschlussreichen Kapiteln personenbezogener Rezeptionsforschung. Das Nachleben des Herrschers ist nicht nur von unterschiedlichen Darstellungen und Bewertungen Konstantins gekennzeichnet, sondern auch von sehr verschiedenartigen Rezipientengruppen und vielfältigen Formen der Auseinandersetzung mit dem Kaiser. Um der Komplexität der Thematik Rechnung zu tragen, ein möglichst breites Spektrum der Wirkungsgeschichte Konstantins abzudecken und den Bogen von der Spätantike bis in die Gegenwart zu spannen, wurde in einer epochenübergreifenden Sektion das „Bild" Konstantins im Wandel der Zeiten fächerübergreifend analysiert. Vermittels der Untersuchung thematisch, regional und/oder zeitlich begrenzter Teilgebiete der Wirkungsgeschichte Konstantins konnte exemplarisch gezeigt werden, welche „Bilder" des Herrschers auf welche Art und aus welchen Gründen zu bestimmten Zeiten, in bestimmten Regionen, von bestimmten Personen bzw. Personengruppen rezipiert wurden.

Ein Sammelband zur Wirkungsgeschichte Konstantins wird voraussichtlich im kommenden Herbst beim Böhlau Verlag im Köln erscheinen; er wird die Vorträge von Albrecht Berger, Heinrich Schlange-Schöningen und Andreas Goltz beinhalten sowie weitere Aspekte der Konstantin-Rezeption thematisieren, u.a. auch in einem Beitrag von Rolf Quednau.

Legitimation und Legenden - Konstantin der Große und sein Bild in Byzanz
Albrecht Berger (München)

Das byzantinische Reich des Mittelalters, das die staatliche Tradition des römischen Reichs im Osten fortführte, berief sich zu seiner Legitimierung stets auf die Gestalt Konstantins des Großen, der deshalb in der Wahrnehmung späterer Jahrhunderte immer mehr zum vorbildlichen orthodox-christlichen Kaiser, ja zum Heiligen stilisiert wurde.

Die hagiographischen Viten, in denen sein Leben entsprechend dargestellt ist, enthalten zunehmend Details, die durch diese propagandistische Tendenz und durch die Anforderungen des Genres bedingt sind, aber tatsächlich keinen historischen Hintergrund haben. Auch in die Legenden über die Gründung der Stadt Konstantinopel durch den Kaiser dringt religiöses Gedankengut ein; eine besondere Rolle spielt hier, wohl im Zusammenhang mit der ebenfalls propagierten Apostelgleichheit Konstantins, die Zwölfergruppe der angeblich mit ihm aus Rom gekommenen Senatoren und ihre Bauten.

Die überragende Gestalt des ersten christlichen Kaisers Konstantin wurde noch bis in die spätbyzantinische Zeit immer wieder zur Legitimation der eigenen Herrschaft herangezogen. Das ist besonders deutlich in jenen Fällen zu erkennen, wo ein Kaiser ohne eigene dynastische Legitimation den Namen Konstantin annahm oder ihn dem Thronfolger verlieh. Alleinherrschend als Symbol für die Kaisermacht wurde der Name freilich nie, und so ist es letztlich ein Zufall, dass der letzte Kaiser des christlichen römischen Reichs, Konstantinos Palaiologos, der 1453 bei der Eroberung Konstantinopels durch die Osmanen fiel, denselben Namen trug wie der erste, eben Konstantin der Große.

Konstantin der Große in der Frühen Neuzeit: Konstanz und Wandel visueller „GeschichtsBilder" im Spannungsfeld von künstlerischem Vorbild und politischer Propaganda

Rolf Quednau (Münster)

Wie bildliche Darstellungen literarische und visuelle "GeschichtsBilder" einerseits reflektieren und andererseits dabei selbst "GeschichtsBilder" neu akzentuieren und generieren, wurde an drei Historienzyklen demonstriert, die in einer noch ungeschriebenen Geschichte des visuellen Nachlebens des ersten christlichen Kaisers unter den Gesichtspunkten von Umfang, künstlerischem Rang und politisch-propagandistischem Anspruch als aussagekräftige Meilensteine hervorragen:

1. die von den beiden Medici-Päpsten Leo X. (1513-1521) und Clemens VII. (1523-1534) veranlasste Freskierung der Sala di Costantino im Vatikanischen Palast in Rom durch Raphael (Urbino 1483-1520 Rom) und seine Werkstatt (1520-1524; vier Haupt- und 18 Nebenepisoden),

2. die im Hinblick auf den französischen König Ludwig XIII. (Fontainebleau 1601-1643, Kg. seit 1610) von Peter Paul Rubens (Siegen 1577-1640 Antwerpen) entworfene 12teilige Teppichfolge (1622-1625) und

3. die Komplettierung und Erweiterung dieser nur in Teilen (sieben Bildteppiche) 1625 dem zu Verhandlungen in Frankreich weilenden Kardinallegaten und Papstnepoten Francesco Barberini (Florenz 1597-1679 Rom) als diplomatisches Geschenk des französischen Monarchen vermachten Teppichfolge durch Pietro da Cortona (Cortona 1597-1669 Rom) in Rom (1630-1641; fünf Ergänzungsszenen nebst Supraporten und Thronbaldachin).

Besonderes Augenmerk lag dabei auf der für ein adäquates Bildverständnis unverzichtbaren Zusammenschau der der Bildproduktion zugrunde liegenden Faktoren von literarischer Textvorlage, künstlerischem visuellen "VorBild" ("Kunst entsteht aus Kunst") und vom Künstler und/oder Auftraggeber intendierter politischer und/oder kunstwettstreitender Wirkabsicht.

In der abschließenden Zusammenfassung konnten folgende Ergebnisse stichwortartig herausgestellt werden: seit Raphael eine Kontinuität in der Prägung der Konstantinsdarstellung durch das Studium antiker Kunst; Schwinden des Einflusses der Silvesterlegende und des Constitutum Constantini, konstant aber das Festhalten an der Taufe Konstantins in Rom durch Silvester; dank der Annalen des Cesare Baronio und des monarchisch-dynastischen Kontextes bei Rubens/Ludwig XIII. eine biographische Ausweitung des Szenenspektrums (Hochzeit, Testament, Gründung von Konstantinopel), hier Konstantin als militärisch-akzentuiertes Vorbild weltlicher Herrschaft; weitere ikonographische Archäologisierung auf der Basis wachsender numismatischer Kenntnisse (Labarum, Providentia, Virtus-Löwenkampf, Konstantin-Statue); in der römischen Ergänzung bei Pietro da Cortona/Kardinal Barberini, also im papstnahen Kontext: Betonung von Kirchenbezug und Rom-Zentrierung.

Das Referat wird veröffentlicht in: Konstantin der Große, Geschichte ˆArchäologieˆ Rezeption. Internationales Kolloquium vom 10.-15. Oktober 2005 an der Universität Trier zur Landesausstellung Rheinland-Pfalz 2007 "Konstantin der Große". Im Auftrag der Konstantin-Ausstellungsgesellschaft Trier mbH hrsg. von Alexander Demandt und Josef Engemann. Trier 2006 (Schriftenreihe des Rheinischen Landesmuseums Trier, 32), 273-284 und steht im Zusammenhang einer größeren Monographie des Verfassers unter dem Titel "Konstantin der Große in Rom - Formen und Funktionen des Erinnerns in visuellen Zeugnissen von der Milvischen Brücke bis Mussolini" in der Schriftenreihe "Tholos“ –„Kunsthistorische Studien", hrsg. von Georg Satzinger.

„Ein abergläubischer Tyrann“: Zum Konstantinbild der französischen Aufklärung

Heinrich Schlange-Schöningen (Berlin)

Nachdem Sebastien Le Nain de Tillemont mit seiner seit 1680 erscheinenden „Histoire des Empereurs“ das gesamte damals verfügbare Quellenmaterial zur Geschichte der Römischen Kaiserzeit zugänglich gemacht hatte, konnten die französischen Aufklärer, die sich gegen den Machtanspruch des zeitgenössischen Absolutismus und die ihn legitimierende Verbindung von Kirche und Staat stellten, aus der antiken Überlieferung etliche Argumente für eine historische Kritik an Konstantin entnehmen. Hatte Konstantin bislang als Vorbild für die französischen Könige gedient, so zielten nun auch die Einwände, die gegen seine moralische Integrität sowie gegen seine Religionspolitik erhoben wurden, unübersehbar auf seine zeitgenössischen Nachfolger. Die Abhängigkeit des historischen Urteils über Konstantin von der politischen Zielsetzung des Urteilenden zeigt sich besonders deutlich an Voltaire, der als einer der schärfsten und wirkungsmächtigsten Kritiker der intoleranten Herrschaft von König und Kirche in Erscheinung trat.

In der Auseinandersetzung zwischen Kirchenkritikern wie Voltaire und Vertretern einer traditionellen christlichen Geschichtsdeutung, die Konstantin als göttliches Werkzeug zur Befreiung der Christen betrachteten, ist die „konstantinische Wende“ zu einem zentralen Problem der Spätantike geworden. Dabei ist Konstantins Religionspolitik im Zeitalter der Aufklärung sehr quellennah diskutiert worden, doch fehlte den Geschichtsphilosophen, wie bereits Edward Gibbon feststellte, das rechte Verständnis für die Religiosität der Spätantike, die auch für Konstantins Politik in Rechnung zu stellen ist. Gleichwohl war die öffentliche Wirkung der Neubewertung Konstantins, wie sie von Voltaire vollzogen wurde, beträchtlich. Dass das Theaterpublikum die Feststellung, Konstantin sei ein abergläubischer Tyrann gewesen, mit großem Beifall bedachte, wertete Voltaire als Zeichen dafür, dass die Aufklärung in großen Schritten voranschritt. Wenige Jahre später begründete Saint-Just seine Forderung Ludwig XVI. hinzurichten, mit den Worten, kein Herrscher könne ohne Schuld sein und jeder König sei ein Usurpator. Solche Argumente sind auch durch den Konstantin-Diskurs des 18. Jahrhunderts vorbereitet worden.

Der „mediale" Konstantin - zur Rezeption des ersten christlichen Kaisers in den modernen Medien

Andreas Goltz (Bamberg)

Konstantin der Große gehört nicht nur zu den bedeutendsten Herrschern der Spätantike, sondern auch zu den römischen Kaisern, mit denen sich die Nachwelt besonders intensiv auseinandergesetzt hat. Die Rezeption des ersten christlichen Kaisers blieb dabei nicht auf soziale Eliten beschränkt, sondern populäre historiographische und hagiographische Werke, Sagen und Legenden, bildliche Darstellungen, prominente Erinnerungsorte sowie Theaterstücke brachten bestimmte „Bilder" des Kaisers auch einem breiteren Publikum nahe.

Angesichts der Popularität Konstantins in der Vergangenheit, seiner an dramatischen Ereignissen reichen Vita, seiner unbestreitbaren welthistorischen Bedeutung und seiner Präsenz in der aktuellen Forschung ist bemerkenswert, dass der Kaiser - gerade auch im Vergleich zu anderen antiken Persönlichkeiten wie etwa Kleopatra oder Hannibal - in modernen breitenwirksamen Medien (Film, Funk und Fernsehen, Printmedien, Theater) eine auffallend marginale Rolle spielt.

Beachtung verdient daher sowohl die Problematik, welche Vorstellungen über den Kaiser die nicht eben zahlreichen Zeugnisse aus welchen Gründen und mit welchen Auswirkungen vermitteln, als auch die generelle Frage, wie die Zurückhaltung in bezug auf Konstantin in den erwähnten Medien zu erklären ist. Als eines der zentralen Probleme für die Rezeption des Herrschers in diesem Bereich erweist sich dabei das seit der Aufklärung zunehmend an Bedeutung gewinnende und heute weitverbreitete komplexe und ambivalente Bild Konstantins, das mit den Erfordernissen moderner Massenmedien nur schwer vereinbar ist.

Ein Sammelband zur Wirkungsgeschichte Konstantins wird voraussichtlich im kommenden Herbst beim Böhlau Verlag im Köln erscheinen; er wird die Vorträge von Albrecht Berger, Heinrich Schlange-Schöningen und Andreas Goltz beinhalten sowie weitere Aspekte der Konstantin-Rezeption thematisieren, u.a. auch in einem Beitrag von Rolf Quednau.

2. Sektionen zur Alten Geschichte

2.1. Lokale Eliten unter den hellenistischen Königen

Leitung: Boris Dreyer (Frankfurt am Main/London)

Die Tubiaden und der Aufbau der ptolemäischen Herrschaft über Syrien-Palästina
Stefan Pfeiffer (Trier)

Die seleukidische Herrschaft in Mesopotamien
Peter Franz Mittag (Köln)

Lokale Eliten der griechischen Städte unter der Herrschaft der Attaliden zwischen 188 und 133 v. Chr.
Boris Dreyer (Frankfurt/ London)

Rom und die Kommunikation mit den griechischen Eliten 133 – 49 v. Chr.
Raimund Schulz (Berlin/ Hildesheim)

Zusammenfassung:
Die Überschrift der Sektion ist gleichlautend mit dem Titel eines von der DFG geförderten Netzwerk-Projektes, dessen Arbeit im Juni 2006 eingesetzt hat. Die Homepage findet sich unter http://www.dfg-netzwerk-elite.uni-frankfurt.de/. Sie gibt Auskunft über die Teilnehmer des Projektes im In- und Ausland und ihre jeweiligen Forschungsvorhaben. Neben anderen ähnlichen Projekten, die auf die Epoche des sogenannten Späthellenismus und die Zeit der römischen Vorherrschaft beschränkt sind, geht dieses Projekt räumlich und zeitlich erheblich über diesen Rahmen hinaus. Es umfasst alle Gebiete, die hellenistische Könige zwischen Alexander dem Großen und dem Tod der Kleopatra (30 v.Chr.) beherrschten und die in dieser Zeit sukzessive unter die römische Herrschaft gerieten, d.h. nicht nur den griechischen Raum, sondern auch die Gebiete mit nichtgriechischer Bevölkerung in Kleinasien, Syrien, Palästina, Mesopotamien und das ptolemäische Ägypten. Von zentraler Bedeutung für die Arbeit am Projekt ist zweifellos der Elitebegriff. Zum besseren Verständnis haben die Mitarbeiter gemeinsam eine vorläufige Arbeitsdefinition von Elite erarbeitet: Dabei ist die Lokale Elite eine aus ihrer Gesellschaft hervorgehende, nicht notwendig homogene Minderheit, die legitimierte Entscheidungen mit gesamtgesellschaftlicher Tragweite maßgeblich mitbestimmt. Sie verfolgt in der Regel das Ziel, die Kommunikation mit der Machtzentrale zu monopolisieren, ihre Handlungen gegenüber der Mehrheit ihrer Gesellschaft dauerhaft zu legitimieren und somit ihre privilegierte Stellung zu perpetuieren.

Die unbestreitbare Bedeutung der lokalen Eliten für das Funktionieren der hellenistischen Monarchien und später der römischen Herrschaft ist bisher nicht hinreichend (auch im Vergleich) erforscht worden. Die Mitarbeiter des Projektes haben sich darauf geeinigt, einen bestimmten Fragenkatalog zum Thema zu bearbeiten, an dem sich jeder zu orientieren hat, soweit die jeweilige Quellenlage es zulässt. Der Kürze halber seien die Fragen dieses Katalogs nur summarisch referiert. Sie sind ausführlich auf der angegebenen Homepage beschrieben:

1) Im ersten Schwerpunkt thematisieren die Fragen das Verhältnis der lokalen Eliten zur übrigen Bevölkerung der Region. In diesem Zusammenhang soll die Zusammensetzung der lokalen Eliten untersucht werden. Ihre Privilegien, die die Mitglieder der mächtigen Minderheit über die Mehrheit hervorhoben, und die Erwartungen der restlichen Bevölkerung an diese Schicht sind hier zu klären.

2) Zweitens sollen die Erwartungen der lokalen Eliten und der übrigen Bevölkerung an den König analysiert werden. Dabei werden die monarchischen Traditionen (am jeweiligen Ort) und die Wirkungsspielräume der Monarchen Berücksichtigung finden.

3) Zum dritten sollen die Aspekte behandelt werden, die die Erwartungen der hellenistischen Könige an die lokalen Eliten betrafen. Dabei sollen die Kommunikationswege und Belohnungsmechanismen evaluiert werden. Eine besondere Aufmerksamkeit wird den Loyalitätskulten bzw. den zentral organisierten wie dezentral eingerichteten Herrscher- und Dynastiekulten gewidmet.

4) Zuletzt sollen die Zielsetzungen und Absichten bei den Handlungen der lokalen Eliten abhängig von den Bedürfnissen der lokalen Bevölkerung, anderer Eliten benachbarter Regionen und des Königs selbst analysiert werden.

Auch die Referenten dieser Sektion, die beispielhaft ihre gerade begonnene Arbeit am Projekt vorstellen wollen, haben sich an diesem Fragenkatalog orientiert.

Die Tubiaden und der Aufbau der ptolemäischen Herrschaft über Syrien-Palästina
Stefan Pfeiffer (Trier)

Ende des 4. Jhs. v. Chr. brachte Ptolemaios I. Palästina (Syrien und Phönizien) in seinen Besitz. Für 100 Jahre war die Gegend integraler Bestandteil des Ptolemäerreiches. Anders als in Ägypten mit seiner homogenen Bevölkerung, war es in Palästina aufgrund seiner multiethnischen Bevölkerungsstruktur schwieriger, eine Landesherrschaft aufzubauen. Als These lässt sich formulieren, dass aus diesem Grund die lokalen Eliten in die Verwaltung eingebunden werden mussten.

Unter dieser Fragestellung wird das jüdische Geschlecht der Tubiaden, die bereits vor der Rückkehr des Volkes Israel aus dem Exil die Verwalter Transjordaniens stellten, untersucht. Im sog. Zenonarchiv (ca. 250 v. Chr.) erscheint ein Tubias, zweifellos zur Familie der Tubiaden gehörig, als lokale Größe in Transjordanien und markiert derart die Kontinuität zwischen persischer und ptolemäischer Herrschaft. Die Forschung bezeichnet ihn als autonomen Fürsten und Landbesitzer, der zudem Kommandant einer ptolemäischen Kavallerieeinheit gewesen sei. Anhand eines zur Bestimmung dieser Position immer wieder herangezogenen Papyrus (P.Cair. Zenon I 59003) kann nachgewiesen werden, dass diese Sicht zu modifizieren ist: Weder lässt sich Tubias nachweislich als autonomer Fürst noch als Kavallerieoberst definieren. Mit Hilfe des Vergleichs zur griechischen Elite in Ägypten kann gezeigt werden, dass Tubias der Reichselite zu-

zurechnen ist, also voll und ganz in das ptolemäische Herrschaftssystem integriert war. Damit ergibt sich für die Verhältnisse in Palästina ein grundlegend anderes Bild als in Ägypten. Am Nil wurden Personen aus dem Milieu der Zuwanderer zur Verwaltung des Landes herangezogen, in Transjordanien griffen die Ptolemäer auf die lokale Elite zurück.

Die seleukidische Herrschaft in Mesopotamien

Peter Franz Mittag (Köln)

Mesopotamien bildete von Beginn an den Kernbereich des seleukidischen Herrschaftsgebietes. Diachrone Entwicklungen im Hinblick auf die Beziehungen zwischen lokalen Eliten und den seleukidischen Königen lassen sich hier daher besonders gut untersuchen. Die Quellenlage für einige mesopotamische Städte (v.a. Uruk und Babylon) ist im Vergleich mit anderen seleukidischen Regionen außerordentlich gut. Aus Uruk sind weit über 1000 Personennamen aus der Zeit zwischen 320 und 140 v. Chr. bekannt, darunter Mitglieder von herausragenden Familien, die mit großer Wahrscheinlichkeit zur lokalen Elite gezählt werden können. Auch in Babylon ist ein großer Teil der mit den Tempeln verbundenen Elite namentlich bekannt. Darüber hinaus liegen über die Organisationsstrukturen beider Städte hinreichende Informationen vor.

Diese relativ gute Quellenlage erlaubt es, das Verhältnis zwischen den lokalen Eliten und den seleukidischen Königen näher zu bestimmen. Dabei fällt auf, dass die Könige nicht nur die traditionellen Strukturen beibehielten und diese Positionen mit herausragenden Mitgliedern der lokalen Bevölkerung besetzt wurden, sondern auch, dass die neu geschaffenen Ämter mehrfach mit Mitgliedern der gleichen Familien besetzt wurden. Das ist umso auffälliger, als die neuen Ämter häufig wichtige Funktionen für die Reichsadministration übernahmen. Die lokalen Eliten wurden in Mesopotamien somit nicht nur mit städtischen Aufgaben betraut, sondern bildeten auch ein wichtiges Scharnier zwischen den Städten und der königlichen Verwaltungsebene. Dieses Phänomen zeigt sich besonders deutlich unter Antiochos I., III. und IV.

Lokale Eliten der griechischen Städte unter der Herrschaft der Attaliden zwischen 188 und 133 v. Chr.

Boris Dreyer (Frankfurt/ London)

Die Forschungen des letzten Jahrzehnts am reichhaltigen epigraphischen Material haben ergeben, dass die Attaliden gerade in den 188 neu hinzugewonnenen Gebieten die seleukidische Administration übernahmen und im Sinne einer noch konsequenteren Erfassung weiterentwickelten. Auf diese griffen die Römer bei der Einrichtung der Provinz nach 133 v. Chr. zurück. Die Handlungsbedingungen für die lokalen Eliten reichsabhängiger Städte waren demnach über die politischen Zäsuren hinweg einigermaßen konstant. Generell wurden die griechischen Städte, die formal eine demokratische Verfassung hatten, von den reichen Mitbürgern abhängig. Darüber hinaus waren immer speziellere Fähigkeiten für die Ausführung der Ämter notwendig. Die Mitglieder

der Elite erhielten privilegierte Bezeichnungen, die am Ende des zweiten Jahrhunderts in offiziellen Dokumenten auftauchen. Sie kennzeichnen bereits eine starke Binnendifferenzierung innerhalb der Elite. Der Referent schlägt nun auch für diese Kennzeichnung Vorläufer in der ersten Hälfte des zweiten Jahrhunderts vor, erstmals (erkennbar) im Rahmen von Ehrungen für auswärtige Richter. Die Städte wählten also ihre Vertreter nicht nur, weil sie sie wählen mußten, sondern weil sie sie wählen wollten. Die Mitglieder der lokalen Elite entwickelten Mechanismen zur Perpetuierung der eigenen Stellung. Gruppen bildeten sich innerhalb der politischen Elite solcher Städte, die ihre gute Beziehung zu den Attaliden generell oder mit bestimmten Mitgliedern der Dynastie zur Etablierung der innenpolitischen Vormacht ausnutzten. Loyalität konnte über königliche Kulte bekundet werden. Die städtischen Kulte, die von den Attaliden eine besondere Förderung erfahren haben, sind häufig nach dem Ende der Herrschaft weitergeführt worden. Die städtischen Eliten konnten sich mit der Fortführung der Pflege des Kultes nicht nur ihren Mitbürgern gegenüber in privilegierter Position immer wieder darstellen, sie konnten sich darüber hinaus in Umbruchszeiten als Garanten der Ordnung präsentieren.

Rom und die Kommunikation mit den griechischen Eliten 133 – 49 v. Chr.

Raimund Schulz (Berlin/ Hildesheim)

Die Forschung hat sich auf bestimmte Gebiete, Städte und Personengruppen spezialisiert und meist nur bestimme Formen der Interaktion zwischen provinzialer bzw. außerprovinzialer Elite und den Vertretern Roms in den Blick genommen.[1] Der Vortrag ordnet das Verhältnis der griechischen Eliten zu den römischen Herrschaftsträgern in einen größeren Entwicklungskontext ein und möchte auf Zusammenhänge hinweisen, die zu wenig beachtet wurden, gleichwohl sie eine komparative Perspektive eröffnen.

Demnach gestaltete sich das Verhältnis zwischen lokalen Eliten (in der Regel wohlhabenden und politisch aktiven Familien) und den römischen Amtsträgern zunehmend auf zwei Ebenen: erstens im Rahmen routinemäßiger Kontakte meist in der Provinz selbst, und zweitens auf einer exklusiveren Ebene, auf der e*inzelne* griechische *principes* und Intellektuelle Zugang zu den Entscheidungsprozessen ihrer „römischen Freunde" fanden und dessen *familiares* wurden. In dem Maße, wie sich die politische Macht in Rom vom Senat auf einzelne Mitglieder der Aristokratie verschob, begannen umgekehrt die großen Einzelnen die auswärtigen Beziehungen auf sich zu konzentrieren. Dieser Verdichtung personaler Verbindungen entsprach eine Steigerung lokaler Ehrungen im Osten. Auf diese Weise versuchten die Gemeinden eine Beziehung zu konservieren, die für das eigene Überleben immer existentieller erschien.

[1] *Henri-Loius Fernoux*, Notables et élites des cites de Bithynie aux époques hellénestiques et romaine (IIIe siècle av. J.-C. –IIIe siècle ap. J.-C.). Essai d`histoire sociale. Dijon 2004; *Daniel Strauch*, Römische Politik und Griechische Tradition. Die Umgestaltung Nord-West Griechenlands unter römischer Herrschaft. München 1996; *Siatoslav Dmitriev*, City Government in Hellenistic and Roman Asia Minor. Oxford 2005; *Claude Eilers*, Roman Patrons of Greek Cities, Oxford 2002 *John Thornton*, Lo storico, il grammatico, il bandito. Momenti della resistenza Greca all`*imperium Romanum*. Catania 2001

Die vorgetragenen Ergebnisse – neben Kritik im einzelnen – sind insgesamt auf die Zustimmung des Publikums gestoßen. Die Mitarbeiter des Projektes können sich – hinsichtlich ihrer vorgestellten grundlegenden Thesen bzw. Fragestellungen und für ihre weiteren Forschungen – bestätigt sehen. Es ist geplant, die Ergebnisse in diesem frühen Abschnitt der gemeinsamen Forschungstätigkeit zu veröffentlichen (Historia Einzelschriften).

2.2. Klio polytropos: Geschichtsbilder vor und neben der Geschichtsschreibung

Leitung: Hans-Joachim Gehrke (Freiburg), Jonas Grethlein (Freiburg)

Geschichtsbilder und Erinnerungskultur. Zum Stand der Diskussion
Hans-Joachim Gehrke (Freiburg)

"Reading" the Archaeology of the Past. Die Hermeneutik von Monumenten und Überresten in der Ilias
Jonas Grethlein (Freiburg)

Die Visualisierung von Vergangenheitsvorstellungen im antiken Griechenland
Ortwin Dally (Berlin)

Memoria und Identität. Frühmittelalteriche Bestattungen zwischen Erinnerung und Erwartung
Sebastian Brather (Wien / Freiburg)

Getanzte Geschichte in Java
Sri Kuhnt-Saptodewo (Wien)

Zusammenfassung:
Bereits seit dem 19. Jh. markiert der Begriff der Geschichtlichkeit, dass Menschen vor und jenseits von Wissenschaft nicht nur in der Geschichte stehen, sondern sich auch zu ihr verhalten. Verschiedene Diskussionen haben sich in der letzten Zeit verstärkt der nichthistoriographischen Memoria zugewandt: In der Ethnologie hat sich das Verhältnis oraler Kulturen zur Vergangenheit als ein wichtiges Thema etabliert, die Archäologie und Prähistorie versuchen, auf der Grundlage materieller Zeugnisse, Geschichtsbilder zu rekonstruieren, und der Begriff des kulturellen Gedächtnisses ist sogar bis in die Feuilletons der Tageszeitungen vorgedrungen.

In den Alten Geschichte steht immer noch der Blick auf die Historiographie im Vordergrund, dabei erlauben uns sowohl literarische Texte wie das Epos oder die Elegie als auch archäologische Zeugnisse, zum Beispiel Gräber oder Monumente, Vergangenheitsvorstellungen in verschiedenen Medien zu greifen. Die hier vorgestellte Sektion bringt Vertreter der drei altertumswissenschaftlichen Diszplinen sowie einen Prähistoriker und eine Ethnologin zusammen, um der historischen Fragestellung neue Horizonte durch ethnologische, archäologische und literaturwissenschaftliche Methoden zu eröffnen.

Zwei Aspekte verdienen besondere Beachtung: das Verhältnis der Geschichtsbilder zu ihrem Sitz im Leben und die Beziehung zu ihrer medialen Form. Zum einen ist die Gegenwart nicht nur "im Griff der Vergangenheit", sondern gerade in der Memoria jenseits der Geschichtsschreibung ist die Vergangenheit zugleich fest "im Griff der Gegenwart"; deswegen ist dem sozio-politischen Kontext der Vergangenheitsvorstellungen besondere Aufmerksamkeit zu schenken. Zum anderen werden Geschichtsbilder entscheidend von der Form ihrer Darstellung geprägt - deshalb ist ihre Medialität ein wichtiger Aspekt der Analysen.

Geschichtsbilder und Erinnerungskultur. Zum Stand der Diskussion
Hans-Joachim Gehrke (Freiburg)

Im Rahmen neuerer Forschungen zu Stichworten wie Erinnerungspflege, Erinnerungsorte und Geschichtspolitik gerät insbesondere der Zusammenhang von Geschichtsvorstellungen und den Identitäten kleinerer und größerer kollektiver Einheiten in den Blick. Bilder, die sich Gruppen - Stämme, Nationen, 'Kulturen' usw. - von ihrer Vergangenheit machen (man spricht heute gerne von "Konstruktionen"), sind Ausdruck ihres Selbstverständnisses und zugleich ihrer Positionierung gegenüber dem/den Anderen. Da die erwähnten Kollektive über die Lebensspanne der ihnen angehörenden Individuen hinaus nur dann Bestand haben, wenn sie über eine entsprechende "Erinnerung" verfügen und diese, in welcher Form auch immer, "pflegen", sind solche Geschichtsbilder für deren Identität unverzichtbar. Zugleich eröffnen sie dem Historiker den Zugang zu den wesentlichen Elementen jenes Selbst- und Fremdverständnis, die zugleich entscheidende Orientierungs- und Handlungsparameter der jeweiligen Gruppen sind. Es empfiehlt sich, mit Rückgriff auf das ethnologische Theorem der Intentionalität, hier von "intentionaler Geschichte" zu sprechen. An Hand einiger Beispiele soll dieses Konzept vorgestellt werden.

"Reading" the Archaeology of the Past. Die Hermeneutik von Monumenten und Überresten in der Ilias
Jonas Grethlein (Freiburg)

Die "archaeology of the past" interpretiert materielle Relikte als Zeugnisse von Vergangenheitsvorstellungen. Damit eröffnet sie einen Zugriff auf die Memoria nichtschriftlicher Kulturen; aufgrund der Unsicherheit, wie und inwiefern Relikte die Vergangenheit evozierten, ist die "archaeology of the past" aber mit einem hohen Grad an Spekulation verbunden. Hier kann die Ilias, die das Produkt einer langen oralen Tradition ist, neue Einsichten vermitteln. Sowohl "Monumente" wie Gräber als auch "Überreste", etwa Mauern, betten in die epische Vergangenheit eine Vorvergangenheit, gewissermaßen ein Plusquamperfekt, ein; zudem haben zahlreiche Gegenstände des alltäglichen Gebrauchs eine "Biographie" und sind dadurch Träger von Überlieferungen. Das epische "Plusquamperfekt" zeigt uns, wie in der oralen Kultur des archaischen Griechenlands materielle Relikte das Verständnis der Vergangenheit prägten.

Die Visualisierung von Vergangenheitsvorstellungen im antiken Griechenland

Ortwin Dally (Berlin)

Seit einigen Jahren betrifft eine Diskussion innerhalb der Kulturwissenschaften die Frage nach der Struktur und Wirkungsweise von Erinnerung und Gedächtnis. Damit gemeint ist die Vorstellung von Geschichte, die bestimmte Akteure und Gruppen entwickeln und mit deren Hilfe sie ihre eigene kollektive Identität definieren. Die große Frage des 19. Jh. "Was geschah wirklich?" rückt in den Hintergrund, stattdessen steht im Zentrum des Interesses die Frage, wie und warum bestimmte soziale Gruppen Geschichte erinnern und konstruieren; H.-J. Gehrke spricht in diesem Zusammenhang von "Intentionaler Geschichte". Zwei Positionen stehen sich in der gegenwärtigen Diskussion gegenüber: Einerseits sind in den letzten Jahren idealtypische Modelle entwickelt worden, wie die Unterscheidung zwischen einem dauerhaft wirkenden kulturellen Gedächtnis und den flüchtigen Erscheinungen der Lebenswelt (A. und J. Assmann) sowie die Charakterisierung von unterschiedlichen Gedächtnistypen in den großen antiken Kulturen Ägyptens, Israels und Griechenlands, zeigt (J. Assmann). Andererseits wird die Aussagekraft abstrakter Konzepte in Frage gestellt, da sie mit den konkreten Entstehungsbedingungen von Vergangenheitsvorstellungen unterschiedlicher Gesellschaften teilweise nur schwer in Einklang zu bringen seien. Präferiert wird ein differenzierter Zugang, der nach den lokal sehr unterschiedlichen Ursachen für die Genese und Artikulation unterschiedlicher Gruppen und Personenverbände mit Hilfe von Vergangenheitsvorstellungen fragt (M. Jung).

Ein derartiger Zugang bietet sich gerade für das antike Griechenland an, wo eine zentralstaatliche Organisation, wie wir sie etwa aus dem antiken Ägypten kennen, auch im Hellenismus und in der römischen Kaiserzeit nicht zu beobachten ist. Speziell die Klassische Archäologie hat sich lange Zeit auf Bilder und Bildwerke als Zeugnis für die Geschichtsauffassung der Griechen konzentriert. Gerade in den letzten Jahren ist jedoch deutlich geworden, dass bei der Inszenierung und Visualisierung von Geschichte auch andere Medien, wie Spolien oder spätere Imitationen bronzezeitlicher Bauten, Verwendung finden konnten. Dies gilt vor allem für die Zeit des Hellenismus und der römischen Kaiserzeit, als der Rückbezug auf die Geschichte einen neuen Stellenwert in den Poleis infolge einer verschärften Konkurrenz und schwindenden politischen Einflussmöglichkeiten erlangte.

Memoria und Identität. Frühmittelalteriche Bestattungen zwischen Erinnerung und Erwartung
Sebastian Brather (Wien / Freiburg)

Wenn Bestattungen und Gräber Rückschau und Vorschau auf vielfältige Weise miteinander verbanden, dann sollten sie "Herkommen" und Kontinuität verdeutlichen und daraus zugleich "Kapital" für die Zukunft schlagen. Die Vergangenheit bildeten zunächst die bestehenden sozialen Verhältnisse. Es waren allerdings nicht Realitäten, die noch dazu unmittelbar abgebildet worden wären, sondern komplexe, "interessengeleitete" und zwischen den Beteiligten "ausgehandelte" Vorstellungen darüber. Mit anderen Worten: nicht passive Widerspiegelung der Verhältnisse, sondern aktive Anspruchsformulierung durch die Teilnehmer. Es war jedoch in unterschiedlichem Maße die Vergangenheit aller "Beteiligten", d. h. der lokalen Gesellschaft, die bei der Bestattung thematisiert wurde. Bestattungen lassen sich als performative Akte beschreiben, in denen für sehr kurze Zeit die Grabausstattungen vorgeführt wurden, bevor man sie unter der Erde den Blicken entzog und sie nur noch in der Erinnerung der Beteiligten fortexistierten.

Auch die "Zukunft" wird seitens der Archäologie oft nur aus der Perspektive der oder des Verstorbenen betrachtet und damit allein auf eine jenseitige Existenz bezogen. Daneben gerät die diesseitige Fortexistenz der Angehörigen und der Nachbarschaft weitgehend aus dem Blick, die durchaus im Rahmen der rites de passage thematisiert worden sein dürften - sei es, um Positionen zu erhalten, sei es, um sie zu verändern. Nicht allein der Verstorbene vollzog einen Übergang in eine andere Existenz, auch die Überlebenden mussten ihre sozialen Beziehungen nach dem "Ausfall" eines Mitglieds erst wieder neu ordnen. Beides war mit der Bestattung längst nicht abgeschlossen.

Getanzte Geschichte in Java
Sri Kuhnt-Saptodewo (Wien)

Am Beispiel des javanischen Tanzes soll gezeigt werden, dass nonverbale Überlieferung keineswegs nur eine Kunstform darstellt, sondern auch eine Repräsentation der Vergangenheit. Durch die Aufführung des Tanzes werden kulturell wichtige Elemente der Vergangenheit von Generation zu Generation überliefert. Der Tanz wird zum Medium der Überlieferung der Vergangenheit.

Bei der javanischen Gesellschaft handelt es sich um eine Gesellschaft, die ihre Vergangenheit in verschiedenen "Ressourcen" bewahrt. Diese Ressourcen betreffen sowohl schriftliche als auch verbale und nonverbale Medien. Bei den schriftlichen Ressourcen handelt es sich um Chroniken (babad), die zum Teil die Niederschrift der mündlichen Überlieferung enthalten. Das verbale Medium bezieht sich auf Erzählungen, Legenden, Mythen, Gesang usw. Bei dem nonverbalen Medium handelt es sich hauptsächlich um darstellende Kunst. Die verbale und nonverbale Präsentation kann also als "kulturelle Enzyklopädie" betrachtet werden. Betrachten wir ihre Ressourcen und interpretieren wir sie als "traditionelle Referenzialität", erhalten wir Einblick in das Welt- und Menschenbild der Kulturträger.

Der Tanz stellt ein überaus reichhaltiges Reservoir kultureller Werte dar; durch ihn wird die Vergangenheit konserviert, modifiziert und weitergegeben. Für die Javaner ist diese Repräsentation ihrer Vergangenheit wichtiger als die distanzierte Bezugnahme zu historischen "Fakten".

2.3. Zur Konstruktion von Biographien in der Antike

Leitung: Christoph Schuler (München)

Zum Bürgerbild in der hellenistischen Polis. Inschriftliche und literarische Formen biographischer Darstellung
Christoph Schuler (München)

"Varius, multiplex, multiformis." Von der Schwierigkeit, ein kaiserliches Leben zu propagieren
Johannes Nollé (München)

Selbstdarstellung und -verständnis römischer "Bürokraten" - die officiales der Kaiserzeit und der Spätantike
Rudolf Haensch (München)

From Stone to vellum: Epigraphy and Hagiography in Late Antiquity
Claudia Rapp (Los Angeles)

Zusammenfassung:
Auf Personen konzentrierte Formen der Historiographie nehmen in der antiken Literatur breiten Raum ein. Aber auch antike Inschriften und Monumente sind vielfach biographischer Natur im weitesten Sinne. Sie waren an eine zeitgenössische Öffentlichkeit adressiert, zeichneten idealisierte Bilder antiker Persönlichkeiten und propagierten bestimmte Rollen, indem sie Vorbilder setzten und zur Nachahmung stimulierten. Als omnipräsente Medien bekräftigten sie durch stetige Wiederholung einen Wertekanon, der in der Identitätsbildung und Selbstwahrnehmung des Einzelnen und ganzer Gemeinschaften eine zentrale Rolle spielte. Die moderne Forschung untersucht vor diesem Hintergrund verstärkt die Entstehungsbedingungen der genannten Monumente im Beziehungsgeflecht von Produzenten und Rezipienten, ihren Kontext im öffentlichen Raum und ihre Funktion als Medien in der gesellschaftlichen Kommunikation. Innerhalb dieses weiteren Horizontes lotet die Sektion die Rolle von Stereotypen und Individualität, Tradition und Innovation in der Konstruktion von biographischen Bildern aus. Die skizzierten Fragen werden in einem exemplarischen Durchgang durch mehrere Epochen der Antike (Hellenismus, Kaiserzeit, Spätantike) und mit Blick auf unterschiedliche gesellschaftliche Ebenen (Polisbürger, Kaiser, subalterne Verwaltung, Bischöfe) diskutiert. Die Vorträge setzen verschiedene Formen biographischer Überlieferung zueinander in Beziehung, um die charakteristischen Züge, die relative Bedeutung

und die gegenseitige Beeinflussung der verschiedenen Medien schärfer herauszuarbeiten und der Frage nachzugehen, inwieweit die konstruierten Lebensbilder nicht nur als Ausdruck, sondern auch als prägende und stabilisierende Faktoren politischer und gesellschaftlicher Entwicklungen verstanden werden können.

Zum Bürgerbild in der hellenistischen Polis. Inschriftliche und literarische Formen biographischer Darstellung
Christoph Schuler (München)

Seit dem 4. Jh. v. Chr. zeigen Ehrenbeschlüsse griechischer Poleis eine Tendenz, öffentliche Verdienste immer ausführlicher zu schildern, bis sich im Hellenismus sog. "Lebenswerkdekrete" herausbilden, welche die gesamte Biographie der Geehrten nachzeichnen und dabei eigentlich private Aspekte wie Herkunft, Bildung und Charakter auf breitem Raum behandeln. Diese Texte sind weder 'objektive' Urkunden noch haben sie das Ziel, Individualität zu kultivieren: Ehrenmonumente zeichnen per definitionem idealisierte Bilder, und die Mitglieder der Eliten konnten selbst vielfältigen Einfluss auf die öffentliche Darstellung ihrer Persönlichkeit nehmen. Die Darstellungen beruhen dabei auf einem vorgegebenen Kanon epigraphischer Formeln und sind über weite Strecken stereotyp. Die starke Traditionsorientierung der Inschriftenproduktion hatte zur Folge, daß auf kurze - und deshalb für die historische Forschung besonders interessante - Momente der Innovation lange Phasen weitgehender Formenkonstanz folgten. Die Gleichförmigkeit des Ausdrucks im Bereich der Monumente verschleiert jedoch häufig Entwicklungen in Politik und Gesellschaft der griechischen Poleis. Der Vortrag untersucht die Entstehungsbedingungen hellenistischer Ehrendekrete und den zugrundeliegenden Wertekanon, vergleicht die Inschriften mit literarischen Formen der Charakterzeichnung und biographischen Erzählung und diskutiert ihre relative Bedeutung gegenüber anderen Formen der Darstellung von Persönlichkeiten in der Polis-Öffentlichkeit.

"Varius, multiplex, multiformis." Von der Schwierigkeit, ein kaiserliches Leben zu propagieren
Johannes Nollé (München)

Hadrians Regentschaft stand von Beginn an unter einem schlechten Stern. Sofort nach dem Tode Trajans gab es Debatten über die Rechtmäßigkeit seiner Machtübernahme, die nie mehr verstummen sollten. In Zusammenhang damit oder mit dem sofort nach der Machtergreifung vollzogenen Politikwechsel kam es zu mysteriösen Todesfällen prominenter Politiker, die Hadrian angelastet wurden. Nachdem er seine Position gesichert hatte, bildeten seine intensive Reisetätigkeit bzw. seine langen Abwesenheiten von Rom wie auch seine Vorliebe für alles Griechische den Ausgangspunkt für neue Irritationen. Am Ende seiner Regentschaft standen die Antinoosaffäre, der blutige und verlustreiche Krieg in Judaea und Irritationen um die Nachfolge, letztere erneut, in Verbindung mit politischen Morden. Hadrian hat versucht, mit seiner Selbstdarstellung

(Handlungen, Münzen, Bauten, Autobiographie etc.) die öffentliche Meinung über seine Herrschaftsausübung in seinem Sinne zu gestalten, doch anders als Augustus, der viel brutaler und weitaus revolutionärer als Hadrian agierte, hat Hadrians Selbststilisierung offensichtlich keine für ihn günstigen Ergebnisse gezeitigt. Trotz der Bemühungen des Antoninus Pius und noch des Marc Aurel, die als Erben auf ein weitgehend positives Hadrianbild erpicht sein mussten, haben sich hadrianfeindliche Tendenzen in der kaiserzeitlichen Geschichtsschreibung durchgesetzt. Das gilt bemerkenswerterweise für den Griechen und Provinzialen Cassius Dio wie auch für die spätantiken Breviarien, doch tradiert auch die um Objektivität bemühtere Vita Hadriani in den Scriptores Historiae Augustae viele negative Wertungen. Es stellt sich deshalb die Frage, welche Gründe für diese weitgehend negative antike Rezeption des Kaisers und sein verdüstertes Lebensbild verantwortlich sind.

Selbstdarstellung und -verständnis römischer "Bürokraten" - die officiales der Kaiserzeit und der Spätantike
Rudolf Haensch (München)

Inwieweit das Römische Reich verwaltet und nicht nur beherrscht wurde, wird intensiv diskutiert. Dazu gehört auch die Frage, wie sich die Träger dieser Administration verstanden und darstellten. Während dies für die leitenden Positionen gut erforscht ist, fehlen Untersuchungen zum subalternen Personal.

Im Gefolge der Regelungen, mit denen Augustus seine Position institutionalisierte, entstanden erstmals in der Geschichte Roms größere Gruppen von subalternem Personal. Das Vermögen des neuen Herrschers erforderte wegen seiner Größe eine eigene Verwaltung, mit der Sklaven und Freigelassene betraut wurden. Aber wegen der überragenden Stellung ihres Herrn und des zunehmend öffentlichen Charakters ihrer Aufgaben entwickelten diese Mitglieder der familia Caesaris eigene Charakteristika. Parallel dazu bildeten sich mit der Verfestigung des römischen Heeres zu einer Berufsarmee spezialisierte Chargen, sogenannte officiales, heraus, die die heeresinterne Administration erledigten und bald auch für die zivilen Aufgaben der Oberkommandierenden herangezogen wurden. Für beide Gruppen fehlen aus der Hohen Kaiserzeit umfangreichere literarische Quellen. Individuelle Biographien lassen sich also kaum rekonstruieren. Aber zahlreiche Inschriften erlauben, das soziale Profil dieser Gruppen nachzuzeichnen und typische Verhaltensmuster zu identifizieren.

Beide Gruppen verschmolzen im 3. Jahrhundert zu einem neuen, persönlich freien und nicht mehr im Kampfeinsatz tätigen Verband. Erstmals ist nun im Schrifttum eines Gruppenmitgliedes, des Johannes Lydus, die eigene Sicht zu fassen. Eine neue Perspektive von außen bietet die spätantike Gesetzgebung. Aufgrund dieser vielschichtigen Quellenlage lassen sich am Beispiel dieses administrativen Personals vorzüglich Möglichkeiten und Grenzen einer Rekonstruktion von Lebensbildern bestimmter sozialer Gruppen diskutieren.

From Stone to vellum: Epigraphy and Hagiography in Late Antiquity
Claudia Rapp (Los Angeles)

Roman traditions of funerary commemoration are at the root of the cult of martyrs and holy men as it developed in Early Christianity and Late Antiquity. This applies not only to ritual practices, but also to the genesis of hagiographical writing. The genre of funerary oration is thus often said to be the model and inspiration for panegyrics of saints or even saints' Lives.

A less studied aspect of this connection is the relation between funerary epigraphy and hagiography. Are there formulaic expressions of praise that hagiographical authors borrow from funerary epigraphy? To what degree do hagiographers derive their basic information about a saint from funerary inscriptions? Is hagiography intended by its authors and understood by its audience to serve the same function as funerary epigraphy? These are some of the questions that this paper will explore, with special emphasis on the Greek East until the 7th century.

2.4. Feiern und Erinnern. Geschichtsbilder im Spiegel antiker Feste

Leitung: Hans-Ulrich Wiemer (Zürich), Hans Beck (Montréal)

Geschichte als Ritual. Polisfeste und historische Erinnerung im klassischen Griechenland
Hans Beck (Montréal)

Neue Feste - neue Geschichtsbilder? Zur Erinnerungsfunktion griechischer Feste im Hellenismus
Hans-Ulrich Wiemer (Zürich)

Die Römer auf der Flucht. Republikanische Feste und Sinnstiftung durch kollektive Erinnerung
Rene Pfeilschifter (Dresden)

Der Kreis des Jahres und der Bogen der Geschichte. Erinnerung und Geschichtslosigkeit im kaiserzeitlichen Festkalender
Ralf Behrwald (München)

Zusammenfassung:
Erinnerung und Gedächtnis stehen seit geraumer Zeit im Zentrum kulturwissenschaftlicher Debatten und werden in ihren vielfältigen Manifestationen gerade auch von Historiker/innen eingehend untersucht. Die kollektive Vergegenwärtigung von Vergangenheit, ihre mediale Präsentation, sinnstiftende und handlungsleitende Funktion und ihre Verankerung in sozialen Praktiken und Diskursen bilden Kernbereiche aktueller Forschungen. Dagegen ist es um das Thema Fest, das in den 70er und 80er Jahren in-

tensiv diskutiert wurde, inzwischen wieder still geworden, obwohl allgemein anerkannt ist, dass Feste nicht nur soziale Spannungen ableiten und dadurch soziale Systeme befestigen, sondern auch kollektive Identitäten reproduzieren und die Erinnerung an Ereignisse wachhalten, die für das Selbstverständnis der Gruppe von Bedeutung sind. Dabei stehen Identitätsbildung und Geschichtsbewusstsein häufig in einem engen Zusammenhang: Indem Feste zur Ausformung eines Geschichtsbewusstseins beitragen, das die Gegenwart in einen als sinnvoll empfundenen Zusammenhang mit der Vergangenheit bringt, stärken sie den inneren Zusammenhalt der Gruppe, die an dieser kollektiven Erinnerung teilhat. Umgekehrt bedürfen gerade Kulturen mit gering entwickelter Schriftlichkeit der Feste, damit die gemeinsame Vergangenheit für alle zugänglich, kommunizierbar und insofern zur gemeinsamen Erfahrung wird. Ziel der Sektion ist es, diese Erinnerungsfunktion von Festen am Beispiel der griechisch-römischen Antike zu thematisieren. Gefragt wird nach der Bedeutung, die Feste für die Ausformung und Verbreitung von Geschichtsbildern haben und nach den Geschichtsbildern selbst, die in einzelnen Festen oder ganzen Festkalendern zum Ausdruck kommen.

Geschichte als Ritual. Polisfeste und historische Erinnerung im klassischen Griechenland

Hans Beck (Montréal)

In der Stadtstaatskultur des klassischen Griechenlands hatten die Poleis primär ihren eigenen historischen Erinnerungshorizont im Blick. Der panhellenische Mythos oder kollektive Großereignisse wie die Schlachten der Perserkriege boten zwar einen Referenzrahmen für eine gemeinsame „griechische Geschichte". Vergangenheit wurde jedoch zuerst im Rahmen der Polis konstituiert. Historisches Erinnern kreiste um die Wendepunkte und Schicksalsschläge der räumlich begrenzten, überschaubaren Erfahrungsgemeinschaft der Bürgergemeinde (Abstammung und Herkunft, Ursprünge sozialer Praktiken, Sieg oder Niederlage im Krieg, aber auch Ernteausfälle und Naturkatastrophen). Dazu bildete sich ein breites Repertoire memorialer Praktiken heraus: Gedenktage, Umzüge und Landbegehungszeremonien oder Opferfeiern und Syssitien. Im Vortrag werden drei Polisfeste aus Boiotien, der Megaris und Athen vorgestellt. Dabei werden mehrere Gemeinsamkeiten namhaft gemacht, vor allem die prominente Rolle, die den Jungmännerverbänden bei der historischen Erinnerung zufiel. Es gehörte nicht nur zu ihren Aufgaben, die Geschichte ihrer Stadt zu „erlernen", sondern diese auch bei verschiedenen Festen zu inszenieren, der Polisgemeinschaft die Vergangenheit also sprichwörtlich vor Augen zu führen. Im zweiten Teil des Vortrages wird gezeigt, wie die historische Erinnerung der Polis durch diese Einbettung in einen religiös-rituellen Bezugsrahmen zusätzliche Verbindlichkeit erhielt. Gleichzeitig stiftete die Praxis des Erinnerns beim Polisfest selbst sozialen Sinn, indem sie das Geschichtsbild der Bürger noch stärker auf den Horizont ihrer eigenen Stadt lenkte.

Neue Feste - neue Geschichtsbilder? Zur Erinnerungsfunktion griechischer Feste im Hellenismus

Hans-Ulrich Wiemer (Zürich)

Für die Ausbildung polisspezifischer Geschichtsbilder, die elementare Bedürfnisse nach Sinnstiftung und Handlungsorientierung befriedigten, spielten Feste seit jeher eine zentrale Rolle. Im Hellenismus wurden Traditionen als Mittel der Selbstbehauptung und Selbstvergewisserung jedoch bewußter und mit größerem Aufwand gepflegt: Zahlreiche Feste wurden neu eingeführt und bereits bestehende auf prächtigere Art und Weise gefeiert. Thema des Vortrages ist, wie sich dieser Prozess auf den Umgang mit Geschichte und die Struktur städtischer Geschichtsbilder ausgewirkt hat: In welcher Weise gaben Feste Anlaß und Gelegenheit zur Vergegenwärtigung von Vergangenheit? Welche Aspekte der Vergangenheit wurden durch den Wandel des Festkalenders betont oder in ihrer Bedeutung gemindert? Dabei ist zwischen Versuchen, Ereignissen der jüngsten Vergangenheit allgemeine und dauernde Anerkennung zu verschaffen, einerseits und dem Bestreben, Ereignisse einer weit entfernten Urgeschichte zu vergegenwärtigen, andererseits zu unterscheiden und zu fragen, wie sich das Verhältnis beider Zeitschichten zueinander gestaltete.

Die Römer auf der Flucht. Republikanische Feste und Sinnstiftung durch kollektive Erinnerung

Rene Pfeilschifter (Dresden)

Viele Feste feierten die Römer im Lauf eines Jahres, aber von einigen wussten sie schon während der mittleren Republik nicht mehr, wann sie gestiftet worden waren und was sie eigentlich bedeuteten. Wenn man nicht weiß, was man feiert, droht die Gefahr, dass man überhaupt nicht mehr feiert. Dies vermieden die Römer, indem sie manchen Festen neuen Sinn gaben, Sinn, der sich aus der ruhmreichen Geschichte der Stadtgründung und der frühen Republik speiste. Der Beitrag versucht nicht, aus religionswissenschaftlicher Perspektive die tatsächlichen Ursprünge von Festen zu analysieren. Statt dessen beschäftigt er sich mit den Deutungen der Römer selbst: Diese stellten keineswegs immer, wie öfters angenommen, belächelnswerte Spitzfindigkeiten der antiquarischen Literatur dar. Vielmehr wurden sie zu kollektiven Erinnerungen, die die Bürger zur Teilnahme veranlassten und ihnen, über den Akt des bloßen Feiern hinaus, durch ihren historischen Bezug Identität in der res publica vermittelten. Die Erlebniswelt der feiernden Römer soll unter anderem am Beispiel der Poplifugia (= 'Volksflucht') dargestellt werden. Diese wurden am 5. Juli gefeiert und bedurften schon aufgrund ihres wenig heroischen Namens der Sinnstiftung, die dann auch von Romulus bis zur erfolgreichen Behauptung der frühen Republik gegen ihre Nachbarn reichte.

Der Kreis des Jahres und der Bogen der Geschichte. Erinnerung und Geschichtslosigkeit im kaiserzeitlichen Festkalender

Ralf Behrwald (München)

Trotz seiner starken Bezüge zum jährlich wiederkehrenden Zyklus der Vegetation und des bäuerlichen Wirtschaftens ist dem römischen Festkalender über die Aitiologien seiner Feste eine historische Dimension eigen, die in der antiquarischen Literatur seit der späten Republik vertieft und ausgefüllt wird. Das Festgeschehen und seine Erklärungen entwerfen auch Bilder römischer Geschichte. Die Bedingungen dieser Form von historischer Erinnerung ändern sich mit dem Prinzipat grundlegend. Der Wandel des Festkalenders, aber auch seine sich verändernde Kommentierung durch kaiserzeitliche Autoren ist damit auch ein aufschlussreiches Zeugnis für sich wandelnde Geschichtsbilder. Geht es zunächst noch um die Eingliederung der neuen Monarchie in ein Kontinuum römischer Geschichte, so tritt gerade dieses Moment von historischer Kontinuität bald in den Hintergrund. Anhand des Festkalenders soll untersucht werden, wie der Brückenschlag zwischen mythischer Frühzeit und eigener Gegenwart die historische Erinnerung an die dazwischenliegende Zeit verblassen läßt, so dass unhistorische Bezüge zwischen Gegenwart und mythischen Vorbildern an die Stelle eines historischen Kontinuums treten.

3. Sektionen zur Mittelalterlichen Geschichte

3.1. GerechtigkeitsBilder. Spiegelungen eines gesellschaftlichen Ideals im späteren Mittelalter

Leitung: Gabriele Annas (Frankfurt am Main), Petra Schulte (Köln)

Einleitung
Gabriele Annas (Frankfurt am Main), Petra Schulte (Köln)

Exempla der Gerechtigkeit und ihre bildliche Umsetzung: Themen Interpretationen Adressaten
Gabriele Annas (Frankfurt am Main)

Zwischen Kardinaltugend und Justiz. Die Gerechtigkeit im Augsburger Predigtzyklus des Albertus Magnus und im Sieneser Fresko vom "Buon Governo" des Ambrogio Lorenzetti.
Ulrich Meier (Bielefeld)

Rendre a chascun le sien: Das Ideal von Gerechtigkeit und Gleichheit im spätmittelalterlichen Frankreich
Petra Schulte (Köln)

Gerechtigkeitsvorstellungen und Gerechtigkeitsdarstellungen in der spätmittelalterlichen Pastoralliteratur
Michael Hohlstein (Nijmegen)

Einleitung
Gabriele Annas (Frankfurt am Main), Petra Schulte (Köln)

Die Beschäftigung mit der Idee der Gerechtigkeit kann auf eine lange, bereits in der Antike einsetzende Tradition zurückblicken, die Referenzquellen in der jüdisch-christlichen Theologie, in der antiken Philosophie und im römischen Recht besitzt. Auch wenn es eine vollkommene Umsetzung von Gerechtigkeit sicherlich zu keinem Zeitpunkt gegeben hat, so gehört ihr Ideal doch zu jenen Leitbildern, die das Selbstverständnis unserer Gesellschaft nachhaltig geprägt haben und bis heute prägen. Jenseits des epochenübergreifenden Grundgedankens, dass ein friedliches Zusammenleben vor allem auf der Gerechtigkeit beruhe, sind dabei durchaus markante zeit- und gruppenspezifische Divergenzen in der inhaltlichen Akzentuierung der Vorstellungen von Gerechtigkeit zu beobachten, die mit jeweils unterschiedlichen sprachlichen und bildlichen Mitteln kommuniziert wurden. Mit der Hinwendung zum späteren Mittelalter legten die Referentinnen und Referenten der Sektion den Schwerpunkt auf eine Zeit, die zum einen ein reiches schriftliches und bildliches Quellenmaterial bietet und ferner als bedeutsam für die Entwicklung der abendländischen Tugend- und Gerechtigkeitslehre am Übergang vom Mittelalter zur Neuzeit einzuschätzen ist. Ausgehend von ausgewählten Beispielen wurde in den einzelnen Vorträgen nicht nur allgemein der Frage nach der Verortung der Gerechtigkeit im Welt- und Geschichtsbild des späteren Mittelalters nachgegangen, sondern zugleich ihre sprachliche und visuelle Vermittlung in den Blick genommen.

Exempla der Gerechtigkeit und ihre bildliche Umsetzung: Themen – Interpretationen – Adressaten.
Gabriele Annas (Frankfurt am Main)

In Viten, Chroniken, Fürstenspiegeln und Dichtungen als rhetorische Figur weithin verbreitet, thematisieren die didaktisch auf die Veranschaulichung eines abstrakten Sach- bzw. Sinngehalts ausgerichteten Exempla der Gerechtigkeit weniger zeitgenössische Vorstellungen einer sozialen Gerechtigkeit, sondern verweisen – entsprechend dem zweiten großen, in der begrifflichen Bedeutung von *iustitia* bereits angelegten Themenkomplex – vor allem auf die enge kausale Verbindung von Recht (bzw. Rechtsprechung) und Gerechtigkeit; in der Vermittlung grundlegender sittlich-ethischer Handlungsmaximen sind sie zugleich in den Kontext der mittelalterlichen Tugendlehre eingebunden. Großformatige bildliche Umsetzungen der betreffenden Exempla sind seit der ersten Hälfte des 15. Jahrhunderts bekannt, und zwar nicht allein im höfisch-adligen und gelehrten klerikalen Milieu, sondern insbesondere auch – wie Beispiele aus der altniederländischen Malerei belegen (Rogier van der Weyden, Dirk Bouts, Gerard David) – im städtischen Kontext öffentlicher Rechtsprechung. Würdigen die in diesem Zusammenhang bevorzugten Exempla (u.a. Urteil Kaiser Trajans, Sühnemord des Adligen Herkinbald, Gerechtigkeit Kaiser Ottos, Urteil des Perserkönigs Kambyses, Schindung des korrupten Richters Sisamnes) zunächst allgemein die Idee der Gerechtigkeit im Rahmen richterlicher Rechtsprechung, so werden mit der hier jeweils beispielhaft thematisierten *diligentia* (genaue Sachprüfung), der *integritas* (Unbestechlichkeit) sowie der *severitas* (unerbittliche Gesetzestreue) gleichzeitig einzelne richterliche Tugenden eingefordert, die gegenüber dem Richten nach Gnade, als integralem Bestandteil mittelalterlicher Rechtsprechung namentlich die Strenge des Rechts (*rigor iuris*), die rigorose Anwendung der Gesetze, betonen.

Zwischen Kardinaltugend und Justiz. Die Gerechtigkeit im Augsburger Predigtzyklus des Albertus Magnus und im Sieneser Fresko vom „Buon Governo“ des Ambrogio Lorenzetti.
Ulrich Meier (Bielefeld)

Die Rezeption des fünften Buches der Aristotelischen Ethik um 1250 hat das Abendland mit neuen Tugendkonzepten in Berührung gebracht: mit der Unterscheidung von ethischen und dianoetischen Tugenden beispielsweise oder der Unterscheidung von *iustitia distributiva* und *iustitia commutativa*. Der Dominikaner Albertus Magnus war der erste, der die Ethik des Stagiriten wissenschaftlich kommentierte und so der praktischen Philosophie des Abendlandes eine neue Grundlage gab. Das ist weithin bekannt. Weniger bekannt ist, dass Albertus Magnus auch als erster die neuen Ideen in einem volkssprachigen Predigtzyklus behandelte und verbreitete. Dass dies in Augsburg, also in einem urbanen Kontext geschah, ist sicher kein Zufall. Inbesondere die zweite und dritte Predigt belegen, dass es vor allem Albert war, der eine aristotelisch geprägte Tradition des Redens über verschiedene Arten der Gerechtigkeit begründet hat. Im darauf folgenden Jahrhundert nämlich setzte in erster Linie der Kölner Dominikaner, und nicht sein üblicherweise in diesem Kontext angeführter Ordensbruder Thomas von Aquin, im Diskurs über ethische Tugenden die Leitmotive. Das lässt sich an Ethik-Kommentaren des 14. Jahrhunderts ebenso belegen wie an ikonographischen Quellen: So enthält der berühmte Fresken-Zyklus des Ambrogio Lorenzetti im Sieneser Palazzo Pubblico, genannt „Buon Governo", prägnante Motive, die sich weder bei Thomas noch bei Brunetto Latini oder bei anderen politischen Denkern dieser Zeit finden, sondern allein bei Albertus Magnus und bei denen, die ihm argumentativ folgen.

Rendre a chascun le sien: Das Ideal von Gerechtigkeit und Gleichheit im spätmittelalterlichen Frankreich

Petra Schulte (Köln)

„Gerechtigkeit", schreibt der Philosoph Robert Spaemann (Moralische Grundbegriffe, München 2004, 50f.), „ist die Anerkennung einer fundamentalen Symmetrie in den Beziehungen von Menschen, und zwar dort, wo es um die Verteilung knapper Güter geht. Diese Symmetrie besteht nicht in einfacher Gleichheit aller, sondern darin, dass Asymmetrien der Rechtfertigung bedürfen. Die Rechtfertigung aber muss von der Art sein, dass jeder, der selbst bereit ist, gerecht zu denken, dieser Asymmetrie zustimmen kann." Spaemanns Definition stellt den Hintergrund dar, vor dem das Ideal von Gerechtigkeit und Gleichheit, das in dem Schlagwort „Jedem das Seine" seinen unmittelbaren Ausdruck fand, auch für das französische Spätmittelalter nachgezeichnet werden kann. In der z. T. noch unedierten und aus diesem Grund bislang weitgehend unbekannten Traktatliteratur wurde die Forderung *„rendre a chascun le sien"* zur Grundlage des menschlichen Zusammenlebens erhoben. Das Schlagwort umfasste zum einen die Unversehrtheit des Eigentums eines jeden, ferner deren Gewährleistung im Wechselspiel von königlicher Rechtsprechung/Gesetzgebung und untertänigem Gehorsam sowie schließlich die sozialen Verpflichtungen – immaterieller und materieller Natur – gegenüber dem anderen. Letztere waren an die politische Stellung, den gesellschaftlichen Status und allgemein ethisch-religiöse Vorstellungen geknüpft. Es ist also kein Phänomen der Neuzeit, dass Gerechtigkeit an der Umsetzung von Gleichheit gemessen wurde. Der Unterschied zwischen Mittelalter und Moderne liegt vielmehr in dem Bedeutungshorizont beider Begriffe. Diesen für das spätmittelalterliche Frankreich zu skizzieren und damit zugleich den zeitgenössischen Rechtfertigungsstrategien für bestehende Asymmetrien nachzugehen, war das Ziel des Vortrags.

Gerechtigkeitsvorstellungen und Gerechtigkeitsdarstellungen in der spätmittelalterlichen Pastoralliteratur

Michael Hohlstein (Nijmegen)

Seit ihren Anfängen bestand die soziale Funktion der christlichen Predigt darin, Sinndeutungen und Handlungsorientierungen in Fragen des Glaubens und der Moral zu vermitteln. Mit dem Wandel der Predigt von der Homilie zum thematisch strukturierten *sermo modernus* seit dem 12. Jahrhundert hatte sich das Interesse zunehmend Fragen des guten, tugendhaften Lebens zugewandt. Als sozialer Grundtugend schlechthin kam der Gerechtigkeit dabei besondere Aufmerksamkeit zu. Im Mittelpunkt der Untersuchung steht die Gesetzesgerechtigkeit als Herrschaftstugend in der spätmittelalterlichen Pastoralliteratur. In ihr lässt sich die seit dem 13. Jahrhundert zunehmende Politisierung der *iustitia generalis* ablesen. Neben der traditionellen Ausrichtung auf das *bonum commune* wurde seither ein wesentlicher Aspekt der ursprünglichen aristotelischen Gesetzesgerechtigkeit betont: die Achtung und Einhaltung der Gesetze. Zur Diskussion steht das Spannungsfeld von absoluter, strenger Gerechtigkeit und Milde. Zu fragen ist dabei auch, welcher (historischer) Exempel und Bilder sich jene Autoren bedienten, die in der spätmittelalterlichen Pastoralliteratur für die Strenge des Rechts oder für die Möglichkeit, von der Geltung rechtlicher Normen abzusehen, argumentierten.

Zusammenfassung

„Während – historisch gesehen – schriftliche Texte in erster Linie die Funktion haben, die Begriffe theoretisch zu fundieren und inhaltlich zu differenzieren", so Rolf Reichardt[2], „reduzieren Bilder diese Begriffe zwar oft auf ihre Kernbedeutung, steigern aber dafür ihre gesellschaftliche Wirkungskraft, indem sie versinnlichen, emotionalisieren und im Ergebnis popularisieren." Dieses Zusammenspiel von Text und Bild konnte vor dem Hintergrund spätmittelalterlicher Gerechtigkeitsvorstellungen herausgearbeitet und diskutiert werden. Als ein Ergebnis sei die europäische Dimension des Ideals der Gerechtigkeit hervorgehoben, das im späteren Mittelalter in Bezug auf den Schutz von Person und Eigentum bei gleichzeitiger Wahrung des Gemeinwohls erörtert wurde. Die in diesen Kontext einzuordnenden Auseinandersetzungen um Rechtsetzung und Rechtsprechung, um das Richten nach dem Wortlaut des Gesetzes oder nach Gnade, waren ein allgemeines Phänomen. Dabei erfolgte die textliche und visuelle Darstellung der Gerechtigkeit als einer sittlich-ethischen Richtlinie des Handelns häufig unter Rückgriff auf (historische) Exempla, die ein wichtiges Bindeglied zwischen den unterschiedlichen Quellengattungen darstellen und ihnen eine spezifische Kohärenz verleihen.

---

[2] Bild- und Mediengeschichte, in: Joachim Eibach - Günther Lottes [Hgg.], Kompass der Geschichtswissenschaft. Ein Handbuch, Göttingen 22006, 219-230, 229

3.2. Bilderstreit als Argumentationsrepertoire. Zur Instrumentalisierung von Denkmustern und Begriffen der byzantinischen Bilderdiskussion im 8./9. Jahrhundert

Leitung: Thomas Ertl (Berlin)

Typos und Graphe im byzantinischen Bilderstreit
Bissera V. Pentcheva (Stanford)

Loyalität und Orthodoxie. Zur gesellschaftlichen Implementation der Bilderfrage in Byzanz
Stefan Esders (Bochum)

Triumph der Idole. Cultus imaginum und die "Erfindung" des Kultbildes in der Frühen Neuzeit
Beate Fricke (Zürich)

Byzantinischer Bilderstreit und fränkische Nomentheorie. Imperiales Handeln und dialektisches Denken am Hof Karls des Großen
Thomas Ertl (Berlin)

Zusammenfassung:
Der Streit um die Verehrung Gottes und seiner Heiligen in den Bildern prägte die Geschichte des byzantinischen Reiches von 726 bis 847. Der Ikonoklasmus war allerdings nicht die Krisenerscheinung eines zerrütteten Reiches, sondern bildete einen wesentlichen Orientierungspunkt für seine erfolgreiche Umgestaltung. Der Ikonoklasmus war auch kein Phänomen, das sich auf Religion oder Kunst beschränkte, sondern seine Wirkung in den unterschiedlichsten Denk- und Handlungsfeldern entfaltete. Unweigerlich führte dies dazu, dass Politiker und Prälaten, Historiographen und Künstler inner- und außerhalb des byzantinischen Kaiserreichs ihrer Deutung von Vergangenheit und Gegenwart Denkmuster und Begriffe aus dem Bilderstreit zugrunde legten. Der byzantinische Bilderstreit wurde so zum Argumentationsrepertoire, welches zu verschiedenen Zeiten und Gelegenheiten dazu benutzt wurde, äußerst unterschiedliche Ziele in Politik, Kunst und Religion zu legitimieren. Nur wer die "Macht der Bilder" in die eigene Sprache zu übersetzen und zu nutzen verstand, konnte den eigenen Standpunkt wirkungsvoll durchsetzen. Häufig ist dabei geradezu die Transponierung von Argumenten aus einem Diskussionszusammenhang in einen anderen zu beobachten. Solchen semantischen Umdeutungen nachzugehen und sie in ihrer inhaltlichen und methodischen Vielschichtigkeit zu würdigen, bemühen sich die Teilnehmer der Sektion. Es handelt sich dabei um eine Herangehensweise, die in der reichen Literatur zum Thema bisher kaum berücksichtigt wurde.

Typos und Graphe im byzantinischen Bilderstreit
Bissera V. Pentcheva (Stanford)

Typos ist ein zentraler Begriff im byzantinischen Bilderstreit. Die Ikonoklasten suchten mit seiner Hilfe zu belegen, dass allein als einzige materielle Substanz dem Kreuz Verehrung gebührte, da dieses durch die Berührung mit dem Körper Christi geheiligt worden sei. Für die ikonophile Gegenseite bezog sich der Begriff dagegen auf das Verhältnis von Vorbild und Abbild und spielte eine zentrale Rolle bei den Reflexionen über das kaiserliche Bildnis, beispielsweise auf Münzen. Die Ehre, welche dem Bildnis auf Münzen erwiesen wurde, ging aus dieser Perspektive auf den Prototyp über. Infolgedessen bezog sich auch die Verehrung der Ikonen letztlich auf Christus. Der Vortrag setzt es sich zur Aufgabe, die Bedeutung von Typos, übersetzbar als Abdruck, Siegel, Form und Ritus, in der kontroversen Diskussion zwischen Bilderfreunden und Bilderfeinden zu untersuchen. Zudem soll die Rolle der Bildvorlage (Graphe) als Abdruck in der Entwicklung der byzantinischen Ikone nach dem Ikonoklasmus untersucht werden.

Loyalität und Orthodoxie. Zur gesellschaftlichen Implementation der Bilderfrage in Byzanz
Stefan Esders (Bochum)

Der Vortrag geht der Frage nach, wie der Konflikt um die Bilderverehrung in die Bevölkerungsgruppen der byzantinischen Gesellschaft hineingetragen wurde und welche Mittel beide Seiten im Laufe der Auseinandersetzung anwandten, um die eigene Position als traditionskonform und verallgemeinerungsfähig darzustellen. Dabei stehen zum einen symbolische Praktiken im Mittelpunkt (z. B. die Vereidigung der Bevölkerung auf theologische Positionen und die Förderung der Kreuzverehrung), zum anderen werden die religiösen Feindbilder untersucht, deren Konstruktion eine Binnenintegration ermöglichen sollte.

Triumph der Idole. Cultus imaginum und die "Erfindung" des Kultbildes in der Frühen Neuzeit
Beate Fricke (Zürich)

In ihrer Reaktion auf den byzantinischen Ikonoklasmus bemühen sich die westlichen Theologen, die rigorose Haltung der byzantinischen Theologen zu relativieren und eigene Traditionen von der Verehrung religiöser Objekte wie Reliquien und das Kreuz zu artikulieren. Im Zuge dieser Auseinandersetzung mit der eigenen Bildkultur wird mit dem Erinnern an den eigenen "Ikonoklasmus'" im Westen - die Zerstörung antiker Statuen - eine westliche Haltung in der Diskussion eines christlichen Bildverständnisses formuliert. Es wird besonders in der Ablehnung des Götzendienstes erörtert, d.h. in der Abgrenzung der "eigenen" Bilder gegenüber Götzenbildern und zu verurteilenden Formen der Bildverehrung: In diesen Äußerungen lässt sich zum ersten Mal ein christliches

Verständnis von Bildern als Medium der Transzendenz im Westen nachweisen. Während in dieser Zeit zwar vom Kult, der Verehrung und der Anbetung von Bildern gesprochen wird, werden Kultbilder als Gegenstand der Kunsttheorie erst in der Frühen Neuzeit "erfunden". Retrospektiv bedient man sich der Argumente und Topoi aus der Zeit des Bilderstreites, um in Abgrenzung zu ihnen moderne Bildkonzepte zu formulieren.

Byzantinischer Bilderstreit und fränkische Nomentheorie. Imperiales Handeln und dialektisches Denken am Hof Karls des Großen
Thomas Ertl (Berlin)

Die fränkischen Geschichtsschreiber um 800 bedienten sich, wenn sie von Königtum und Kaisertum der Karolinger sprachen, einer erstaunlich homogenen Ausdrucksweise, welche zwischen Macht und Titel eines Herrschers differenzierte und die Weltordnung gewahrt sah, wenn res und nomen übereinstimmten. Die sprachliche Bewältigung des karolingischen Aufstiegs wird im Vortrag im Gegensatz zur älteren Forschung nicht als Wiederbelebung patristischen Gedankenguts, sondern als Ergebnis der Auseinandersetzung mit dem byzantinischen Bilderstreit und der in diesem Rahmen herausgearbeiteten Unterscheidung zwischen Bild und Prototyp gedeutet.

3.3. TechnikBilder und TechnikTexte in Spätmittelalter und Renaissance

Leitung: Horst Kranz (Aachen), Rainer Leng (Würzburg)

Vom Stil der Armenbibel zur technischen Zeichnung. Einführung in die mittelalterlichen TechnikBilder
Uta Lindgren (Bayreuth)

Technische Visionen um 1420: Entwürfe des venezianischen Arztes Johannes Fontana
Horst Kranz (Aachen)

500 Jahre namenlos. Das Maschinenbuch für den König von Dänemark, Norwegen und Schweden von 1424
Ulrich Alertz (Aachen)

Burgen, Bliden, Büchsen. Zur Visualisierung kriegstechnischer Innovation in spätmittelalterlichen Büchsenmeisterbüchern
Rainer Leng (Würzburg)

"Database machine drawings. 1200-1650". Ein Projekt zur datenbanktechnischen Erschließung der Maschinenzeichnungen der Renaissance-Ingenieure
Wolfgang Lefèvre (Berlin), Marcus Popplow (Berlin)

Zusammenfassung
Dietrich Lohrmann (Aachen)

Zusammenfassung:
Das moderne Bild von der Technik des Mittelalters gewinnt derzeit schärfere Konturen. Vor 100 Jahren sprang ein vielgelesener Technikhistoriker bei der Würdigung technisch-wissenschaftlicher Autoren noch in einem weiten Satz von den Alexandrinern Heron und Pappos in das 15. Jahrhundert, um dann gleich auf Leonardo da Vinci einzugehen. In dem guten Jahrtausend dazwischen, so schien es, hatte es weder erwähnenswerte Technik noch Texte dazu gegeben. Seither arbeitet die Forschung heraus, wie tatkräftige mittelalterliche Gesellschaften ihren Willen und die Fähigkeit zu technischer Invention und Innovation umgesetzt und die Neuzeit heraufgeführt haben.

Im Mittelpunkt der Sektion stand die aktuelle Erforschung der illustrierten Fachliteratur, die den technischen Aufbruch in Spätmittelalter und Renaissance begleitet hat. Nach einer Einführung in die mittelalterliche Darstellung von Technik anhand ausgewählter Beispiele stellten die Referenten Ergebnisse jüngst abgeschlossener und noch laufender Projekte zur Erschließung, Edition und Deutung technischer Bilderhandschriften und Maschinenzeichnungen auf unterschiedlichen Gebieten vor. Es wurde deutlich, dass Spätmittelalter und Frührenaissance eine große Vielfalt an technischer Überlieferung hinterlassen haben, die von der Einzeldarstellung über die ungeordnete Sammlung von Bildern ohne jeden Text bis hin zum abgeschlossenen, streng systematischen Traktat mit aufwendig gestalteten Illustrationen reicht. Besondere Aufmerksamkeit fanden die sich wandelnden Methoden, mit denen die Autoren ihren Fachkollegen oder einem interessierten Laienpublikum existierende Maschinen und Techniken, aber auch noch zu realisierende Entwürfe in Bild, Zeichnung und Text veranschaulicht haben. Ferner kam die durchaus typische enge Verbindung von traditioneller Buchgelehrsamkeit und Begeisterung für Technik zur Geltung, wie sie vor allem in den lateinischen Traktaten akademischer Autoren für gebildete und hochstehende Empfänger aufscheint.

Die fortschreitende Aufbereitung der teilweise unbekannten Quellen läßt in den nächsten Jahren interessante Horizonterweiterungen auf dem Gebiet der technischen Entwicklung und ihrer bildlichen Darstellung erwarten. Positive Besprechungen der Sektion von Jan Ulrich Büttner und Steffen Bogen erschienen in H-Soz-u-Kult unter Tagungsberichte und Forum.

Vom Stil der Armenbibel zur technischen Zeichnung. Einführung in die mittelalterlichen TechnikBilder
Uta Lindgren (Bayreuth)

Am Ende des Mittelalters wurden Zeichnungen mit technischem Sachverhalt hergestellt, die auch mit modernen Augen als technische Zeichnungen zu erkennen sind. Sie markieren den Endpunkt einer längeren Entwicklung, die im frühen Mittelalter (Montecassino) beginnt. So jedenfalls scheint es dem analytischen Geist, der gewohnt ist, in der Geschichte Entwicklungslinien aufzufinden: Einerseits hat die Technik eine

Entwicklung durchlaufen, andererseits der Stil ihrer Darstellung. Dabei wird unterstelllt, dass technische Zeichnungen einen Text illustrieren. Der Text stünde bei dieser Vorstellung im Mittelpunkt. Historiker können sich hierzu auf die Jahrtausende alte Tradition berufen, dass Geschichte nur das ist, was in Texten festgehalten wurde. Dieses von Tukydides begründete Geschichtsverständnis wurde schon vor geraumer Zeit von der Archäologie aufgebrochen. Etwas ähnliches passiert, wenn Bilder/Abbildungen/Zeichnungen als selbständige Quellengattung verstanden und zur historisch-kritischen Analyse zugelassen werden. Im Bereich der Technikgeschichte, die nicht zu den gut etablierten historischen Teildisziplinen gehört, ist diese Eigenständigkeit der bildlichen Quelle besonders gut zu verfolgen.

Technische Visionen um 1420: Entwürfe des venezianischen Arztes Johannes Fontana
Horst Kranz (Aachen)

Johannes Fontana aus Venedig (c. 1395 - c. 1455) gehört zu den besonders produktiven technisch-wissenschaftlichen Autoren der italienischen Frührenaissance. In seiner Person verbanden sich Geistes- und Naturwissenschaft zwanglos mit einer Vorliebe für Technik. Von Künstleringenieuren wie Filippo Brunelleschi und Mariano Taccola, Francesco di Giorgio und Leonardo da Vinci, die aus der Praxis des Handwerks und der Bildhauerkunst hervorgingen, unterschied sich Fontana durch seine akademischen Wurzeln. Noch während des Studiums der Artes und Medizin in Padua (1416-1418) verfasste der spätere Arzt erste technische Abhandlungen, von denen sich vier erhalten haben. Wohlgeordnet, detailreich und durch Zeichnungen veranschaulicht, beschrieb er den Bau einer kombinierten Sand- und mechanischen Uhr, einer Wasseruhr sowie neuartige Methoden der Höhen-, Tiefen- und Längenmessung unter Verwendung von Uhren. Die vierte, anonym überlieferte Schrift steht vor der Identifizierung. Fontanas Werk lässt erkennen, dass theoretische Buchwissenschaft und praktische mechanische Künste sich im universitären Umfeld ergänzten. Physikalische, geometrische und medizinische, auch literarische Kenntnisse, die im Unterricht vermittelt wurden, gingen unmittelbar in die Techniktraktate ein. Wie der Urheber sind auch die Empfänger der lateinischen Schriften dem akademischen Milieu zuzuordnen.

Im Zentrum des Vortrags stand der Traktat De pisce cane et volucre, in dem ein phantasiebegabter Fontana, der sich als Ideengeber für junge Forscher verstand, ein ungewöhnliches Verfahren zur Messung von Entfernungen entwickelte. Dazu bediente er sich künstlicher Tiere, die zu den Elementen Wasser, Erde und Luft passten. In Bewegung versetzt wurden die Tiere mit dem vierten Element, dem Feuer, in Gestalt einer Pulverladung. Die Messung erfolgte mit den erwähnten Uhren, die die zurückgelegten Strecken stoppten.

Lit.: Horst Kranz, Raketenantrieb um 1420: Ideen und Experimente des venezianischen Arztes Johannes Fontana, in: Eloquentia copiosus, Festschrift für Max Kerner zum 65. Geburtstag, hg. v. Lotte Kéry, Aachen 2006, S. 315-333.

500 Jahre namenlos. Das Maschinenbuch für den König von Dänemark, Norwegen und Schweden von 1424

Ulrich Alertz (Aachen)

"DE AQUARUM conductibus, molendinis aliisque machinis et aedificiis liber sine nomine".

So bezeichnet der Barberini-Katalog in der Biblioteca Vaticana ein 1623 erworbenes, damals schon altes, kleines, reich vergoldetes und illuminiertes Maschinenbuch. Seinen Verfasser, die Entstehungszeit, den Zweck des Werkes und seinen Empfänger hatte man bereits vergessen. Dabei blieb es für weitere 382 Jahre.

Dieses Werk kann besondere Bedeutung für die Geschichte der Mechanik beanspruchen, denn in ihm finden wir wohl zum ersten Mal für das europäische Mittelalter technische Experimente naturphilosophisch kommentiert. Aristotelische Physik und Platons Timaios spiegeln sich in pneumatischen Geräten, in der Antriebstechnik und in Apparaturen zur Nutzung natürlicher Bewegungsenergien wie Gravitation und Magnetismus. Wir sehen Versuche auf der Grundlage eines Weltbildes, das uns nach den Entdeckungen der Physiker des 20. Jahrhunderts einerseits erstaunlich modern vorkommt, aber andererseits durch seine unmittelbaren technischen Implikationen auch sehr fremd erscheint.

Eine Aachener Forschergruppe hatte sich seit fünf Jahren mit den ausführlichen Maschinen- und Versuchsbeschreibungen beschäftigt. Der lateinische Text war bereits ins Deutsche übersetzt und kommentiert. Aber lange schien es, als müsse auch dieser Autor anonym bleiben. Da ergab sich bei einem abschließenden Besuch in der Vatikanischen Bibliothek endlich eine neue Spur in der Handschrift selbst. Das glänzende Gold und die leuchtenden Illuminationen ließen bei der Betrachtung des Originals die Lösung ins Auge springen. Die Kapitel-Initialen ergaben zusammen mit den Goldbuchstaben einen eigenen Text - ein Akrostichon:

CONRADUS GRUTER DE VVERDENA SCRIPSIT ANNO DOMINI MILLESIMO QUADRINGENTESIMO VIGESIMOQVARTO VENECIIS SERENISSIMO DACIE NORVVEGIE ET SUECIE REGI ET POMERANIE DUCI ET CETERA

Für Erich von Pommern, den König von Dänemark, Norwegen und Schweden und Herzog von Pommern, hatte Conradus Gruter aus Werden 1424 in Venedig seinen Tractatus mechanicae geschrieben[3]

[3] Konrad Gruter von Werden, De machinis et rebus mechanicis. Ein Maschinenbuch aus Italien für den König von Dänemark 1393-1424, 2 Bände: I. Einleitung, II. Edition; übersetzt, kommentiert und herausgegeben von Dietrich Lohrmann, Horst Kranz, Ulrich Alertz, Studi e testi 428-429, Città del Vaticano 2006, Rom 2006

Burgen, Bliden, Büchsen. Zur Visualisierung kriegstechnischer Innovation in spätmittelalterlichen Büchsenmeisterbüchern

Rainer Leng (Würzburg)

Der Einsatz moderner Feuerwaffen und komplexer konventioneller Technik auf den Kriegsschauplätzen des 15. Jh. ließ in kurzer Zeit ein umfangreiches Expertenwissen heranwachsen. Die Wissensvermittlung stellte neue Herausforderungen an eine neue Berufsgruppe spezialisierter Kriegshandwerker: die Büchsenmeister. Traditionelle Wissensvermittlungsstrategien in Form von Traktaten oder Rezeptsammlungen erwiesen sich bald als ungenügend. Neue Visualisierungstechniken durchdrangen bald eine noch im Entstehen begriffene Literaturgattung. Die ca. 100 kriegstechnischen Bilderhandschriften des 15. Jahrhunderts weisen ein breites Spektrum auf, das von marginaler Illustration bis zur textlosen Bildersammlung reicht. Ihr Fundus von ca. 8000 Bildern allein in den deutschsprachigen illustrierten Technikhandschriften des 15. Jahrhunderts steht erst am Beginn der Erforschung. In der Regel existiert eine prozessuale Verschränkung von Text und Bild, deren Informationsgehalte sich wechselseitig ergänzen. Die Darstellungsweise richtet sich nach dem intendierten Publikum. Wurden technische Details zugunsten der Schilderung des Einsatzkontextes reduziert, sind höfische Adressaten anzunehmen. Isolierte und kontextlose Technikdarstellung kennzeichnet den internen Wissenstransfer der Techniker. Besonders in dieser Gruppe wurden im Laufe des 15. Jahrhunderts neue Darstellungstechniken entwickelt, die den Weg zur modernen Konstruktionsskizze weisen. Isolierte Darstellungen einzelner Baugruppen, Detailvergrößerungen und primitive Vorläufer von Explosionszeichnungen, Schnittbildern und Funktionsgefügen stellten Meilensteine auf dem Weg zum Blueprint dar. Der Vortrag soll in die Gattung der deutschsprachigen illustrierten kriegstechnischen Handschriften einführen und anhand ausgewählter Bildbeispiele die ikonographischen Wissensvermittlungstechniken technischer Innovationen des späten Mittelalters vorstellen.

"Database machine drawings. 1200-1650". Ein Projekt zur datenbanktechnischen Erschließung der Maschinenzeichnungen der Renaissance-Ingenieure

Wolfgang Lefèvre (Berlin), Marcus Popplow (Berlin)

„Die Maschinenzeichnungen der Renaissance-Ingenieure um Leonardo da Vinci sind lange Zeit primär als Quellen wahrgenommen worden, die es erlauben, den frühneuzeitlichen Stand der Technik zu rekonstruieren. Demgegenüber wurde den vielfältigen Funktionen der Zeichnung in der alltäglichen Praxis dieser Ingenieure kaum Beachtung geschenkt. Die datenbanktechnische Erschließung dieser Bestände eröffnet Nutzern unterschiedlicher historischer Disziplinen wie auch dem interessierten, fachfremden Publikum neue Einsichten in die Nutzung dieses Mediums wie auch in praxisnahe Wissensformen der Renaissance-Ingenieure. Zeitgleich mit inhaltlichen Analysen dieser Quellenbestände in internationaler wurden analytische Kategorien entwickelt, um zukünftige Forschungen zu diesem Material mittels einer Datenbank zu erleichtern[4]. Bislang sind ca. 1.800 Maschinenzeichnungen des 15. und 16. Jahrhunderts kommentiert. Die Datenbank ist am Max-Planck-Institut für Wissenschaftsgeschichte in Berlin als Teil der digitalen Forschungsbibliothek "The Archimedes-Project" (Abt. 1, Leitung: Jürgen Renn) unter folgendem Link frei zugänglich: http://dmd.mpiwg-berlin.mpg.de.

Zusammenfassung

Dietrich Lohrmann (Aachen)

Mit dem Generalthema GeschichtsBilder hat der Konstanzer Historikertag einen naheliegenden Anreiz geschaffen, auch der technischen Illustration eine eigene Sektion zuzubilligen. Bilder waren hier im konkreten Sinn gemeint, zunächst als Bilder der spätmittelalterlichen Buchillustration, später zunehmend als technische Zeichnungen, die im Kupferstich der Maschinentheater des 17.-18. Jahrhunderts eine immer aufwändigere Ausgestaltung erfahren. Ein bunter Blumenstrauß origineller Beiträge, von der Bilderbibel (U. Lindgren) bis zur Systematisierung von ca. 8000 Maschinenbildern in Handschriften des deutschen Spätmittelalters (R. Leng), veranschaulichte die neuesten Initiativen. Insgesamt – nach langer Stagnation in Deutschland – lassen sie die Aktivitäten eines nun wieder aufstrebenden Forschungszweiges erkennen. Zum Kern solcher Forschungen gehören Ersteditionen technikgeschichtlicher Frühwerke wie die der Jugendtraktate des Venezianers Johannes Fontana um 1420 (H. Kranz) oder die aus Erfahrungen der Jahre 1393-1424 in Italien gesammelten Maschinenbeschreibungen eines Konrad Gruter, hier präsentiert von U. Alertz. Beide sind geeignet, die Chronologie der technischen Entwicklung Westeuropas an manchen Stellen gehörig nach rückwärts zu verlagern, zumal auch die jetzt gebotenen Daten für einzelne Techniken jeweils nur terminus ante quem sein können. Sehr begrüßenswert ist ferner der verbesserte technische Zugang zu den Illustrationen der frühneuzeitlichen Maschinentheater durch die Datenbank des Max Planck-Institutes für Wissenschaftsgeschichte Berlin (M. Popplow, W. Lefèvre) und die neu interpretierten Uhrenbilder von G. Dohrn van Rossum. Was wäre Europas Zukunft in der Neuzeit geworden ohne all diese technischen Neuheiten der voraufgehenden Jahrhunderte?

[4] Kooperation (vgl. Wolfgang Lefèvre [Hg.]: Picturing Machines 1400-1700, Cambridge/M. [MIT Press] 2004),

4. Sektionen zur Frühen Neuzeit

4.1. Das Bild des Moslems im westlichen und östlichen Europa in der Frühen Neuzeit

Leitung: Ludolf Pelizaeus (Mainz), Gabriele Haug-Moritz (Graz)

Einführung
Gabriele Haug-Moritz (Graz)

"Türkengefahr" und europäische Exklusivität: Analyseparameter historischer Antagonismusnarrative und ihre historiographischen Folgen
Almut Höfert (Cairo / Basel)

Die Ambivalenz in der Sicht des Osmanen als Gegner und Verbündeter in Ungarn
András Forgo (Budapest)

Die Erinnerung an den Erbfeind. Die Türkenbelagerungen Wiens im öffentlichen Bewusstsein Österreichs im 19. und 20. Jahrhundert
Peter Rauscher (Wien)

Die Konstruktion eines Islambildes in Spanien und Portugal als iberischer Integrationsfaktor
Ludolf Pelizaeus (Mainz)

Zusammenfassung:
Nur wenige Vorstellungen der frühneuzeitlichen Geschichte sind bis heute so nachhaltig für unser Weltbild geblieben wie das in verschiedenen medialen Formen vermittelte "Bild des Moslems". Gerade bei den Argumenten pro und contra EU-Beitritt der Türkei wird dies offenkundig. Dass die lateinische Christenheit sich seit der Mitte des 15. Jahrhunderts insgemein mit dem zu Wasser wie zu Lande expansiven "Türken" konfrontiert sah, war die Voraussetzung, dass sich das medial propagierte Türkenbild zu einem grenzübergreifenden "Antagonismusnarrativ" verdichten konnte.

Die geschichtswissenschaftliche Forschung hat zwar den zentralen Stellenwert des Feindbildes "Moslem" für die Identitätskonstruktionen der frühneuzeitlichen Gesellschaften Europas erkannt, jedoch die vergleichende Perspektive vernachlässigt. Zentrales Anliegen der Sektion ist es daher, das in der ungarischen, österreichischen, deutschen, portugiesischen und spanischen erarbeitete Bild des Moslems vorzustellen und seinen Stellenwert in der neuzeitlichen Erinnerungskultur zu bestimmen. Besondere Aufmerksamkeit wird dabei medialer Umsetzung und eingesetzten Strategien gelten. In der Einführung von Gabriele Haug-Moritz (Graz) und den Beiträgen von Almut Höfert (Basel/Kairo), András Forgo (Budapest), Peter Rauscher (Wien) und Ludolf Pelizaeus (Mainz) werden vergleichend Gemeinsamkeiten wie Unterschiede und Entwicklungslinien des jeweiligen Türkenbildes verdeutlicht werden. Dergestalt ist die Sektion bestrebt, der Dekonstruktion von Wahrnehmungsstereotypen, die gesamtgesellschaftlich weiterhin bedeutsam sind, einen weiteren Impuls zu geben, von dem zu hoffen steht, dass er auch einen Baustein zu einem interkulturellen Dialog auf neuer Grundlage liefert.

Einführung

Gabriele Haug-Moritz (Graz)

Nur wenige Narrative der frühneuzeitlichen Geschichte sind bis in unsere Gegenwart hinein so wirkmächtig für unser Weltbild geblieben wie das in den verschiedensten medialen Formen visuell wie diskursiv vermittelte "Bild des Moslems". Gerade in diesem Jahr, als die österreichische Politik ihre Vorbehalte gegen die Aufnahme der EU-Beitrittsverhandlungen mit der Türkei ostentativ in Szene setzte, wurde dies wieder besonders offenkundig. Dass die lateinische Christenheit sich seit der Mitte des 15. Jahrhunderts insgemein mit dem zu Wasser wie zu Lande expansiven "Türken" konfrontiert sah, war die Voraussetzung, dass sich das medial propagierte Türkenbild zu einem transnationalen "Antagonismusnarrativ" (Höfert) verdichten konnte, das noch heute das europäische Verständnis vom "Islam" prägt.

Die geschichtswissenschaftliche Forschung hat den zentralen Stellenwert des Feindbildes "Moslem" für die Identitätskonstruktionen der frühneuzeitlichen Gesellschaften Europas erkannt, sie hat es allerdings bislang unterlassen, dies in einer vergleichenden Perspektive zu tun. Zentrales Anliegen der Sektion ist es daher, das in den einzelnen europäischen Nationalhistoriographien - in concreto: der ungarischen, österreichischen, deutschen und spanischen - erarbeitete Bild des Moslems vorzustellen und seinen Stellenwert in der spätneuzeitlichen Erinnerungskultur zu bestimmen. Die besondere Aufmerksamkeit wird dabei den jeweiligen medialen Visualisierungsstrategien gelten, da deren gesellschaftliche Reichweite besonders groß war. Indem Gemeinsamkeiten und Unterschiede wie auch Entwicklungslinien des jeweiligen Türkenbildes verdeutlicht werden, wird der europäischen Dimension des Themas Rechnung getragen. Dergestalt ist die Sektion bestrebt, der in der wissenschaftlichen Forschung der einzelnen Länder bereits in Gang gekommenen Dekonstruktion von Wahrnehmungsstereotypen, die gesamtgesellschaftlich weiterhin bedeutsam sind, einen weiteren Impuls zu geben, von dem zu hoffen steht, dass er auch einen Baustein zu einem interkulturellen Dialog auf neuer Grundlage liefert.

"Türkengefahr" und europäische Exklusivität: Analyseparameter historischer Antagonismusnarrative und ihre historiographischen Folgen

Almut Höfert (Cairo / Basel)

Der Diskurs der "Türkengefahr" im Europa des 15. und 16. Jahrhunderts gehört zu den wirkungsmächtigsten Antagonismusnarrativen der frühneuzeitlichen Geschichte. Die führenden Mächte in Europa, allen voran das Papst- und Kaisertum, propagierten die osmanische, nach Westen gerichtete Expansion, die Südosteuropa und den Mittelmeerraum betraf, erfolgreich als eine Bedrohung der gesamten Christenheit. Die "Türkengefahr" bezog dabei ihre Durchschlagkraft in entscheidendem Ausmaß aus dem neuen Medium des Buchdruckes und trug maßgeblich zur Formierung des neuen, nun explizit christlich aufgeladenen Europabegriffes als Gegenpol zu den "Türken" bei.

Nach einer kurzen Skizzierung der "Türkengefahr" und ihrer Einbettung in die damaligen politisch-wirtschaftlichen Beziehungen zwischen dem Osmanischen Reich und europäischen Mächten widmet sich dieser Beitrag den historiographischen Folgen dieser diskursiven Formation. Denn so verdienstvoll die geschichtswissenschaftliche Aufarbeitung derartiger Antagonismen, die häufig unter dem Rahmenthema "Identität-Alterität" vollzogen wurde, ist, birgt sie doch das Risiko in sich, jene historischen Phänomene zu verdecken, die diesen Antagonismus unterliefen. Die methodische Debatte zum historischen Vergleich hat seit einiger Zeit strukturell ähnliche Probleme ausgemacht und ist inzwischen in den weitgehenden Konsens gemündet, dass jeder Vergleich zwischen Nationalstaaten gleichzeitig Interferenzen und Transfers in den Blick nehmen müsse, die sich einer klaren Zuordnung zu einem der Vergleichsparameter verweigern.

In diesem Beitrag sollen daher Verflechtungen, Kooperationen und die Auswirkungen empirischer Beobachtungen (von Europäern im Osmanischen Reich) zur Sprache kommen, die von der bisherigen Forschung teilweise ignoriert oder unkritisch unter dem Paradigma der "Türkengefahr" als "anomal" oder "ungeheuerlich" disqualifiziert wurden. Im Ausblick soll zum Schluß die Frage gestellt werden, welche Konsequenzen sich aus diesen Befunden für die Analyse von historischen Antagonismusnarrativen im Kontext des Paradigmas der Kulturdifferenz zwischen "Europa" und dem "Islam" ergeben.

Die Ambivalenz in der Sicht des Osmanen als Gegner und Verbündeter in Ungarn

András Forgo (Budapest)

Schwerpunkt des Vortrags soll die Entwicklung des Türkenbildes in Ungarn sein. Im Mittelpunkt der Ausführungen, die von einem interdisziplinären Ansatz ausgehen, wird das Bild und dessen Veränderung vom Spätmittelalter bis zum Ende der Frühen Neuzeit stehen. In diesem Prozess können vier Phasen geschieden werden: Die erste Berührung mit den osmanischen Eroberern erfuhr das mittelalterliche Ungarn Ende des 14. Jahrhunderts. Damals sah man in den vordringenden "Türken" zunächst bloß die neue Gefahr der "Häresie". Mit der langsamen Erkennung der militärischen Gefahr entstand aber auch in Ungarn das Bild des moslemischen Eroberers als Erzfeind des Landes. Als dann unter den Heerführern die Unmöglichkeit erkannt wurde, den Eroberungszug aufzuhalten, fing man an, die Osmanen als göttliche Strafe zu verstehen, bis die Chancen auf einen christlichen Gegenangriff wieder gestärkt sein würden.

Als der ungarische Elite klar wurde, dass die "Türkenfront" im Rahmen der habsburgischen Politik als zweitrangig eingestuft wurde, begann diese ungarische Führungsschicht nun eine pro-osmanische Orientierung vorzubereiten. So wurde aus dem Gegner eine Art Zwangsverbündeter, mit dem man ein modus vivendi finden musste. Diese

Sichtweise verlor sich erst mit dem Entstehen der internationalen Koalition für die Vertreibung der Osmanen aus Europa. Erneut wandelte sich das Bild des Osmanen: Aus dem Feind wurde ein zwar bekannter aber immer noch exotischer Nachbar an der Südgrenze des Königreichs.

Die Wandlung des "Türkenbildes", die auch in der Literatur und der bildender Kunst ihren Niederschlag fand, soll anhand einiger ausgewählter Beispiele dargestellt werden.

Die Erinnerung an den Erbfeind. Die Türkenbelagerungen Wiens im öffentlichen Bewusstsein Österreichs im 19. und 20. Jahrhundert

Peter Rauscher (Wien)

Jubiläen, besonders von Schlachten waren und sind Teil nationaler Identität. Ein bekanntes Beispiel ist der "Sedanstag" im deutschen Kaiserreich, der dem Gedächtnis an die Schlacht vom 2. September 1870 gewidmet war. Nicht nur Siege, auch - häufig als tragisch und schicksalhaft interpretierte - Niederlagen wie die Schlacht von Mohács oder die Schlacht am Weißen Berg sind ins kollektive Gedächtnis eingeschrieben und dienen nicht selten als Epochengrenzen nationaler Geschichtsschreibung.

Für die Habsburgermonarchie, besonders aber für ihr österreichisches Kernland wurde die "Zweite Türkenbelagerung" der Residenzstadt Wien von 1683 schnell zu einem wichtigen Ereignis eines kollektiven Geschichtsbildes und vor allem bei Jubiläen bis ins ausgehende 20. Jahrhundert entsprechend medial in Szene gesetzt.

Die erste Säkularfeier 1783 ging aus jährlichen Gedenktagen hervor. Mit der Einführung eines Marienfests am Jahrestag der Schlacht vom Kahlenberg, hatte Papst Innozenz XI. ältere christlich-römische Traditionen des Gedenkens an einen Schlachtensieg aufgegriffen. 1783 – im Reformjahrzehnt Josephs II. – sollten anlässlich des 100jährigen Jubiläums die feierlichen Prozessionen, durch die Seitens Kirche, Dynastie/Staat und Stadt dem erfolgreichen Entsatz Wiens und dem Sieg über den islamisch-türkischen „Erbfeind“ gedacht wurde, ein letztes Mal begangen werden.

Völlig anders war die Situation anlässlich der 200-Jahres-Feier 1883, als es parallel zu politischen Spannungen zwischen liberalen und konservativen Kräften auf der einen und Stadt und Dynastie auf der anderen, auch zu einem partiellen Auseinanderdriften des Gedenkens kam. Während die Stadt Wien ihr Selbstbewusstsein durch die Schlusssteinlegung des neuen Ratshauses öffentlich darstellte, wurde das städtische Selbstbild fundamental in Frage gestellt und stattdessen Kirche und Dynastie der Verdienst um die Verteidigung Wiens zugesprochen. Abgesehen von dem Streit um die Gewichtung der Protagonisten auf christlicher Seite ist bereits 1883 eine deutliche Nationalisierung des Gedenkens festzustellen, das die Rolle Österreichs als Grenzmark Deutschland hervorhob. Auch das Feindbild wies zwei neue Züge auf: Die Türken blieben zwar der „Erbfeind der Christenheit“, ihnen wurde nun aber auch „asiatische Barbarei“ zugeschrieben. Hinzu kam eine Übertragung des Feindbildes auf den Liberalismus als aktuellen weltanschaulichen Gegner der Kirche.

Diese Tendenzen wurden anlässlich des 250jährigen Jubiläums weiter verschärft. Während 1933 die Stadt als Träger des Gedenkens ausfiel, zelebrierten Kirche und Staatsführung im Rahmen des Deutschen Katholikentags den Sieg von 1683 ganz im deutschnationalen Sinn. „Deutschland", „Christenheit" und „Heldenzeitalter Österreichs" bildeten die positiv besetzten Schlüsselbegriffe, während die Türken mit Sozialismus und barbarischen Feind aus dem Osten gleichgesetzt wurden. In diesem Geschichtsbild hatte auch eine Beteiligung Polens an der Schlacht vom Kahlenberg keinen Platz.

Nach der Katastrophe der nationalsozialistischen Herrschaft und dem nach 1945 erfolgten Abrücken Österreichs von Deutschland erwiesen sich die Inhalte von 1933 als Irrweg. Irritationen rief 1983 die Tatsache hervor, dass die katholische Kirche den österreichischen Katholikentag und den Besuch Papst Johannes Paul II. auf die Tage des 300jährigen Jubiläums gelegt hatte. Unter anderem die Warnungen, nicht unkritisch in der Tradition des Schlachtenjubiläums fortzufahren, trugen dazu bei, sich dem Thema „Türkenjubiläen" auch wissenschaftlich zu widmen. Obwohl die Kirche nicht auf das Gedenken an 1683 verzichten mochte, betonten Johannes Paul II. und andere Kirchenvertreter das christliche Ideal des Friedens und schlossen sich der Forderung nach einer differenzierten Geschichtsbetrachtung an. Aufgrund dieser Agenda und des Ost-West-Konflikts in den 1980er Jahren wurde der Islam nicht zum Feindbild stilisiert. Ähnliches gilt für das Nato-Land Türkei.

Aktuelle Umfragen ergaben, dass die Zweite Wiener Türkenbelagerung heute nicht mehr zu den als besonders wichtig empfundenen Ereignissen der österreichischen Geschichte gehört. Als Gegenstand des Geschichtsunterrichts ist sie jedoch noch nicht ganz in das „Speichergedächtnis" abgesunken, eine „dritte Türkenbelagerung" ist immer wieder Gegenstand öffentlicher Debatten – wie Äußerungen von Kirchenvertretern oder eine Installation des Künstlers Feridun Zaimoglu im Jahr 2005 an der Kunsthalle Wien im Jahr 2005 belegen.

Die Konstruktion eines Islambildes in Spanien und Portugal als iberischer Integrationsfaktor

Ludolf Pelizaeus (Mainz)

Spanien und Portugal sind seit dem Mittelalter von der Auseinandersetzung mit dem Islam geprägt. Die Sicht des Gegners war bis zur Eroberung von Granada zwischen christlichem Superioritätsgefühl und Angst vor der Überlegenheit des Gegners angesiedelt. Daher erschien das Bild des Moslems in der Literatur, den Schriftquellen, der Malerei, Skulptur und Druckgraphik sehr unterschiedlich. Moslems waren Fremde, die Furcht einflößten und die man misstrauisch beobachtete, für deren Kultur, Lebensweise und Kampfgeist man aber andererseits durchaus noch Hochachtung hatte.

Nicht unmittelbar nach dem Fall von Granada, sondern erst mit dem Regierungsantritt Karls I./V. änderten sich die Vorzeichen. Die stark durch Endzeiterwartung geprägten Aufstände (1519-1523) richteten sich gerade auch gegen die muslimische oder konvertierte Bevölkerung. In dieser Zeit setzte sich ein Bild durch, welches wirkmächtig blieb. Für Moslems war auf einer iberischen Halbinsel, die zusammenwachsen sollte, kein Platz. Die Verfolgung betraf zunächst nur Spanien, mit der Union von Portugal und Spanien 1580 aber die ganze Halbinsel. War aufgrund der unterschiedlichen kolonialen Ausrichtung der Umgang mit Moslems in Portugal und Spanien bisher noch unterschiedlich, so verlangte die Schaffung einer von Spanien geprägten Identität die scharfe Abgrenzung von Anderen als verbindendes Element. Beide Unionen, die von Kastilien und Aragon und später die von "Spanien" und Portugal waren hierbei Schlüsselereignisse.

Diese Entwicklung wurde bis in das ausgehende 17. und frühe 18. Jahrhundert beleuchtet. Anhand der Analyse konnte die Entstehung und Prägung eines Bildes, das dann in der historiographischen Verfestigung bis in das 20. Jahrhundert auch zum Geschichtsbild generiert ist, herausgearbeitet werden.

4.2. Epochenjahr 1806? Das Ende des Alten Reichs in zeitgenössischen Perspektiven und Deutungen

Leitung: Christine Roll (Aachen), Matthias Schnettger (Mainz / Rom)

Einführung
Christine Roll (Aachen)

Die Reichs-Innen-Sicht: Sieger und Verlierer
Bettina Braun (Paderborn / Mainz)

1806 aus Wiener Sicht: Der Kaiserhof und Österreich
Lothar Höbelt (Wien)

Abschied von Germania. Italienische Perspektiven auf das Ende des Alten Reichs
Matthias Schnettger (Mainz / Rom)

Das Ende des Alten Reichs aus französischer Sicht
Cornel Zwierlein (München)

Großbritannien und das Ende des Alten Reiches 1806
Torsten Riotte (London)

Wahrnehmungen und Handlungen: Russland und das Ende des Alten Reiches
Jan Kusber (Mainz)

Zeitgenössische Sichtweisen auf das Ende des Alten Reichs? Erträge der Sektion und neue Fragen
Christine Roll (Aachen)

Einführung

Christine Roll (Aachen)

Das Alte Reich wird anlässlich der 200. Wiederkehr seines Untergangs in diesem Jahr in Szene gesetzt wie nie zuvor. Aber ist „1806" wirklich das Epochenjahr, als das man es, ganz der historiographischen Tradition folgend, in den Ausstellungen, Büchern und Aufsätzen dieses Jahres, überwiegend präsentiert findet? Wie sahen das die Zeitgenossen? Zu überprüfen ist z.B. die weit verbreitete Auffassung, die deutschen Intellektuellen hätten das Ende des Reichs nur *en passant* und mit Distanz oder zynischem Spott wahrgenommen. Wie sich das Epochenjahr 1806 in europäischer Perspektive ausnimmt, ist bislang so gut wie unerforscht.

Gegenstand der Sektion sind also nicht erneut die Gründe für das Ende des Alten Reichs, sondern die zeitgenössischen Perspektiven und Sichtweisen auf das Geschehen um 1806. Dabei sollen vor allem drei Aspekte besonders diskutiert werden:

1. Wie wurde die Endphase des Reichs von den Zeitgenossen beurteilt? Ab wann wurde konkret mit der Auflösung des Reichsverbands gerechnet? Worin sahen die Zeitgenossen Gründe und Ursachen für den Untergang?

2. Welche zeitgenössischen – auch bildlichen – Darstellungen, welche Erklärungs- und Deutungsmuster des Geschehens lassen sich finden? In welchen Kategorien wurde das Ende des Alten Reichs wahrgenommen?

3. Welche Diskussionen setzte das Ende des Alten Reichs in Europa in Gang? Wo gab es politische, ökonomische und soziale Szenarien für die Zeit „danach"? Hatten das Ende des Reichs und die Verfassungsdiskussionen in Deutschland auch Rückwirkungen auf die Diskussion über die Staatsform in anderen Ländern?

In methodischer Hinsicht soll die Sektion die laufende Diskussion über die Bedeutung zeitgenössischer Sichtweisen für das historische Urteil befruchten. Dazu gehört nicht zuletzt die Bedingtheit heutiger Forschungsmeinungen durch die von den „Siegern" unter den Zeitgenossen errungene Deutungshoheit über den Sachverhalt. Ferner thematisieren wir hier Grundfragen der föderalen Struktur Deutschlands und schauen auf ein Stück deutscher Geschichte nicht nur aus deutscher, sondern auch aus der Sicht des Auslands. Schließlich wird darüber zu diskutieren sein, ob zeitgenössische und zugleich europäische Sichtweisen dazu zwingen, die nationale Epochengrenze 1806 kritisch zu überprüfen und damit zugleich die Frage nach dem Ende der Frühen Neuzeit neu zu stellen.

Die Reichs-Innen-Sicht: Sieger und Verlierer

Bettina Braun (Paderborn/Mainz)

Die Forschung geht davon aus, dass das Ende des Alten Reichs, konkret die Niederlegung der Kaiserkrone durch Franz II. am 6. August 1806, im Reich kaum mehr auf Interesse gestoßen sei – ohne dies freilich je untersucht zu haben. Das Desinteresse dürfte historiographiegeschichtlich begründet sein: Einer Geschichtsschreibung, die das Reich für überlebt hielt, leuchtete es ohne weiteres ein, dass dessen Ende von den Zeitgenossen nur en passant registriert wurde. Die Rehabilitierung des Reichs in den letzten Jahrzehnten fordert deshalb auch zu einem neuen Blick auf sein Ende heraus. Dabei geht es nicht um eine Analyse der Ursachen für dessen Untergang – dazu liegen umfangreiche Forschungen vor –, sondern es geht um die Sicht der Zeitgenossen, der nur beobachtenden und kommentierenden wie der politisch handelnden. Ab wann hielten die Menschen das Reichsende für denkbar? Welches Bild vom Reich hatten sie, und wie veränderte sich dieses Bild in den Jahren um 1800? Bei denen, die von einem baldigen Reichsende ausgingen, ist außerdem danach zu fragen, ob und wie sie bei ihren Vorstellungen für die staatliche Zukunft Deutschlands an das Reich anknüpften.

Drei Tendenzen zeichnen sich ab: Zum einen rechneten die Zeitgenossen wesentlich länger mit dem Reich, als es den ex-post urteilenden Historikern angebracht erscheinen mag. Nur so lässt sich auch erklären, dass die Reichsinstitutionen scheinbar unbeirrt weiterarbeiteten. Zum anderen unterschieden sich die Vorstellungen in den einzelnen Regionen des Reichs erheblich. Und zum dritten kam in den Augen der Zeitgenossen der Säkularisation und nicht den Gebietsverlusten die entscheidende Bedeutung zu – damit gewinnen die Jahreszahlen 1797, 1801 und 1803 erhöhte Relevanz, während 1806 kaum als tiefe Zäsur empfunden wurde.

1806 aus Wiener Sicht: Der Kaiserhof und Österreich
Lothar Höbelt

Das Ende des Reichs vorausgesehen hat man in Wien vermutlich erst sehr spät. Umstritten ist, wie weit man ein „untotes“ Weiterleben unter napoleonischer Ägide befürchtete; deutlich hingegen, dass die Nützlichkeit des Reichs schon lange als nur mehr marginal angesehen wurde. Galt die Trennung vom Reich dem Kaiserhof noch im 17. Jahrhundert als Katastrophe, so nahm seine Bedeutung seit dem Ende der dynastischen Verbindung der österreichischen Habsburger zu Spanien ab – schon seit den 1740er Jahren waren die ehemals spanischen Niederlande strategisch eher eine Belastung, die man bestmöglich abstoßen und verwerten wollte. Ähnliches galt mutatis mutandis für die klassische kaiserliche Klientel der Mindermächtigen.

Die Reaktion auf das Ereignis war unmittelbar gedämpft. Sie stand unter dem Eindruck der Niederlage von Austerlitz und der erstmaligen Besetzung Wiens (seit 1490). Die offiziellen Stellungnahmen boten Raum für mehrere Interpretationen (man wollte die Erpressung nicht offen zugeben, die Schuld aber auch nicht allein tragen); doch wie immer man sie betrachtete, stellte die Auflösung des Reichs eine Peinlichkeit dar, der in der Publizistik möglichst wenig Raum gegeben werden sollte. (Unter diesen Mantel des Schweigens fiel dann auch der Auslöser, der Streit um die Übergabe von Cattaro, der sich andernfalls als habsburgisches „Tauroggen“ zumindest in späteren Zeiten zur Vermarktung angeboten hätte.)

Die eigentliche Debatte um die Meriten (und die „Lebensfähigkeit“) des Reiches fällt damit in die Zeit des Wiener Kongresses. Eine gewisse Lobby reichsständischer Familien bei Hof lässt sich dabei wohl ausnehmen; die Dominanz der josephinisch geprägten Bürokratie (mit ihrer Skepsis nicht zuletzt der Reichskirche gegenüber) stand jedoch nie in Frage. Dazu kam das Dilemma, dass in den Jahren zuvor gerade die ständischen Gruppen, die prinzipiell Sympathien für restaurative Bestrebungen hatten, aus innenpolitischen Gründen zum „Appeasement" neigten, während die „Kriegspartei" die napoleonischen Prämissen bis zu einem gewissen Grad implizit übernahm.

Abschied von Germania. Italienische Perspektiven auf das Ende des Alten Reichs

Matthias Schnettger (Mainz/Rom)

Das Referat untersucht zwei italienische Perspektiven auf das Ende des Alten Reichs: die reichsitalienische und die päpstliche. Für Reichsitalien, insbesondere für die kleinen Reichslehen, war der „Abschied von Germania", der mit ihrer Inkorporation in die benachbarten Mittelstaaten einherging, ein spürbarer Einschnitt, der teils begrüßt, teils aber auch bedauert wurde. Allerdings vollzog sich dieser „Abschied" schon einige Jahre vor 1806. Als wichtigste Zäsur in diesem Zusammenhang ist der Friede von Campo Formio von 1797 anzusehen. Besiegelt wurde die Trennung Oberitaliens vom alten römisch-deutschen und seine Anbindung an das neue Kaiserreich der Franken durch die Krönung Napoleons mit der Eisernen Krone 1805.

Für das Papsttum fiel mit dem Erlöschen des römisch-deutschen Kaisertums nach über 1000 Jahren das weltliche Pendant zur beanspruchten eigenen höchsten geistlichen Gewalt weg. Zwar gehörte im Jahre 1806 die enge, vielfach spannungsvolle Beziehung zwischen Papst- und Kaisertum, wie sie das Früh- und Hochmittelalter geprägt hatte, längst der Vergangenheit an, war die Mitsprache der Kurie bei der Kaiserwahl spätestens seit der Goldenen Bulle von 1356 ausgeschaltet und hatte die letzte Kaiserkrönung durch einen Papst 1530 stattgefunden. Gleichwohl bewahrte man sich in Rom bis ans Ende des Ancien Régime das Bewusstsein, dass das deutsche Kaisertum ein römisches und der Kaiser „Advocatus Ecclesiae" sei. Es war insbesondere diese Schutzfunktion, die Pius VII. in das neue österreichische Kaisertum hinüberretten wollte. Reichsdeputationshauptschluss und Reichsende interessierten die Kurie v. a. hinsichtlich ihrer Auswirkungen auf die Stellung der katholischen Religion in Deutschland.

Das Ende des Alten Reiches aus französischer Sicht. Ein modern-imperialistisches Geschichtsbild und das vormoderne Imperium

Cornel Zwierlein (München)

Für Michel Foucault ging das Alte Reich, „ein Schneckenhaus ohne Inhalt", schon 1648 unter. War also 1806 aus französischer Perspektive ein Epochenjahr? Da in der französischen Öffentlichkeit das Reichsende nahezu kein Echo fand, werden zur Beantwortung dieser Frage auf einer ersten Ebene die Außenpolitik-Konzeptionen analysiert. Vor dem 31.5.1806 lässt sich aus *keinem* französischen Dokument die komplette Auflösung des Alten Reiches als explizites Ziel napoleonischer Politik nachweisen. Erst hiernach wird sie generalstabsmäßig als diplomatischer „coup magique" inszeniert. In der Wiener Note vom 2.8.1806 zur Aufforderung der Niederlegung der Kaiserkrone kommt eine mit Foucaults fast identische Dekadenz-Konzeption zum Ausdruck.

Auf einer zweiten Ebene wird nach den bei den Akteuren wirksamen Denkrahmen gefragt. Von den älteren fünf Reichskonzeptionen der Frühen Neuzeit und den drei epochalen Geschichtsbildern – dem millenarischen, dem polybianisch-machiavellisch-bodin'schen Barock-Geschichtsbild und dem aufklärerischen sind im napoleonischen Frankreich zwar noch mehrere parallel existent. Zum Zuge kommt aber der moderne Denkrahmen, in dem sich Liberalismus und Imperialismus in der Montesquieu-Charlemagne-Chiffre verbinden. So kann das Alte Reich nur als Relikt einer Zeit der Degeneration, als Symbol des Feudalsystems begriffen werden. Im Rückgriff auf die aktuelle *empire*-Soziologie könnte man schließen, dass das napoleonische Premier Empire mit einem modern-imperialen Blick ausgestattet ist, der es ihm gar nicht erlaubt, das vormoderne Alte Reich in seiner historisch-phänomenalen Eigengesetzlichkeit „zu sehen", so wie die Kolonialimperien im 19. Jahrhundert indigene Strukturen „nicht sahen". „1806" sollte daher als symbolische Chiffre für dieses Aufeinandertreffen zweier kognitiver Welten stehen.

Großbritannien und das Ende des Alten Reiches 1806

Torsten Riotte (London)

Das Referat betrachtet die politischen Reaktionen in Großbritannien auf Krise und Untergang des Alten Reichs vor dem Hintergrund der bildlichen Darstellungen, die in den Jahren vor 1806 im Vereinten Königreich existierten. Die deutsche Krise wird durch den Blickwinkel der britischen Presse sowie der politischen Karikaturen betrachtet und mit den Einschätzungen britischer Politiker und Diplomaten abgeglichen. Die Gegenüberstellung von diplomatischen und dynastischen Debatten auf der einen Seite und artistischen sowie journalistischen Darstellungsformen auf der anderen verdeutlicht die Probleme der Zeitgenossen, sich Westeuropa ohne das Reich vorzustellen. Erst der Aufstieg Napoleons sowie die Entstehung der Königreiche in Süddeutschland schufen Akteure und Objekte, die das Ende des Alten Reiches in bildlicher Form darstellbar und begreifbar machten.

In den britischen Karikaturen aus den Jahren von etwa 1800 bis 1806 lassen sich zwei Veränderungen feststellen. Der Monarch Georg III. wurde verstärkt als Gegenspieler Napoleons in Europa sowie als aktiver Akteur in Großbritannien selbst dargestellt. Das Bild Georgs III. lässt so eine Interpretation zu, die die traditionelle Sichtweise der schwindenden politischen Bedeutung monarchischer Kraft in Frage stellt und gleichzeitig einen Zusammenhang zwischen den Entwicklungen in Großbritannien und Europa aufstellt.

Als zweite Entwicklung in der bildlichen Darstellung der Krise des Jahres 1806 lässt sich feststellen, dass das britische Bild Preußens ganz deutliche Ausformungen annahm. Vor dem Hintergrund der gescheiterten Verhandlungen zur Dritten Koalition und der Annexion des Kurfürstentums Hannovers nahm der Hohenzollernstaat die Rolle des aggressiven Zerstörers und eigennützigen Opportunisten ein.

Wahrnehmungen und Handlungen: Russland und das Ende des Alten Reiches
Jan Kusber (Mainz)

Das Zarenreich war in den ersten Jahren des 19. Jahrhunderts in verschiedenen Bündniskonstellationen und spezifischen politischen Interessen in die Geschehnisse eingewoben, die in mehreren Etappen 1806 zum Ende des Alten Reichs führten. Wertet man die politische Korrespondenz, Selbstzeugnisse und Publizistik der Hauptakteure (Alexander I., die kaiserliche Familie, die russischen Gesandten und Diplomaten, Repräsentanten der Elite) dieser Zeit aus, ergibt sich der Befund, dass man in der russischen Elite keinerlei klare Vorstellung von Gestalt und Funktionieren des Alten Reiches besaß. Von herausgehobener Bedeutung und damit von Interesse waren fallweise lediglich die beanspruchte Rolle einer Garantiemacht der Reichsverfassung und der Verweis auf Prestige und Bedeutung des russischen Kaisertums, das sich in Auseinandersetzung mit dem römischen Kaisertum definierte. In diesem Sinne war das Jahr 1804 mit der Krönung Napoleons zum Kaiser und der Errichtung eines österreichischen Kaisertums von größerer Bedeutung als das auch formale Ende des Reiches 1806, von dem man in Russland immer nur vage Vorstellungen besaß. Das Epochenjahr Russlands im napoleonischen Zeitalter war freilich das Jahr 1812, in dem Moskau erlebte, was Wien und Berlin bereits kannten – die französische Besatzung.

Kommentar: Zeitgenössische Sichtweisen auf das Ende des Alten Reichs – Erträge der Sektion und neue Fragen
Christine Roll (Aachen)

Erträge:

1. Die Analyse zeitgenössischer Sichtweisen auf das Ende des Reichs relativiert die Bedeutung des Jahres 1806 und der Niederlegung der Kaiserkrone durch Franz I. Eine differenzierte Topographie ergibt sich: Das Reichsende hat in unterschiedlichen Regionen des Reichs zu unterschiedlichen Zeiten stattgefunden: bereits zu Beginn der 1790er Jahre auf dem linken Rheinufer, in Reichsitalien im Wesentlichen 1797, im Süden resp. Südwesten des Reichs *deutscher Nation* von 1797 bis 1803, 1804/05 in Österreich und 1806 in Norddeutschland. Auch aus der Sicht der englischen Regierung ist an 1806 als dem entscheidendem Datum für das Reichsende festzuhalten, ebenso für das Papsttum, während aus russischer Perspektive nicht das Ende des Reichs, sondern das napoleonische Kaisertum 1804 und dann das Jahr 1812 wichtig wurden.

2. Von einem „sang- und klanglosem Untergang" des Alten Reichs sollte zukünftig nicht mehr die Rede sein. Doch sind die unterschiedlichen Bewertungen zu berücksichtigen: Ob man das Ende des Reichs als Katastrophe, als sekundäres, das eigene Leben nur am Rande tangierendes Ereignis oder gar als Befreiung verstand, hing entscheidend davon ab, inwiefern man in seinen existenziellen Grundinteressen vom Ende des Alten Reichs betroffen war. Indessen hatte man auch im Ausland unterschiedliche „Bilder" vom Ende des Alten Reichs wie überhaupt von diesem Reich. Diese Bilder sind

sämtlich gebrochen durch das Prisma der jeweiligen eigenstaatlichen, nationalen Kenntnisse, Vorstellungen und Sichtweisen, geprägt zudem von längerfristig wirksamen Denkmustern, und sie stehen in vielfachen Wechselwirkungen mit den jeweiligen politischen Prioritäten.

Weiterführende Fragen und Überlegungen:

1. In Zukunft müsste die große Vielfalt der Positionen noch genauer differenziert werden: nach regionaler Herkunft (linkes Rheinufer!), Betroffenheit durch das Ende des Reichs als politischen Systems (geistliche Fürsten, Domherren, Reichsritter, italienische Reichsvasallen etc.) und der Betroffenheit durch den Verlust des Berufs (die „Generation 1806"; hier hat Wolfgang Burgdorf bereits Entscheidendes geleistet). Ferner sind die entstehenden politischen Strömungen einzubeziehen, ebenso die Frage wie weit mit dem Ende des Alten Reichs in den Augen der Zeitgenossen die Perspektive verbunden war, es gehe hier mit der ständischen Ordnung eine uralte *soziale* Ordnung zu Ende.

2. Eine genauere Untersuchung verdient der Befund, dass in den norddeutschen protestantischen Gebieten auf die Säkularisation von 1803 offenbar keine Reaktion erfolgt ist. Nahm man das Ende der Reichskirche dort gleichgültig hin und sah darin nicht den Anfang vom Ende?

3. Je mehr Stimmen zutage gefördert werden, die das Ende des Reichs beklagt haben, desto größer wird der Erklärungsbedarf dafür, dass sich die Betroffenen so gut wie gar nicht gewehrt haben – und zwar: so lange noch Möglichkeiten dazu bestanden. Hier scheint die Grenze unseres wahrnehmungsgeschichtlichen Ansatzes erreicht, hier wäre nun nach Interessen, Handlungsoptionen, Spielräumen und bestimmenden Strukturen zu fragen.

4. „1806" dürfte erst im Rückblick zu einem Epochenjahr der deutschen Geschichte geworden sein, wohl um 1815, als die Unmöglichkeit seiner Wiedererrichtung unwiderruflich deutlich wurde – und seither lebte das Reich umso kräftiger in der Belletristik fort. Vom „Epochenjahr 1806" wird man möglicherweise zur Schwellenzeit um 1800 gelangen, im Rahmen dieser Schwellenzeit nun aber klarer die Bedeutung der einzelnen Zäsuren für den Gesamtvorgang erkennen können. Über die Bedeutung zeitgenössischer Sichtweisen für das historische Urteil wird freilich weiter zu diskutieren sein.

Die Beiträge werden im Herbst 2007 als „Beiheft der Veröffentlichungen des Instituts für Europäische Geschichte", Verlag Philipp von Zabern, Mainz, erscheinen.

Für die Förderung eines die Sektion vorbereitenden Workshops im Juli 2006 in Aachen danken wir der Fritz Thyssen Stiftung für Wissenschaftsförderung.

5. Sektionen zur Neuen Geschichte

5.1. Stadt und Migration. Europäische Beispiele aus dem 20. Jahrhundert

Leitung: Martin Baumeister (München), Imke Sturm-Martin (Berlin)

Ethnische Nischen. Chinesische Migration und ihre Wahrnehmung in westeuropäischen Großstädten, 1900-1970
Lars Amenda (Hamburg)

Massenmigration und suburbane Elendsquartiere: spanische und i talienische Großstädte 1950-1975
Martin Baumeister (München)

Islam in Berlin: social landscapes of young Muslima in modern urban life
Synnøve Bendixsen (Berlin)

Urbanisierung und Ruralisierung: Paradoxien der "sozialistischen Stadt" in Osteuropa
Thomas Bohn (München / Jena)

"Parallelgesellschaften": Die diskursive Konstruktion ethnisierter urbaner Räume in britischen Großstädten nach 1945
Imke Sturm-Martin (Berlin)

Zusammenfassung:
Stadt und Migration gehören eng zusammen. Dies hat sich in den letzten Jahrzehnten besonders deutlich im Fall der europäischen Metropolen erwiesen, deren Bild sich grundsätzlich gewandelt hat und die Geschichte der innereuropäischen wie internationalen Migration widerspiegelt. Zuwanderung begleitet und bedingt urbanen Wandel, beschleunigt ihn und gibt ihm vielerlei Gesichter. Immigranten beeinflussen nicht nur die sozioökonomische Entwicklung von Städten, sondern greifen unmittelbar ein in den städtischen Raum. Dieser wird durch sie umgewertet; es kommt zur Entstehung neuer Quartiere und Stadtlandschaften.

Zuwanderer in der Stadt sind ein Testfall für Politik und Ökonomie, räumliche und soziale Konsistenz und Kohärenz einer Stadt, aber auch für ihre Identität und ihr Selbstverständnis. Die Sichtbarkeit von Migranten, die Formen, in denen sie urbanen Räumen ihren Stempel aufdrücken, sie reklamieren und nutzen, die Formen, in denen ihre Präsenz etwa von Seiten der städtischen Eliten eingeschränkt oder auch instrumentalisiert wird, bestimmen in entscheidender Weise das Bild einer Stadt nach innen, gegenüber den eigenen Einwohnern, sowie nach außen im Vergleich und Wettbewerb mit anderen urbanen Zentren. Diese Probleme sollen an europäischen Fallbeispielen des 19. und 20. Jahrhunderts in einer Verschränkung von Sozial-, Raum- und Repräsentationsgeschichte diskutiert werden. Dabei stehen einige besonders signifikante Phänomene im Mittelpunkt: die "Ruralisierung" von Städten durch Massenzuwanderung, suburbane Elendsquartiere in der öffentlichen Wahrnehmung und Auseinandersetzung, sowie unterschiedliche Aspekte der Ghetto- und Enklavenbildung zwischen Marginalisierung und der Wahrung überkommener Identitäten.

Ethnische Nischen. Chinesische Migration und ihre Wahrnehmung in westeuropäischen Großstädten, 1900-1970

Lars Amenda (Hamburg)

Das globale Phänomen der chinesischen Migration erreichte Europa nur am Rande. Wegen der Beschäftigung in der europäischen Handelsschifffahrt gelangten gleichwohl seit den 1890er Jahren chinesische Seeleute aus der südlichen Provinz Guangdong in die großen Hafenstädte wie London, Liverpool, Rotterdam und Hamburg. In den dortigen Hafenvierteln entstanden infolgedessen kleine "Chinesenviertel", die Knotenpunkte in einem Netzwerk der Migranten waren und große Aufmerksamkeit bei Behörden und einheimischer Bevölkerung hervorriefen. Nach dem Ende des Zweiten Weltkrieges veränderte sich die chinesische Migration in westeuropäischen Großstädten und stand ganz im Zeichen einer ethnischen Gastronomie, welche von den gesellschaftlichen Transformationen der westlichen Aufnahmegesellschaften profitierte.

Der Vortrag untersucht die transnationale und translokale Geschichte chinesischer Migranten in westeuropäischen Hafenstädten und Metropolen. Wie förderte die räumliche Konzentration die Migration und was bewirkte dies in der Wahrnehmung seitens der europäischen Bewohner? Der Zusammenhang von Ethnizität und Urbanität soll im internationalen Vergleich beleuchtet und die bisweilen aufgeregten Reaktionen auf die chinesische Präsenz auf jeweilige lokale und nationale Deutungen von Migration befragt werden. Schließlich gilt es den Erfolg der chinesischen Küche in Westeuropa in den 1950er und 1960er Jahren mit Blick auf die Kategorie Fremdheit zu erklären. Am Beispiel der ethnischen Nischen der Chinesen soll Migrationsgeschichte als Stadtgeschichte (und vice versa) analysiert werden.

Massenmigration und suburbane Elendsquartiere: spanische und italienische Großstädte 1950-1975

Martin Baumeister (München)

An kaum einem anderen Ort lassen sich die tief greifenden Umbrüche der italienischen und spanischen Gesellschaften der Nachkriegszeit genauer und eindringlicher studieren als an einigen Großstädten der beiden Länder, deren Wachstum innerhalb weniger Jahre durch den gewaltigen Zustrom von Zuwanderern exponentiell anstieg. Der massenhafte Bevölkerungszustrom mündete in eine "urbane Krise", die sich in einer grundlegenden Umgestaltung und Umwertung des städtischen Raums niederschlug. An den Rändern von Städten wie Mailand oder Rom, Barcelona oder Madrid bildeten sich jenseits der alten Handwerker- und Arbeiterquartiere spontan, politischer Steuerung und Planung weitgehend entzogen, Gürtel z.T. slumartiger Vororte. Von den Immigranten selbst errichtete Barackensiedlungen mischten sich mit eilends in die Höhe gezogenen billigen Wohnblöcken auf einer städtischen Brache.

Der Vortrag beschäftigt sich mit Problemen der Wahrnehmung und Repräsentation der Randstädte, die von Politikern, Stadtplanern und Journalisten in der franquistischen Diktatur wie in der italienischen Republik häufig als pathologisches Symptom, als Orte von Chaos, Verbrechen und Subversion, als "Nicht-Stadt" und "Anti-Stadt" denunziert und ausgegrenzt wurden. Diskutiert werden sollen alternative Repräsentationsweisen der "no-places" proletarischer und subproletarischer Vorstädte in Literatur und Film der 50er und 60er Jahre in Italien und Spanien als neue Formen der Aneignung städtischen Raums, als Neudefinitionen von Zentrum und Peripherie. Dabei soll insbesondere danach gefragt werden, ob und ggf. wie die Sichtbarmachung einer "anderen" Stadt und ihrer Bewohner metaphorisch ausgeweitet und überhöht wird zu einer Darstellung der gesamten Gesellschaft im krisenhaften Wandel.

Islam in Berlin: social landscapes of young Muslima in modern urban life
Synnøve Bendixsen (Berlin)

European Muslims are minorities in their country of residence, and are finding themselves in a situation where they differ from the majority, not only in terms of their religious identity but also because many of them have a different concept of what religion means, demands, and defines in everyday life. Christian religious praxis in Western Europe is generally considered as private matters, and often associated with rural 'traditional' life and contrasted to urban 'modern' life. In contrast, based on ethnographical fieldwork this paper will suggest how aspects of urbanity contribute to the practice of Islam amongst the second generation of immigrants in Berlin.

At the same time, the presentation will point to how Islam has empirically shaped the public spaces in Berlin as new Islamic styles, ritual embodiments, and spatial practices are combined into public life. The last years, new sites are created as a response to demands for religious spheres and goods. 'Religious businesses' and building of mosques are visualising Islam in Berlin as they inform the image of the city and contribute to diversify the public sphere, without necessarily creating parallel worlds. These cultural spaces stand for Muslim representation in the public sphere and gain symbolic relevance for the Muslim minority living in a non-Muslim society. How do these spaces offer central aspects of representation and how are they part of identification of young Muslims in Berlin today? It remains an open question as to whether increased visibility of Islam implies a 'return of Islam', or whether it suggests a new step in the relationship between Muslims and western society.

Urbanisierung und Ruralisierung: Paradoxien der "sozialistischen Stadt" in Osteuropa
Thomas Bohn (München / Jena)

Zieht man in Betracht, dass die europäische Zeitgeschichte im Zeichen von Amerikanisierung und Sowjetisierung steht, dann sollten zwei Aspekte nicht außer Acht gelassen werden:

These 1. Stellt die Geschichte Russlands die Geschichte eines Landes dar, das der Kolonisierung unterliegt, so bildet die Geschichte der Sowjetunion die Geschichte eines Landes, das von der Urbanisierung gekennzeichnet ist.

These 2. Wenn das 20. Jahrhundert in politischer und wirtschaftlicher Hinsicht das Jahrhundert der Sowjetunion gewesen sein soll, dann ist es in demographischer und sozialer Hinsicht als das Jahrhundert der Verstädterung des östlichen Europas zu begreifen.

Aus der Tatsache, dass die "sozialistische Stadt" per definitionem eine Antipode zur "kapitalistischen Stadt" darstellt, sind zwei weitere Konsequenzen zu ziehen:

These 3. Die "sozialistische Stadt" trat in dem Moment in Erscheinung, in dem die Industrialisierung unter dem Vorzeichen der Verstaatlichung von Ressourcen und Institutionen einsetzte. Sie kann als singuläres Phänomen in Planstädten der DDR, Polens oder Ungarns lokalisiert werden, ist im eigentlichen Sinne aber als ein Problem der nachholenden Modernisierung in Ost- und Südosteuropa zu begreifen.

These 4. Die "sozialistische Stadt" zeichnete sich dadurch aus, dass sie dem Bürgertum keine Heimstätte bot und die Zivilgesellschaft folglich nicht zum Zuge kommen ließ. Weil die Industrialisierung ohne Facharbeiterschaft erfolgte und die Verstädterung auf der Landflucht basierte, geriet einerseits das Stadtwachstum außer Kontrolle und verlief andererseits die Stadtplanung unter chaotischen Bedingungen.

Summa summarum stellt sich die Frage, ob im östlichen Europa eine Urbanisierung der Gesellschaft oder eine Verbäuerlichung der Städte erfolgte.

"Parallelgesellschaften": Die diskursive Konstruktion ethnisierter urbaner Räume in britischen Großstädten nach 1945
Imke Sturm-Martin (Berlin)

In den englischen Metropolen siedelten sich in den drei Jahrzehnten nach dem Zweiten Weltkrieg zahlreiche Zuwanderer aus ehemaligen Kolonialgebieten an. Der Großteil der Migranten stammte aus den Regionen Karibik und Südasien, weitere kamen aus Ostafrika und Ostasien. Drei Viertel dieser Einwanderer bezogen Quartier in den Großräumen von London, Birmingham, Manchester und Bradford/Leeds, wo sich teilweise ethnisch geprägte Siedlungsviertel entwickelten.

Der Beitrag untersucht, wie diese ethnisch definierten Wohnquartiere im öffentlichen Diskurs beobachtet, beschrieben und bewertet wurden. Gefragt wird nach den Kategorien, die zur Definition der segregierten Gruppen angewandt werden, nach der Abgrenzung von sozialer und ethnischer Segregation und ihrem Verhältnis zueinander, nach der Rolle des gern herangezogenen Vergleichs mit anderen Ländern, beispielsweise mit den ghettoisierten Wohnquartieren der afro-amerikanischen Minderheit in den USA, und nach der Einordnung der Verschiedenheit der Siedlungsmuster der Südasiaten auf der einen und der Kariben auf der anderen Seite. Die Perspektive der Betroffenen und ihr eigener Blick auf die Situation der Parallelität ist in die Untersuchung miteinbezogen.

Über den Untersuchungszeitraum nachvollzogen werden die Konjunkturen und die Veränderungen dieses Diskurses. Das Interesse am Thema steigt vorhersehbar mit dem Auftreten von Straßenkämpfen oder mit der öffentlichen Diskussion von Einwanderungsbeschränkungen und Minderheitenrechten, und die für Großbritannien zunächst typische Dominanz der Kategorie 'race' nimmt immer weiter ab, während neue Kategorisierungen - z.B. religiöse - hinzukommen.

5.2. Der Wiederaufbau jüdischen Lebens in Europa 1945-1967

Leitung: Michael Brenner (München)

Introduction
Michael Brenner (München)

Multiculturalism versus Liberalism: Jewish Self-Understanding in the Federal Republic
Anthony Kauders (Keele)

The Reconstruction of Jewish Life in Postwar Italy
Guri Schwarz (Rom)

Jewish Community and Jewish Politics under Communism: The Hungarian Case
Andras Kovacs (Budapest)

Commentary
Diana Pinto (Paris)

Zusammenfassung:
Die Geschichte der Juden im Nachkriegseuropa ist bisher nur spärlich bearbeitet. Vor allem vergleichende Studien fehlen völlig. Für Deutschland gibt es mittlerweile eine Reihe von Lokal- und Regionalstudien, die allerdings noch zu einem Gesamtbild zusammengefügt werden müssen. In diesem Zusammenhang ist gerade der Blick über die Grenzen Deutschlands hinaus von zentraler Bedeutung.

Deutschland galt unter den jüdischen Überlebenden als "verfluchte Erde", war aber gleichzeitig vorläufiger Fluchtpunkt der im kommunistischen Osteuropa wiederum physisch bedrohten Juden. So entstand hier ein temporäres Zentrum jüdischen Lebens mit einer umfangreichen religiösen, kulturellen und politischen Infrastruktur. Ab etwa

1950 kristallisierte sich dann eine kleine, aber nun fest institutionalisierte jüdische Gemeinschaft heraus.

Mit Ungarn wird unser Blick sich auf eines jener kommunistisch regierten Länder richten, in der noch eine größere Zahl von Juden lebten. Während es bis 1956 gelang, noch ein weitgefächertes Netz jüdischen Lebens aufrechtzuerhalten, setzte auch hier 1956 eine beträchtliche Emigration ein, sowie für die Zurückgebliebenen eine Erschwerung aktiven jüdischen Lebens. Ein Blick nach Italien schließlich soll eine kleine, aber an Kontinuitäten reiche Gemeinde aufzeigen, die in ihrer Größe in etwa der Vorkriegsgemeinde entsprach. Allerdings zeigt sich auch hier ein heterogenes Bild, das sowohl durch die zweitausendjährige Tradition eines eigenständigen italienischen Judentums wie durch die Einwanderung aus Ländern wie Libyen und dem Iran gezeichnet ist.

In dieser Sektion soll es darum gehen, Gemeinsamkeiten wie auch Unterschiede des jüdischen Lebens im Nachkriegseuropa aufzuzeigen. Dabei stehen Fragen wie Identifikation mit dem jeweiligen Land, die Beziehung zum Staat Israel, religiöse bzw. kulturelle Ausdrucksformen jüdischen Lebens und die Herausbildung einer europäisch-jüdischen Identität im Mittelpunkt.

Multiculturalism versus Liberalism: Jewish Self-Understanding in the Federal Republic
Anthony Kauders (Keele)

I will show how Jewish officials and public figures in West Germany, although representing a community ideally pre-disposed to multicultural identity, have for the most part shunned this form of self-understanding. And I will argue that for a majority of Jews in the Federal Republic and, by extension, in the West, multiculturalism is rarely an enticing option in light of past experience.

Jewish Community and Jewish Politics under Communism: The Hungarian Case
Andras Kovacs (Budapest)

The presentation deals with the activities of those politicians in post-war Hungary who identified themselves publicly as Jews or openly represented Jewish causes as community leaders. How did these politicians, who viewed Jews as a collectivity and sought to defend the Jews' collective interests, operated under the circumstances of Communist rule? How did the Communist authorities react to different forms of "Jewish politics" in the four postwar decade? Where were the borders between collaboration and compromise for the sake of survival in these difficult years? These are the basic questions that the presentation discusses on the basis of unpublished documents from the newly opened Communist archives.

5.3. Der Krieg um die Bilder 1941-2005: Mediale Darstellungen des "Großen Vaterländischen Krieges" der Sowjetunion

Leitung: Beate Fieseler (Bochum)

Einführung
Beate Fieseler (Bochum), Jörg Ganzenmüller (Jena)

Die siegreiche Rote Armee und ihre Führung: Konkurrierende Geschichtsbilder von den "Vätern des Sieges"
Jörg Ganzenmüller (Jena)

Vom Bubikopf zur Dauerwelle: Selbst- und Fremdbilder sowjetischer "Nachthexen".
Carmen Scheide (Basel)

Bilder von Leid und Verlust? Die Darstellung von Opfern des Krieges im russischen Spielfilm
Beate Fieseler (Bochum)

Das komische Bild vom Krieg. Chaplineskes im sowjetischen Spielfilm zum „Großen Vaterländischen Krieg"
Carola Tischler (Berlin)

Der gesichtslose Krieg. Erinnerungsfragmente an den "Großen Vaterländischen Krieg" im russischen Gegenwartsplakat
Klaus Waschik (Bochum)

Einführung
Beate Fieseler (Bochum), Jörg Ganzenmüller (Jena)

Der Krieg wird auch im postsowjetischen Russland von einer wachsenden Mehrheit der Bevölkerung für das wichtigste Ereignis im 20. Jahrhundert gehalten und nimmt weiterhin einen zentralen Rang in der offiziellen Erinnerungskultur ein. Bilder vom Krieg wurden seit Kriegsbeginn bis heute in großer Zahl produziert, massenhaft verbreitet und sind noch immer populär. Das heißt aber nicht, dass von Anfang an feststand, wie der Krieg dargestellt und erinnert werden sollte und mit welchen Strategien er ins Bild gesetzt wurde. Vielmehr änderten sich Gehalt und Form der Bilder vom Krieg jeweils analog zu den politischen Gegebenheiten.

In den Kriegsjahren selbst herrschte im kulturellen Bereich vor dem Hintergrund äußerster Bedrohung eine spürbare ideologische Lockerung und damit einhergehend eine gewisse künstlerische Freiheit, die auch den emotional authentischen Ausdruck von Leid- und Verlusterfahrungen zuließ. Die Bildmedien appellierten ausdrücklich an die echten, tiefen Gefühle der Menschen. Unmittelbar nach Kriegsende erfolgte jedoch eine ideologische Kehrtwende. Die Tragödie des Krieges wurde einseitig in einen strahlenden Sieg umgemünzt, während Trauer über die zahllosen Opfer in den offiziellen Bildern vom Krieg nur noch eine geringe Rolle spielte. Vielmehr zeigten sie den inzwischen zum Generalissimus ernannten Stalin als genialen Schöpfer des Sieges. Erst nachdem Parteichef Chruschtschow in der Geheimrede auf dem 20. Parteitag der KPdSU im Februar 1956 Stalin als Kriegsherrn scharf attackiert hatte, wurde die Auseinandersetzung mit den Schattenseiten des Krieges möglich. In den Inhalten, aber auch in der Ästhetik der während des politisch-gesellschaftlichen ‚Tauwetters' geschaffenen Bilder vom Krieg trat die Suche nach Wahrhaftigkeit und Authentizität an die Stelle patriotisch-heroischer Klischees, wenngleich die Parteiführung die letzte Entscheidung über das Maß des Zulässigen nicht aus der Hand gab.

Mit dem Amtsantritt Breschnews und den Feierlichkeiten zum 20. Jahrestag am 9. Mai 1965 begann die Phase des Kriegskultes. Sie war gekennzeichnet von einer pompösen Inszenierung der Gedenkfeiern und einer monumentalen Gedenkarchitektur. Ikonographisch fand eine Anknüpfung an die bereits unter Stalin angelegte heroisierende Ästhetik statt. Außerdem wurde der Tag des Sieges wieder zum arbeitsfreien Feiertag, die Kriegsteilnehmer erhielten eine neu geprägte Gedenkmedaille und den Veteranen wurden allerhand Vergünstigungen gewährt. Bis 1988 erscheinen über 20 000 Bücher mit einer Gesamtauflage von mehr als 1 Milliarde Exemplaren zum Krieg. Der Sieg im Zweiten Weltkrieg wurde auf diese Weise zu einem zweiten Gründungsmythos der Sowjetunion. Gleichzeitig blendete diese in hohem Maße sinnstiftende Geschichtspolitik weite Teile der Erinnerungen der Kriegsteilnehmer aus.

In den achtziger Jahren erfolgte im Zuge von Glasnost' eine geschichtspolitische Wende. Die Umwertung der Vergangenheit ging dabei nicht von dem 1985 zum Generalsekretär der KPdSU aufgestiegenen Michail Gorbatschow aus. Sein Verdienst bestand darin, dass er die Rahmenbedingungen für eine offene Diskussion über den Stalinismus schuf. So konnte eine Vielfalt von Geschichtsbildern produziert werden, die sich im postkommunistischen Russland immer weiter ausdifferenzierte. Gleichzeitig ist unter der Präsidentschaft Wladimir Putins eine Revision der staatlichen Geschichtspolitik zu beobachten, die wieder an die Inhalte und Ästhetik der Breschnew-Zeit anzuknüpfen versucht.

Die siegreiche Rote Armee und ihre Führung: Konkurrierende Geschichtsbilder von den „Vätern des Sieges"

Jörg Ganzenmüller (Jena)

Innerhalb der sowjetischen Elite existierten konkurrierende Geschichtsbilder vom Zweiten Weltkrieg. Sie unterschieden sich vor allem in der Vorstellung, wem der Sieg über das nationalsozialistische Deutschland in erster Linie zu verdanken sei. Das marxistisch-leninistische Geschichtsbild sah in der Partei den eigentlichen „Vater" des Sieges, deren Leistung in der Leitung und Lenkung der Massen bestanden habe. Dieses Geschichtsbild rivalisierte mit dem Bild von den Militärführern als den „Vätern" des Sieges, das vor allem in den Memoiren der ehemaligen Generäle und Frontkommandeure gezeichnet wurde. In den öffentlichen Feiern zum Kriegsende ist dabei die Tendenz zu beobachten, dass es den Militärs seit den sechziger Jahren immer besser gelang, sich und ihre Kriegshelden als die wahren „Väter des Sieges“ zu inszenieren. Als die Sowjetunion 1991 zusammenbrach, kam dem Geschichtsbild der Militärs schließlich der bereits schwach gewordene Konkurrent abhanden. Marschall Schukow und die Generalität der Roten Armee sind heute unbestritten die „Väter des Sieges“ im Zweiten Weltkrieg.

Der Beitrag geht der Frage nach, wie es zum Wettstreit dieser beiden Geschichtsbilder kam und wie sich dieser Konkurrenzkampf innerhalb der sowjetischen Elite auf das offizielle sowjetische Bild vom Zweiten Weltkrieg auswirkte. Dazu werden die Inhalte und Träger der beiden Geschichtsbilder dargestellt, die Differenzen herausgearbeitet und schließlich das Ergebnis dieser Rivalität mit Blick auf das heutige Russland beleuchtet.

Vom Bubkopf zur Dauerwelle: Selbst- und Fremdbilder sowjetischer „Nachthexen“

Carmen Scheide (Basel)

Bislang gibt es keine systematischen Untersuchungen zu einem kollektiven Bildgedächtnis über den Zweiten Weltkrieg in der Sowjetunion. Dennoch existiert ein ikonographischer Kanon, den ich in Bezug auf die Kategorien gender und Erinnerung am Beispiel der sowjetischen Fliegerinnen betrachten möchte.

Die Propagierung traditioneller Geschlechterrollen in der Nachkriegsgesellschaft diente als Grundlage zur Wiederherstellung von "Normalität" in einer vom Krieg stark erschütterten Gesellschaft. Weiblichkeit galt nicht als normal in der Roten Armee, wenngleich etwa 1 Mio. Frauen mitkämpften. Biologische Differenzen wurden auf einer diskursiven Ebene zur Aufrechterhaltung einer Geschlechterhierarchie eingesetzt. Die Frauen selber empfanden kurze Haare und Hosen keineswegs als eine Grenzüberschreitung in einen imaginären männlichen Raum, sondern verbanden damit positive Eigenschaften. Ein erster deutlicher Umbruch wird bei der Siegesparade auf dem Roten Platz 1945 sichtbar, als die teilnehmenden Frauen nun Uniformröcke, Hochsteckfrisuren oder Dauerwellen trugen - somit also Weiblichkeit demonstrierten.

Der Sieg war männlich und wurde durch ebensolche Heldenfiguren im öffentlichen Raum symbolisiert. Performanz von Weiblichkeit kann als Versuch interpretiert werden, in der sowjetischen Gesellschaft normal zu leben, sich von der sozialen Verortung als "kultivierte Frau" aus aber auch Gehör zu verschaffen. Erinnerungen an weibliche Heldentaten und Kriegserfahrungen blieben untergeordnet, was den Stolz dieser Frauen auf ihre Leistungen keineswegs schmälerte. In einer aktiven Erinnerungsgemeinschaft schufen sie sich ihre eigenen Rituale und Formen des Gedenkens an den Krieg.

Bilder von Leid und Verlust? Die Darstellung von Opfern des Krieges im russischen Spielfilm
Beate Fieseler (Bochum)

Außenpolitisch betrachtet ging die Sowjetunion als Weltmacht aus dem Zweiten Weltkrieg hervor. Doch der Preis für diesen Triumph war monströs und verweist auf den ambivalenten Charakter des Sieges. Er forderte nicht nur rund 27 Millionen Tote, sondern hinterließ ein Millionenheer von Kriegswitwen, Kriegswaisen und Kriegsversehrten.

Der Beitrag befasst sich mit der Figur des Kriegsinvaliden im sowjetischen Spielfilm verschiedener Epochen. Der analytischen Kategorie „Bild" kommt insofern besondere Bedeutung zu, als Partei und Regierung über Jahrzehnte hinweg das Produktionsmonopol auf alle visuellen Repräsentationen des Krieges innehatten und dieses auch systematisch nutzten, während zugleich die wissenschaftliche Aufarbeitung der Opferthematik behindert wurde. Vor diesem Hintergrund konnten massenhaft und konkurrenzlos verbreitete Bildmedien wie Spielfilme eine Wirkungsmacht entfalten, der sich die Rezipienten kaum entziehen konnten.

Unmittelbar berührende tragische (Film-)Bilder vom Krieg entstanden bereits während der ersten Kriegsjahre, wurden in den späten vierziger und frühen fünfziger Jahre jedoch zugunsten eines von oben aufoktroyierten stalinistischen Wiederaufbauoptimismus von den Leinwänden verbannt und konnten erst im politisch-kulturellen „Tauwetter" (1956–1964) wieder aufgegriffen und erheblich differenziert werden. Die ausschließlich heroisierende Kriegsdarstellung hingegen, die keine Bilder für Leid, Schmerz und Trauer kannte und bis heute nachhaltige Wirkung entfaltet, ist erst im Zeichen des Kriegskultes der Breschnew-Zeit entwickelt worden.

Das komische Bild vom Krieg. Chaplineskes im sowjetischen Spielfilm zum „Großen Vaterländischen Krieg"
Carola Tischler (Berlin)

Der Große Vaterländische Krieg war und ist für die Sowjetunion/Russland bis heute ein traumatisches Ereignis. Es ist daher nicht verwunderlich, dass dies auch im Filmschaffen deutliche Spuren hinterließ. Von der Prämisse ausgehend, dass Spielfilme mehr über die Drehzeit als über die gedrehte Zeit aussagen, kann man die Film-Erinnerung an den Krieg in der sowjetischen Nachkriegszeit grob in verschiedene Abschnitte einteilen. Nach der spätstalinistischen Heroisierung Stalins begann die große Zeit des sowjetischen Tauwetterfilms, in der der Krieg des kleinen Mannes dargestellt wurde, was der Bevölkerung erstmals Stoff für eine Aufarbeitung bot. Die unter Breschnev erfolgte Rehabilitierung Stalins und die Militarisierung der Gesellschaft äußerten sich in martialischen Kampffilmen, die wiederum abgelöst wurden von Individuen, aber auch die Brutalität des Krieges zeigenden Darstellungen mit zuletzt aufgeweichten bzw. verschobenen Feindbildern.

Ein komisches Bild vom Krieg hatte in diesen verschiedenen Tendenzen keinen Platz. Dass es dies dennoch gab, hat auch mit der Funktion dieser in dem Vortrag vorgestellten Filme zu tun. Da ist zunächst der in der Tradition stalinistischer Komödien stehende Film von 1946 NEBESNYJ TICHOCHOD, der die Verwicklungen von männlichen und weiblichen Kampffliegern zum Thema hat zu einer Zeit, als eine zu Kriegszeiten spielende Komödie noch keinen Tabubruch darstellte. Stilistisch interessanter sind die beiden zu Beginn des Krieges gedrehten Satiren ANTOSHA RYBKIN (1942) und NOVYE POHOZHDENIJA SHVEJKA (1943). Diese Filme, sowohl von westlichen (besonders Chaplin) als auch von eigenen Traditionen inspiriert, waren neben den Dokumentarfilmen und den großen Melodramen eine bewusst eingesetzte Waffe im Kampf gegen den Feind. Filmausschnitte und Hintergrundinformationen zeigen diese unterbelichtete Seite des sowjetischen Filmschaffens neu.

Der gesichtslose Krieg. Erinnerungsfragmente an den „Großen Vaterländischen Krieg“ im russischen Gegenwartsplakat
Klaus Waschik (Bochum)

Seit der Herausbildung des system- und ideologiekritischen Perestrojka-Plakats im Jahr 1988 zählte das Thema sowjetischer Zeitgeschichte im 20. Jahrhundert - in sarkastischen Repliken auf die Breschnev-Zeit über eine radikale Abrechnung mit der Terrorherrschaft Stalins bis zu einer generellen Infragestellung Lenins und der Oktoberrevolution - zum *Main-Stream* einer sich emanzipierenden visuellen Kultur.

Der Beitrag behandelt die Entwicklung neuer graphischer und thematisch-ideologischer Paradigmen, die - ausgehend von diesen kritischen Pattern der Perestrojka - zu einer Re-Vision des Großen Vaterländischen Kriegs und des Sieges 1945 im modernen Plakat und Graphikdesign Russlands führen. Dabei wird nachgezeichnet, wie über die visuelle Verarbeitung des Afghanistan-Kriegs die *politische und soziokulturelle Ratio* des sowjetischen Kriegseinsatzes, seines Wertes und seiner aktuellen Bedeutung massiv in Frage gestellt wird. Die Devaluation des Kriegs im Plakat manifestiert sich vor allem an zwei Generationserfahrungen: der Generation der unmittelbaren Kriegsteilnehmer, deren soziale Gegenwart durch einen realen wie symbolischen Statusverlust gekennzeichnet ist und der jüngeren Generationen, denen der Sinn des Krieges/Sieges kaum noch zu vermitteln ist. Der Anonymisierung des Kriegs steht indes eine offiziöse Feiertagskultur gegenüber, die weiterhin auf die Gültigkeit der Kriegserfahrung pocht und diese in Anknüpfung an spätsowjetische Traditionen inszeniert.

Dokumentation
Eine vollständige und um weitere Aufsätze erweiterte Dokumentation der Beiträge des Historikertages 2006 in Form eines Sammelbandes ist für 2007 geplant.

5.4. Wiedergutmachung als Gesellschaftserfahrung in Deutschland und Israel

Leitung: Norbert Frei (Jena), Constantin Goschler (Bochum)

Einführung
Norbert Frei (Jena)

Schalom Schiller. Wie israelische Antragsteller ihre Zugehörigkeit zum deutschen Sprach- und Kulturkreis beweisen mussten
José Brunner (Tel Aviv)

Aktivisten oder Opfer? Die Entschädigung sozialdemokratischer NS-Verfolgter
Kristina Meyer (Jena)

Zigeuner, Sinti, Roma. Der gesellschaftliche Blick und die Wiedergutmachungspraxis
Martin Feyen (Bochum)

Versöhnung und Konflikt. Die Auswirkungen der Wiedergutmachung auf die deutsch-jüdischen Beziehungen
Constantin Goschler (Berlin)

Kommentar
Hans Günter Hockerts (München)

Zusammenfassung:
Die Wiedergutmachung für NS-Verfolgte gilt mittlerweile als gleichermaßen historisch einmaliger wie weitgehend abgeschlossener Versuch, den Opfern eines einzigartigen historischen Unrechts wenigstens ansatzweise historische Gerechtigkeit zuteil werden zu lassen. Zugleich ist die Wiedergutmachung zu einem Paradigma für den Umgang mit historischem Unrecht überhaupt geworden und dient aktuell in vielen Ländern mit ähnlichen vergangenheitspolitischen Lasten als Konfliktlösungsmodell. Aus diesem Spannungsfeld zwischen Historisierung und Zukunftspotential ergeben sich wichtige Fragen, die vor allem darauf abzielen, die Wiedergutmachung für NS-Verfolgte als gesellschaftliche Erfahrung in den davon hauptsächlich betroffenen Ländern – der Bundesrepublik Deutschland und Israel – zu thematisieren. Die Bedeutung eines solchen Unterfangens lässt sich für die betroffenen Verfolgten, für die Gesellschaft der Täter, aber auch für eine Gesellschaft, deren Identität in hohem Maße durch historische Opfererfahrung mitkonstituiert wird, diskutieren.

Im Mittelpunkt dieser Sektion steht somit die Erörterung der Wiedergutmachung für NS-Verfolgte als Gesellschaftserfahrung in Deutschland und Israel. Damit soll die Wiedergutmachung als ein prekärer Modus der Verständigung über die Folgen eines historischen Unrechts begriffen werden. In letzter Konsequenz zielt dies auf eine Erörterung der Chancen und Schwierigkeiten, mit Hilfe eines bürokratisch geregelten Verfahrens

Ansätze einer historischen Gerechtigkeit zu erzeugen. Zu fragen ist also nach den Voraussetzungen und Folgen, aber auch nach den Ergebnissen und Kosten der Wiedergutmachung für NS-Verfolgte, und zwar gleichermaßen auf individueller wie gesellschaftlicher Ebene.

Einführung

Norbert Frei (Jena)

Die Geschichte der Wiedergutmachung in Deutschland – genauer gesagt: in der Bundesrepublik, denn in der DDR hat es etwas annähernd Vergleichbares bekanntlich bis zum Schluß nicht gegeben – ist erst skandalisiert und dann erforscht worden. Lange Zeit war die Kritik an ihren Mißständen, Lücken und Ungerechtigkeiten gleichsam Teil des von einer politisch-intellektuellen Elite vorangetriebenen gesellschaftlichen Selbstaufklärungsprozesses über die NS-Vergangenheit, und damit nicht zuletzt Kontinuitätskritik. Entsprechend wurde die Geschichte der Wiedergutmachung als eine Geschichte des Ungenügens, ja des Scheiterns begriffen[5]. Die parallel dazu in Gang gekommene zeitgeschichtliche Wiedergutmachungsforschung hat diese polemische Deutung nicht bestätigt, allerdings auch nicht die altersmilde Perspektive des Entschädigungsjuristen Walter Schwarz, der an der offiziösen Darstellung der Wiedergutmachung maßgeblichen Anteil hatte[6]. Inzwischen sind wir über die *politik- und diplomatiegeschichtliche Seite* der Wiedergutmachung ziemlich gut informiert[7]. Weitaus länger als die politische Ebene blieb die *Praxis der Wiedergutmachung* ein Arkanum. Sie steht nun aber im Zentrum eines deutsch-israelischen Forschungsprojekts, dem (mit Ausnahme des Kommentators) alle Mitwirkenden dieser Sektion angehören[8].

Die folgenden Hinweise auf einige Leitlinien und vorläufige Befunde unseres Projekts sollen verdeutlichen, was der Begriff der„Gesellschaftserfahrung" im Zusammenhang mit der Geschichte der Wiedergutmachung meint:

1. Wie schon der Blick auf die *Politik* der Wiedergutmachung nahelegt, muss die *Praxis* der Entschädigung von NS-Verfolgten seit 1945 als ein über Jahrzehnte sich erstreckendes *work in progress* verstanden werden. Über dessen Dauer und Dimensionen war sich anfangs niemand im Klaren: Weder die Alliierten, insonderheit die Amerikaner, die das historisch präzedenzlose Projekt anschoben und lange aufmerksam begleiteten – weit über die Besatzungszeit hinaus, im Grunde bis zur Zwangsarbeiterentschädigung –, noch die nichtverfolgte Mehrheit der Deutschen, bei der sich allerdings rasch entsprechende Befürchtungen einstellten, die lange erhalten blieben

---

[5] Vgl. Christian Pross, Wiedergutmachung. Der Kleinkrieg gegen die Opfer, Frankfurt am Main 1988, 2. Auflage Berlin 2001.

[6] Vgl. Bundesminister der Finanzen in Zusammenarbeit mit Walter Schwarz (Hrsg.): Die Wiedergutmachung nationalsozialistischen Unrechts durch die Bundesrepublik Deutschland. 6 Bde., München 1974-1987.

[7] Vgl. jetzt vor allem Constantin Goschler, Schuld und Schulden. Die Politik der Wiedergutmachung für NS-Verfolgte seit 1945, Göttingen 2005; Hans Günter Hockerts, Claudia Moisel, Tobias Winstel (Hrsg.): Die Grenzen der Wiedergutmachung. Die Entschädigung für NS-Verfolgte in West- und Osteuropa 1945-2000. Göttingen 2006.

[8] Vgl. die Homepage des Forschungsprojekts: http://www.nng.uni-jena.de/wiedergutmachung.html.

und in Teilen immer wieder aktualisiert wurden, wenn in das *work in progress* ein neuer Baustein eingefügt werden sollte.

2. Mit Blick auf diese sich nur langsam, aber schließlich doch verändernden Einstellungen der Mehrheitsbevölkerung kann die Geschichte der Praxis der Wiedergutmachung als ein *gesellschaftlicher Lernprozeß* beschrieben werden. Lernprozesse sind komplex, abhängig von Lernbedingungen und der Entwicklung von Kontextwissen, und sie führen leider nur selten direkt vom Dunkel ins Licht; Lernprozesse sind oft Rückschlägen ausgesetzt und Gegenbewegungen, und sie können unerwartete Nebenwirkungen haben, die berühmten *unintended consequences*. Insofern wäre es auch in diesem Falle falsch, eine simple Fortschrittslinie der Aufklärung zu zeichnen. Aber man wird sagen können, daß die Akzeptanz des Prinzips der Wiedergutmachung im Laufe der Zeit – gewiß auch aufgrund des Generationenwechsels – gewachsen ist: in Deutschland, in Israel und darüber hinaus.

3. In Israel – und das gehört zu den Lernerfahrungen, die den Deutschen bis heute weitgehend vorenthalten blieben – war das Konzept der Wiedergutmachung anfangs nicht weniger umstritten als in Deutschland. Die Frage, ob man von den Deutschen „Blutgeld" annehmen dürfe, hat die israelische Gesellschaft anfangs tief gespalten, wenn auch wohl nicht in der Mitte. Das ist seit langem nicht mehr so, und daraus ergeben sich neue Fragen: Was bedeuteten die Wiedergutmachungsleistungen vor allem in den fünfziger und sechziger Jahren für deren Empfänger? Hatten die Renten- und Entschädigungszahlungen Auswirkungen auf die soziale Ausdifferenzierung der israelischen Gesellschaft der Aufbaujahre? In der jungen Bundesrepublik blieb das Thema Wiedergutmachung, wie so vieles in der erstaunlich gelenkten und lenkbaren Öffentlichkeit der Kanzlerdemokratie, weitgehend unter dem Tisch. Eines unserer Teilprojekte, das sich mit der publizistischen Präsenz der Wiedergutmachung befaßt, kommt zu dem Ergebnis, daß bei diesem Thema noch bis in die sechziger Jahre die eher seltene, aber vorsichtig-affirmative Berichterstattung durch eine kleine journalistische Avantgarde das Typische war, nicht etwa die offensive Rechtfertigung, aber eben auch nicht die prinzipielle Kritik.

4. Für Israel und Deutschland gilt, sicher in ungleich höherem Maße als für jedes andere Land, *an das* oder *in das* die Bundesrepublik Wiedergutmachung leistete, daß sich mit diesen Zahlungen, die auf der Ebene der Individuen ja weiter andauern, ein seit 1948/49 gleichsam unausgesetzter Kooperationszwang ergab. In dessen Verlauf konnte und mußte sich die wechselseitige Wahrnehmung entwickeln, auch wenn dafür, jedenfalls auf Seiten der Überlebenden, nach dem Holocaust begreiflicherweise kein Bedarf bestand: Man mußte sich zusammensetzen, um sich auseinanderzusetzen. Das gilt für die Entschädigungsberechtigten oder deren Anwälte und die Sachbearbeiter in den Behörden ebenso wie für die Vertreter der Politik; die Bilder etwa von den Verhandlungen zum Luxemburger Abkommen 1952 sprechen hier eine deutliche Sprache, aber auch das berühmte Foto von Adenauer und Ben Gurion im März 1960 im New Yorker Waldorf-Astoria. Diese komplizierte wechselseitige Wahrnehmungsgeschichte, in der die Notwendigkeit zum Gespräch von deutscher Seite gerne vorschnell als Bereitschaft zur Versöhnung gedeutet wurde, wenn es aus jüdischer Sicht lediglich darum ging, die

Deutschen mit Forderungen zu konfrontieren, ist für unser Projekt von erheblicher Bedeutung. In ihr liegt auch die zentrale Begründung dafür, warum es sich lohnt, im Zusammenhang mit Wiedergutmachung von dem Gedanken einer *Gesellschaftserfahrung* auszugehen – von einer Erfahrung, die sich gesellschaftlich weit über den Kreis derer hinaus erstreckt, die mit der Praxis der Wiedergutmachung unmittelbar konfrontiert waren und sind. Das gilt natürlich gerade auch mit Blick auf die Praxis der Entschädigung bzw. der Entschädigungsverweigerung gegenüber anderen Verfolgtengruppen, etwa den in dieser Sektion angesprochenen verfolgten Sozialdemokraten und den Sinti und Roma.

5. Unser Vorschlag, die Geschichte der Wiedergutmachung nationalsozialistischen Unrechts als ein über Jahrzehnte sich erstreckendes *work in progress* zu verstehen, das dabei – und sei es im Modus der Kritik – zunehmend gesellschaftliche Aneignung und Anerkennung erfahren hat, macht es plausibel, die Praxis der Wiedergutmachung auch als eine Form von *transitional justice* zu begreifen, von der seit dem Ende der Teilung Europas, aber auch angesichts neuer Genozide oder genozidaler Entwicklungen so viel die Rede ist. Insoweit liegt es nahe, daß in der politischen Soziologie und in der Politikberatung inzwischen versucht wird, die deutsch-israelischen Wiedergutmachungsbeziehungen als ein universalisierbares Modell postdiktatorialer und postgenozidaler Konfliktbewältigung zu lesen. Als Historiker müssen wir allerdings konstatieren: Die Wiedergutmachung taugt nicht als Patentrezept. Die Geschichte ihrer Praxis erweist sich, je genauer wir sie erforschen, als eine Geschichte von *trial and error,* voller Unzulänglichkeiten und Ungerechtigkeiten, die oft noch dort entstanden, wo man ihrer abzuhelfen gedachte. Es besteht deshalb nicht der geringste Grund, sie zu einer simplen Erfolgsgeschichte umzuschreiben.

Schalom Schiller. Wie israelische Wiedergutmachungsantragsteller ihre Zugehörigkeit zum deutschen Sprach- und Kulturkreis beweisen mussten
José Brunner (Tel Aviv)

§ 4 des Bundesgesetzes zur Entschädigung für Opfer der nationalsozialistischen Verfolgung (BEG) begrenzte Ansprüche auf Wiedergutmachung für Schäden durch NS-Unrecht grundsätzlich auf Verfolgte, die entweder ursprünglich im Reichsgebiet gelebt hatten, ihren Wohnsitz im Gebiet der BRD hatten oder sich vor der Auswanderung in einem DP-Lager in Deutschland aufgehalten hatten. § 150 BEG ermöglichte hingegen auch Verfolgten, die diesen Bedingung nicht entsprachen, Ansprüche auf Entschädigung zu stellen, sofern sie aus den sogenannten Vertreibungsgebieten in Ost- und Südosteuropa, z.B. dem Memelland, Sudetenland, Randgebieten der Tschechoslowakei, Regionen in Ungarn, Rumänien, Kroatien, Serbien und Slowenien, stammten, *"dem deutschen Sprach- und Kulturkreis angehört"* hatten und nach dem Krieg aus diesen Gebieten ausgewandert waren.

Anhand neu erschlossener Akten im israelischen Staatsarchiv diskutiert dieser Vortrag

a) warum und wie die Definition und Rechte der in der Nachkriegszeit aus Ost- und Südosteuropa in die BRD vertriebenen Volksdeutschen für den Anspruch auf Wiedergutmachung der aus diesen Gebieten stammenden und in Israel lebenden jüdischen Opfer des Nationalsozialismus maßgebend wurde,

b) die institutionelle Struktur und Praxis der "Kommission zur Feststellung der Vertriebenen-Eigenschaft in Zweifelsfällen“, die von 1959 bis 1966 in Israel tätig war, um die Zugehörigkeit von israelischen Antragstellern zum deutschen Sprach- und Kulturkreis zu prüfen,

c) wie die Prüfungen zur Feststellung der Zugehörigkeit von israelischen Antragstellern zum deutschen Sprach- und Kulturkreis abliefen, worauf Wert gelegt wurde, und welche Kriterien entscheidend waren,

d) die Problematik und Komplexität dieser Prüfungen und Entscheidungen mit Hilfe von Fallstudien und statistischen Daten.

Aktivisten oder Opfer? Die Entschädigung sozialdemokratischer NS-Verfolgter

Kristina Meyer (Jena)

In den ersten zwei Jahrzehnten nach dem Ende des Dritten Reiches trat die SPD wie keine andere westdeutsche Partei für eine gerechte Wiedergutmachung nationalsozialistischer Verbrechen ein und war trotz ihrer Rolle in der Opposition maßgeblich an der Entschädigungsgesetzgebung beteiligt. Unter den Sozialdemokraten der Nachkriegszeit waren es gerade die ehemaligen Widerstandskämpfer und Verfolgten, die sich als Politiker, Anwälte, Verwaltungsbeamte und Berater der Opfer in unterschiedlichen Rollen auf dem Feld der Wiedergutmachung betätigten. Dieses spezifische Engagement in Teilen der Partei verband sich jedoch vielfach mit dem Verzicht auf eine Thematisierung der persönlichen Widerstands- und Verfolgungserfahrungen. Der ausschließlich zukunftsgerichtete Blick der deutschen Gesellschaft, das Desinteresse der Mitläufer am Widerstand und parteipolitischer Pragmatismus bewirkten, dass die Sozialdemokratie ihre eigene Vergangenheit selbst marginalisierte.

Eine Untersuchung zum Umgang der Sozialdemokratie mit Widerstand, Verfolgung und Wiedergutmachung von Mitte der vierziger Jahre bis in die Gegenwart kann wichtige neue Erkenntnisse über das Verhältnis der bundesdeutschen Politik und Gesellschaft zur nationalsozialistischen Vergangenheit liefern. Dabei sollen neben einer ersten systematischen Erforschung der Geschichte der Arbeitsgemeinschaft verfolgter Sozialdemokraten (AvS) innerhalb der SPD Fragen nach dem Verhältnis von individuellen Erinnerungen der Verfolgten, kollektivem sozialdemokratischen Gedächtnis sowie geschichtspolitischen Initiativen beantwortet werden.

Zigeuner, Sinti, Roma. Der gesellschaftliche Blick und die Wiedergutmachungspraxis

Martin Feyen (Jena)

„Da die Zigeuner sich in weitem Maße einer Sesshaftmachung widersetzt haben, gelten sie als asozial. Sie neigen, wie die Erfahrung zeigt, zur Kriminalität, besonders zu Diebstählen und Betrügereien, es fehlen ihnen vielfach die sittlichen Antriebe der Achtung vor fremdem Eigentum, weil ihnen wie primitiven Urmenschen ein ungehemmter Okkupationstrieb zu eigen ist." Das voranstehende Zitat stammt nicht etwa aus der Feder des in der „Zigeunerforschung" aktiven NS-„Rassenhygienikers" Robert Ritter oder eines der zahlreichen „Kriminalbiologen" jener Tage. Es findet sich vielmehr in einem Urteil des Bundesgerichtshofs vom 7. Januar 1956, in dem er über die Wiedergutmachungsansprüche der im Nationalsozialismus verfolgten Sinti und Roma befand.

Anders als die Judenverfolgung nahm man die nationalsozialistische Verfolgung der „Zigeuner" nach 1945 zunächst nicht als Zivilisationsbruch wahr, da die Überzeugung, der Staat müsse „etwas gegen die Zigeuner tun", bereits vor 1933 allgemein verbreitet war und auch in den Anfangsjahren der Bundesrepublik nicht ernsthaft in Frage gestellt wurde. Die Gleichsetzung von „Zigeunern" und Kriminellen bzw. „Asozialen" wurde von den meisten Bundesbürgern in den fünfziger Jahren nicht als rassistisch, geschweige denn typisch nationalsozialistisch angesehen. Die Untersuchung des Umgangs mit dieser Opfergruppe wirft daher ein Licht nicht nur auf die Aufrichtigkeit der Wiedergutmachungsbemühungen der jungen Bundesrepublik, sondern auf die Einstellung der westdeutschen Gesellschaft gegenüber dem Nationalsozialismus überhaupt. Es wird deutlich, dass ihre Mitglieder sich erst mühsam darauf verständigen mussten, was ihnen als „typisch nationalsozialistisch" galt. Das vorgestellte Forschungsprojekt versteht sich daher unter anderem auch als Beitrag zur Erforschung der fortschreitenden Transformation der Bundesrepublik in eine Zivilgesellschaft westlichen Typs, die im Umgang mit den „Zigeunern" im Rahmen der Wiedergutmachung ihren exemplarischen Ausdruck findet.

Versöhnung und Konflikt. Die Auswirkungen der Wiedergutmachung auf die deutsch-jüdischen Beziehungen

Constantin Goschler (Bochum)

Die historische Bewertung der Entschädigung jüdischer NS-Verfolgter durch die Bundesrepublik fällt sehr unterschiedlich aus: Den einen Pol bilden Vorstellungen, wonach es sich bei der „Wiedergutmachung" der nationalsozialistischen Verbrechen an den Juden um ein unangemessenes, wenn nicht sogar unmögliches Unterfangen gehandelt habe, das schlimmstenfalls zu einer „zweiten Verfolgung" geführt habe. Den anderen Pol bilden Auffassungen, welche dieses Unterfangen als eine relative Erfolgsgeschichte charakterisieren. Zum Teil sehen sie hier sogar ein Vorbild für die Lösung anderer aus historischem Unrecht resultierenden Konflikte zwischen Gruppen und Nationen. Angesichts solch divergierender Bewertungen soll hier die grundsätzliche Frage erörtert werden, in welcher Weise die Entschädigung von NS-Verfolgten das Verhältnis zwischen Juden und Deutschen beeinflusst hat.

Hinter dieser Frage verbirgt sich freilich ein ganzes Universum notwendiger Differenzierungen, in dem sich gleichermaßen die Komplexität der Verfolgung und der Entschädigung als auch die Vielfalt der individuellen Biographien niederschlagen. In diesem Vortrag soll eine Matrix entwickelt werden, welche die sich im Medium der Entschädigung vollziehenden deutsch-jüdischen Beziehungsgeschichten in eine systematische Form zu bringen versucht. Auf diese Weise soll nicht nur der unterschiedliche

Verlauf der Entschädigung für deutsche und nicht-deutsche Juden verdeutlicht werden. Vielmehr gilt es auch zu erörtern, welche Folgen daraus resultierten, ob diese Menschen nach 1945 in der Bundesrepublik, in Israel oder in anderen Teilen der Welt lebten. Und nicht zuletzt muss bei der Frage nach der Bedeutung der Entschädigung auch zwischen der Ebene der beteiligten Individuen und ihren Gesellschaften unterschieden werden.

Publikationen
Ein Tagungsbericht von Christine Kausch ist publiziert unter:
http://hsozkult.geschichte.hu-berlin.de/tagungsberichte/id=1175

Ein Sammelband zum Thema der Sektion ist in Vorbereitung: José Brunner, Norbert Frei, Constantin Goschler (Hrsg.), Die Praxis der Wiedergutmachung. Geschichte, Erfahrung, Wirkung. Wallstein Verlag Göttingen, erscheint 2007.

5.5. Visuelle Konstruktion von Märtyrern in der Zwischen- und Nachkriegszeit

Leitung: Christian Fuhrmeister (München), Stefan Zwicker (Mainz)

Die Konstruktion eines Märtyrers: Albert Leo Schlageter (1894-1923) und seine Bilder (1923-1945)
Christian Fuhrmeister (München)

Der Tod des Hitlerjungen Herbert Norkus (1916-1932) und die Verwandlung des Roman- und Filmhelden 'Hitlerjunge Quex'
Kurt Schilde (Siegen)

Die Kommemoration von Toten der SA in der Kunst der Weimarer Republik und des Nationalsozialismus
James A. van Dyke (Portland / Oregon)

Ein kommunistischer Märtyrer. Stereotypen der Darstellung von Julius Fucik (1903-1943) in den Jahren 1945-1960
Stefan Zwicker (Mainz)

Zusammenfassung:
Mediale Inszenierungen von Vorbildern und Helden begleit(et)en Verbreitung und Bedeutungszuwachs der Massenmedien. Im Wettstreit der politischen Mythen und der konkurrierenden Symbolsysteme, insbesondere jedoch in der politischen Propaganda, spielt die Visualisierung von Märtyrern eine ausgesprochen wichtige Rolle.

Die Sektion beschränkt sich bewusst auf die Medialisierung von Märtyrern in der europäischen Zwischen- und Nachkriegszeit. Es gilt dabei, Grundstrukturen der Märtyrer(re)präsentation herauszuarbeiten und das Verhältnis von überkommenen Traditionen und der Entwicklung neuer Strategien auszuloten. Alle vier Fallbeispiele fokussieren daher den Einsatz der Medien bei der Konstruktion von Märtyrern.

Der Vergleich verschiedener Staatssysteme (Republik, Demokratie, Diktatur, totalitäres Regime) erfordert zugleich, Parallelen und Unterschiede zu bestimmen: Welche Rolle spielen Märtyrer für die politische Auseinandersetzung von Parteien, für Legitimation und Herrschaftssicherung von Regierungen? Inwiefern sind visuelle Präsentationsformen für die Durchsetzung partikularer Sichtweisen prädestiniert? Inwieweit können sogar bei Staatssystemen und politischen Gruppen, die das Christentum ablehnen oder ihm distanziert gegenüberstehen, religiös fundierte Bildmuster weiterhin eine Rolle spielen?

Die methodische Orientierung an den Prämissen der Politischen Ikonographie führt zwangsläufig zu einer transdisziplinären Vorgehensweise, die sowohl die Produktion als auch die Distribution und Rezeption von Märtyrerbildern berücksichtigt. Die paritätisch mit Historikern und Kunsthistorikern besetzte Sektion will einerseits nachweisen, warum Bilder stärker als bisher als historische Quellen in die Analyse zeitgeschichtlicher Phänomene einzubeziehen sind und andererseits das Reflexionsniveau dieser Arbeit mit Bildern weiter vertiefen.

Die Konstruktion eines Märtyrers: Albert Leo Schlageter (1894-1923) und seine Bilder (1923-1945)

Christian Fuhrmeister (München)

Schlageter - Weltkriegsoffizier und Freikorpskämpfer, der Sabotageakte gegen die französische Ruhrbesetzung initiiert und durchgeführt hatte - wurde am 26. Mai 1923 auf der Golzheimer Heide bei Düsseldorf erschossen. Der Vortrag analysiert den gerade auch visuell ausgetragenen Kampf unterschiedlichster Parteien und Organisationen (vom Stahlhelm über den Cartellverband Katholischer Deutscher Farbentragender Studentenverbindungen bis zur NSDAP), Schlageter zum Märtyrer zu stilisieren. Im Zentrum stehen die bildkünstlerischen Strategien: Inwiefern spiegelt und steigert diese Visualisierung die Einebnung ursprünglich pluralistischer Heldenverehrung auf dem Weg zu selektiver, exkludierender Vereinheitlichung des Kults durch die NSDAP?

Der Tod des Hitlerjungen Herbert Norkus (1916-1932) und die Verwandlung des Roman- und Filmhelden 'Hitlerjunge Quex'

Kurt Schilde (Siegen)

Der am 24. Januar 1932 in Berlin bei einer Flugblattverteilung der Hitler-Jugend in Berlin von jungen Kommunisten erstochene 15jährige Schüler Herbert Norkus wurde von der NSDAP zum jugendlichen Märtyrer stilisiert. Einen ersten wichtigen Beitrag zur Popularisierung bildete die literarische Bearbeitung durch Karl Aloys Schenzinger in dem 1932 veröffentlichten Roman "Der Hitlerjunge Quex". Der darauf basierende Propagandafilm "Hitlerjunge Quex" des Regisseurs Hans Steinhoff wurde 1933 uraufgeführt. In dem Beitrag soll es wesentlich um die Bedeutung der Visualisierung eines jugendlichen Märtyrers und deren Wirkung gehen, die bis zu Gleichsetzungen der realen Gestalt mit der fiktiven Roman- bzw. Filmfigur gehen.

Die Kommemoration von Toten der SA in der Kunst der Weimarer Republik und des Nationalsozialismus

James A. van Dyke (Portland / Oregon)

Man kennt die Bilder von marschierenden Kolonnen der so genannten Braunen Bataillone, man kennt auch die Geschichte von Horst Wessel. Weniger bekannt sind jedoch Bilder von anonymen toten SA-Männern. Diese stehen im Zentrum meiner Untersuchung. Zwei Fragen haben Vorrang: Welche Funktionen hatten solche Bilder in der deutschen Öffentlichkeit sowie auch innerhalb der NSDAP in den Jahren zwischen 1930 und 1937? Welche Probleme warf das Bild des toten SA-Mannes für seine Produzenten sowie auch für seine Rezipienten vor allem zwischen Hitlers Ernennung zum Reichskanzler und den Ereignissen am 30. Juni 1934 auf? Im Rahmen dieser Fragestellungen werden vor allem Bildberichte aus der nationalsozialistischen Presse sowie einige künstlerische Darstellungen um 1933/34 vergleichend analysiert.

Ein kommunistischer Märtyrer. Stereotypen der Darstellung von Julius Fucik (1903-1943) in den Jahren 1945-1960

Stefan Zwicker (Mainz)

Der tschechische Journalist Julius Fucík, wichtiger Vertreter des kommunistischen Widerstands im 'Protektorat Böhmen und Mähren', wurde 1943 hingerichtet. Seine geheimen Aufzeichnungen aus der Gestapohaft, die "Reportage, unter dem Strang geschrieben", bis heute das meist übersetzte Buch tschechischer Sprache, wurden nach 1945 in zensierter Form zuerst in der CSR, später in fast allen sozialistischen Staaten ein wichtiges Versatzstück kommunistischer Propaganda. Fucíks "Märtyrertod" und Vermächtnis stellte man als Vorbild und Verpflichtung besonders für die Jugend dar. Beim Kult um Fucík, der auch starken Widerhall in der bildenden Kunst fand, sind (wie auch bei Schlageter) massive Rückgriffe auf Überlieferungen aus dem Christentum aufzuzeigen.

5.6. Geschichte als Oper: Die Konstruktion und Inszenierung von Geschichte im europäischen Musiktheater des 19. Jahrhunderts

Leitung: Heinz-Gerhard Haupt (Bielefeld), Sven Oliver Müller (Bielefeld / Florenz), Philipp Ther (Frankfurt)

Einführung - Geschichte als Oper: Überlegungen zum Nutzen des Musiktheaters für die Geschichtswissenschaft
Sven Oliver Müller (Bielefeld / Florenz)

Die Pariser Grand Opéra und die Visualisierung von Geschichte
Anselm Gerhard (Bern)

Eisenmänner und edle Völkerchöre: Die deutsche Nation auf der Opernbühne
Barbara Eichner (Oxford)

Historische Helden und Antihelden in der russischen und tschechischen Oper des späten 19. Jahrhunderts
Philipp Ther (Frankfurt an der Oder)

Strategien des Erinnerns und Vergessens. Die Wiener Operette im Habsburgerreich um 1900
Moritz Csáky (Wien)

Kommentar
Heinz-Gerhard Haupt (Bielefeld)

Zusammenfassung:
Das Musiktheater im Europa des 19. Jahrhunderts war eine der wirkungsmächtigsten Instanzen der Vermittlung von GeschichtsBildern. Weil Geschichtsbilder der öffentlichen Darstellung bedürfen, stellten National- und Historienopern, aber auch die Operette, ideale Foren der Selbstinszenierung der europäischen Gesellschaften dar. Wie das Kino des 20. Jahrhunderts kreierte das Musiktheater des 19. Jahrhunderts in optisch und akustisch aufwändigen historischen Dramen und geschichtlichen Mythen gesellschaftliche Selbst- und Fremdbilder. Die Darstellung von Geschichte auf der Bühne kann in ihrer Bedeutung sowohl für die Legitimation von Politik als auch für das sinnliche Erlebnis des Publikums kaum überschätzt werden. Die Sektion möchte auch durch die Zusammenarbeit von Historikern und Musikwissenschaftlern Perspektiven aufzeigen, wie durch die Beschäftigung mit der Vergegenwärtigung der Geschichte durch das Musiktheater neue Einsichten nicht nur in die Geschichte des 19. Jahrhunderts gewonnen werden können. Die Frage, wie Menschen die Vergangenheit "bebildern" und inszenieren, verweist auf eine Geschichte der Nationsvorstellungen, der Unterhaltung, des Geschmacks und der Emotionen, auf Phänomene öffentlicher Kommunikation und

symbolischer Repräsentation. Die Untersuchung europäischer National- und Historienopern könnte daher neue Einblicke in aktuelle Forschungskontroversen ermöglichen. Neben der für die Auseinandersetzung mit Geschichtsbildern zentralen Frage nach der gesellschaftlichen Funktion spezifischer Medien - hier der Oper - und der Rolle der öffentlichen Inszenierung historischer Wissenselemente, kommt dem Verhältnis nationaler und transnationaler Geschichtsbilder und schließlich der Frage nach der politischen Dimension kultureller Praktiken eine erkenntnisleitende Bedeutung zu.

Einführung - Geschichte als Oper: Überlegungen zum Nutzen des Musiktheaters für die Geschichtswissenschaft

Sven Oliver Müller (Bielefeld / Florenz)

Das Musiktheater ist der ideale Ort um die Ordnung und die historischen Ordnungsvorstellungen europäischer Gesellschaften zu analysieren. Wie keine andere repräsentative Kunstform vermochte zumal die National- und Historienoper mit ihrem Aufgebot an Massenszenen, orchestralen und technischen Mitteln die Vergangenheit durch Inszenierung zu vergegenwärtigen, die herrschende politische Ordnung abzubilden und dadurch neu zu legitimieren. Das öffentliche Erleben der Geschichte durch die Oper stellte eben keine autonome Sphäre der Gesellschaft dar. Denn Musiktheater waren Foren der Repräsentation, Orte der Hochkultur und der Massenunterhaltung, gleichzeitig soziale Treffpunkte, Staats-, Bildungs- und Kunstanstalten. Es genügt daher nicht die Oper allein als Kunstwerk zu untersuchen. Vielmehr plädiert das Referat dafür, das Musiktheater systematisch als historischen Raum zu erschließen. Da die Inszenierungen der Geschichts- und Weltbilder in der Oper niemals allein von der Musik abhingen, sondern sozial vorgeprägt waren, kommt es darauf an, das Spannungsfeld zwischen der Aufführung, dem Erwartungshorizont des Publikums und seinen Reaktionen zu vermessen. Die Untersuchung musikalischer Repräsentation und Vergnügungen lassen sich als eine Form der Politik mit kulturellen Mitteln verstehen: Die Eliten suchten im öffentlichen Raum der Oper durch Inszenierungen der Vergangenheit ihren gesellschaftlichen Status zu erlangen, zu bestätigen oder zu verteidigen. Die Oper als Geschichte zu analysieren erlaubt so Einblicke in die Weltbilder und die soziale Praxis, in die Struktur und die Bruchlinien der europäischen Gesellschaften des 19. Jahrhunderts.

Die Pariser Grand Opéra und die Visualisierung von Geschichte

Anselm Gerhard (Bern)

Nach einem Besuch von Fromental Halévys "La Juive" in Paris 1836 bekannte Franz Grillparzer: "Das Ganze ohne Interesse. Aber welche äußere Ausstattung! Die Dekorationen Wirklichkeiten, oder nein: Bilder." Mit den neuesten technischen Mitteln der Zeit machte die Historienoper vergangene Zeiten, dramatische Ereignisse und große Männer vor den Augen und Ohren eines staunenden Publikums wieder lebendig. Stoffe aus der näheren oder ferneren Vergangenheit hatten im Gefolge der Rezeption von Walter Scotts Romanen Konjunktur auf den Pariser Bühnen seit etwa 1815. Ganz besonders galt dies für das Musiktheater mit seinen verschiedenen Gattungen opéra-comique, Ballett und große Oper. Insbesondere in Opern wie Meyerbeers "Les Huguenots" (1836) und "Le Prophète" (1849) wird die Dynamik historischer Prozesse mit multimedialen Mitteln (Musik, Dekoration, Raumdisposition) dargestellt. Während das Paradigma der großen historischen Oper im Paris des Zweiten Kaiserreichs aus der Mode kam, stellte es in allen anderen europäischen Kulturräumen (mit Ausnahme Italiens) bis in die letzten Jahrzehnte des 19. Jahrhunderts hinein das unangefochtene Modell für die meist affirmative Inszenierung nationaler Geschichte dar. Die Grand Opéra und ihre Geschichtsbilder standen somit im Spannungsverhältnis von kosmopolitischen und nationalistischen Tendenzen.

Eisenmänner und edle Völkerchöre: Die deutsche Nation auf der Opernbühne

Barbara Eichner (Oxford)

Im Jahre 1844 prophezeite der Ästhetiker Friedrich Theodor Vischer: "Der Deutsche soll noch seine eigene große Geschichte in mächtigen Tönen sich entgegenwogen hören." Angeregt durch die französische Grand Opéra und durch die erstarkende Nationalbewegung warben Intellektuelle wie Musikfreunde auch in Deutschland für ein nationales Musikdrama. Auf der Suche nach geeigneten "vaterländischen" Stoffen schöpften Librettisten und Komponisten aus den Tiefen der deutschen Geschichte: die Schlacht im Teutoburger Wald, die mittelalterliche Kaiserherrlichkeit und die nordischen Göttermythen formierten sich zu einem heterogenen Konstrukt der glorreichen Vergangenheit. Im Medium der Oper wurde dem Publikum ein schmeichelhaftes Spiegelbild vorgehalten das, vermittelt durch die Musik, zur vorbehaltlosen Identifikation einlud und wesentlich zur Herausbildung einer - bildungsbürgerlich geprägten - Nationalidentität beitrug. Dies soll an einigen Fallstudien gezeigt werden, die stilistisch wie politisch unterschiedliche Spielarten der historischen Nationaloper darstellen. So fungieren Arminius und Thusnelda, das "Traumpaar" des deutschen Gründungsmythos, in Heinrich Hofmanns und Carl Grammanns Opern Armin (1877) bzw. Thusnelda (1881) als Verkörperung spezifisch männlicher und weiblicher Nationaltugenden, die sich vor dem Hintergrund des dekadenten Rom um so leuchtender abheben. Doch die nationalen Musikdramen beschränken sich nicht auf die Darstellung herausgehobener Herrscher- und Führerfiguren. Neben den Solisten nimmt der Chor, als Vertreter des Volks, eine dramaturgische und musikalische Schlüsselfunktion ein, die weit über die dekorative Wirkung prunkvoller Massenszenen hinausgeht. Auf der Opernbühne legitimiert sich Herrschaft aus dem "Einklang" von Volk und Fürst, bzw. von Ensemble und Solisten, eine Lesart die sowohl liberal-fortschrittliche wie nationalkonservative Kreise befriedigte. Als Beispiele hierfür bieten sich Richard Wagners Lohengrin (1850) und Edmund Kretschmers heute vergessene, aber damals weithin populäre Folkunger (1874) an: sowohl König Heinrich als auch Prinz Magnus werden erst durch die Akklamation des Volkes als Herrscher handlungsfähig.

Historische Helden und Antihelden in der russischen und tschechischen Oper des späten 19. Jahrhunderts
Philipp Ther (Frankfurt an der Oder)

Die russische und tschechische Oper spielte eine zentrale Rolle bei der Konstruktion von Fremd- und Eigenbildern bzw. der Bestimmung der nationalen Identität. Die Abgrenzung nach außen - im Falle der Russen vor allem gegen die Polen und im Falle der Tschechen gegen die Deutschen - wurde vor allem über historische Stoffe vermittelt. Dies lag an der zeitgenössischen Zensur und der Tradition der Grand Opéra, in der aktuelle Themen häufig historisch ausgedrückt wurden. Die Konstruktion von Eigen- und Fremdbildern wurde nicht nur über die Handlung bzw. das Libretto, sondern auch über die Musik vermittelt. Die Inhalte wirkten daher zusätzlich zu einer kognitiven auch auf einer emotionalen Ebene. Neben nationalen Konstrukten lassen sich in der russischen und tschechischen Oper des späten 19. Jahrhunderts auch soziale Emanzipationsbestrebungen nachweisen. Durch die Präsentation von Bürgern und Bauern als Helden und als Objekt von Tragödien wurde die Erweiterung der Nation um die jeweiligen Unterschichten thematisiert. Hier überwiegt mithin die Inklusion die Exklusion. Das Referat zeichnet anhand ausgewählter Opern und ihrer zeitgenössischen Rezeption die Konstruktion von Helden und Antihelden nach. Dabei wird auf kulturhistorischer Ebene auch auf Kulturtransfers und konkret die Aneignung der Grand Opéra und des Wagnerismus eingegangen. Das Referat rundet mit komparativen Ausblicken auf die polnische, ungarische und kroatische Oper den gesamteuropäischen Anspruch des Panels ab.

Strategien des Erinnerns und Vergessens. Die Wiener Operette im Habsburgerreich um 1900
Moritz Csáky (Wien)

Die Wiener Operette war ein wichtiger Bestandteil der "popular culture" (John Finske) der Jahrzehnte um 1900. Folgt man den Überlegungen Walter Benjamins oder Siegfried Kracauers, war das musikalische Unterhaltungstheater eine Reaktion auf die ökonomischen und sozialen Veränderungen der Zeit. Die heftigen Auseinandersetzungen um die Operette (vgl. Karl Kraus) weisen auch auf den subversiven Widerstand, der von einem alltagskulturellen Phänomen ausging, sie können als sich konkurrenzierende Versuche von Machtkonstruktionen im öffentlichen Raum gelesen werden. Die Operette bot die Möglichkeit, sich in einer unterhaltenden Weise und unter dem Deckmantel der Ironie oder Travestie mit den politischen und sozialen Missständen der Zeit auseinanderzusetzen. Eine verdeckte Politik- und Sozialkritik, typisch für die Pariser Operette der Zeit Offenbachs, fand sich bereits in den frühen Stücken von Johann Strauß (1825-1899) und wurde in zahlreichen Stücken der "silbernen Ära" thematisiert. Vor allem war die Wiener Operette auch ein Ort des Gedächtnisses, in dem sich die Vorstellungen der Habsburgermonarchie mit ihrer ethnischen und kulturellen Heterogenität vorfanden. Diese Heterogenität wurde zur Ursache zahlreicher politischer Krisen und Konflikte und diente den Ideologen zum Vorwand für ihre nationalistischen Forderungen. Nicht nur die Diffamierung und die Ausgrenzung von ethnischen Minderheiten war das Thema der Operette. Vielmehr forderte sie auch auf, sich dieser kulturellen Vielfalt zu erinnern (Konstruktion von Identität) und sie positiv zu nutzen. Ohne die Widersprüche, die Unterschiede oder die Fremdheiten zu verschweigen oder diese zu verfestigen setzte sie sich zuweilen für minoritäre Randgruppen, wie die Zigeuner, ein und verteidigte diese gegen die Unterdrückung durch die Majorität.

5.7. Die historische Bildwissenschaft in Deutschland 1880-1930 und ihr Neubeginn nach 1945

Leitung: Jens Jäger (Köln), Martin Knauer (Hamburg)

Zwischen Bildkunde und Historischer Bildforschung - Historiker und visuelle Quellen 1880-1930
Jens Jäger (Köln)

Percy Ernst Schramm und seine Beziehung zur Warburg-Schule
Lucas Burkart (Basel)

Nichts als "Herrschaftszeichen"? Der historische Bildbegriff in Forschung und Lehre nach 1945
Martin Knauer (Hamburg)

Historische Bildforschung heute: Themen, Methoden, Probleme
Gerhard Paul (Flensburg)

Zusammenfassung:
Eine historische Bildwissenschaft scheint inzwischen etabliert zu sein. Es gibt kaum einen Zweig der Kulturwissenschaften, der nicht visuelle Quellen erschließt und nutzt. Es ist an der Zeit diese Entwicklung in eine größere historische Perspektive zu stellen, um auf diese Weise die Verzögerungen, Idiosynkrasien, methodischen Vorlieben wie Vorbehalte der gegenwärtigen historischen Wissenschaften gegenüber dem Bild besser verstehen zu können.

Die Begründung einer historischen Bildwissenschaft kann auf die Jahrzehnte zwischen 1880 und 1930 datiert werden. Im Wesentlichen sind hier zwei Phasen zu unterscheiden: Zunächst existierte keine strenge Trennung zwischen den Fächern Geschichte und Kunstgeschichte. Eine Scharnierfunktion besaß dabei die Kulturgeschichte. Die Etablierung der Kunstgeschichte als autonomem akademischen Fach mit einer eigenständigen Methodologie ging wesentlich von der Kulturgeschichte aus oder erhielt doch von dieser Seite entscheidende Impulse.

Aufgabe der Sektion wird sein, diese Entwicklungen aufzuzeichnen und gleichzeitig die Neuansätze der 1960er und 1970er Jahre in einem internationalen Kontext zu verorten. Ein Beitrag wird das Verhältnis zwischen Geschichtswissenschaft und Bildquellen bis zur Einrichtung der "Ikonographischen Kommission" auf dem Internationalen Historikertag 1928 in Oslo nachzeichnen und damit die methodischen und theoretischen Grundlagen (bzw. deren Lückenhaftigkeit) einer Historischen Bildforschung analysieren (Jäger). Ein zweiter Beitrag wird genauer die exemplarischen Wechselbeziehungen zwischen Mediävistik - vor allem bezogen auf Percy Ernst Schramm - und der so genannten "Warburg-Schule" untersuchen (Burkart). Ein dritter Beitrag verfolgt den bildhistorischen "Einfluss" Schramms über die Mediävistik hinaus und verdeutlicht die Fernwirkungen der Auseinandersetzung mit der Bildkunde seit den späten 1920er Jahren (Knauer). Den Abschluss bildet ein kritischer Vortrag zum gegenwärtigen Stand der bildhistorischen Forschung (Paul).

Zwischen Bildkunde und Historischer Bildforschung - Historiker und visuelle Quellen 1880-1930

Jens Jäger (Köln)

Der Beitrag wird das Verhältnis zwischen Geschichtswissenschaft und Bildquellen bis zur Einrichtung der "Ikonographischen Kommission" auf dem Internationalen Historikertag 1928 in Oslo nachzeichnen und damit die methodischen und theoretischen Grundlagen (bzw. deren Lückenhaftigkeit) einer Historischen Bildforschung analysieren. Entscheidend ist in dieser Phase die disziplinäre Ausdifferenzierung der akademischen Kulturwissenschaft in "Geschichtswissenschaft" und deren "Hilfswissenschaften" sowie "Kunstgeschichte". Damit gingen spezifische Deutungen von dem, was vom Bild als Quelle zu erwarten war einher. Zwar haben Wissenschaftler wie Georg Dehio versucht, diese disziplinären Trennungen zu überbrücken, doch gelang dies nur vereinzelt und wurde zudem oft mit kontroversen Persönlichkeiten wie Karl Lamprecht verbunden. Die Bildquellenproblematik befand sich in der Geschichtswissenschaft häufig am Rande oder im Rahmen innerdisziplinärer Auseinandersetzungen.

Die Ausgestaltung der Ikonographischen Kommissionen nach Oslo 1928 schließlich zeigen deutlich, welche Bilder zu welchen Zwecken als Objekt historischer Studien wahrgenommen wurden. Einerseits bedeutete dies eine Ausweitung des Repertoires historischer Analyse, andererseits wurde damit auch eine eindeutige Einordnung visueller Quellen in die Forschungspraxis versucht. Beides zusammen erwies sich für den spezifischen historiographischen Umgang mit dem Bild als schwere Hypothek - übrigens nicht nur in der deutschen Geschichtswissenschaft, sondern auch in der französischen und angelsächsischen. Doch eröffnete diese Engführung auch wieder Chancen historischer Bildanalyse außerhalb der disziplinären Einschränkungen; z.B. in der Kulturanalyse von Walter Benjamin oder Siegfried Kracauer.

Nichts als "Herrschaftszeichen"? Der historische Bildbegriff in Forschung und Lehre nach 1945

Martin Knauer (Hamburg)

Für den zögerlichen Neubeginn der historischen Bildforschung in Deutschland nach 1945 gibt es vor allem drei Gründe: Erstens scheint mit dem ‚Lamprechtstreit' nicht nur die von diesem mitbegründete Richtung der Kulturgeschichte, sondern auch der integrative Ansatz der Bildforschung insgesamt diskreditiert worden zu sein. Zweitens hat die große Nähe führender historischer Bildforscher zu nationalsozialistischem Gedankengut (Erich Keyser u.a.) aus leicht nachvollziehbaren Gründen zum Abbruch der Bildkunde-Tradition geführt. Drittens schließlich beschädigte die verfolgungsbedingte Zwangsexilierung der Warburg-Schule nach London die bis dahin bestehenden Kontakte zwischen ikonographisch arbeitenden Historikern wie Percy Ernst Schramm und der internationalen Kunsthistorikerelite eines Ernst Gombrich und Fritz Saxl.

Trotzdem war es hauptsächlich Schramm, der in den 1950er Jahren über seine Studien zu den mittelalterlichen Herrschaftszeichen und dem lehrgestützten ‚Bild der Woche' die Bildforschung Warburgscher Tradition weiterführte. Noch zwei weitere Zugänge sollen im Vortrag problematisiert werden. Am Beginn von Hartmut Boockmanns quellenkundlicher und museologischer Beschäftigung mit Bildern steht - wie schon in der Zwischenkriegszeit - die Suche nach einem methodisch fundierten Auswahlverfahren für Abbildungen historischer Standardwerke (‚Athenaion-Bilderatlas', 1968). Der Frühneuzeithistoriker Rainer Wohlfeil wiederum hat seit 1982 in verschiedenen Einzelstudien versucht, das vor allem mit Ernst Panofsky verbundene kunsthistorische Verfahren ikonologischer Bildinterpretation für die historische Forschung fruchtbar zu machen - letztlich wohl nur mit eingeschränktem Erfolg.

Historische Bildforschung heute: Themen, Methoden, Probleme

Gerhard Paul (Flensburg)

Der Vortrag bilanziert die Leistungen und Desiderata der Historischen Bildforschung der letzten 20 Jahre. Während Irmgard Wilharm noch 1995 konstatieren musste, dass der Gemeinplatz, wonach Überlieferung nicht nur durch Schrift, sondern zunehmend auch über Bilder erfolge, von Historikern noch keineswegs generell akzeptiert werde, stellt sich die Situation 2006 deutlich anders dar. Bilder - ob als Gemälde, Plakate oder als Fotografien - haben als Quellen Einzug selbst in neueste historische Lehrbücher gefunden. Zugleich hat sich ein produktiver Methodenpluralismus durchgesetzt, der Impulse aus verschiedenen Arbeits- und Forschungsmilieus aufgenommen hat. Dass Bilder historisches Geschehen aber nicht nur repräsentieren, sondern als Bildakte selbst generieren, dass Visualität konstitutiv für Geschichte ist und damit einen genuinen Gegenstand der Geschichtswissenschaft bildet, ist weitgehend außerhalb der Erkenntnisinteressen der Historischen Bildforschung geblieben. Visualität bezeichnet dabei gleichermaßen die unterschiedlichsten Gattungen der stehenden wie laufenden Bilder, die sozialen, kulturellen und politischen Gebrauchsweisen der Bilder, das gesamte Spektrum der zeitgenössischen wie retrospektiven Inszenierungen sowie die Weisen des Sehens und der Wahrnehmung als konstitutive menschliche Praxis. Der Vortrag plädiert für das Konzept einer über die Historische Bildforschung hinaus weisende Visual History, die einem breiten Bildbegriff folgt, Bilder als selbstverständliche Quellen der Geschichtswissenschaft etabliert, Visualität im oben genannten Sinne zum Gegenstand des historischen Erkenntnisprozesses macht und unterschiedliche Methoden integriert.

5.8. Supermänner, Superfrauen, Supermächte. Sport als Medium des Kalten Krieges

Leitung: Nikolaus Katzer (Hamburg)

Einleitung
Nikolaus Katzer (Hamburg)

Klassenkampf im Stadion. Sportler als Repräsentanten gesellschaftlicher Leistungsfähigkeit in der deutsch-deutschen Systemkonkurrenz
Uta Balbier (Hamburg)

Gletscherkrieg oder Tauwetter? Sowjetischer Alpinismus und internationaler Bergsport in den 1950er Jahren
Eva Maurer (Münster)

Helden zum Vorzeigen? Sowjetische Sportler als Vorbilder des Neuen sozialistischen Menschen
Evelyn Mertin (Köln)

Was ist "olympisch gesehen eine Frau"? Spitzensportlerinnen, Sportpresse und Photographie im Kalten Krieg
Stefan Wiederkehr (Warschau)

Zusammenfassung:
Der Sport bietet einen Fokus zur Erforschung von Modernekonzepten und den damit verbundenen sozialen Praktiken. Im Bereich des Sports kreuzen sich die Diskurse über technologischen Wandel, den Aufschwung der Naturwissenschaften, über die modernen Leitdisziplinen Physiologie, Biologie, Medizin und Hygiene, über die "Mechanisierung" und Perfektionierung des menschlichen Körpers sowie über die Grenzen seiner Leistungsfähigkeit. Sie reflektieren gleichermaßen das Selbstverständnis moderner Diktaturen und Demokratien. Gemeinsam mit den aufstrebenden Bild- und Textmedien wurde der Sport zum wichtigen Bestandteil einer modernen Massenkultur.

Die Sektion verfolgt im wesentlichen drei Ziele: Erstens soll anhand ausgewählter thematischer Felder die Verzahnung der internationalen Entwicklung des Sports mit der Geschichte des Kalten Krieges beleuchtet werden. Die Sportarena und deren Medialisierung wurden zum prominenten, öffentlichen Austragungsort für den Systemkonflikt. Selbst in Randsportarten hatte sich die Leistungsfähigkeit des jeweiligen Gesellschaftsmodells stellvertretend zu erweisen. Zweitens soll der Sport in seiner Funktion als wesentliches Element der Populärkultur der Nachkriegszeit in Ost und West untersucht werden. Hier geht es insbesondere um die Frage, wie der Sport in seiner medialisierten Form grenzüberschreitende Kommunikationsräume eröffnete, durch die Exposition vorbildlicher Sporthelden neue, disziplinierende Orientierungsmuster, Verhaltensnormen und Werthaltungen schuf sowie die Gender-Debatte dynamisierte. Drittens soll auf die Aneignungsmodi der durch den modernen Sport bereitgestellten Normen und damit auf den Eigenweltcharakter des Sports hingewiesen werden.

Einführung

Nikolaus Katzer (Hamburg)

Sportgeschichte ist auf einem Historikertag ein Novum und mag angesichts der interdisziplinären Turbulenzen auf dem Forschungsmarkt, aber auch wegen der medialen Bilderflut der Sportberichterstattung auf Bedenken stoßen. Müssen denn kostbare Dienstzeit, Geistes- und Muskelkraft auch noch auf „weiche" Themen verausgabt werden, die von den Kerngebieten der großen Politik des Kalten Krieges, von containment policy, Stalin-Noten, Berlin-Ultimaten, Raketenkrisen und Entspannungspoker so fern zu liegen scheinen, wie Stalins Datscha von Adenauers Rosengarten? Man möchte meinen, sie müssten nicht, denn auch die Sowjetunionforschung ist bislang weitgehend „unsportlich" gewesen.

Etwas anderes ist es freilich, wenn wir nach dem „inneren Kalten Krieg" fragen, nach gesellschaftlichen Denk- und Handlungsmustern, nach stellvertretenden, kompensatorischen Schlachtfeldern für den zu vermeidenden „heißen" Krieg, wenn wir nach der Kontinuität alternierender Modernekonzepte in der ersten Hälfte des 20. Jahrhunderts und nach den konstitutiven Selbst- und Fremdbildern der traumatisierten Nachkriegsgesellschaften fragen. In diesem Fall treten Aspekte der Alltags-, Freizeit- und Populärkultur unweigerlich in den Blick. Bei der Entscheidung von 1948, den sowjetischen Hochleistungssport massiv zu fördern und sich der internationalen Konkurrenz zu stellen, war Stalin sehr präsent. Doch waren für ihn wie für seine Nachfolger (dies gilt ebenso für die Spitzenfunktionäre in den Bündnisstaaten) die vielfältigen Konsequenzen dieser Weichenstellung kaum absehbar. Es sollte die Überlegenheit des sowjetischen Gesellschaftsmodells, die Modernität der sozialistischen Lebensweise und die Unerschöpflichkeit der physischen und mentalen Ressourcen des „Friedenslagers" mittels sportlicher Höchstleistungen unter Beweis gestellt werden. Tatsächlich ging es um ein Experiment mit ungewissem Ausgang, das gravierende Rückwirkungen auf die Binnengesellschaften, auf das Verhältnis der osteuropäischen Staaten untereinander und auf die systemübergreifende Kommunikation hatte. Der Sport entwickelte sich zu einem komplexen Medium der Konfliktkultur des Kalten Krieges, war also weder bloßes Instrument der Politik noch eine ideologiefreie Zone „reinen Spiels". Weibliche und männliche Athleten agierten in einem mehr und mehr von öffentlichen Augen und Ohren okkupierten Feld, auf dem es um Konfrontation und Abgrenzung, aber auch um Selbstverständigung und Identifikation ging. Zugleich eröffnete der von Presse, Photographie, Wochenschau, Radio und Fernsehen medialisierte Sport Sphären intersystemischer Kommunikation, die den Zwecksetzungen der politischen Instanzen zuwiderlaufen konnten. In den Körper- und Bewegungsbildern von inszenierten Massenspielen, von Wettkampfsituationen und Triumphen spiegelte sich eine neue Metaphorik gesellschaftlichen Wandels und modernen Selbstbewusstseins, die weit über das „System

Sport“ hinauswirkte und Kontexte wie die von Jugend und Altern, Sexualität und Gender, Erschöpfung und Regeneration berührten.

Ziel der Sektion ist es, erstens, die enge Verzahnung der internationalen Sportkonkurrenz mit der Geschichte des Kalten Krieges anhand vier hinreichend repräsentativer Beispiele aufzuzeigen, zweitens, den Sport als Schauplatz, Bildproduzenten und Austragungsmodus (Medium) des Systemkonflikts kenntlich zu machen und, drittens, die Grenzen des scheinbar unendlich wiederholbaren, regenerierbaren „Spiels“ mit dem Nimbus der Unbesiegbarkeit, der Überlegenheit und der „Größe“ zu markieren.

Klassenkampf im Stadion. Sportler als Repräsentanten gesellschaftlicher Leistungsfähigkeit in der deutsch-deutschen Systemkonkurrenz

Uta Balbier (Hamburg)

Seit der Entstehung des modernen Sports reklamieren Regierungen sportliche Leistungsfähigkeit als Verdienst staatlicher Förderpolitik. Sportler und Sportlerinnen werden als Demonstrationsobjekte einer vermeintlich überlegenen Gesellschafts- und Wirtschaftsordnung vereinnahmt. In der DDR wurden sie seit den 1950er Jahren als „Diplomaten im Trainingsanzug“ verstanden. Sie sollten im Ausland die Modernität des sozialistischen Systems unter Beweis stellen. In Westdeutschland setzten Funktionäre und Politiker diesen sportlichen Staatsdienern das Bild eines politikfreien, autonomen Sports entgegen. Unter dem zunehmenden Druck sportlicher Erfolge der DDR wurden die bundesdeutschen Athleten und Athletinnen nun ebenfalls als Akteure in der Systemkonkurrenz gesehen. Ein erfolgreicher Industriestaat hatte sich durch sportliche Höchstleistungen auszuweisen. Damit übernahm die Bundesrepublik das sozialistische Definitionsmuster vom Klassenkampf im Stadion. In dem neuen Verständnis spiegelte sich aber auch die Durchsetzung eines neuen Politikstils. Im Zeichen einer ausgreifenden Planungseuphorie galt nun sportliche Leistung als ebenso planbar wie wirtschaftliche. Im Vortrag werden zunächst die unterschiedlichen Definitionen sportlicher Effizienz in der Bundesrepublik und in der DDR in den 1950er Jahren vorgestellt. Es folgt eine Analyse der mit ihnen verknüpften Vorstellungen von Staat und Gesellschaft. Im zweiten Teil wird die Übernahme sozialistischer Zuschreibungen an die sportliche Konkurrenzsituation durch verschiedene politische und gesellschaftliche Akteure in der Bundesrepublik nachgezeichnet und erläutert, wie solchermaßen im Schatten des Kalten Krieges ein neues Sportverständnis in der Bundesrepublik Einzug hielt.

Gletscherkrieg oder Tauwetter? Sowjetischer Alpinismus und internationaler Bergsport in den 1950er Jahren

Eva Maurer (Münster)

Als in den 1950er Jahren die internationalen Sportarenen zum Präsentations- und Austragungsort der Systemkonkurrenz des Kalten Krieges wurden, beeinflusste dies nicht nur olympische Disziplinen. Die Umwertung des gesamten sowjetischen Sports traf Freizeitsportarten, die wenig mit dem modernen internationalen Leistungssport gemein hatten. Auch der unter Stalin massiv geförderte sowjetische Alpinismus sah sich vor die Herausforderung gestellt, den Imagewandel von einer zumindest teilweise paramilitärischen Ausbildungsform zu einer 'modernen' (Wettkampf-)Sportart zu vollziehen. Der Sektionsbeitrag soll aufzeigen, wie der Bergsport aus der jahrelangen Isolation herausgeführt und zu einer an internationalen Standards gemessenen Disziplin gemacht werden sollte, ohne dabei aber die propagierte Differenz zum Westen aufzugeben. Was sollte sowjetisch am sowjetischen Alpinismus bleiben, wenn sich das Selbstverständnis sowjetischer Alpinisten, das sich bislang durch Abgrenzung vom ausländischen Bergsport definierte, unter dem Einfluss zunehmender Öffnung und medialer Präsenz wandelte? Die sowjetische Rezeption des bis dahin größten internationalen alpinistischen Medienereignisses, der Everest-Erstbesteigung 1953, kann als Indikator dienen, um die Wirkung von Bildern, Texten und Interpretationen auf das sowjetische (Fach-)Publikum zu untersuchen. Darüber hinaus bieten die schrittweise einsetzenden persönlichen Kontakte zwischen sowjetischen und ausländischen Alpinisten die Möglichkeit, medial konstruierte Feind- oder Fremdbilder zu überprüfen. Eine zusätzliche Dimension wechselseitiger Wahrnehmung erhielt der umdefinierte Alpinismus durch die Aufarbeitung und Neukonstruktion der eigenen alpinistischen Tradition, die mit dem 'Tauwetter' einsetzte.

Helden zum Vorzeigen? Sowjetische Sportler als Vorbilder des Neuen sozialistischen Menschen

Evelyn Mertin (Köln)

Die herausragenden Leistungen sowjetischer Sportler erwiesen sich gleich in mehrfacher Weise als geeignetes Instrument der sozialistischen Propaganda. Zum einen sollten Erfolge bei Weltmeisterschaften und Olympischen Spielen die Überlegenheit des sozialistischen Systems im direkten Wettstreit mit den ideologischen Gegnern demonstrieren. Zum anderen verhalfen Medaillen und Rekorde auf der Weltbühne des Sports, den Typus des neuen sozialistischen Menschen zu verbildlichen. Die Inszenierung der Sporthelden gelang, indem die körperliche Höchstleistung Einzelner als Errungenschaft des gesamten Kollektivs interpretiert und propagiert wurde. So entstand ein wertvolles Identifikationspotential, welches es erlaubte, über den Sport eine sozialistische Identität abzubilden. Der Athlet verkörperte alle Eigenschaften des neuen sozialistischen Menschen und symbolisierte den "moralischen Kodex der Erbauer des Kommunismus".

Anhand zweier sehr unterschiedlicher Beispiele wird die Inszenierung der Sportler im Sinne der Formierung eines sozialistischen Idealtypus verdeutlicht. Der Olympiasieger über 5000m und 10 000m der Melbourner Spiele von 1956, Vladimir Kuz, stellt eine sportliche Version des "Helden der Arbeit" dar. Zudem wurden seine Teilnahme am Großen Vaterländischen Krieg und sein Leben als "einfacher Soldat" entsprechend als Werbung für das Sowjetsystem benutzt. Die bei den Olympischen Spielen in Mexiko 1968, München 1972 und Montreal 1976 erfolgreiche Turnerin Ljudmila Turisceva hingegen symbolisiert den weiblichen Typus des Jedermann-Helden. Beide Sportler wurden für ihre Verdienste für die sozialistische Heimat mit dem Lenin-Orden ausgezeichnet.

Was ist "olympisch gesehen eine Frau"? Spitzensportlerinnen, Sportpresse und Fotographie im Kalten Krieg

Stefan Wiederkehr (Warschau)

Seit den Erfolgen sowjetischer Athletinnen und Athleten bei den Olympischen Spielen von 1952 wurde der Kalte Krieg auch auf den Sportplätzen ausgetragen. Die höhere Anzahl Medaillen bei internationalen Wettkämpfen galt seither beiden Seiten als Gradmesser für die Überlegenheit des jeweiligen politisch-gesellschaftlichen Systems. Die sozialistischen Staaten förderten nicht zuletzt deshalb den Frauenspitzensport, wo angesichts der geringen Leistungsdichte mit wenig Aufwand viele Medaillen zu gewinnen waren. Gleichzeitig wurde im Zuge des Kalten Krieges Doping üblich und zumindest auf östlicher Seite vom Staat systematisch betrieben. Da Doping bei Frauen zu Virilisierungserscheinungen führen konnte, stellte die westliche Sportpresse die Weiblichkeit siegreicher Athletinnen aus dem Ostblock regelmäßig in Frage. Am Ende dieser Kampagnen standen Tests des biologischen Geschlechts von Teilnehmerinnen an Frauenwettbewerben. Sie wurden erstmals bei den Olympischen Spielen von 1968 durchgeführt.

Die westlichen Printmedien konstruierten sprachlich-plakativ klar einen Gegensatz zwischen „richtigen Mädchen“ und „sowjetischen weiblichen Robotern“ bzw. zwischen amerikanischen „sexy Gazellen“ und sozialistischen „Anabolika-Testosteron-Bombern“. Die Illustrationen, die osteuropäische Sportlerinnen zeigen, folgten hingegen häufiger der Gattungstradition der Sportfotographie und transportierten traditionelle Frauenbilder, als dass sie die bipolare Konstellation des Kalten Krieges visualisierten und intensivierten.

5.9. Freiheit - Libertät - Liberalität. Universalisierung und Nationalisierung eines politischen Grundbegriffes im östlichen Europa

Leitung: Claudia Kraft (Erfurt)

Einleitung
Claudia Kraft (Erfurt)

Bäuerliche Unfreiheit und "polnische Anarchie": Die Geburt einer ausgrenzenden Stereotypie in den imperialen Sprachen gegenüber dem nördlichen Ostmitteleuropa
Hans-Jürgen Bömelburg (Lüneburg)

Von ständischer Freiheit zur universalen Freiheitsrhetorik (Für unsere und eure Freiheit): Die Entstehung des emphatischen polnischen Freiheitskonzepts
Maciej Janowski (Warschau)

Freiheit und Staatsbürgerkonzepte in Preußen, Polen und dem Baltikum
Andreas Lawaty (Lüneburg)

Freiheit und Staatsbürgerkonzepte in Österreich und Russland
Yvonne Kleinmann (Leipzig)

Kommentar
Claudia Kraft (Erfurt)

Einleitung
Claudia Kraft (Erfurt)

Der seit dem Ausgang des 18. Jahrhunderts komplett imperial überformte Raum des östlichen Europas bietet reiches Anschauungsmaterial zur Beantwortung der Frage, wie Geschichtsbilder durch sprachliche Vermittlung geformt und zementiert werden, aber auch miteinander in Wechselwirkung treten können. Das Nebeneinander von "imperialen" Staats- bzw. Reichssprachen (deutsch, französisch und russisch, bis 1795 bzw. 1830 auch polnisch) und zahlreichen "Nationalsprachen" (ukrainisch, weißrussisch, polnisch, jiddisch sowie die baltischen Sprachen) schuf einen Kommunikationsraum, in dem sich politische, soziale, kulturelle und konfessionelle Konflikte in bzw. durch Sprache materialisierten und zu widerstreitenden Geschichtsbildern verfestigten. Politische Erfahrung wirkte auf die Konstruktion von politischen Grundbegriffen in den einzelnen Sprachen ein.

Die Sektion möchte für den Zeitraum 1750 bis 1848 die sprachliche Vermittlung eines Segments von Gesellschafts- und Geschichtsbildern im östlichen Europa untersuchen. Um eine Vergleichsperspektive zu ermöglichen, soll sich die Analyse auf ein Begriffsfeld der politischen Sprache beschränken und auf Diskurse um politische "Freiheit" bzw. unterschiedliche Konzepte des Liberalismus konzentrieren. Zu beobachten ist dabei auf der einen Seite seit dem späten 18. Jahrhundert ein Aufgreifen und eine Entgrenzung frühneuzeitlicher ständisch-nationaler Freiheitsbegriffe („polnische Freiheit", „preußische Toleranz"), analoge Begriffsbildungen („russische Toleranz" unter Katharina II.) sowie ein Aufladen des Bürgerbegriffs. So wurde aus dem "Bürger" neben dem politischen auch ein national konnotiertes Subjekt. Zugleich wurden aber politische Inhalte durch die Einführung neuzeitlicher "Bewegungsbegriffe" universalisiert. "Republikanismus" blieb deshalb keine Reminiszenz an die verloren gegangene Ständefreiheit Ostmitteleuropas, sondern diffundierte in dieser Region in historisch-politische Leitvorstellungen mit universalem Geltungsanspruch („Für unsere und eure Freiheit"), konkurrierte aber mit spätabsolutistischen Freiheitsversprechungen (so das Schlagwort des „malheur aux persécutaires" Katharinas II.).

Zugleich wurden diese Freiheitskonzepte in Machtkonflikten erneut national verordnet und denunziert („polnische Anarchie", „russische Despotie"). Aus der Kritik der sozialen Verhältnisse („Unfreiheit" und Leibeigenschaft) gewannen auch die kleinen slawischen und baltischen Nationalsprachen eine – wenn auch im Untersuchungsabschnitt im Instrumentellen verbleibende – Relevanz. Die normative Berufung auf „Personalfreiheit" eines jeden Menschen, und damit auch auf das Recht auf Freiheit der kleinen, in Leibeigenschaft verfallenen Nationen (etwa die „freien Letten und Esten" Garlieb Merkels 1797) entfaltete eine diskursive Ausstrahlung.

Der politische Liberalismus in Preußen, Polen, den baltischen Gesellschaften und St. Petersburg entwickelte sich in diesem Spannungsfeld aus politischen Konzepten und nationalen Zuschreibungen, sprengte ständische Traditionslinien, produzierte aber gleichzeitig eine dauerhafte Nationalstereotypie mit Folgewirkungen bis ins 20. Jahrhundert. Im Gefolge von Modernisierungsanläufen wurden Fortschritt und Freiheit nationalkulturell gefasst (deutsche Kultur) und konfessionell (in Preußen protestantisch, in Polen und Litauen katholisch) konnotiert, während in den Nationalsprachen Zivilisationsbarrieren gesehen wurden.

Fachhistorisches Ziel der Sektion ist die Überwindung einer verzeitlichten Perspektive, in der ostmitteleuropäische Konzepte der Sattelzeit als "später" bzw. "rückständig" charakterisiert werden. Dagegen wird eine Untersuchung von sprachlichen Wechselwirkungen im Raum untersucht, die in trennenden und verbindenden Geschichtsbildern im Bereich des zentralen und zahlreiche Mobilisierungsmöglichkeiten schaffenden Freiheitsparadigmas resultieren. In der Annahme, dass "Nationalgeschichte" überhaupt erst als Ergebnis transnationaler Austauschprozesse entsteht, soll die Rolle der Eliten, der ersten modernen Schriftsteller und Historiker bei der Produktion dieser Geschichtsbilder und Freiheitstopoi herausgearbeitet werden.

Aktuelle Relevanz bezieht das Thema daraus, dass in den widersprüchlichen Debatten über die Geschichtspolitik und die Unionsbürgerschaft in der EU stets auch national aufgeladene Bilder von Freiheit und Staatsbürgerlichkeit hineinspielen, die in den Konflikten des späten 18. und frühen 19. Jahrhunderts entwickelt und erstmals öffentlichkeitswirksam gemacht wurden.

Bäuerliche Unfreiheit und „polnische Anarchie“: Die Geburt einer ausgrenzenden Stereotypie in den imperialen Sprachen gegenüber dem nördlichen Ostmitteleuropa
Hans-Jürgen Bömelburg (Halle/Lüneburg)

Die Formierung einer ausgrenzenden Stereotypie gegenüber dem historisch als „nördlich“ und im 18. Jahrhundert zunehmend als „östlich“ aufgefassten Europa östlich von Oder und Weichsel wurde zuletzt auf der Basis von Reiseberichten sowie philosophisch-literarischen Werken demonstriert (Larry Wolff). Ungesichert ist jedoch, ob und wenn ja in welchen Etappen, sich diese zivilisatorische Weltsicht vom östlichen Europa als dem niedriger entwickelten Halbbruder Europas auch in den politischen Sprachen Europas und in der Ikonographie entwickelte. Schließlich ist die Frage, wo und mit welchen Argumenten die Grenze zwischen „Zivilisation“ und „Halbzivilisation“ gezogen wurde, die frühneuzeitlich mehrheitlich an der Westgrenze der „asiatischen Tyranneien“ (Moskauer und Osmanisches Reich) verlief, im 18. Jahrhundert jedoch zunehmend an der preußisch-polnischen bzw. deutsch-slawischen Grenze situiert wurde.

Die Analyse des Begriffs- und Bildervorrats in den imperialen Sprachen (französisch, deutsch, englisch) konzentriert sich auf zwei Themenkomplexe, die real- und geistesgeschichtlich dieser Grenzziehung zuwiderliefen: a) Drückende bäuerliche Lasten bis hin zur Unfreiheit waren europaweit verbreitet und zumindest in den ostelbischen Territorien die Regel. Inwieweit und mit welchen begrifflichen und bildlichen Mitteln gelang es, dennoch eine Trennlinie an der preußisch-polnischen Grenze aufzurichten? b) Historisch waren als Eigen- wie Fremdstereotyp Vorstellungen und Bilder von der „polnischen Freiheit“ (und sekundär auf von „ruthenischer“ und „livländischer Freiheit“) europaweit verbreitet und in der Imagologie (Völkertafeln) verankert. In welchen Etappen verlief der Umwertungsprozess von einer emphatischen Herausstellung des Freiheitstopos der osteuropäischen Nationen zu deren Denunzierung als „Unordnung“ und „Anarchie“? Zu welchem Zeitpunkt setzten sich diese Bilder durch?

Von ständischer Freiheit zur universalen Freiheitsrhetorik („Für unsere und eure Freiheit“): Die Entstehung des emphatischen polnischen Freiheitskonzepts
Maciej Janowski (Warschau)

Der Einfluss der ständischen Institutionen der Polnisch-Litauischen Republik auf die liberalen Ideen des 19. Jahrhunderts stellt sich in zweifacher Weise dar: Auf der einen Seite konnten die ständischen Privilegien so etwas wie einen „staatsbürgerlichen“ Geist erzeugen, der – zunächst zwar nur bezogen auf einen Stand – auf eine künftige gesamtgesellschaftliche Demokratisierung verwies. Auf der anderen Seite beförderten diese Privilegien jedoch ein Gefühl innerständischer Gemeinschaft, das die Kluft zwischen den Adligen gegenüber der übrigen Gesellschaft betonte. Vor zweihundert Jahren wie heute kann man Anhänger der Ansicht finden, dass die moderne (staatsbürgerliche) Freiheit in direkter Linie von den adligen Freiheiten abstammte, oder aber, dass die adligen Freiheiten die ständische Ungleichheit konservierten und dass moderne Freiheit nur auf den Trümmern des Ständesystems entstehen konnte. In dieser Perspektive steht der aufgeklärte Absolutismus den liberalen Ideen des 19. Jahrhunderts näher als den adligen Vorstellungen von ständischen Freiheiten.

Ähnlich sieht es mit dem Motto „Für unsere und eure Freiheit" aus. Man kann seine Genese in der tief in der polnischen patriotischen Mythologie verwurzelten Idee vom „Teilen der Freiheit" (etwa verkörpert durch die Verleihung der polnischen Adelsprivilegien an den litauischen Adel) sehen. Ebenso kann sein Ursprung jedoch in der internationalistischen Atmosphäre, die typisch für die revolutionären Bewegungen der ersten Hälfte des 19. Jahrhunderts war, gefunden werden. Der Vortrag wird die jeweiligen Äußerungen der historischen Akteure untersuchen, um so eine differenzierte Analyse polnischen „liberalen" Denkens im späten 18. und 19. Jahrhundert vorzunehmen.

Freiheit und Staatsbürgerkonzepte in Preußen, Polen und dem Baltikum
Andreas Lawaty (Lüneburg)

Die politische Landkarte der historischen Region Nordosteuropa unterlag in der Zeit des Umbruchs vom 18. zum 19. Jahrhundert infolge der Teilungen Polens langfristig, im Zuge der napoleonischen Kriege mittelfristig dramatischen Veränderungen. In den polnischen Gebieten, die nun in verschiedene imperiale Herrschaftskomplexe eingeordnet wurden, setzten sich Diskurse über Freiheit und Staatsbürgerrechte fort, die bereits in der „Adelsrepublik" begonnen hatten. Dabei ist ein Übergang von einem defensiven Verständnis der ständischen „Freiheiten" zu einem universalmenschlichen Verständnis der „Freiheit", dem auch die „Nationalfreiheit" zuzuordnen war, zu beobachten. Es bietet sich an, die Entwicklung des Freiheitsbegriffs und des (impliziten) Staatsbürgerkonzepts im Rahmen der „polnischen Frage" damit zu vergleichen, was im Rahmen der „deutschen Frage" entwickelt wurde, angestoßen durch die Ideen der Französische Revolution, die Erfahrung der „Fremdherrschaft" der napoleonischen Zeit und der Strukturzwänge des Preußischen Staates bis hin zum „Untertanengesetz" von 1842 und der Revolution von 1848. Es wird zu fragen sein, inwiefern die modernisierten Konzepte einer „polnischen" und einer „deutschen" Freiheit, die mit alt-neuen historischen Aufgaben (zivilisatorischen, religiösen, kulturellen „Sendungen") befrachtet wurden, dazu geführt haben, dass die Staatskonzepte selbst in einer liberal-republikanisch überholten Form unvereinbar blieben.

Eine andere Vergleichsebene ergibt sich in den Ostseeprovinzen Russlands, denen es gelungen ist, eine historisch verwurzelte Eigenständigkeit der deutschbaltischen Stände unter Bedingungen der russischen Autokratie zu bewahren und gegenüber der estnischen und lettischen bäuerlichen Bevölkerung durchzusetzen. Die Möglichkeit der Integration des nunmehr dem russischen Herrscher untertänigen polnischen Adels nach dem „deutschbaltischen" Muster ist trotz der unvergleichbar stärkeren eigenstaatlichen Traditionen der polnischen „Adelsnation" nicht ganz von der Hand zu weisen. Auch diskreditierte die beiden Adelsgesellschaften zugeschriebene Missachtung der persönlichen Freiheit der bäuerlichen Bevölkerung in den Augen der aufgeklärten europäischen Öffentlichkeit (selbst im Kontext der russischen Despotie) gleichermaßen den deutschbaltischen Autonomiewillen wie die polnischen (adligen) Unabhängigkeitsbestrebungen.

Der Vergleich kann einerseits die unterschiedlichen Stadien des Übergangs von der Wahrung der „Freiheiten" zum Streben nach „Freiheit" in Nordosteuropa verdeutlichen, andererseits die Bedingtheit der Wahrnehmung der Existenzberechtigung von Freiheitsbestrebungen (der Freiheitswürdigkeit) in dieser Region von „außen" besser nachvollziehen helfen.

Freiheit und Staatsbürgerkonzepte in Österreich und Russland

Yvonne Kleinmann (Leipzig)

Ausgangspunkt der Analyse sind zwei imperiale Herrschaftssysteme und Räume – das Reich der Habsburger und jenes der Romanovs. In der europäischen Debatte um Freiheit und Bürgerrechte nehmen beide eine periphere Position ein; die russische Autokratie bzw. der österreichische Absolutismus scheinen der „bürgerlichen Freiheit" diametral entgegengesetzt.

Eine differenziertere Perspektive öffnet sich durch einen begriffsgeschichtlichen Zugang: Wer spricht, wenn von „Freiheit" und „Staatsbürgern" die Rede ist? In welchem Begriffsfeld sind sie angesiedelt? Und wie wird die Bedeutung der Begriffe im einzelnen Fall definiert, wie geographisch und in den verschiedenen Zeitschichten verschoben? In welchem Verhältnis steht sie zur jeweiligen politischen Realität, zu Vergangenheit und Zukunft?

Im Fall Russlands gilt die Aufmerksamkeit der Diskussion um die „Freiheit des Adels", die bäuerliche Leibeigenschaft und die Autonomie der Völker an der Peripherie des Reiches. Die Idee der „Freiheit" – differenziert in *volja* und *svoboda* – wird in stetiger Kommunikation mit westlichen Modellen untersucht. Textliche Grundlage sind Gutachten, Berichte und Reformentwürfe der zarischen Bürokratie, politische Pamphlete, Reiseberichte und schöne Literatur.

Die Untersuchung des Freiheitsbegriffs im österreichischen Herrschaftssystem ist getragen von der Frage, mit welchen traditionellen Freiheiten die monarchische Staatsbürgeridee konkurrierte. Anhand exemplarischer Quellen werden die ständische Freiheit des Adels, die ungarische Unabhängigkeit und die jüdische Autonomie erörtert.

Abschließend stellt sich die Frage, in welchem Maße Diskurse um Freiheit und Staatsbürgerschaft die politische Wirklichkeit in den beiden Monarchien einzuwirken vermochten.

5.10. Geschichtsbilder der Archive / Geschichtsbilder der Wissenschaft: Dokumente und Deutungen zur Anti-Atomkraft-Bewegung der 1970er Jahre

Leitung: Andreas Pilger (Düsseldorf)

Einleitung
Andreas Pilger, (Düsseldorf)

Komprimierter Pluralismus. Methodische Ansätze zur Informationsverdichtung und Integration verschiedener Perspektiven in der archivarischen Überlieferungsbildung
Robert Kretzschmar (Stuttgart)

Von der Bewegungsforschung zum Versuch der Historisierung des Anti-Atomkraftprotests: Interessenschwerpunkte und Perspektiven der Umwelt-Zeitgeschichte
Kai F. Hünemörder (Göttingen)

Überlieferungsbildung im staatlichen Bereich
Albrecht Ernst (Stuttgart), Wolfgang Mährle (Stuttgart)

Überlieferungsbildung im Bereich audiovisueller Unterlagen
Edgar Lersch (Stuttgart)

Überlieferungsbildung im Grünen Archiv
Christoph Becker-Schaum (Berlin)

Überlieferungsbildung im Bereich privatwirtschaftlicher Unternehmen
Patrick Kupper (Zürich)

Einleitung
Andreas Pilger (Düsseldorf)

Mit ihrer Entscheidung über Bewahren oder Vernichten schaffen Archive im Zugriff auf nicht selten singuläre Informationen Vorstrukturen der Erinnerungen, die den Grad der Ausdifferenzierung historischer Erkenntnis beeinflussen, teilweise sogar bestimmen. Wegen seiner Irreversibilität verlangt dieser Prozess der wertenden Auswahl nach methodisch kontrollierter Umsicht und einer Einbeziehung möglichst vielfältiger gesellschaftlicher Perspektiven. Der historischen Forschung kommt dabei eine privilegierte Bedeutung zu. Historikerinnen und Historiker sind nicht nur potentielle Nutzer von Archivgut. Sie sind auch thematisch spezialisierte Experten, deren kompetenter Rat bei der Entwicklung archivischer Dokumentationsziele hilfreich sein kann. Am Beispiel der Anti-Atomkraft-Bewegung der 1970er Jahre, deren beginnende Historisierung sich in der umweltgeschichtlichen Forschung ebenso widerspiegelt wie in der anwachsenden archivischen Überlieferung, versuchte die Sektion, aktuelle Forschungsperspektiven der Geschichtswissenschaft mit Überlegungen zur Bewertung in Archiven unterschiedlicher Sparten (staatliche, parlamentarische, private und Medienarchive) zu konfrontieren. Aus der Einsicht in Gemeinsamkeiten und Unterschiede zwischen archivischer und wissenschaftlicher Geschichtskonstruktion sollten sowohl methodische Grundlagen als auch praktische Möglichkeiten einer verbesserten Kooperation zwischen Archiven und historischer Forschung neu ausgelotet werden.

Es ist beabsichtigt, die Vorträge der Sektion (eventuell ergänzt um weitere Beiträge) in einem Sammelband zu veröffentlichen.

Komprimierter Pluralismus. Methodische Ansätze zur Informationsverdichtung und Integration verschiedener Perspektiven in der archivischen Überlieferungsbildung

Robert Kretzschmar (Stuttgart)

Seit der Zeit um 1900 beschäftigen sich Archivarinnen und Archivare mit der Frage, was in den Archiven zu sichern ist und was vernichtet werden kann. In der Diskussion darüber spiegeln sich vielfältige Entwicklungen in Politik und Gesellschaft, Veränderungen in der Organisation von Verwaltungen sowie konzeptionelle Verschiebungen innerhalb der historischen Forschung. In den neunziger Jahren des 20. Jahrhunderts haben kontroverse Positionen zu einer Intensivierung, aber auch Polarisierung der archivischen Fachdiskussion geführt. Inzwischen zeichnet sich eine gewisse Harmonisierung der Ansätze ab. Für die Historikerinnen und Historiker, die bislang nur geringen Anteil an der archivischen Bewertungsdebatte genommen haben, sollte der Vortrag den aktuellen Diskussionsstand skizzieren.

Dieser ist bei aller Differenziertheit der Akzentuierungen gekennzeichnet durch einen breiten Konsens darüber, dass sich die Überlieferungen, die in den Archiven der verschiedensten Träger gesichert werden, ergänzen müssen und deshalb eine archivübergreifende Abstimmung erforderlich ist. Da sich in den Unterlagen unterschiedlicher Herkunft verschiedene Perspektiven niederschlagen, lässt sich dieser Grundansatz der Überlieferungsbildung als komprimierter Pluralismus beschreiben. Er ist multiperspektivisch ausgerichtet und zeichnet sich durch Verfahren aus, bei denen die Archive unterschiedlicher Träger zusammen wirken, um eine vielschichtige Gesamtüberlieferung zu schaffen.

Nahmen die Archive früher einzelne Überlieferungen in den Blick, um sie isoliert zu bewerten, so werden heute Vorgehensweisen entwickelt und bereits praktiziert, bei denen zu bestimmten Themenfeldern einschlägige Überlieferungen in ihren komplexen Zusammenhängen betrachtet werden. Die Tragfähigkeit solcher Konzepte, an deren Umsetzung auch die Forschung beteiligt werden sollte, bleibt freilich weiterhin an ausgewählten Beispielen zu überprüfen. Für die Archivare bedeutet dies, dass sie bei der Überlieferungsbildung zwei unterschiedliche Zugänge in Einklang bringen müssen. Wie bisher wird die Überlieferung selbst der Ausgangspunkt der Bewertung sein: Unterlagen werden von den Registraturen angeboten, das Archiv muss sie bewerten.

Daneben sollte jedoch zunehmend ein Vorgehen treten, bei dem bestimmte Themenfelder aufgearbeitet werden und die dazugehörige Überlieferung überprüft wird. Was ist bereits wo gesichert? Was ist noch zu bewerten? Wo bestehen schmerzliche Lücken, weil die Überlieferung bisher noch nicht in den Blick geraten ist? Diese zweite, evaluierende Herangehensweise erfüllt vor allem die Funktion eines Korrektivs zum provenienzorientierten Regelablauf der archivischen Überlieferungsbildung. Diese zweite Herangehensweise ist aber auch besonders geeignet für einen Dialog mit der Forschung und interessierten Nutzerkreisen, der intensiviert und für den geeignete Formen gefunden werden müssen.

Von der Bewegungsforschung zum Versuch der Historisierung des Anti-Atomkraftprotests: Interessenschwerpunkte und Perspektiven der Umwelt-Zeitgeschichte

Kai F. Hünemörder (Göttingen)

Der Euphorie des Atomzeitalters folgte in den 1970er Jahren die Angst vor dem Atom. Statt der Utopien billiger und unerschöpfbarer Energie beherrschten zunehmend negative Projektionen den öffentlichen Raum. Der Protest, der sich meist an konkreten Bauprojekten entzündete, formierte sich seit Mitte der 1970er Jahre in der Anti-Atomkraft-Bewegung. Umfassende Deutungen dieser und anderer neuer sozialer Bewegungen wurden bis heute vor allem von den Sozialwissenschaften vorgelegt. Mit ihren neuen Protestformen wird die Anti-AKW-Bewegung nicht mehr nur als Indikator, sondern als Motor des sozialen Wandels angesehen. Jüngst wurde sie in den Kontext der Herausbildung der "Zivilgesellschaft" gestellt. Mit dem Zugriff auf neu freigegebene Quellenbestände wird seit einigen Jahren auch von Seiten der Geschichtswissenschaften an einer Historisierung der Anti-AKW-Bewegung gearbeitet. Viele Monographien setzen dabei an einem gescheiterten konkreten AKW-Bauprojekt an und versuchen, - in Abgrenzung zur Deutung mittels grober Metaphern wie dem "Atomfilz" - Akteure, Diskurse und Kontexte synchron zu analysieren. In dem Vortrag sollten einige dieser Ansätze vorgestellt werden. Insbesondere die staatlichen Akteure scheinen im Zuge der Auswertung archivalischer Quellen an Konturen zu gewinnen, so dass das Geschichtsbild der abgewendeten Entwicklung eines formierten "Atomstaates" von einem komplexeren Verständnis abgelöst wird. Ungelöste Probleme wie die sichere Endlagerung des Atommülls sorgen freilich dafür, dass wir von einer akzeptierten Gesamtbewertung der letzten dreißig Jahre des Anti-AKW-Protests weit entfernt sind. Vor dem Hintergrund der neuerdings verkündeten "Renaissance der Kernenergie" ist sogar zu erwarten, dass sich mit dem Streit über den "Atomkonsens" über den langfristigen Ausstieg aus der zivilen Kernenergienutzung auch die historische Deutung polarisiert.

Überlieferungsbildung im staatlichen Bereich

Albrecht Ernst und Wolfgang Mährle (Stuttgart)

Staatliche Behörden nehmen bei der Errichtung und beim Betrieb von Atomkraftwerken wichtige Aufgaben wahr. Dementsprechend finden sich in den Registraturen der Bundes- und Landesbehörden sowie in den staatlichen Archiven umfangreiche Unterlagen über die Atompolitik und die Anti-Atomkraft-Bewegung. Die archivische Überlieferungsbildung im staatlichen Bereich steht angesichts der Fülle des produzierten Schriftguts vor gewaltigen Herausforderungen. Da nur ein Teil der Unterlagen in die Archive übernommen werden kann, gilt es, das für die historische Forschung relevante Schriftgut zu sichern, redundante Unterlagen sowie Dokumente mit geringer Aussagekraft jedoch zu vernichten. Zur Bildung einer komprimierten, aussagekräftigen Überlieferung werden seit einigen Jahren im Dialog mit den abgebenden Behörden Auswahlmodelle ("Bewertungsmodelle") entwickelt, die in Zukunft stärker mit der Forschung diskutiert werden sollen.

Der Vortrag beleuchtete an konkreten Beispielen Problemstellung und Methodik der Überlieferungsbildung in staatlichen Archiven und skizzierte die derzeitigen Forschungsmöglichkeiten über die Anti-Atomkraft-Bewegung der 1970er Jahre.

Überlieferungsbildung im Bereich audiovisueller Unterlagen

Edgar Lersch (Stuttgart)

Politischer Massenprotest gegen die Großtechnologie der Kernerkraftnutzung, von deren Gefahrenpotenzial zumindest unmittelbar nur eine Minderheit betroffen schien, die dann grenzenüberschreitend - wie erst Tschernobyl 1986 zeigte - für alle zur drohenden Gefahr werden konnte, entzündete sich in den 1970er Jahren in erster Linie an den medial verbreiteten Informationen über die Gefahren der Atomkraft. Haben die Medien längerfristig über die Folgen der Technologie kritisch berichtet, spiegeln Berichte und Kommentare einen wachsenden Skeptizismus wider? In den hinterlassenen medialen Zeugnissen lassen sich dazu ebenso Informationen entnehmen wie darüber, wie sich der Streit bei Planung und Realisierung von Neubauten in den 1970er Jahren auch emotionalisierte. Aggressive Stimmungen und Reaktionen in der breiten Bevölkerung, die auf dem Hintergrund der zum Teil gewalttätigen Demonstrationen der Protestbewegungen vor Ort (z. B. in Wyhl, in Brokdorf) hervorgerufen wurden, konnten sich gleichfalls vornehmlich an der Berichterstattung und Kommentierung entzünden. Daran waren Presse und die elektronischen Medien gleichermaßen beteiligt.

Angesichts der Kürze der vorgegebenen Zeit konnten in dem Vortrag nur exemplarisch einige Schlaglichter auf die Überlieferung und Überlieferungsbildung von Hörfunk und Fernsehen für diesen thematischen Zusammenhang geworfen werden (Bemerkungen zur Presse entfielen, denn diese wird totalarchiviert): Methoden und Verfahren der archivischen Bewertung in den Rundfunkanstalten wurden kurz erläutert und einige Fernseh- und Hörfunkbeispiele zur Atomprotestbewegung aus den 1970er Jahren vorgeführt.

Überlieferungsbildung im Grünen Archiv
Christoph Becker-Schaum (Berlin)

Den Fokus der Archivalien im Archiv Grünes Gedächtnis bildet die Überlieferung der Grünen: Bundesvorstand, Landesverbände, Fraktionen und Parteiorganisationen. Das Archiv bewahrt ferner Archivalien der politischen Bewegungen seit der Studentenbewegung und Deposita und Nachlässe von einzelnen Politikern der Grünen und von unabhängigen Aktiven, insgesamt ca. 250 Bestände, von denen etwa die Hälfte private Bestände sind.

Einige Bestände geben Aufschluss über das Engagement ihrer Urheber in der Anti-AKW-Bewegung und die Durchführung von Kampagnen. Daneben ist die Anti-AKW-Bewegung von Anfang an auch von Dritten dokumentiert worden, von sammlungsbeflissenen Aktiven, Bewegungsarchiven und Hochschulinstituten. Alle Sammlungstypen sind im Laufe der Zeit ins Archiv gelangt und bieten eine große Spannbreite unterschiedlicher Perspektiven auf die Anti-AKW-Bewegung.

Die Anti-AKW-Bewegung war ein Netzwerk von Netzwerken, dessen Aufrechterhaltung und Weiterentwicklung davon abhing, dass einzelne Personen und Gruppen Netzwerkarbeit betrieben. Die Erschließung der Archivalien im Archiv Grünes Gedächtnis reflektiert, dass den von ihm verwahrten Beständen - von Ausnahmen abgesehen - meist keine Aktenführung im engeren Wortsinn zugrunde liegt und dass Parteien und Initiativen keine federführenden Stellen kennen, bei denen Vorgänge abgelegt würden. Die Erschließung strebt deshalb an, die beteiligten Akteure in den Netzwerken deutlich werden zu lassen.

Von exemplarischer Bedeutung ist der Nachlass von Petra Kelly, der in sich die meisten der genannten Facetten vereinigt: Überlieferung von persönlichem Engagement, Netzwerkarbeit, Zusammenspiel zwischen Grünen und der Anti-AKW-Bewegung, Kampagnenführung, Bildung einer Dokumentation.

Überlieferungsbildung im Bereich privatwirtschaftlicher Unternehmen
Patrick Kupper (Zürich)

Privatwirtschaftliche Unternehmen unterliegen bei der Aktenarchivierung deutlich weniger Vorschriften als öffentliche Institutionen. Entsprechend groß sind die Unterschiede von Unternehmen zu Unternehmen, sowohl was Art und Umfang der Archivierung als auch was den Umgang mit Einsichtsgesuchen externer Forscherinnen und Forscher betrifft. Zudem weisen private Unternehmen in vielen Fällen eine geringere Kontinuität als staatliche Institutionen auf. Gerade in wirtschaftlichen Umbruchphasen wie den letzten Jahrzehnten kommt es gehäuft zu Konkursen, Übernahmen oder Fusionen. In solchen Fällen hat die Pflege der Vergangenheit geringe Priorität, die Überlieferung der Firmenbestände ist meist höchst ungewiss.

Letzteres Problem war zugleich der Anlass wie auch eine der Hauptschwierigkeiten für das Archivierungsprojekt ARK. Im Projekt wurden umfangreiche Bestände zur Geschichte der zivilen Nutzung der Kernenergie in der Schweiz zusammengeführt, bewertet, geordnet und elektronisch verzeichnet. Im Januar 2004 wurde das Archiv zur Geschichte der Kernenergie in der Schweiz ARK den Archiven und Nachlässen der ETH Bibliothek Zürich übertragen und öffentlich zugänglich gemacht. Die archivierten Unterlagen kamen vorwiegend aus Firmen, aber auch aus Forschungs- und Bundesinstitutionen sowie von Privatpersonen. Die gewichtigsten Bestände stammten aus den Unternehmen Kernkraftwerk Kaiseraugst AG, Nationale Gesellschaft zur Förderung der industriellen Atomtechnik NGA, BBC Brown Boveri & Cie. und Elektrowatt. Keines dieser Unternehmen bestand zum Zeitpunkt des Projektes noch.

5.11. Währungserfahrungen, Stabilitätskulturen und Notenbanksysteme. Zur Institutionalisierung historischer Erfahrungen auf wirtschaftlichem Feld

Leitung: Bernhard Löffler (Magdeburg / Passau)

Währungskultur und Eurodebatten. Zu Grundthesen und Konzeption der Sektion
Bernhard Löffler (Magdeburg / Passau)

Deutsche Stabilitätskultur: (Wie) Kann man sie fassen, wie kann man sie erklären, welche Bedeutung hat sie für die Geldpolitik?
Dieter Lindenlaub (Frankfurt am Main)

Währung, Bankwesen und Gesellschaft in Frankreich im 20. Jahrhundert: der Aufbau einer "Overdraft Economy"
Olivier Feiertag (Rouen)

Pfund Sterling, Bank of England und britische Identität im 20. Jahrhundert
Gabriele Metzler (Tübingen)

Kommentar: Inflationseinstellungen, Zentralbankunabhängigkeit und Inflation
Bernd Hayo (Marburg)

Zusammenfassung:
Die Sektion thematisiert im internationalen Ländervergleich die strukturprägenden und handlungsleitenden Wirkungen von Geldwerterfahrungen und nationalkollektiven Währungs"bildern". Konkret wird analysiert, ob und inwieweit sich Erfahrungen mit Währungen, mit ihrer Stabilität oder Instabilität, aber auch mit internationalen Währungsabkommen und -organisationen o.ä. niedergeschlagen haben in je unterschiedlichen Währungs- bzw. Stabilitätskulturen, und ob und inwieweit sich dann diese Währungs- bzw. Stabilitätskulturen in differierenden Zentralbanksystemen mit je eigenen währungsrechtlichen Regelungen institutionalisieren und in differierenden nationalen

Geldpolitiken ausdrücken. Ausgehend von den „wirtschaftskulturellen" Debatten um die Einführung des Euro werden dabei vornehmlich die währungspolitischen Traditionen und Wege Deutschlands, Frankreichs und Englands in den Blick genommen. Dies umfasst neben einer Skizzierung der jeweiligen Notenbankordnungen, ihrer rechtlich-politischen Begründungen und der Grundlinien und Wirksamkeit ihrer Geldpolitiken insbesondere die Frage nach Erfahrungen mit Inflationen und nach unterschiedlich stark vollzogenen oder empfundenen Währungsreformen. Es umschließt sodann die prinzipielle Problematisierung, wie lange solche Erfahrungen wirken, ob und wie dauerhaft sie sich in spezifischen Währungs- bzw. Stabilitätskulturen manifestieren und in eigenen öffentlichkeitswirksamen Symbolen verdichten und in welchen Formen sie bewusst (etwa durch eine aktive Öffentlichkeitspolitik der geldpolitischen Instanzen) produziert und weitertransportiert werden. Schließlich wird in methodischer Hinsicht zu fragen sein, ob und in welcher Weise dergleichen überhaupt zu erfassen und zu indizieren ist.

Währungskultur und Eurodebatten. Zu Grundthesen und Konzeption der Sektion
Bernhard Löffler (Magdeburg/Passau)

Das einleitende Referat wird in die zentralen Thesen und die Grundkonzeption der Sektion einführen. Im Mittelpunkt stehen folglich methodische Fragen sowie prinzipielle Überlegungen zu den Möglichkeiten und Grenzen einer kulturhistorischen Erfassung wirtschafts- bzw. währungsgeschichtlicher Themen. Die Ausgangshypothese ist dabei, dass Währungen unter modernen Bedingungen, d.h. unter den Bedingungen einer weitgehend fehlenden realen Gold- oder Devisendeckung und von demokratischen, auf die Zustimmung der Bevölkerung angewiesenen Staaten, immer gleichzeitig als ökonomische Institutionen wie als kulturelle Symbole erscheinen, deren Vertrauenskapital erarbeitet und gesichert werden muss, um das Funktionieren einer Wirtschaft zu ermöglichen, deren genaue Ausprägungen aber starke nationalspezifische Unterschiede aufweisen. Als beispielhafter Ausdruck hierfür dienen die Diskussionen zur Einführung der europäischen Gemeinschaftswährung in den 1990er Jahren, in deren Verlauf zu beobachten war, dass Währungsdebatten nicht nur im Politik- oder Wirtschaftsteil, sondern bewusst auch in den Feuilletons der Zeitungen geführt wurden und dort ganz unterschiedliche „währungskulturelle" Vorstellungen aufeinander prallten.

Deutsche Stabilitätskultur: (Wie) Kann man sie fassen, wie kann man sie erklären, welche Bedeutung hat sie für die Geldpolitik?
Dieter Lindenlaub (Frankfurt am Main)

Die im internationalen Vergleich besondere Stärke des Stabilitätsbewusstseins und der Stabilitätskultur, wie man sie in Deutschland nach dem zweiten Weltkrieg beobachten kann (das Stabilitätsbewusstsein anhand von Meinungsumfragen), ist ein Produkt des 20. Jahrhunderts – und insofern jung. Auch das deutsche Beispiel zeigt dabei, dass Stabilitätsbewusstsein und Stabilitätskultur kein Volksschicksal, sondern veränderbar und gestaltbar sind – auch in der EU; sie unterliegen dem Einfluss eigener Inflations- und Deflationserfahrungen, theoretischer Vorstellungen der Entscheidungsträger über die relevanten Wirkungszusammenhänge und des Lernens von Anderen.

Das deutsche Stabilitätsbewusstsein verdankte seine besondere Stärke in einem nicht messbaren, vermutlich aber beträchtlichen Umfang – zumindest als Ausgangspunkt – den Inflationserfahrungen in der ersten Hälfte des 20. Jahrhunderts. Doch auch das deutsche Stabilitätsbewusstsein war labil. Daher war es keine verlässliche Stütze einer stabilitätsorientierten Geldpolitik; die öffentliche Meinung war in Konflikten der Notenbank mit der Regierung ein unvollkommener Bundesgenosse der Notenbank.

Die stabilitätsbewusste deutsche Öffentlichkeit hat die Unabhängigkeit der Notenbank, diesen wichtigen Bestandteil der deutschen Stabilitätskultur, nicht initiiert, wohl aber gestützt. Doch auch von dieser Unterstützung ist uns vor allem bekannt, dass die Politik sie als solche einschätzte (und daher die Unabhängigkeit der Notenbank nicht antastete). Die Vorstellungen der Wähler selbst über die Eigenschaften der Zentralbankunabhängigkeit waren eher diffus. Mehr noch als die Inflationsaversion war die Präferenz der Öffentlichkeit für eine unabhängige Zentralbank ein „Biest", dass schwer zu fassen und zu kontrollieren war. Um die Präferenzen der Bevölkerung für Zentralbankunabhängigkeit zu festigen, hat die deutsche Zentralbank daher – wohl nicht ohne Erfolg – von Anfang an eine vergleichsweise intensive Öffentlichkeitsarbeit betrieben.

Das Stabilitätsbewusstsein der Deutschen – das gilt für die breite Öffentlichkeit wie für bestimmte Interessengruppen – machte die gesetzliche Unabhängigkeit der Notenbank unentbehrlich. Eine vollkommen inflationsaversive Gesellschaft benötigt keine unabhängige Zentralbank; sie kann die Wahrnehmung ihrer Stabilitätsinteressen auch einer abhängigen Zentralbank übertragen. Aber bei labiler Inflationsaversion kann eine Zentralbank die durchaus auftretenden Konflikte mit der Regierung nicht ohne gesetzliche Unabhängigkeit durchstehen.

Währung, Bankwesen und Gesellschaft in Frankreich im 20. Jahrhundert: der Aufbau einer „Overdraft Economy"

Olivier Feiertag (Rouen)

Die Geschichte der französischen Währung vom Ersten Weltkrieg bis zur Wende der sogenannten „desinflation" in den 1980er Jahren scheint im Großen und Ganzen von einem inflationären Trend geprägt zu sein. Aus dieser wirtschafts- und sozialgeschichtlichen Grunderfahrung resultierte in Frankreich ein schwaches nationalkollektives (und damit auch international wirkendes) „Währungsbild", das als kontrastierende – historische wie zeitgenössische – Vergleichsgrößen einerseits die bis 1914 währende Stabilität des Germinal Franc, andererseits die „starke" D-Mark seit den 1950er Jahren kannte. Diese tief greifenden Währungserfahrungen einer monetären Instabilität stehen indessen in deutlichem Gegensatz zur Stabilität des französischen Banken- und Finanzsystems sowie zur relativen Stabilität der französischen Gesellschaft in dieser Periode. Dieses scheinbare Paradoxon kann analytisch gefasst und erklärt werden durch die aus der wirtschaftstheoretischen Forschung gewonnene und von John R. Hicks entlehnte

Hypothese eines allmählichen Aufbaus einer „overdraft economy" in Frankreich. Damit ist postuliert, dass durch eine allmähliche Verwandlung des Status, der Funktionen und der Instrumente der Zentralbank – und infolge dessen des ganzen Bankensystems – die Inflation im historischen Prozess gleichsam institutionalisiert worden sei, um so das wirtschaftliche Wachstum möglichst billig zu finanzieren und den sozialen Zusammenhalt der Gesellschaft möglichst weitreichend zu gewährleisten.

Pfund Sterling, Bank of England und britische Identität im 20. Jahrhundert
Gabriele Metzler (Tübingen)

In den Institutionen Pfund Sterling und Bank of England (BoE) verdichtete sich das britische Geschichtsbild, in dessen Zentrum die eigene Vergangenheit als globale Macht steht. Position und Agieren der BoE waren seit dem 17. Jahrhundert eng mit den politischen Visionen und Strategien der britischen Regierung verbunden, ja ein Gutteil der Identität und Legitimation der Bank speiste sich bis zum Ende des 20. Jahrhunderts aus ihrer traditionellen Rolle als „the Government's banker". Ihre Funktionen als Zentralbank traten erst seit dem 19. Jahrhundert in den Vordergrund, nachdem die *Bank Charter Act* von 1844 die Grundlage für das Notenausgabemonopol der BoE und die Golddeckung der britischen Währung gelegt hatte. Die historischen Erfahrungen der beiden Weltkriege verstärkten die währungspolitische Bedeutung der Bank, deren Selbstbewusstsein in der architektonischen Gestaltung des neuen Bankgebäudes 1939 ihren Ausdruck fand. In der Nationalisierung der BoE 1946 wurde ihr Weg zu einer nationalen Institution gleichsam symbolisch abgerundet. Obwohl zu diesem Zeitpunkt das Pfund Sterling seine Rolle als unangefochtene internationale Leitwährung bereits an den US-Dollar verloren hatte und die viktorianische Stabilitätskultur mit dem Goldstandard als Basis schon 1931 aufgegeben worden war, blieben historisch geprägte Bilder britischer Macht erhalten bzw. wurden Traditionen konstruiert, etwa im Bildprogramm der britischen Banknoten, die seit den 1960er Jahren das Konterfei der Queen als Versinnbildlichung der Monarchie tragen. Ungeachtet der Währungsschwankungen und Abwertungen seit 1945 wurde in den britischen Diskussionen über den Euro schließlich das Bild einer 900jährigen ungebrochenen Währungstradition abgerufen, so dass im Pfund Sterling bis heute die historische Rolle Großbritanniens als Welt-(handels- und finanz-)Macht symbolisch zum Ausdruck kommt.

Kommentar: Inflationseinstellungen, Zentralbankunabhängigkeit und Inflation
Bernd Hayo (Marburg)

Zentralbankunabhängigkeit wird als zentrales institutionelles Element der Organisation der Geldpolitik gesehen, mit dem Ziel, das so genannte Zeitinkonsistenzproblem zu überwinden. Das Zeitinkonsistenzproblem beschreibt hier eine Situation, in der durch die gegebenen Handlungsanreize der Zentralbank und das vorausschauende Verhalten privater Wirtschaftsakteure eine unnötig hohe Inflationsrate realisiert wird. Empirisch kann für bestimmte Länderstichproben gezeigt werden, dass ein negativer Zusammenhang zwischen einem Indikator für den formalen Grad der Zentralbankunabhängigkeit und der Inflationsrate besteht.

Diese Sichtweise ist aber unbefriedigend, weil sie eine wesentliche Frage der Institutionenbildung einfach ausklammert: Warum beobachten wir überhaupt unterschiedlich unabhängige Zentralbanken? Es liegt nahe, dass die Zentralbankunabhängigkeit selber kaum der kausale Faktor niedriger Inflation sein kann. Vielmehr wäre der kausale Faktor der Einfluss, der zur Einrichtung dieser Institution geführt hat. Zentralbankunabhängigkeit könnte daher als mögliches Ergebnis eines zweistufigen sozialen Prozesses interpretiert werden. In der 1. Stufe bestimmen Gesellschaften ihre Politikpräferenzen. Diese werden beeinflusst durch den Grad der Inflationsaversion, die Arbeit von Interessengruppen und institutionelle Faktoren wie das politische System oder das Rechtssystem. In der 2. Stufe entscheiden Gesellschaften über die konkrete Ausgestaltung der Geldpolitik.

Es kann empirisch gezeigt werden, dass inflationssensitive Gesellschaften durchschnittlich niedrigere Inflationsraten aufweisen. Nach diesem Ansatz läuft die Kausalität dann von den Präferenzen über die Errichtung geeigneter Institutionen zur Inflationsrate. Inflationspräferenzen könnten durch kulturelle Attribute wie Akzeptanz ungleicher Verteilung von Macht in einer Gesellschaft oder Vermeidung von Unsicherheit beeinflusst werden. Darüber hinaus gibt es Ansätze, die die Einrichtung unabhängiger Zentralbanken durch die erfolgreiche Arbeit von Interessengruppen und bestimmte Charakteristika des politischen Systems oder des Rechtssystem zu erklären suchen. Möglicherweise hat auch das Ergebnis der tatsächlichen Geldpolitik Einfluss auf die Präferenzen.

5.12. Bilder nach dem Sturm. Wahrheitskommissionen und historische Identitätsstiftung zwischen Staat und Zivilgesellschaft

Leitung: Christoph Marx (Duisburg / Essen)

Wiederkehr der "zwei Spanien"? Vergangenheitsaufarbeitung und Geschichtsbilder im Spannungsfeld von (Partei-)Politik und Gesellschaft
Walter Bernecker (Erlangen-Nürnberg)

"History Wars". Geschichtswissenschaft, Geschichtspolitik und Geschichtskultur in Australien
Ewald Frie (Duisburg-Essen)

Von der (Ohn-)Macht der Diskurse: Geschichtsbilder und die Gegenwart der Vergangenheit in Guatemala
Anika Oettler (Hamburg)

Die Wahrheits- und Versöhnungskommission in Südafrika
Christoph Marx (Duisburg-Essen)

Diskussionsleitung
Lutz Niethammer (Jena)

Zusammenfassung:
Die Sektion "Bilder nach dem Sturm" will das Thema der Geschichtsbilder in Gesellschaften behandeln, die heftige interne Konflikte bis hin zu Bürgerkriegen überstanden haben. Diese Geschichtsbilder werden zu Fundierungen einer neuen politischen Kultur. Sie sollen Orientierung bieten in einer Welt, die nach dem Ende des Ost-West-Gegensatzes von neuen Machtkonstellationen geprägt ist. Darum finden sich entweder, wie in Südafrika und Guatemala, staatliche Akteure, die sich um eine von ihnen kontrollierte Form der "Vergangenheitsbewältigung" bemühen, oder unabhängige Gruppierungen engagieren sich, um umstrittene und tabuisierte Themen der Geschichte öffentlich zu verhandeln. Die Beschäftigung mit der Vergangenheit wurde darum in den letzten Jahrzehnten in zahlreichen Ländern (z.B. Chile, Uruguay, Sierra Leone, Marokko) vom Staat eingerichteten Wahrheitskommissionen übertragen, von denen zwei vorgestellt werden sollen. In Südafrika und Guatemala, deren innere Konflikte im Zug des Abbaus weltweiter ideologischer Gegensätze beigelegt werden konnten, wurde die Versöhnung der Konfliktgegner mit Hilfe der Konstruktion eines neuen Bildes der Vergangenheit angestrebt. Neben staatlichen Kommissionen können unabhängige Untersuchungen ebenso eindrucksvolle Resultate hervorbringen, weswegen den beiden Wahrheitskommissionen zwei andere Fälle an die Seite gestellt werden, die in vieler Hinsicht vergleichbar sind, aber nicht auf staatlichen Auftrag zurückgehen. In Spanien, dessen interne Konflikte (Bürgerkrieg 1936-39) bislang tabuisiert waren, artikulierte sich ein Interesse an einer Neugestaltung innergesellschaftlicher Beziehungen durch eine intensive Auseinandersetzung mit der konfliktreichen Vergangenheit. Ähnliches gilt für Australien, wo die Ausgrenzung und Marginalisierung eines Teil des Bevölkerung (Aborigines) seit den 1970er Jahren kritisch reflektiert wurde, nun aber erneut auf den Prüfstand kam. In allen vier Fällen geht es um die Beschäftigung mit Geschichte, die gleichzeitig den Weg für einen Neuanfang bereiten soll

Wiederkehr der "zwei Spanien"? Vergangenheitsaufarbeitung und Geschichtsbilder im Spannungsfeld von (Partei-)Politik und Gesellschaft
Walter Bernecker (Erlangen-Nürnberg)

1. Der spezifische Charakter des Übergangs von der Diktatur zur Demokratie nach Francos Tod als kompromisshafter ausgehandelter Bruch hatte einen politischen Preis: Von staatlicher Seite erfolgte keine Abrechnung mit den Verbrechen der Vergangenheit. Wenn sich führende Politiker in Vergangenheitsdiskussionen einmischten, dann nur, um auf die "Ausgewogenheit" der Schuld am Bürgerkrieg zu verweisen und die Amnestie "aller für alle" in Erinnerung zu rufen. Diese Position änderte sich auch in der langen Regierungszeit der Sozialisten (1982-1996) nicht; erst während der Regierung der Konservativen (1996-2004) erfolgten eine Aufkündigung des geschichtspolitischen Konsenses und der massive Regierungsversuch, eine "offizielle" Sicht der Vergangenheit durchzusetzen, was zu einer erneuten Polarisierung der Positionen führte.

2. Infolge der jahrzehntelang währenden franquistischen Diktatur konnte eine vorbehaltlose Auseinandersetzung mit dem Bürgerkrieg und der franquistischen Kriegs- und Nachkriegsrepression erst mit jahrzehntelanger Verspätung erfolgen. Eine unbefangene Debatte fand aber auch in den Jahren der Transition nach 1975 nicht statt; erst um die Jahrtausendwende, somit rund 60 Jahre nach Bürgerkriegsende, entbrannte unter dem Einfluss eines konservativen Revisionismus des etablierten Geschichtsbildes eine sowohl historiographische als auch zivilgesellschaftliche Auseinandersetzung mit sämtlichen Aspekten der Repression.

3. Die in Spanien spät erfolgte, kritische Auseinandersetzung mit der Vergangenheit hat zu extrem divergierenden und miteinander konkurrierenden Geschichtsbildern geführt. Der Versuch der Rechten in der zweiten Hälfte der 90er Jahre, ein neokonservatives Geschichtsbild festzuschreiben, hat zu einer deutlichen Reaktion der liberalen Mitte und der Linken geführt, der es fortan nicht mehr um ein "ausgewogenes" Geschichtsbild mit Verantwortlichkeiten auf beiden Seiten geht, sondern die die Verantwortung der Rechten und des Militärs für den Bürgerkrieg betont; dem gegenüber betonen die Konservativen die Verantwortung der Linken am Scheitern der ersten spanischen Demokratie. Der geschichtspolitische Konsens der Transitionsjahre ist damit aufgehoben; eine Polarisierung der Positionen charakterisiert die aktuelle Debatte.

"History Wars". Geschichtswissenschaft, Geschichtspolitik und Geschichtskultur in Australien

Ewald Frie (Duisburg-Essen)

1. History Wars

Seit den 1980er Jahren hat Australien eine Serie von sich immer mehr verschärfenden geschichtspolitischen Debatten erlebt. Wesentliche Stationen:

- Auseinandersetzung um das zweihundertjährige Jubiläum der Ankunft der First Fleet (1988)
- Geschichtspolitische Designs der Premiers Paul Keating (1991-1996) und John Howard (seit 1996)
- Diskussion um den Bericht "Bringing them Home. Report of the National Inquiry into the Separation of Aboriginal and Torres Strait Islander Children from Their Families" (1997)
- Eröffnung des National Museum in Canberra (2001)
- Windschuttle-Kontroverse (seit 2002)

2. Strukturelle Hintergründe

Hinter den erbittert geführten geschichtspolitischen Auseinandersetzungen verbergen sich Strukturen australischer Geschichtswissenschaft und Geschichtskultur, die mit der siedlerkolonialen Vergangenheit, der Ablösung vom British Empire und der politischen und kulturellen Selbstverortung im pazifischen Raum verbunden sind:

- Krise nationaler Selbstbeschreibung der Australier nach der Trennung vom Empire und dem Ende der "White Australia Policy"

Struktureller und inhaltlicher Aufbau einer nationalen Geschichtswissenschaft seit 1940; Ende der Aufbauphase in den 1970er Jahren

Erstarken von Aborigines-Organisationen und Aborigines-History seit den 1960er Jahren

Konjunktur von "heritage" und "public history" seit den 1970er Jahren

3. Folgen für den Umgang mit der Siedler-Aborigines-Vergangenheit

Australien bietet aktuell das Bild einer unter Hochdruck, aber ohne sichere Aussicht auf Erfolg unkoordiniert arbeitenden Werkstatt für Nationalgeschichten. Ältere Meistererzählungen sind nicht mehr mehrheitsfähig, bleiben aber präsent. Eine allgemein akzeptierte neue Meistererzählung ist nicht abzusehen. In Bezug auf die Siedler-Aborigines-Vergangenheit werden im öffentlichen Raum Urteile vertreten, die zwischen "genocide" und "benign colonization" oszillieren. Der Erfolg von Projekten, die eine "shared history" oder mindestens das "sharing histories" anstreben, ist ungewiss.

Von der (Ohn-)Macht der Diskurse: Geschichtsbilder und die Gegenwart der Vergangenheit in Guatemala

Anika Oettler (Hamburg)

Nach dem Ende des Kalten Krieges wurde die Wahrheitskommission zu einer konventionellen Form des gesellschaftlichen Umgangs mit Diktaturen und Bürgerkriegen. Auch in dem international kaum beachteten guatemaltekischen Fall wurde dieser Weg beschritten, als Guerilla und Regierung im Juni 1994 das Abkommen zur Einsetzung der "Kommission zur historischen Aufklärung der Menschenrechtsverletzungen und Gewalttaten, die für die guatemaltekische Bevölkerung Leid verursacht haben" (CEH) unterzeichneten. Mit dem katholischen "Projekt zur Wiederaneignung der historischen Erinnerung" (REMHI) wurde fast zeitgleich ein zivilgesellschaftlicher Versuch, die Vergangenheit zu bearbeiten, unternommen. Im Zentrum des Vortrags steht die Frage, welche Akteure (Fachhistoriker/innen, Feministinnen, Psycholog/innen, EDV-Spezialist/innen) an der Erarbeitung der beiden Abschlussberichte beteiligt waren. Von besonderer Bedeutung ist in diesem Zusammenhang die „notion of genocide". Abschließend wird skizziert, wie sich der guatemaltekische Aufarbeitungsprozess auf das Geschichtsbewusstsein, das sowohl in der Alltagskommunikation als auch durch spezialisierte Träger der kulturellen Erinnerung gebildet wird, ausgewirkt hat. Während das kirchliche "Projekt zur Wiederaneignung der historischen Erinnerung" einen sozialen Raum zur gemeinschaftlichen Bearbeitung des Erlittenen schuf, lag die Bedeutung der offiziellen "Kommission zur historischen Aufklärung" in der Einflussnahme auf die staatliche Vergangenheitspolitik und in der Erarbeitung einer offiziellen Geschichtsschreibung: Mit ihrem Abschlussbericht wurde ein historisches Narrativ vorgelegt, das das Projekt einer multikulturellen Nation historiographisch untermauert.

Die Wahrheits- und Versöhnungskommission in Südafrika

Christoph Marx (Duisburg-Essen)

Der bislang spektakulärste Fall einer Wahrheits- und Versöhnungskommission war die von Erzbischof Desmond Tutu geleitete Einrichtung in Südafrika. Sie befasste sich mit den Gewaltexzessen der Vergangenheit, insbesondere der 1980er Jahre, als die Konflikte eskalierten und die Regierung von P.W. Botha den Ausnahmezustand ausrief (1985). Vielfach wurde der Kommission jedoch vorgeworfen, dass sie den Systemcharakter der Apartheid zugunsten der individuellen Täterschaft zurückgestellt hätte. Darum fiel die Kritik an der Arbeit der Kommission in Südafrika selbst negativer aus als im Ausland, wo sie als Teil der Überwindung der Apartheid wahrgenommen wurde.

Weder in der Kommission selbst noch in der Analyse ihrer Arbeit hat sich bislang ein südafrikanischer Historiker engagiert, die historische Beschäftigung mit der Wahrheitskommission wird meist von Wissenschaftlern aus Europa und Nordamerika betrieben. Der Grund für die auffallende Zurückhaltung von Historikern im Gegensatz zu südafrikanischen Sozialwissenschaftlern, Psychologen und Theologen liegt in der unterschiedlichen Orientierung: Während sich die Kommission selbst auf Fragen "nationaler" Bedeutung konzentrierte, interessieren sich die südafrikanischen Historiker für die Mikro- und Regionalgeschichte der Apartheid. Die Demaskierung historischer Mythen und die Ausrichtung auf "public history" hat sich auf die Ideologie der Vergangenheit, wie sie sich in Schriften und Denkmälern manifestierte, beschränkt, kaum jedoch die Kontinuitäten über das Ende der Apartheid hinaus beleuchtet und die Kommission selbst ebenfalls ausgespart.

Als die Kommission ihren Bericht 1998 abgeliefert hatte, setzte sich in Südafrika eine Schlussstrichhaltung durch, die ein weitgehendes Desinteresse an der Struktur des Apartheidstaates zur Folge hatte. Den Bestrebungen zur Begründung einer neuen Nation, mit denen die Wahrheitskommission eng verbunden ist, steht das weitgehende Fehlen einer Nationalgeschichte entgegen, zumal vermutlich die große Mehrheit der Weißen den Befunden der Wahrheitskommission, Apartheid sei ein Verbrechen gegen die Menschlichkeit gewesen, nicht zustimmen würde.

5.13. Umstrittene Bilder. Visualisierung und Wissenschaft in der Moderne

Leitung: Martina Heßler (Aachen), Alexander Nützenadel (Köln)

Einleitung
Martina Heßler (Offenbach)

Der Imperativ der Sichtbarmachung. Zu einer Kulturgeschichte des Unsichtbaren
Martina Heßler (Aachen)

"Am Röntgenschirm der Volkswirtschaft". Bildsprache und Modelldarstellung in der Ökonomie seit dem 18. Jahrhundert
Alexander Nützenadel (Köln)

Wissensbild - Theoriebild - Weltbild. Zur diagrammatischen Kunstgeschichte
Astrit Schmidt-Burkhardt (Berlin)

Biological Imaging - Bilder vom Leben. Zur antidisziplinären Dynamik von Visualisierungstechniken
David Gugerli (Zürich)

Wissensräume - Zur Tradierung von Bildmustern und Anschauungsformen vom 17. Jahrhundert bis in die Moderne
Olaf Breidbach (Jena)

Kommentar
Hans-Jörg Rheinberger (Berlin)

Zusammenfassung:
Die Rede von einer „Piktoralisierung der Wissenschaften" signalisiert eine neue Aufmerksamkeit gegenüber Bildern in den Wissenschaften. In den Natur- und Technikwissenschaften spielen Bilder jedoch schon seit Jahrhunderten eine bedeutende Rolle. Historisch betrachtet wandelte sich ihre Funktion und Bewertung nicht zuletzt im Zusammenspiel mit den jeweiligen Visualierungstechniken. So ermöglichte im 17. Jahrhundert das Teleskop Galilei die Entdeckung der Jupitermonde, Marey träumte im 19. Jahrhundert angesichts der Fotographie von einer Wissenschaft ohne Worte. Im 20. Jahrhundert spielte die Kristallographie Rosalind Franklins eine wesentliche Rolle für die Entdeckung der DNA-Struktur.

Gleichwohl war die Verwendung von Bildern auch in den Naturwissenschaften stark umstritten. Die Sektion greift neuere Debatten der Wissenschaftsgeschichte sowie der Bild- und Medienwissenschaften auf. Sie untersucht die Entstehung und Transformationen von Visualisierungen in verschiedenen wissenschaftlichen Disziplinen und Feldern vom 17. Jahrhundert bis in die Gegenwart. Im Vordergrund steht dabei zum einen, welche Bedeutung dem Visuellen historisch für die wissenschaftliche Erkenntnis zugemessen wurde und welche grundlegenden Konflikte sich aus der Verwendung visueller Techniken ergaben. Zum anderen wird die Frage gestellt, welchen Beitrag Bilder zur Disziplinenbildung leisteten oder ob sie, gewissermaßen in umgekehrter Logik, auch eine Disziplinen auflösende Dynamik entfalten können.

Einleitung

Martina Heßler (Offenbach)

Nicht nur haben, wie dieser Historikertag zeigt, Geisteswissenschaften die Bilder als Forschungsthema entdeckt, auch die Rolle von Bildern in den Wissenschaften selbst, also ihr Beitrag zur Vermittlung und Legitimation von Wissen und vor allem zur Erkenntnis gerät dabei in den Blick – und letzteres ist das Thema dieses Panels.

Die Geisteswissenschaften, einem Logozentrismus verhaftet, hatten bekanntermaßen sämtliche visuelle Ausdrucks- und Argumentationsformen lange Zeit missachtet, da Bilder scheinbar nicht einer rational-diskursiven Denkweise entsprachen. Sie galten vielmehr als ästhetische Produkte, die die Gefahr der intuitiven Überzeugung, der Manipulation und der Verführung bargen. Gleichwohl gab es natürlich immer Ausnahmen, wie beispielsweise den Wiener Otto Neurath, der zu Beginn des 20. Jahrhunderts versuchte, eine international und allgemein verständliche Bildsprache zu entwickeln.

Für die Naturwissenschaften bestreitet dagegen kaum jemand, dass Visualisierungen seit der Frühen Neuzeit eine bedeutende Rolle in der Erkenntnisgewinnung, in der Kommunikation und auch in der Disziplinenbildung spielen. Derzeit zeigt eine Ausstellung im Londoner Victoria & Albert Museum beispielsweise Leonardo Da Vinci als *zeichnenden* Denker. Der Physiker Ernst Mach hatte im 19. Jahrhundert betont, dass der Zugang der Naturwissenschaftler zur materiellen Welt über die Sinne erfolge, weshalb vor allem die physikalischen Prozesse des Sehens zum Thema der Forschung werden müssten. Der Physiologe Ettienne Marey wiederum träumte, darin Otto Neurath nicht unähnlich, von einer universell verständlichen visuellen Sprache, in der Hoffnung, damit kulturell bedingte Kommunikationshindernisse ausräumen zu können.

Vor allem zu Visualisierungen in den Naturwissenschaften findet sich derzeit eine Fülle von Forschungsprojekten, von Aufsätzen und Sammelbänden. Dass sich Bilder dabei nicht als objektive, kulturunabhängige Wissensobjekte erweisen, wie man im 19. Jahrhundert noch gehofft haben mag, überrascht uns heute wenig. Dabei wird aber auch diskutiert, ob der Bildbegriff im Kontext der Naturwissenschaften überhaupt adäquat ist, oder ob es nicht viel sinnvoller sei von „Sichtbarmachungen" zu sprechen, wie Hans-Jörg Rheinberger vorgeschlagen hat, um damit einerseits den Ballast eines traditionellen Repräsentationsbegriffs abzuwerfen und andererseits dynamische Prozesse der Sichtbarmachung, wie sie die Naturwissenschaften bestimmen, die keine festgefrorenen Spuren in Bildern hinterlassen, in ihrer Bedeutung für den Forschungsprozess genauso wenig auszuschließen wie Modelle oder „Präparate".

Dass Bilder oder Sichtbarmachungen oder Visualisierungen in den Naturwissenschaften eine Rolle spielen, steht allerdings nicht mehr zur Disposition, auch wenn es gravierende Unterschiede zwischen den einzelnen Disziplinen gibt.

Im Hinblick auf die Sozial- und Geisteswissenschaften oder die Ökonomie sind wir allerdings weniger gut informiert. Entgegen ihrer vielzitierten Logozentriertheit, ihrer Abneigung gegen Bilder und Visualisierungen, wie sie z. B. Martin Jay für die französische Philosophie aufgezeigt hat, lässt sich nicht leugnen, dass Bilder auch hier eine bedeutende Rolle gespielt haben und spielen. Das gilt allemal für die Sozialwissenschaften, nicht zuletzt im Zuge ihrer zunehmenden Quantifizierung. Aber auch darüber hinaus fungieren Bilder, häufig Diagramme, als visuelle Argumente; sie stellen Zusammenhänge her, stellen Theorien dar, verdichten Informationen und eröffnen neue Denkräume.

Wir wollen heute in diesem Panel diese „zwei Kulturen" in den Blick nehmen. Dies stellt nur einen Anfang dar und die Frage, inwieweit im Hinblick auf die Bildnutzung überhaupt von „zwei Kulturen" die Rede sein kann, kann hier nur angerissen werden.

Der Imperativ der Sichtbarmachung. Zu einer Kulturgeschichte des Unsichtbaren

Martina Heßler (Offenbach)

Während die Analysen der Gegenwart stark auf Sichtbarkeiten konzentriert sind, zeichnet sich eine „visuelle Kultur" allerdings, wie Nicholas Mirzoeff feststellte, dadurch aus, dass sie vor allem *Unsichtbares* sichtbar macht. Der Vortrag zeigt am Beispiel der Naturwissenschaften, wie das Unsichtbare zu einer selbstverständlichen und gleichzeitig zu erobernden Kategorie in den Naturwissenschaften wurde.

Noch im Mittelalter fehlte die Vorstellung von Dingen, die mittels Visualisierungstechniken in die Sichtbarkeit gebracht werden könnten. Hans Blumenberg sprach daher vom „Sichtbarkeitspostulat" der Naturforschung. Unsichtbarkeit stellte noch kein epistemisches Problem dar.

Zur Zeit der Entstehung neuzeitlicher Naturwissenschaft war die Sichtbarmachung von Unsichtbarem noch ein Skandal, eine Irritation, wie sich am Beispiel von Galileis Blick durch das Teleskop zeigen lässt. Spätestens Ende des 19. Jahrhunderts wurde sie jedoch zur Selbstverständlichkeit naturwissenschaftlicher Forschung. Besonders deutlich wird dies an den Parawissenschaften. Gerade die Geisterfotografie bediente sich der Fotographie als vermeintliches Medium der Selbstaufzeichnung, um damit einen Wahrheitsanspruch und naturwissenschaftliche Gültigkeit erheben zu können. Die sichtbaren Beweise bedienen sich dabei allerdings unübersehbar der erwarteten Darstellungskonventionen und verweisen damit auf die Rolle der Bildtraditionen bei der Visualisierung des Unsichtbaren.

Scheint sich die Geschichte der Naturwissenschaften somit als der permanente Versuch einer weiteren Eroberung des Unsichtbaren schreiben zu lassen, so stößt das Unterfangen doch an verschiedene systematische, ihm immanente Grenzen, die im Vortrag thematisiert werden.

„Am Röntgenschirm der Volkswirtschaft". Bildsprache und Modelldarstellung in der Ökonomie seit dem 18. Jahrhundert
Alexander Nützenadel (Frankfurt/Oder)

Keine andere akademische Disziplin wird in der modernen Mediengesellschaft so stark wahrgenommen wie die Ökonomie. Die visuelle Darstellung komplexer ökonomischer Informationen spielt hierbei eine zentrale Rolle. Tabellen, Kurven und Diagramme dienen dazu, die Ergebnisse einer abstrakten und hochgradig mathematisierten Disziplin zu veranschaulichen und einem größeren Publikum zu vermitteln. Neben der Vermittlung von Wissenschaft, Öffentlichkeit und Politik erfüllen Bilder in der Ökonomie aber offenbar auch eine wichtige epistemische Funktion. Um ihre eigene Wissenschaftlichkeit und damit ihre Reputation als Disziplin zu erhöhen, hatte sich die Ökonomie im späten 19. Jahrhundert die Physik und deren wissenschaftliche Methodik zum Vorbild genommen. Dies implizierte die Aufstellung allgemein gültiger Theorien, die Abbildung wissenschaftlicher Probleme in abstrakten, mathematischen Modellen und deren Verifizierung durch quantifizierende Verfahren. Die Darstellung komplexer Gleichgewichts- und Kreislaufmodelle in einer einzigen Grafik (z. B. die „Edgeworth-Box" oder das IS-LM-Modell) schuf eine völlig neue Vorstellung der Wirtschaft als geschlossenes und autonomes System, das sich von anderen Bereichen der Gesellschaft gelöst hatte. Allerdings entwickelten die Ökonomen nie eine eigene wissenschaftliche Bildsprache, sondern kopierten erfolgreich die visuellen Stile anderer Disziplinen, insbesondere der Geometrie, der Hydromechanik und der Elektrotechnik.

Wissensbild - Theoriebild - Weltbild. Zur diagrammatischen Kunstgeschichte
Astrit Schmidt-Burkhardt (Berlin)

Lange haben wir darauf gewartet. Jetzt ist er da, der diagrammatische Hype. Kaum ein aktueller Sammelband zur Bild- oder Kunstwissenschaft, in dem der Begriff *Diagramm* nicht fällt. Neologismen wie „Diagrammatik", als Adaptierung der grammatikalischen Sprachlehre zu einer Diagrammlehre, oder „Diagrammatologie", in Anlehnung an Derridas *Grammatologie* gebildet, dürfen in den neueren Publikationen nicht mehr fehlen. Unvermeidlich wirft diese in Mode gekommene Terminologie die Frage nach den Ursachen und Hintergründen auf, die das derzeit boomende Interesse am Diagramm begründet haben. Antworten darauf werden anhand von drei Fallbeispielen aus der Geschichtswissenschaft diskutiert: dem Wissensbild, dem Theoriebild und dem Weltbild.

Die rekursiven Wissensbilder operieren mit Fakten. Sie sind in der Regel akkumulativ, das heißt, der diagrammatische Konfigurationsraum zeichnet sich durch eine hohe Datendichte aus. Die Aufgabe des Wissensbildes besteht in der Systematisierung von Informationen und in der Rationalisierung sachlicher Beziehungen. Im Gegensatz zu den rekursiven Wissensbildern arbeiten die spekulativen Theoriebilder mit Kategorien. Reflexionsbewusst eröffnen sie ein Experimentierfeld für konzeptuelle Gedankenkonstruktionen. Theoriebilder erzeugen aber nicht nur figurative Denkmodelle, sie selbst sind eine Art Denkstil, der sich bildnerischer Mittel bedient. Gegenüber dem rekursiven Wissensbild und dem spekulativen Theoriebild erscheinen ikonische Modellsysteme der herrschenden Weltbilder merkwürdig abstrakt. Sie bedienen sich der suggestiven Mittel einer „Ästhetik von Unten", deren ideologische Konsensfähigkeit auf dem ästhetischen Assoziationsprinzip beruht.

Biological Imaging - Bilder vom Leben. Zur antidisziplinären Dynamik von Visualisierungstechniken
David Gugerli (Zürich)

Wenn Disziplinen streng nach Foucault über „einen Bereich von Gegenständen, ein Bündel von Methoden, ein Korpus von als wahr angesehenen Sätzen, ein Spiel von Regeln und Definitionen, von Techniken und Instrumenten" walten, dann fallen auch bildgebende Verfahren in ihren Herrschaftsbereich. Manche Visualisierungstechniken gehören sogar ganz explizit zu den Praktiken, welche eine disziplinäre Identität bestimmen. Das müsste eigentlich auch für ausdifferenzierte Subdisziplinen gelten. Doch gerade hier, so scheint es, trifft man auf eine merkwürdig antidisziplinäre Tendenz von Bildern: Ihre Verfahren, ihre Formate, ihr Evidenzcharakter, ja sogar ihre „Narrative" haben bisweilen eine explizit generalisierende Wirkung. Dies soll am Beispiel des Biological Imaging der jüngeren Wissenschaftsgeschichte überprüft werden.

5.14. Das Verhältnis von Bild und Text in Berichten über außereuropäische Welten

Leitung: Barbara Potthast (Köln), Monica Juneja (Hannover / Delhi)

Einführung und Diskussionsleitung
Barbara Potthast (Köln)

Das Visuelle in Sprache übersetzen. Der wissenschaftliche Diskurs und die Polyvalenz indischer Bilder
Monica Juneja (Hannover / Delhi)

Sprechende Bilder - bildhafte Texte. Sichtweisen der Eroberung Mexikos im Florentiner Codex
Anja Bröchler (Köln)

Mehrdeutigkeit und Superioritätsanspruch. Inszenierte Welten im kolonialen Diskurs um 1600
Susanna Burghartz (Basel)

Sklavenbilder und Vergleich im atlantischen Raum, 17.-19. Jahrhundert
Michael Zeuske (Köln)

Zusammenfassung:
Wissen über andere Länder, Menschen und Kulturen wird oft sowohl textlich als auch bildlich vermittelt. Darüber hinaus wird der Sinn von Bildern über das wissenschaftli-

che Verfahren der "Bildinterpretation" in Sprache übersetzt, um das visuelle Medium in den kulturellen Kommunikationsprozess einzubeziehen. Das geplante Panel untersucht die Beziehung, die zwischen der textlichen Vermittlung fremder Welten und ihrer visuellen Repräsentation besteht.

Bilder in einem Text haben scheinbar die Funktion lediglich den Inhalt zu illustrieren. In diesem Verständnis sollen sie in Berichten über andere Kulturen helfen, das Ungesehene sichtbar zu machen und so dem Leser bildlich vor Augen führen, wovon der Text "nur" erzählt. Der Prozess des "Sinnentnehmens" eines Bildes wird dem Historiker in einem weiteren Schritt der Vereinheitlichung über den wissenschaftlichen Diskurs vermittelt, der für sich die Macht der Repräsentation fremder Kulturen ebenso beansprucht. Wie eindeutig sind Bilder und Texte, die beabsichtigen, Wissen über außereuropäische Welten zu produzieren und zu vermitteln? Zugleich sensibilisiert der Appell, "Europa zu provinzialisieren" (Dipesh Chakrabarty) dafür, die kanonisch gewordenen Schemata europäischer Geschichtserfassung mit dem Eigensinn nichteuropäischer Kulturen zu konfrontieren.

Das geplante Panel möchte den mehrdeutigen Beziehungen von Bild und Text in Berichten über außereuropäische Welten nachspüren. Welche Rolle spielen die vielfältigen Beziehungen und Bedeutungen, die Text und Bild miteinander eingehen und erzeugen können, für die Wissensproduktion? Welche GeschichtsBilder anderer Kulturen vermitteln sie? Mit welchem wissenschaftlichen Instrumentarium, mit welcher Begrifflichkeit können wir heute die Polyvalenz von Bildern, die in einem transkulturellen, von asymmetrischen Machtverhältnissen gekennzeichneten historischen Rahmen entstanden sind, in Sprache umsetzen?

Das Visuelle in Sprache übersetzen. Der wissenschaftliche Diskurs und die Polyvalenz indischer Bilder

Monica Juneja (Hannover / Delhi)

Der Beitrag untersucht die Entstehung eines wissenschaftlichen Diskurses über indische Kunstgeschichte. Unser Wissen zu Bildern entsteht oft über schriftliche Narrative - in diesem Fall über kunstwissenschaftliche Paradigmen und Begriffe, die selbst Ergebnis der kolonialen Wissensproduktion zu indischer Kultur waren und bis in die Gegenwart oft unhinterfragt geblieben sind. Hier entsteht also eine Disjunktion zwischen der kulturspezifischen und mehrdeutigen Visualität und dem akademischen Diskurs, der anhand der "Textualisierung" von Wissen auch zur Kanonisierung von Wissen über indische Bilder geführt hat. Ein im westlichen Humanismus eingebetteter Wertekanon wird oft herangezogen, um den Sinn eines „Kunstwerkes“ zu entnehmen und ihn in Sprache zu übersetzen. Die Geschichte der Bilder dagegen hat sich über mehrere Jahrhunderte in vielfältigen sozialen und kulturellen Zusammenhängen entfaltet und so immer wieder neuere Schichten von Bedeutung angeeignet. Ein Bild könnte, z.B. Bedeutungsträger ritueller Praktiken, zugleich Herrschaftszeichen, Ausstellungsobjekt oder Stifter nationaler Identität werden. Wie geht der wissenschaftliche Diskurs mit der Polyvalenz um, die über die stets neu geknüpften Beziehungen zwischen Bildern und Gemeinschaften erzeugt wird, wenn ein Bild von sakralem Charakters in ein "Götzenbild" und anschließend in ein Kunstwerk umgewandelt wird?

Sprechende Bilder - bildhafte Texte. Sichtweisen der Eroberung Mexikos im Florentiner Codex

Anja Bröchler (Köln)

Der Beitrag analysiert die Beziehung von Bild und Text im Buch 12 des "Florentiner Codex" des Franziskaners Fray Bernardino de Sahagún (1499? - 1590). Das zwölfbändige Werk entstand in Tlatelolco in Mexiko zwischen 1547 bis 1569 in Zusammenarbeit von Sahagún und indigenen Helfern und ist eine Art Enzyklopädie des Lebens der Nahuas. Das Werk zeigt eine vergangene Wirklichkeit einer Kultur, die durch die physische wie spirituelle Eroberung teils zerstört und deren Reste marginalisiert ist. Ihre Welt lebt aber noch in der Erinnerung und dem Gedächtnis derjenigen, die über Generationen von ihr erzählen. Das wohl bekannteste Buch 12 erzählt die Geschichte der Eroberung Mexikos aus Sicht der Mexica. Die Sichtweise der Besiegten bedient sich der neuen Techniken, welche die Eroberer bringen: sie schreiben ihre Geschichte auf, aber nicht mehr in ihrer traditionellen Bilderschrift, sondern im lateinischen Alphabet, aber in ihrer Sprache Nahuatl. Sahagún übersetzt diesen Text ins Spanische. Beide Textkolumnen stehen parallel nebeneinander. In den spanischen Text, der nicht völlig deckungsgleich mit der Nahuatlversion ist, werden Bilder der Ereignisse der Eroberung montiert. Auch die Bilder wiederum sind in ihrer Darstellung hybrid: sie bedienen sich der traditionellen indigenen Bildsprache und mischen sie mit neuen europäischen Darstellungsweisen. Was folgt aus dieser mehrfach hybriden Struktur der Texte und Bilder für die Darstellung der Eroberung? Welche Sichtweisen werden repräsentiert?

Mehrdeutigkeit und Superioritätsanspruch. Inszenierte Welten im kolonialen Diskurs um 1600

Susanna Burghartz (Basel)

Mit der europäischen Expansion nach Übersee entstanden in Europa seit der Mitte des 16. Jahrhunderts Sammlungen von Reiseberichten, die den wachsenden Strom von Informationen, Texten und Bildern über die "Neuen Welten" zu organisieren und zu kanalisieren versuchten. Diese Reisesammlungen wurden zu wichtigen Orten, um auf der Ebene der Repräsentation den Prozess der europäischen Kolonisierung zu reflektieren, die permanent notwendige Aktualisierungs- und Aneignungsarbeit zu leisten und so zur Konsolidierung kolonialer Diskurse beizutragen. Das von ihnen vermittelte Bild der fremden Welten war dabei keineswegs homogen und kohärent. Vielmehr wurde eine außereuropäische Welt imaginiert, die zwischen konträren Polen oszillierte: die Faszination durch paradiesische Zustände paarte sich mit Abscheu vor indigener Wildheit, die Gewissheit westlicher Superiorität war begleitet von Ängsten vor dem Verschlungenwerden durch das Fremde, der abendländische Führungsanspruch stand in Konkurrenz zu nationaler Selbstbehauptung gegenüber anderen Kolonialmächten.

Trotz dieser Gegensätze und der damit verbundenen Dynamik stützte die so entstehende schillernde Polysemie der Sammlungen als diskursives Gesamtphänomen die erfolgreiche Behauptung der europäischen Überlegenheit, die immer wieder aufs Neue angeeignet der eigenen Selbstvergewisserung diente. Texte und Bilder vermittelten ein zwiespältiges Bild vom nicht-europäischen Anderen. Gerade diese Ambivalenzen aber, so lautet die These, führten zu jener besonderen Form von Geschmeidigkeit in der Repräsentation, die für die Herstellung und Behauptung von Superiorität so überaus erfolgreich war.

Sklavenbilder und Vergleich im atlantischen Raum, 17.-19. Jahrhundert

Michael Zeuske (Köln)

Der Beitrag will in einem einleitenden Teil den Nutzen von Visualisierungen für die Geschichte der Sklaverei beleuchten. Im empirischen Teil sollen bildliche Darstellungen von Sklaven und Sklaverei in Brasilien und Kuba in ihren Beziehungen zu Texten über die Sklaverei und zur Sklavereihistoriographie vorgestellt und selbst verglichen werden (vor allem die Sklaven-Serien von Rugendas, Brasilien und die Cantero-Bilder, Kuba).

Die realhistorische "Konstruktion" der Bilder durch Maler, Auftraggeber und Illustratoren sowie Sklaven selbst (sofern möglich), aber auch ihre Besitzer, steht im Mittelpunkt des Beitrags. Der Beitrag versucht die Frage zu klären, inwieweit Sklaven und Sklavinnen (auch) Subjekte ihrer "Ver-Objektivierung" im Bild sein konnten und inwieweit die Bilder, ihre Akteure, aber auch die unterschiedlichen Kontexte der Plantagengesellschaften in Kuba und Brasilien (mit Ausgriffen auf den atlantischen Raum sowie methodischen Überlegungen zu Mikro- und Makrodimensionen) für einen Vergleich der Sklaverei im atlantisch-amerikanischen Raum fruchtbar gemacht werden können.

5.15. Von der "teilnehmenden Beobachtung" zur "Entwicklungspolitik": Anthropologie, Sozialwissenschaften und der Kolonialismus (1800-1960)

Leitung: Andreas Eckert (Hamburg), Alexandra Przyrembel (Göttingen)

Innere und äußere Mission und die Entstehung der Sozialwissenschaften
Rebekka Habermas (Göttingen)

"Teilnehmende Beobachtung": die London Missionary Society, die "Wilden" der "Südsee" und der Stadt im ersten Drittel des 19. Jahrhunderts
Alexandra Przyrembel (Göttingen)

Die Ausgliederung des "Anderen" aus der Moderne. Die Institutionalisierung des dichotomischen Denkens in den Sozial- und Kulturwissenschaften im 19. u. 20. Jahrhundert
Shalini Randeria (Zürich)

"Zahnstation hier unnötig, Afrikaner haben alle gute Zähne..." Koloniales und post-koloniales Expertentum in der westeuropäischen Entwicklungshilfe für Afrika (1950er/60er)
Stephan Malinowski (Berlin / Harvard)

Diskussionsleitung/Kommentar
Andreas Eckert (Hamburg)

Zusammenfassung:
Transnationale Perspektiven auf die Geschichte haben auch hierzulande Konjunktur: Anlässlich von Tagungen, in Sammelbänden und auf Internet-Portalen wird die Überwindung 'nationaler' Denkfiguren zugunsten komplexer 'Verflechtungsgeschichten' gefordert. Im Zentrum dieses Perspektivenwechsels steht meist die Beziehungsgeschichte zwischen 'Europa' und dem 'Rest' der Welt (Stuart Hall). Die geplante Sektion "Von der 'teilnehmenden Beobachtung' zur 'Entwicklungspolitik': Anthropologie, Sozialwissenschaften und der Kolonialismus (1800-1960)" erweitert die derzeitige Debatte um folgende Fragen: Welche epistemologischen Annahmen bildeten sich im Zuge 'des' Kolonialismus heraus, wie wirkten diese erkenntnistheoretischen Prämissen wiederum auf die sich im 19. Jahrhundert etablierenden Sozialwissenschaften zurück? Inwieweit stellten diese wiederum im Kontext der Dekolonisation in der Mitte des 20. Jahrhunderts den Deutungsrahmen jener Experten dar, die sich im Feld der so genannten Entwicklungshilfe engagierten?

Mit diesem Fragenbündel greift die geplante Sektion das Thema des 46. Deutschen Historikertages "GeschichtsBilder" in vielfacher Hinsicht auf: Die Anthropologie war (offenkundig) an der Produktion von "GeschichtsBildern", also an der Etablierung bestimmter Wahrnehmungsmuster über die 'kolonialen' Fremden unmittelbar beteiligt.

Dies geschah medial auf komplexe Weise - über die Photographie, die 'Feldforschung', Statistiken und Artefakte usw.

Diese Leitfragen werden an unterschiedlichen Schauplätzen erörtert.

Innere und äußere Mission und die Entstehung der Sozialwissenschaften
Rebekka Habermas (Göttingen)

Der Vortrag untersucht die innere Mission nicht nur vor dem Hintergrund neuer Wahrnehmungen von sozialer Ungleichheit, sondern auch im Zusammenhang mit den in der ersten Hälfte des Jahrhunderts etwa zeitgleich entstehenden Missionsvereinen, welche sich der Bekehrung außerhalb Europas, insbesondere in Nordamerika und Afrika, widmeten. Hierbei stehen die personellen Verflechtungen und diskursiven Überlappungen im Vordergrund. Überdies soll der Zusammenhang der neuen missionarischen Praktiken mit der Formierung sozialwissenschaftlicher Untersuchungs- und Beschreibungsformen analysiert werden.

"Teilnehmende Beobachtung": die London Missionary Society, die "Wilden" der "Südsee" und der Stadt im ersten Drittel des 19. Jahrhunderts
Alexandra Przyrembel (Göttingen)

Der Vortrag setzt sich mit den Beobachtungsstrategien auseinander, die von den Missionaren der 1795 gegründeten London Missionary Society im ersten Drittel des 19. Jahrhunderts zur Beschreibung der 'Südsee'-Insulaner herausgebildet wurden. Die Idee der 'teilnehmenden Beobachtung', welche die Missionare lange vor Entstehung der Anthropologie als akademische Disziplin entwickelten, diente zur gleichen Zeit auch der Erkundung der Arbeiterschaft in den europäischen Metropolen. In dem Vortrag wird nach den Konsequenzen dieser Doppelstrategie gefragt. Außerdem wird in dem Vortrag der Prozess nachvollzogen, der im ausgehenden 19. Jahrhundert zur 'Entdeckung' des 'Primitiven' in den Sozialwissenschaften, der Anthropologie und nicht zuletzt der Psychoanalyse führte: Welche Bedeutungen werden dem 'Wilden' und 'Magischen' in diesem Kontext zugewiesen?

Die Ausgliederung des "Anderen" aus der Moderne. Die Institutionalisierung des dichotomischen Denkens in den Sozial- und Kulturwissenschaften im 19. u. 20. Jahrhundert
Shalini Randeria (Zürich)

Der Vortrag analysiert, wie in die im 19. Jahrhundert entstehenden Disziplinen der systematischen Sozialwissenschaften wie Soziologie, Nationalökonomie und Politikwissenschaften die "imperiale Trennung" zwischen Europa als Subjekt und der kolonisierten Welt als Objekt eingeschrieben wurde. Die genannten Fächer waren für die europäische Welt der Moderne zuständig, "vormoderne" Kulturen hingegen gehörten fortan in den Gegenstandsbereich der Anthropologie und Ethnologie. Für die alten, im Zeitalter des Hochimperialismus nun scheinbar stagnierenden asiatischen Hochkulturen zeichneten in der Folge stark philologisch ausgerichtete Disziplinen wie Indologie und Sinologie verantwortlich. Mit der nach 1945 einsetzenden Welle der Dekolonialisierung und der sich parallel entfaltenden Idee der Modernisierung wurde in den sozialwissenschaftlichen Fächern etwa Indien durchaus zum Thema, die räumliche Differenz jedoch auf eine zeitliche Achse transponiert. Fortan unterschied man zwischen "entwickelten" und "unterentwickelten" Ländern. So wurden etwa in der Soziologie vier Fünftel der Menschheit zum Gegenstand einer Subdisziplin, der Entwicklungssoziologie.

"Zahnstation hier unnötig, Afrikaner haben alle gute Zähne..." Koloniales und post-koloniales Expertentum in der westeuropäischen Entwicklungshilfe für Afrika (1950er/60er)
Stephan Malinowski (Berlin / Harvard)

Der Vortrag geht der Frage nach, was aus dem europäischen Kolonialismus nach seinem offiziellen Ende in den 1950er/60er Jahren geworden ist, wie sein Personal, seine Mentalitäten, seine Institutionen weiterarbeiteten und auf welchen Politikfeldern dies geschah. Ein erstaunlich großer Teil der kolonialen Hinterlassenschaften findet sich im Feld der sogenannten Entwicklungshilfe wieder. Für das Megaprojekt, den afrikanischen Kontinent "zu entwickeln" stellen die alten Kolonialapparate erhebliche Kompetenzen und Spezialwissen zur Verfügung. Die Anthropologie, die den Kolonialismus als compagnon de route begleitet hatte, lieferte auf dem Feld der Entwicklungspolitik neben anderen Sozialwissenschaften Expertise und einen neuen Typus von Experten, deren Rolle im Vortrag diskutiert werden soll.

5.16. Die deutsche Massenkonsumgesellschaft 1950-2000 - eine wirtschaftshistorische Sehkorrektur

Leitung: Alfred Reckendrees (Köln)

Einleitung
Toni Pierenkemper (Köln)

Haushaltsbudgets und Konsumverhalten in der Bundesrepublik
Alfred Reckendrees (Köln)

Die Veränderung der Verbraucherpreise und der Wandel der Konsummuster
André Steiner (Potsdam)

Institutionelle Traditionen und langsamer Strukturwandel: Die Entwicklung des deutschen Einzelhandels und die Entstehung des Massenkonsums
Ralf Banken (Köln)

Fernsehen und Kühlschrank als komplementäre Güter. Die Veränderung der ökonomischen Nachfragetheorie durch die Konsumgesellschaft
Jan-Otmar Hesse (Frankfurt)

Kommentar
Michael Wildt (Hamburg)

Zusammenfassung:
Der Übergang zur Massenkonsumgesellschaft zählt zu den sozial und ökonomisch bedeutendsten Einschnitten in der Geschichte der industrialisierten Welt. Für die BRD wird diese Zäsur zumeist auf die 1950er Jahre datiert und durch den emblematischen Begriff des "Wirtschaftswunders" umrissen. Die Verfügbarkeit eines wachsenden Budgets für Ausgaben, die über die reine Existenzsicherung hinausgehen, ist ein entscheidendes Merkmal der Massenkonsumgesellschaft. Diese kategoriale Veränderung schuf die Grundlage dafür, dass Präferenzen von Konsumenten mehr als früher ein ökonomischer Faktor wurden.

Die kulturwissenschaftlich geprägte Forschung analysiert vor allem die mediale Repräsentation des Übergangs zur Massenkonsumgesellschaft und rückt das alltägliche Verhalten der "Konsumenten" in den Mittelpunkt; "Konsumgeschichte" als Geschichte der Konsumprodukte, einzelner Unternehmensfunktionen oder des Freizeitverhaltens. - Die Sektion fragt, ob bzw. wie sich das bestehende Geschichtsbild der "Massenkonsumgesellschaft" verändert, wenn man langfristige Veränderungen des Konsums und der Konsumgesellschaft wirtschaftshistorisch-empirisch und mit ökonomischen Methoden untersucht.

Haushaltsbudgets und Konsumverhalten in der Bundesrepublik
Alfred Reckendrees (Köln)

Der Beitrag leistet eine empirische Aufarbeitung und Analyse der mittel- und langfristigen Veränderungen der Konsumausgaben zwischen 1950 und 2000 basiert auf den statistisch beobachtbaren Veränderungen des Konsumverhaltens (in Bezug zum Einkommen). Dazu werden die vom Bundesamt für Statistik jährlich erhobenen, für einen langen Zeitraum noch nicht ausgewerteten Daten über die Ausgaben der privaten Haushalte für den privaten Konsum ("laufende Wirtschaftsrechnungen") herangezogen sowie Angaben über die Ausstattung der Haushalte mit Konsumgütern aus den regelmäßigen Einkommens- und Verbrauchsstichproben. - Dieses wirtschaftshistorisch neu konstruierte Bild wird mit kulturhistorischen und medialen Vorstellungen von der "Konsumgesellschaft" verglichen.

Die Veränderung der Verbraucherpreise und der Wandel der Konsummuster
André Steiner (Potsdam)

Der Beitrag testet mögliche ökonomische Erklärungen für den beobachteten Strukturwandel des Konsums, indem die Aufwendungen der Haushalte zum einen zu ihrem (wachsenden) verfügbaren Einkommen und zum anderen zu den mit diesen Gütern verbundenen Kosten in Beziehung gesetzt werden. Die Einbeziehung der relativen Preise ermöglicht verbesserte Rückschlüsse auf das Konsumverhalten. So sind sinkende Ausgaben für Textilien und Lebensmittel durch hohe Produktivitätssteigerungen und gesunkene Produktionspreise zu erklären und nicht durch eine relevante Änderung des Konsumverhaltens. Andere Ausgaben nahmen in ihrer relativen Bedeutung zu; die Einbeziehung der veränderten Kosten erlaubt dabei Rückschlüsse auf veränderte Präferenzen der Konsumenten.

Institutionelle Traditionen und langsamer Strukturwandel: Die Entwicklung des deutschen Einzelhandels und die Entstehung des Massenkonsums
Ralf Banken (Köln)

Dieser Beitrag fragt nach institutionellen Faktoren und Veränderungen, die mit dem Übergang zur Konsumgesellschaft in der Bundesrepublik erforderlich wurden bzw. mit ihm einhergingen. Er nimmt den rechtlichen und institutionellen Rahmen für die Entwicklung des Einzelhandels, dem wichtigsten Vermittler zwischen Produzenten und Konsumenten, in den Blick, wo der Übergang zum "Käufermarkt" tiefgreifende strukturelle und institutionelle Veränderungen hervorbringt.

Fernsehen und Kühlschrank als komplementäre Güter. Die Veränderung der ökonomischen Nachfragetheorie durch die Konsumgesellschaft
Jan-Otmar Hesse (Frankfurt)

Die Implikationen des massiven gesellschaftlichen Strukturwandels (Massenkonsumgesellschaft) und ihre Rückwirkungen auf die gesamtwirtschaftliche Entwicklung, auf die wirtschaftswissenschaftliche Theorie oder andere gesellschaftliche Bereiche sind bislang kaum diskutiert worden. Der Beitrag beschäftigt sich mit der wissenschaftlichen Reflexion über den Konsumenten, die sich im Wandel der mikroökonomischen Theorie im Verlauf der 1960er und 1970er Jahre sehr deutlich niederschlug. Die volkswirtschaftliche Nachfragetheorie konnte den Konsumenten nicht mehr als uninteressante Leerstelle behandeln, sondern machte den "souveränen Konsumenten" zum Problem der Theorie, an dem schließlich die Konstruktion einer aggregierten gesamtgesellschaftlichen Nachfragefunktion scheiterte.

Die überarbeiteten Vorträge werden im Jahrbuch für Wirtschaftsgeschichte 2007/II veröffentlicht. Das Jahrbuch für Wirtschaftsgeschichte erscheint im Akademie-Verlag, Berlin
http://www.wiso.uni-koeln.de/wigesch/inhalt/jahrbuch/jahrbuch.htm

5.17. Bilder der "Linken". Beispiele einer transnationalen Kulturgeschichte des Politischen in den 1960er und 1970er Jahren

Leitung: Sven Reichardt (Konstanz), Petra Terhoeven (Göttingen)

"That could be me". Imagining oneself active in and out of West Germany
Belinda Davis (Camden)

Régis Debray und der bewaffnete Kampf. Bilder eines 'revolutionären Intellektuellen' der sechziger Jahre
Ingrid Gilcher-Holthey (Bielefeld)

Zirkulation visueller Vorstellungen über den Typus des linksalternativen Körpers
Sven Reichardt (Konstanz)

Opferbilder - Täterbilder. Kommunikationsstrategien italienischer und deutscher Linksterroristen
Petra Terhoeven (Göttingen)

Kommentar
Bernd Weisbrod (Göttingen)

Gesamtzusammenfassung der Sektion:
Das unmittelbare Erbe der 68er-Bewegung waren zum einen maoistisch-leninistische Gruppierungen, die ihre Mitglieder durch starre Hierarchien zu disziplinieren versuchten und sich in endlosen Theoriedebatten verfingen. Weit wirkmächtiger waren zwei andere Strömungen: Ein vor allem in Deutschland und Italien virulenter Linksterrorismus sowie – auf der entgegen gesetzten Seite des Spektrums – eine gewaltfreie linke Alternativkultur, in der neue Formen des Zusammenlebens jenseits des bürgerlichen Wertekanons ausprobiert wurden. Da persönliche und politisch-soziale Emanzipation hier durchaus zusammengedacht wurden, entwickelten sich aus dieser Alternativkultur nicht zufällig NGOs verschiedenster inhaltlicher Ausrichtung – Umwelt-, Friedens-, Frauen-, Dritte-Welt-, Menschenrechtsgruppen. Das Alternativmilieu lässt sich von daher nur begrenzt über seine politische Programmatik definieren – die unterschiedlichen Teilrichtungen einte vielmehr ein bestimmter Habitus bzw. Lebenswandel und -stil.

Sowohl der militante Linksterrorismus als auch die neuen Alternativbewegungen operierten transnational – beide lebten von starken, medial verbreiteten Bildern, um ihre (höchst unterschiedlichen) Botschaften zu vermitteln und ihre Aussagen zu versinnbildlichen.
Konkret ergeben sich vor diesem Hintergrund folgende Fragestellungen:

Welches imaginäre Bild von der Neuen Linken wurde in den verschiedenen nationalen Gesellschaften gezeichnet? Inwieweit fanden visuelle Strategien und Techniken der Selbstinszenierung Eingang in die Medien?

Welche visuellen Elemente waren es, die kollektive Identität jenseits nationaler Grenzen stifteten? Wodurch gehörte man ‚dazu', grenzte man sich ab, stilisierte man sich zur ‚Alternative'? Wie unterscheidet sich die Bildwelt der ‚Neuen' von der der ‚Alten Linken'? Welche visuellen Strategien entwickelten konservative Gegenkräfte, um die Bewegung zu diskreditieren?

Welche Bilder wurden aus welchen Gründen zu nationalen oder internationalen Ikonen und/oder Symbolen? Erfuhren die Bilder im Zuge ihrer Transponierung in einen neuen Kontext Umdeutungen?

Welche Rolle kam Körperbildern zu – nackten oder aber spezifisch bekleideten, männlichen, weiblichen, bedrohlichen, verletzten, leblosen Körpern?

All diese Fragen bewegen sich vor dem Hintergrund methodischer Problemkonstanten der Bildanalyse (Polysemie von Bildern, Einbettung in diskursiv-kulturelle und mediale Sinnproduktion, Standortgebundenheit des Rezipienten, unterschiedliche Sehgewohnheiten, historische Kontextualisierung, textuelle Rahmung, Rolle der Medienproduzenten, nationale Besonderheiten). Unter Berücksichtigung dieser methodischen Prämissen lieferten die Teilnehmer der Sektion neue Ein-‚Sichten' in die Kulturgeschichte der Neuen Linken, auch wenn angesichts weitgehend fehlender Vorarbeiten nur erste Annäherungen an ein komplexes Forschungsfeld vorgenommen werden konnten.

„That could be me". Imagining oneself active in and out of West Germany
Belinda Davis (Camden)

Among the images and self-images of transnational currency in the protest movements of the 1960s and 70s was that of the closed mouth, as of the bandaged and pinned face of the 1967 French atelier jeunesse poster, in which only startled eyes are visible. If conventionally the eyes are the window to the soul, it seems in the 1960s and 70s that many young people found opening their mouths the means not only to communicating but also to expressing and even creating the self. That speech played such a role is no surprise in a general sense, and certainly that activists in this period demonstrated a kind of logorrhea is well documented. I explore here the image of the mouth itself: how contemporary activists dwell in their later recollections about their silences and the moments in which they could open their mouths and what it meant for them; how the image of the silenced mouth itself connected with others across the world, even as it represented too silences about a specifically German past. Sources regularly document a near-obsession of speaking and speaking well and freely as well as writing, of being heard, of being able to counteract misrepresentation, of finding small, protected spaces to communicate as well as modes to connect and to identify with those across the world. This operated at the level of family, society, and within the larger movement itself, including as related to image-making machine of the Springer Press, screaming images of which seemed to drown out the words from activists mouths. Finally, relatedly, the piece takes up contemporaries understanding of Arendt's concept that "Gewalt ist stumm" and how this related to many contemporaries concept of activism.

Régis Debray und der bewaffnete Kampf. Bilder eines ‚revolutionären Intellektuellen' der sechziger Jahre
Ingrid Gilcher-Holthey (Bielefeld)

Der Vortrag zeigt, ausgehend von Photographien eines ‚revolutionären Intellektuellen' der sechziger Jahre, den Weg eines Schülers der Ecole Normale Supérieure (ENS) in Paris vom ‚Denker' zum ‚Aktivisten' (‚militant'), vom Philosophen zum ‚Schreiber' und ‚Gefolgsmann' Fidel Castros. Entfaltet wird die Rhetorik der Bilder in einem ersten Schritt am Beispiel der Metamorphose der Pose, die den Bruch mit dem Herkunftsmilieu und den Übergang zum Primat der Praxis, die Orientierung an den Leitfiguren Castro und Guevara, das Dilemma des ‚revolutionären Intellektuellen' im Augenblick des Scheiterns seiner ‚Mission' sowie die Rückkehr zum Philosophen, ‚Homme de lettres' demonstriert. Unter Rückgriff auf Filmsequenzen und Zeitungsphotographien wird in einem zweiten Schritt die Dramaturgie der Ereignisse nach der Gefangennahme Régis Debrays in Bolivien analysiert, mithin die Darstellung und Deutung seiner ‚Mission' in Medien, die Bild und Text verbinden. Ein besonderer Akzent wird dabei auf die Verwendung von Symbolen gelegt. Die Analyse von imaginierten Bildwelten, die in Tagebüchern sowie in der Autobiographie Debrays auftauchen, die Verfremdung seiner lateinamerikanischen Erfahrungen in literarischen Bildern, Debrays Hinwendung zur Mediologie, die u.a. das Spannungsverhältnis von Buch und Bild zu ihrem Gegenstand macht, sowie seine mediologische (Selbst)Analyse stehen im Zentrum des dritten Teils des Vortrages, der mit Darstellungen Debrays in der Karikatur schließt.

Zirkulation visueller Vorstellungen über den Typus des linksalternativen Körpers
Sven Reichardt:(Konstanz)

Die gegenwärtige Imagination vom äußeren Erscheinungsbild des typischen Alternativen der späten 70er Jahre ist erstaunlich konsistent: Er wird als das Latzhosengeschöpf mit langem auf Mittelscheitel gekämmtem Haar imaginiert, der sich in Gesundheitslatschen, weite Cordjeans und bunte T-Shirts oder in Grobgestricktes aus reiner Schurwolle mit Fellmantel großzügig umhüllte. Der Vortrag widmet sich der Frage, wo und wann dieses und ähnliche Körperbilder vom Alternativen – sei es als Karikatur, sei es Selbst-, sei es als Schreckbild – entstanden und wie sie sich diese Bilder medial vermittelten und verbreiteten.

Inwieweit korrespondierte die piktorale Vorstellung in den Medien mit dem Habitus der historischen Akteure? Wie wurden die Werte und politischen Haltungen der Authentizität, Emotionalität/Betroffenheit, Ganzheitlichkeit, Unmittelbarkeit, Natürlichkeit und Expressivität visualisiert und als Selbsterfahrungs- und Selbstdarstellungstechniken inkorporiert? Inwieweit artikulierten sich in Kleidung und Erscheinungsbild politische Provokationshaltungen und inwieweit visualisierten sich hierin körperliche Erfahrungen, Ausdrucksformen und Gefühle gegenüber geläufigen Konventionen und herkömmlichen Stilformen?

Anhand von zwei Fallbeispielen wurde vorgeführt, wie das Bild des alternativen „Hippies" in den Medien entstand, wo und warum es sich verfestigte, wie die Alternativen dieses Bild beeinflussten und sich aneigneten. Dabei wurde auf den medialen Bildtransfer zwischen Alternativmedien und Massenmedien eingegangen.

Opferbilder – Täterbilder. Linksterroristische Kommunikationsstrategien in Italien und Deutschland

Petra Terhoeven (Göttingen)

Terroristische Gewalt ist in erster Linie als (destruktive) Kommunikationsstrategie zu sehen, innerhalb derer der physischen Vernichtung der Angegriffenen nur sekundäre Bedeutung zukommt. Sie besitzt Signalfunktion – für den Gegner, für (potentielle) Mitkämpfer, für zunächst Gleichgültige. Dabei produzieren Terroristen nicht nur Texte, in denen sie ihre Taten ideologisch zu legitimieren suchen. Sie inszenieren auch und vor allem Bilder, die jenseits der reinen Faktizität der Aktionen verstören oder aber faszinieren sollen.

Im Konstanzer Vortrag sind die visuellen Kommunikationsstrategien der RAF und der Brigate Rosse verglichen sowie auf wechselseitige Beeinflussungen hin untersucht worden. Während die Rotbrigadisten von Anfang an sehr gezielt Fotografien ihrer Entführungsopfer verbreiteten, wurde diese Praxis von der RAF erst sehr viel später im Kontext der Schleyer-Entführung adaptiert. Vorausgegangen war die gelungene Erpressung der Bundesregierung durch die „Bewegung 2. Juni" im Entführungsfall Lorenz, ein Erfolg, der nicht zuletzt einer wirkungsvollen Bild- bzw. Körperpolitik nach dem Vorbild der Italiener geschuldet war. Der Versuch, diese sehr speziellen Porträtaufnahmen innerhalb einer Geschichte terroristischer Ermächtigungsstrategien einerseits, in der Geschichte von Gewaltbildern andererseits zu verorten, führt in beiden Ländern zu durchaus unterschiedlichen Ergebnissen. In beiden Fällen jedoch wurden die beinahe spiegelbildlich gestalteten Fotografien der prominentesten Opfer Schleyer und Moro zu Ikonen der „bleiernen Zeit", wenn auch nicht im intendierten Sinne. Als vielleicht eindringlichste Zeugnisse für die Inhumanität der selbsternannten Richter über Leben und Tod trugen sie im Gegenteil erheblich zur endgültigen Diskreditierung ihrer Anliegen bei.

Kommentar: Das Bild der Linken

Bernd Weisbrod (Göttingen)

Bilder sind die Augen der Geschichte. Sie gehören damit nicht nur zu den „Theatres of Memory" (Raphael Samuel), sie schauen uns auch aus der Vergangenheit an und beflügeln unsere historische Imagination. Die imaginäre Kommunikation der visuellen Vergangenheitsform bestimmt unseren Umgang mit Bildern, nicht nur in der Moderne, aber seit der medialen Revolution durch Foto, Film und Fernsehen in der Zeitgeschichte umso mehr. Sie sind kollektive Gedächtnismarkierungen und „Geschichtszeichen“ (Kittsteiner) unserer Welt, so dass wir ihre Verselbständigung, ihre Virtualisierung kaum bemerken, die uns die bildliche Simulation sogar als die eigentliche Wirklichkeit ausgeben kann. Der epistomologische Status einer historischen Bildwissenschaft muss daher längst nicht mehr nur von der Ikonologie Aby Warburgs hergeleitet werden. Das kulturelle Bildgedächtnis der Moderne ist vielmehr als ein Prozess zu sehen, in dem individuelle Bildspeicher mit einer Flut von äußeren Bildern dauernd abgeglichen und immer wieder neu zusammen gesetzt werden. Das macht die historische Betrachtung zu einem veritablen „Bild-Akt“ (Horst Bredekamp).

Die Auseinadersetzung mit den in dieser Sektion vorgestellten Bildprogrammen wirft eine übergreifende Frage auf. Sie zeigen Menschen, die sich und uns anschauen. In Hans Beltings „Bild-Anthropologie“ bezeugt dies den „Körperbezug“ aller Bilder. Darin liegt die weit über die „Referenz“ der Bilder hinaus schießende „Evidenz“ der Bilder. Wir können hier sogar an fast allen Fällen gut studieren, wie die Bildwahrnehmung in Körperwahrnehmung übergehen. „That could be me“ – aus dem Titel von Belinda Davis - ist durchaus zu verallgemeinern, von der nackten Kommune bis zum Opfer im „Volksgefängnis“. So betrachtet, lassen alle Vorträge gut erkennen, dass man über die reine Zeichentheorie der Bildsemiotik hinaus gehen muss – mit der sich die Bild-Botschaft vermeintlich dechiffrieren lässt. Der transgressive Charakter der Bilder wird uns in Körperbildern, des Selbst bewusst – und insofern kann eine historische Bildanalyse auch einen Beitrag zur Historisierung des Selbst leisten, in dem wir nicht nur die Geschichte, sondern uns selbst in der Geschichte „sehen“.

5.18. Der Zeitzeuge. Annäherung an ein geschichtskulturelles Gegenwartsphänomen

Leitung: Martin Sabrow (Potsdam)

Einführung: "Der Zeitzeuge". Zur Karriere einer geschichtskulturellen Kunstfigur
Martin Sabrow (Potsdam)

Das Gedächtnis als Sinnbildungsinstanz: Das "Dritte Reich" in der Erinnerung von Zeitzeugen
Sönke Neitzel (Mainz)

Die Arbeit mit Zeitzeugen im Fernsehen aus medienpraktischer Sicht
Thomas Fischer (Baden-Baden)

Keine Macht den Zeugen!: Zeitzeugenschaft und Vergangenheitspolitik in den Geschichtsdokumentationen der Ära Knopp
Wulf Kansteiner (Binghampton)

Zeugenschaft, Glaubwürdigkeit und die Konstruktion weiblicher Täter
Judith Keilbach (Berlin)

Kommentar
Norbert Frei (Jena)

Einführung: "Der Zeitzeuge". Zur Karriere einer geschichtskulturellen Kunstfigur
Martin Sabrow (Potsdam)

Die Figur des Zeitzeugen hat dem Historiker in der öffentlichen Geschichtsvermittlung den Rang abgelaufen. Hintergrund dieser Entwicklung ist die Öffentlichkeitswendung des Faches Geschichte in den letzten dreißig Jahren, durch welche die Historiker ihre Deutungshoheit über den Geschichtsdiskurs schrittweise an Schnittstellenakteure zwischen Wissenschaft und Öffentlichkeit, wie Journalisten, Filmemacher und eben Zeitzeugen, verloren. Zugleich fand eine Verschiebung des geschichtskulturellen Wertesystems statt, in welcher die alten Heldenerzählungen durch eine opferzentrierte Geschichtskultur abgelöst wurden. An die Stelle einer schlußstrichhoffenden Vergangenheitsbewältigung trat die Vergangenheitsaufarbeitung als Daueraufgabe. Der Boom der Erinnerungsorte und Gedenkstätten verweist auf eine fast geschichtsreligiöse Suche nach einem authentischen Vergangenheitszeugnis. Doch wollen die Menschen der Gegenwart die Vergangenheit nur in überwundener, unschädlicher Form erleben. Der Zeitzeuge konstituiert durch seine von Emotionalität getragene Erzählung eine eigene Geschehenswelt und autorisiert so eine bestimmte Sicht, statt als deutender Beobachter von außen, als Träger von „Erfahrung“ gleichsam von innen. Doch muss er sich dabei dem Erinnerungskonsens der Gegenwart anpassen und stellvertretend für die Gesellschaft einen Läuterungsprozess zum Ausdruck bringen. Zeitzeugen präsentieren eine überwundene, unschädlich gemachte und damit leicht konsumierbare Vergangenheit. Seine ursprünglich kritische Funktion hat der Zeitzeuge gegen eine affirmative Rolle eingetauscht, seine individuelle Erinnerung wird durch die Normen der Erinnerungskultur nivelliert und zu Schablonen abgeschliffen, so dass er nun immer gerade das Passfähige als das „Authentische“ erscheinen lässt.

Die Arbeit mit Zeitzeugen im Fernsehen aus medienpraktischer Sicht
Thomas Fischer (Baden-Baden)

Das Referat geht der Rolle von Zeitzeugen im Fernsehen nach und fragt, wie sich Zeitgeschichtsdokumentationen im Spannungsfeld von Geschichtswissenschaft und Geschichtskultur, Expertenwissen und Zeitzeugenschaft positionieren.

Es wird gezeigt, dass die Dokumentationen bis Mitte der achtziger Jahre meist auf Zeitzeugen verzichten. Geschichte wird nicht lebensweltlich erzählt, sondern wissenschaftlich erklärt. Es geht um politische Aufklärung und Bildung, nicht so sehr um möglichst viele Zuschauer.

Diese Dokumentationsform gerät Mitte der achtziger Jahre unter den Konkurrenzdruck der "Privaten" und ihrer unterhaltenden Programme. Um die Zuschauerzahl zu vergrößern, wird Geschichte nun nicht mehr nüchtern erklärt, sondern mit Hilfe von

Zeitzeugen emotional erzählt. Die Zeitzeugenerinnerungen öffnen bei den Zuschauern Gefühlsräume, in denen sie sich als mitleidende Zeitgenossen wahrnehmen.

Die Erzähl- und Zeitzeugendokumentation setzt aber den Experten nicht außer Kraft, in Gestalt des Off-Erzählers ist er weiter vorhanden. Der Erzähler akzentuiert, stellt Kontexte her, setzt den Rahmen, in den er die von ihm ausgewählten Geschichten der Zeitzeugen stellt. Dabei erfolgt die Auswahl im Wissen um die generelle Problematik von Zeitzeugenerinnerungen.

Die Erzähldokumentation versucht also einen Brückenschlag zwischen Geschichtswissenschaft und Geschichtskultur, indem sie über die Zeitzeugen "Erlebnis" und "Emotion" vermittelt, diese aber durch einen auktorialen Erzähler in Bezug zu "Wissen", "Kontext" und "Struktur" setzt.

Das Geschichtsbild des Zeitgeschichtsfernsehens ist stark personalisiert. Im Mittelpunkt stehen meist Opfer und Täter und die Fragen nach Schuld und Verantwortung für Unrecht und Unmenschlichkeit in der Geschichte des 20. Jahrhunderts.

Keine Macht den Zeugen!: Zeitzeugenschaft und Vergangenheitspolitik in den Geschichtsdokumentationen der Ära Knopp

Wulf Kansteiner (Binghamton)

In Laufe der 1990er Jahre haben sich der Mediendiskurs und die Ästhetik von zeitgeschichtlichen Dokumentationen im deutschen Fernsehen entscheidend gewandelt. Während sich die Redakteure zu Beginn des Jahrzehntes noch auf traditionelle geschichtswissenschaftliche Fragestellungen konzentrierten und z.B. zu ergründen suchten, warum die Weimarer Republik gescheitert ist, richten sie ihren Bemühungen seit der Mitte des Jahrzehntes auf die Beantwortung existenzieller und spekulativer Fragen, z.B. wie mag es sich angefühlt haben, Soldat, Nazi oder Hitler gewesen zu sein? Als Folge dieser grundsätzlichen Umorientierung dienen Zeitzeugeninterviews heute völlig anderen Zwecken als noch vor 15 Jahren. Während Zeitzeugen früher in langen Interviewpassagen bei der geschichtlicher Ursachenforschung im Fernsehen wichtige Deutungsmacht entfalten konnten, dienen sie heute nur noch als rhetorischer Authentizitätsverweis und ihre Auftritte sind deshalb zumeist auf wenige Sekunden beschränkt. Zugleich werden aller Segmente der dokumentarischen Sendungen – Zeitzeugeninterviews, Originalaufnahmen, und nachgestellte Szenen – geschickt ästhetisch aufeinander abgestimmt, so dass sie in einen nahtlosen, visuellen Fluss eintauchen, der dem Zuschauer das Versinken und die vorübergehende spielerische Identifizierung mit der imaginierten Perspektive der Zeitgenossen des Dritten Reiches überhaupt erst ermöglichen. In dieser historischen Simulation werden den Zuschauern auf der visuellen Ebene auch Identifizierungsangebote gemacht – z.B. wie fühlt es sich wohl an, die Machtfülle eines Hitlers zu besitzen – die in der offiziellen Geschichtskultur der Bundesrepublik mit einem starken Tabu belegt sind. Diese transgressiven Indentifizierungsangebote, die besonders, aber nicht ausschließlich in den Sendungen der Redaktion Zeitgeschichte des ZDF ausgebreitet werden, versuche ich mit dem Begriff der Geschichtspornographie zu fassen.

Zeugenschaft, Glaubwürdigkeit und die Konstruktion weiblicher Täter
Judith Keilbach (Berlin)

Zeitzeugen treten seit Anfang der 1960er Jahre in bundesdeutschen Geschichtsdokumentationen über den Nationalsozialismus auf, wobei sich ihre Inszenierung seither ebenso verändert hat, wie ihre Funktion innerhalb der Sendungen. Beglaubigten sie in Sendereihen wie DAS DRITTE REICH (SDR/WDR 1960/61) die von einem Voice-over-Kommentar formulierten Fakten durch ihre persönlichen Erfahrungen, so tragen ihre emotional vorgetragenen Erinnerungen heute maßgeblich zur Affizierung der Zuschauer bei. Bereits Mitte der 1980er Jahre wurden in Sendereihen wie DIE DEUTSCHEN IM ZWEITEN WELTKRIEG (BR/SWF/ORF 1985) vereinzelt die Emotionen von Zeitzeugen akzentuiert, wobei auffällt, dass in den Sendungen vor allem Frauen angesichts ihrer schrecklichen Erlebnisse in Tränen ausbrechen und damit als Opfer des Krieges markiert werden. Diese geschlechterspezifische Zuschreibung, an der viele Dokumentationen über den Nationalsozialismus bisher orientiert waren, hat in aktuellen Sendungen jedoch keine uneingeschränkte Gültigkeit mehr. In HOLOKAUST (ZDF 2000) sind es neben den Überlebenden des Holocaust ausgerechnet Angehörige der Wehrmacht, die ikonographisch dem Opferstatus angenähert werden, wobei ihre emotionalen Reaktionen gleichzeitig die Authentizität ihrer Aussage garantieren. Demgegenüber werden weibliche Zeitzeugen hier als unglaubwürdig dargestellt und als Täterinnen gekennzeichnet. Der Voice-over-Kommentar in der 3. Folge von HOLOKAUST distanziert sich bspw. explizit von zwei Sekretärinnen, deren Funktion lediglich in der Etablierung einer kritischen Aussageinstanz besteht. Diese Verfahren untermauert mit seiner geschlechterspezifischen Aufteilung vor allem die Glaubwürdigkeit der als Opfer markierten Wehrmachtssoldaten

5.19. Bilder vom Körper: Visualisierungspraktiken in medizinischen und populären Publikationen des 19. und 20. Jahrhunderts

Leitung: Cornelia Brink (Freiburg), Lutz Sauerteig (Durham)

Bilder vom Körper. Einführende Überlegungen
Cornelia Brink (Freiburg), Lutz Sauerteig (Durham)

Bilderwelten der Sinne: Populäre Visualisierungen als Interferenzzonen von Medizin, Technik und Kultur
Cornelius Borck (Montreal)

Visualisierungsparadigmen in Charcots "photographischer Klinik"
Susanne Holschbach (Berlin)

Junge oder Mädchen - Frau oder Mann? Die Herstellung visueller Selbstverständlichkeiten in der Sexualaufklärung im 20. Jahrhundert
Lutz Sauerteig (Durham)

Sichtbare Darstellungen, unsichtbare Vorstellungen: "Fotografien-wider-Willen" in der Geschichtswissenschaft
Cornelia Brink (Freiburg)

Bilder und Texte. Kommentar zu den Referaten von Lutz Sauerteig, Susanne Holschbach, Cornelius Borck und Cornelia Brink
Philipp Sarasin (Zürich)

Zusammenfassung:
Visuelle Darstellungen des Körpers bilden den Körper nicht einfach ab. Sie setzen diesen als Vorstellung oder auch materiell voraus; gleichzeitig interpretieren sie, was sie zeigen. Mehr noch: Bilder stellen den Körper auf spezifische Weise her. Betrachter/innen orientieren sich mit ihren Wahrnehmungen und Handlungen an dem, was ihnen Bilder zu zeigen geben.

Die Sektion untersucht bildliche Darstellungen des Körpers - Fotografien, Zeichnungen und Grafiken - anhand verschiedener Fallstudien. Diese Bilder sind im 19. und 20. Jahrhundert in unterschiedlichen sozialen und wissenschaftlichen Zusammenhängen (Krieg und Jugendkultur, Medizin, Gesundheits- und Sexualaufklärung) entstanden und erreichten über populäre Medien eine große öffentliche Verbreitung.

Die Beiträge fragen nach den Voraussetzungen und Produktionsverfahren der Bilder sowie nach Darstellungsweisen des menschlichen Körpers. Auf welche Weise stellen Bilder Selbstverständlichkeiten her: den weiblichen Körper, den männlichen Hysteriker, die menschlichen Sinne, das Opfer einer Gewalttat? Ein weiterer Fragenkomplex befasst sich mit den sozialen Gebrauchsweisen der Bilder. Die genannten Zugänge verbindet die Frage nach Verflechtungen von Bildinhalt und spezifischem -medium, von Expertenwissen und sozialen Erfahrungen im öffentlichen Raum. Darüber hinaus wollen die empirisch ausgerichteten Untersuchungen deutlich machen, wie eine interdisziplinäre Herangehensweise an Bilder zu neuen Einsichten beitragen kann.

Bilderwelten der Sinne: Populäre Visualisierungen als Interferenzzonen von Medizin, Technik und Kultur
Cornelius Borck (Montreal)

Neue elektrische, optische und akustische Medien vermittelten am Beginn des 20. Jahrhunderts neue sinnliche Erfahrungen, revolutionierten die Erforschung der menschlichen Sinnesorgane und ließen neue Formen für die Rezeption dieser Wissenschaften im öffentlichen Raum entstehen. Zeitgenössische populäre Darstellungen zu diesen Forschungen spiegeln diesen Zusammenhang von Medien-, Medizin- und Kulturgeschichte buchstäblich auf "anschauliche" Weise, wie die Bilder des jüdischen Mediziners und Aufklärers Fritz Kahn (1888-1968) eindrücklich belegen. Kahn, als Gynäkologe ausgebildeter Mediziner, wurde in den Jahren der Weimarer Republik vor allem als Wissenschaftspopularisierer bekannt, der für die Berliner Illustrierte Zeitung und die Schriftenreihe der Kosmos Naturfreunde schrieb bzw. zeichnete. Speziell zur anschaulichen Visualisierung physiologischer Funktionszusammenhänge entwickelte Kahn eine eigene, charakteristische Bildsprache, die den menschlichen Körper in der industriellen Moderne positionierte, indem sie dessen Organe als Maschinen vorstellbar machte. Dieses Bildprogramm war offensichtlich international erfolgreich, denn nach seiner Emigration in die USA erschienen die meisten seiner Bücher in englischen Übersetzungen. Der Vortrag fokussiert auf Kahns Darstellungen zur Funktionsweise menschlicher Sinnesorgane, die er Mitte der 1920er Jahre für seine "volkstümliche Anatomie" mit dem Titel "Das Leben des Menschen" entwarf. Ihre zwischen Neuer Sachlichkeit und Collage oszillierende Bildsprache wird zum visuellen Schlüssel wie in der Verdichtung von Gesellschaft und Experimentalwissenschaft Natur zum Kulturkonstrukt.

Visualisierungsparadigmen in Charcots "photographischer Klinik"
Susanne Holschbach (Berlin)

Als die Fotografie in der zweiten Hälfte des 19. Jahrhunderts auch in den medizinischen bzw. klinischen Bereich einzieht, müssen die Standards für ihren Einsatz erst gefunden werden. Ein frühes Zeugnis für die Verwendung von Fotografie als Illustrationsmedium sind die zwischen 1876 und 1880 erschienenen drei Bände der Iconographie photographique de la Salpêtrière. Die Fotografien, die körperliche Gebärden zeigen, wie sie die Patientinnen im Verlauf eines hysterischen Anfalls hervorbrachten, rufen nicht nur motivisch die Pathosformeln "weiblicher Leidenschaften" auf, sondern folgen auch in ihrer Ästhetik einem künstlerischen Konzept von Visualisierung. Mit der Übernahme des "fotografischen Dienstes" durch den wissenschaftlich interessierten Fotografen Albert Londe änderte sich in den 1880er Jahren der Modus der Aufnahmen und damit auch das Bild (von) der Hysterie. Diese Veränderung manifestiert sich in Londes Illustrationen für die Nouvelle Iconographie de la Salpêtrière, einem Periodikum der Salpêtrière, das 1888 erstmals publiziert wurde.

Der Beitrag wird sich mit den Differenzen zwischen den zwei Visualisierungsparadigmen der Hysterie in der Ära Charcot beschäftigen, denen eine Veränderung des experimentellen "Settings" zu Grunde liegt. Da seit den 1880er Jahren in der Salpêtrière auch männliche Hysteriker behandelt wurden, kommt noch eine weitere Differenz ins Spiel: Lassen sich in der Darstellung der männlichen Patienten ebenfalls Bezüge zu ästhetischen Kodierungen von Gender auffinden? Oder unterwirft Londes Visualisierungsstandard die Körper männlicher und weiblicher Hysteriker gleichermaßen einem Blick, den geschlechtsspezifische Semantiken nicht mehr interessieren?

Junge oder Mädchen - Frau oder Mann? Die Herstellung visueller Selbstverständlichkeiten in der Sexualaufklärung im 20. Jahrhundert

Lutz Sauerteig (Durham)

Geschlecht ist nicht etwas, was wir sind oder was wir haben, sondern Geschlecht wird auf unterschiedliche Art und Weise vom Individuum herstellt. Dieses doing gender (Garfinkel, Kessler/McKenna), ist nicht willkürlich und arbiträr, sondern etwas, was zumeist vorbewusst, spontan und immer wieder getan wird. Um innerhalb einer bestimmten Kultur eindeutig Junge oder Mädchen, Frau oder Mann zu sein, sind sowohl überzeugendes doing gender als auch eine unzweifelhafte Zuschreibung gleichermaßen Voraussetzung. Wie man sein Geschlecht zu tun und wie man das doing gender der anderen zu verstehen hat, muss gelernt werden. Die Requisiten, Körperhaltungen und -formen, Gesten, Namen etc., die für doing gender verwendet werden und nach denen das doing gender der anderen gelesen, mit Bedeutung versehen und verstanden wird, sind kulturell und historisch kontingent und damit Gegenstand historischer Analyse. Die Sexualerziehungsliteratur stellt für Historiker/innen eine ideale Quelle dar, die Geschichte der zentralen Regeln des doing gender einer Kultur zu untersuchen. Dabei spielen Illustrationen eine entscheidende Rolle.

Der Vortrag untersucht, wie in Deutschland im 20. Jahrhundert visuelle Selbstverständlichkeiten (Gugerli/Orland) über den heterosexuellen Körper hergestellt wurden. Dazu werden ausgewählte typische Fotografien und Zeichnungen aus Büchern und populären Zeitschriften, die in der Sexualerziehung von Kindern verwendet wurden, herangezogen und zu dem sie begleitenden Text in Beziehung gesetzt. Im Mittelpunkt der Analyse steht, wie diese Bilder Geschlechterdifferenz und dadurch Heteronormativität herstellen.

Sichtbare Darstellungen, unsichtbare Vorstellungen: "Fotografien-wider-Willen" in der Geschichtswissenschaft

Cornelia Brink (Freiburg)

Zur fotografischen Hinterlassenschaft, die Historiker zu erforschen begonnen haben, gehören Aufnahmen, die gegen oder ohne den Willen der Abgebildeten entstanden sind: Fotos von verletzten, nackten oder kranken Menschen, von misshandelten, toten Körpern. Die Entstehungskontexte solcher "Fotografien-wider-Willen" (Alan Sekula) differieren, gemeinsam ist den Bildern, dass sich über die Quellenkritik hinaus die Frage aufdrängt, wie sie gezeigt und angesehen werden (sollen).

Sobald solche Aufnahmen im sozialen Raum zirkulieren, macht sich eine "soziale Nervosität" bemerkbar. Darauf verweisen die meist impliziten Legitimationen, die ihnen in historischen Ausstellungen oder Dokumentarfilmen, in Vorträgen oder populären Geschichtsmagazinen beigefügt werden: Der Annahme, die Fotos gäben den Opfern "ihr Gesicht" zurück oder machten ihr Leid überhaupt erst sichtbar, steht der Einspruch gegenüber, die Zurschaustellung reproduziere den Blick des Fotografen und damit den Objekt-Status der Abgebildeten. Im letzten Fall werden die Fotos als Dokumente der Täter kontextualisiert, gestalterische Eingriffe erschweren den Blick auf die Bilder oder man verzichtet ganz darauf, sie zu zeigen. Ob dabei die Fotografierten vor den Blicken der Betrachter oder die Betrachter vor den Zumutungen der Fotos geschützt werden sollen, ist nicht immer ersichtlich.

Der Vortrag diskutiert an ausgewählten Beispielen, wie "Fotografien-wider-Willen" im Wissensfeld Geschichte eingesetzt werden. Er erweitert die quellenkritische Analyse um die ethischen und politischen Implikationen, die mit der Präsentation verbunden sind und er fragt nach den Besonderheiten des Mediums Fotografie, die hier deutlich werden.

Bilder und Texte. Kommentar zu den Referaten von Lutz Sauerteig, Susanne Holschbach, Cornelius Borck und Cornelia Brink
Philipp Sarasin (Zürich)

Bilder wurden in der Moderne dafür eingesetzt, um die Aussagen von Texten zu stützen. Es zeigt sich allerdings, dass sie dabei Bedeutungseffekte haben, die sich nicht notwendig mit den Autor-Intentionen decken. Grundsätzlich gilt: Je mehr Medien bemüht werden, um etwas zu sagen bzw. zeigen, das heißt, um etwas „wahr“ zu machen, desto mehr Möglichkeiten ergeben sich, dass diese Medien – hier Texte und Bilder – Interferenzen verschiedener Bedeutungsmuster erzeugen, die von den AutorInnen nicht kontrolliert werden können.

Zu fragen ist nach den Produktionsbedingungen dieser Bedeutungsmuster. Im Fall der Fotografie bestimmen drei ganz basale Variablen die Bedeutungsproduktion des Bildes: Kameraperspektive, Bildausschnitt und Bildfolgen. Dazu kommt das, was „Bilddiskurs“ genannt wurde. Mit Foucault lässt sich nach der Ordnung der Bildaussagen fragen, d.h. nach den Konventionen und den Grenzen des Darstellbaren. Dazu kommt schliesslich das „ästhetische Programm“, dem Bilder jeweils folgen. Zu rekonstruieren sind also: Medientechnik, Bilddiskurs, ästhetisches Programm bzw. Stil. All dies erzeugt eine historische Spezifizität, die genau das ist, was HistorikerInnen zu interessieren hat. Dabei ist wichtig festzuhalten, dass auch unser Blick Bilddiskursen unterworfen ist; wir selbst haben kulturell eingeübte, historisch spezifische Weisen des Sehens. Das, was das Bild zeigt, wird immer von uns wahrgenommen und von uns interpretiert. Unser Blick auf historische Bilder ist daher primär wohl immer anachronistisch. Daher ist es notwendig, die historischen Produktionsbedingungen von Bildern zu kennen, um uns von unserem primären Bild-„Verstehen“ zu lösen.

5.20. Bild, Konsum und Kosmos. Inszenierungen modernen Lebens in der sowjetischen visuellen Kultur der Sechzigerjahre

Leitung: Monica Rüthers (Basel), Carmen Scheide (Basel)

Einführung
Carsten Goehrke (Zürich)

Zwischen Birken und Palmen. Images des sowjetischen Tourismus in der Ära Brezhnev
Christian Noack (Bielefeld)

Mode im Dienst des Sozialismus? Inszenierte Kleidungsstile, oder Visualisierung der Distinktion in den sowjetischen Modezeitschriften der Sechzigerjahre
Anna Tikhomirova (Bielefeld)

Kosmos. Raumfahrt, Technikkult und Transzendenz
Julia Richers (Basel)

Kind und Kosmos in sowjetischen Bildwelten der sechziger Jahre. Alltag und Utopie, oder die Herstellung von Selbstverständlichkeit
Monica Rüthers (Basel)

Kommentar
Carmen Scheide (Basel)

Zusammenfassung:
In den Sechzigerjahren veränderte sich die sowjetische Gesellschaft in mehreren Beziehungen: erstmals lebten mehr Sowjetbürger in Städten als auf dem Land. Die städtische Alltagskultur urbanisierte sich zusehends. Eine Konsumgesellschaft sowjetischer Ausprägung, deren Besonderheiten und Funktionsweisen noch nicht eingehend erforscht sind, war in der Entwicklung begriffen. Chruscevs Führungsriege verbesserte die Versorgung mit Wohnraum und Konsumgütern und garantierte Vollbeschäftigung sowie ein funktionierendes soziales Netz. Der Wandel war sichtbar: Mode und Frisuren, aber auch Neubauten setzten neue Akzente im Stadtbild. Einschlägige Reise-Magazine wie "Turist" lockten mit dem Duft von Freiheit und Abenteuer. Hemingway, enge Hosen und Gitarren hatten Hochkonjunktur. Im Jahr 1959 lässt sich ein deutlicher Bruch in der visuellen Kultur beobachten, in der Fotografie, aber auch in der Gebrauchsgrafik, in neuartigen, windschnittigen Projektskizzen in Architekturzeitschriften, in der Dekoration der Schaufenster, im Design der Kleider und Möbel. Die neuen Leitbilder der visuellen Kultur der Sowjetunion waren deutlich "konsumentenorientiert".

Die Bilder überdeckten die mangelhafte Performanz des Staates: Weiterhin bestand eine Kluft zwischen Konsumerwartungen und Konsummöglichkeiten. Die visuelle

Kultur diente der Erziehung, Bildung und Motivation der Jugend für den Sozialismus. Die neue Orientierung schuf eine ganze Reihe innerer Widersprüche.

War der Konsum Notwendigkeit und Kompromiss in einer sozialistischen Gesellschaft?

Welche Möglichkeiten von Identitätskonstruktionen (im Sinne von Performanz und Hybridität) bot die neue Vielfalt an Bildern den Bürgern und Bürgerinnen der Sowjetunion im Zentrum und in der Provinz?

Zwischen Birken und Palmen. Images des sowjetischen Tourismus in der Ära Brezhnev
Christian Noack (Bielefeld)

1. Am Beispiel der Illustrierten "Tourist" lässt sich eine zunehmende Diskrepanz zwischen Text- und Bildsprache beobachten: erstere blieb ideologischen Konzepten verpflichtet, letztere scheint den sozialistischen Kanon zu überwinden.

2. Zudem lassen sich unterschiedliche Konnotationen von Tourismus und Erholungswesen feststellen: Tourismus wurde eher mit Gemeinschaftssinn und Naturverbundenheit in Beziehung gebracht. Dies schlägt sich in einem "romantischem Modus" nieder. Der russisch-nationale Traditionen synthetisierende Variante der "Birken" steht die Darstellung des Erholungswesens gegenüber. Sie verweist einerseits auf die internationale Tradition der "Kurorte" als repräsentative und exklusive Orte der Erholung. Unter Verwendung üblicher Symbole -"Palmen" - wird z.B. die Schwarzmeerküste inszeniert.

3. Damit verweisen die Bilder auf Konzepte, die im schriftlichen Diskurs marginalisiert worden waren. Mit der "Entdeckung" von Tourismus und Erholungswesen als politischer Agenda hatte sich der Stalinismus um eine abgrenzende Neudefinition bemüht. Der "proletarische Tourismus" basierte auf der Negation bürgerlicher Vorbilder. "Erholung" war diskursiv auf die Wiederherstellung der Arbeitskraft reduziert worden.

4. Unter Zurücknahme grober Übertreibungen überlebten sowohl das pathetische Konzept des "proletarischen Tourismus" als auch des exklusiven Kurorts das Ende des Stalinismus. Allerdings gerieten sie in Widerspruch zu Vorstellungen und Lebensstilen der Nachkriegsgeneration. Das spannungsreiche Nebeneinander von Texten und Abbildungen sowie der visuellen codes kann als ein Aufweichen der ideologischen Diskurshoheit gelesen werden. Offensichtlich spiegeln die Bilder in besonderem Maße Intensität und Reichweite der Aushandlungsprozesse wider, die im Poststalinismus in Gang kamen.

Mode im Dienst des Sozialismus? Inszenierte Kleidungsstile oder Visualisierung der Distinktion in den sowjetischen Modezeitschriften der Sechzigerjahre
Anna Tikhomirova (Bielefeld)

Der Aufbruch zur Massenkonsumgesellschaft symbolisierte den zweiten (nach den Konstruktivisten der 1920er Jahre) konzeptionellen Versuch in der Sowjetunion, das Wesen der "Mode" umzudeuten. Die Mode sollte zum visuellen Beweis der Errungenschaften des Sozialismus und damit der sozialistischen Gesellschaftsordnung fungieren. Das Aufrechterhalten der Vision einer homogenen sozialistischen Gesellschaft wurde allerdings durch die neuen verlockernden, darunter auch westlichen, Konsumangebote und Konsumstile (wie etwa stiljagi) maßgeblich erschwert. Es schuf eine ganze Reihe der inneren Widersprüche. Die sozialistische Mode musste, im Sinne der "individueller Lebensgestaltung" statt der "sozialen Distinktion", den Gemeinschaftssinn und die soziale Integration visualisieren und damit erzieherisch und politisch stabilisierend wirken. Die leitende sowjetische Modezeitschrift "Zurnal mod" sollte in der UdSSR als visuelle Anleitung zur alltäglichen politisch legitimen Distinktion wegweisend sein. Wie verlief die Kanonisierung der sozialistischen symbolischen Kleiderordnung(en) in dieser Modezeitschrift? An welchen verdichteten bildlichen Symbolen kann man z.B. die Kommunikation der Visionen einer "sozialistischen Bekleidungskultur" sowjetischer Ausprägung mit westlichen Trends (sogar eine Verschmelzung der Feind- und in die Freundbilder), oder auch mit der sozialistischen Mode in den RGW-Ländern, festmachen? Welche Erzählmuster, welche visuellen Reihen begleiteten bzw. produzierten erst solche teils höchst eigensinnigen Umdeutungen? Die Analyse des Eigen-Sinns der Bilder und der Bild-Text-Kommunikation kann meines Erachtens erkenntnistheoretisch erheblich dazu beitragen, die feinen Mechanismen der Projektionsbildung im sowjetischen Moderaum der 1960er Jahre zu entschlüsseln.

Kosmos. Raumfahrt, Technikkult und Transzendenz

Julia Richers (Basel)

Als Juri Gagarin am 12. April 1961 als erster Mann und 1963 Valentina Tereskova als erste Frau in das All flogen, hielt die Welt den Atem an. Der Sowjetunion war mit Sputnik, Laika und den Kosmonauten etwas gelungen, wovon die Menschheit bisher nur träumen konnte. Man war der Eroberung der unbekannten Weiten des Weltraums einen entscheidenden Schritt näher gekommen. Neben dem neo-kolonialen Begehren und dem damit verbundenen Wettrüsten in Zeiten des Kalten Kriegs steckten hinter dem sowjetischen Raumfahrtfieber noch weitere Facetten.

In ganz Osteuropa wurden Kosmonauten-Klubs gegründet, die Science Fiction-Literatur wiederbelebt und der Kosmos als "Konsumgut" in den Alltag integriert. Zum einen faszinierte die Technik, zum anderen stand der unendliche Weltraum als utopische Gegenwelt zur irdischen Begrenztheit und harten Alltagsrealität. Dieser Traum vom Kosmos, von der Überwindung der Schwerkraft, von der Beherrschung von Raum und Zeit hat seine Wurzeln unter anderem in den magisch-utopischen Menschenentwürfen und biopolitischen Utopien der ersten Jahrzehnte des 20. Jahrhunderts.

Der Beitrag wird versuchen, sich dieser faszinierenden Geschichte der russischen Raumfahrt zu nähern und eine kulturwissenschaftliche Auseinandersetzung mit dem Thema Kosmos zu wagen. Bilder - in Form von Fotografien, Zeichnungen oder Filmmaterial, aber auch als Bilder in unseren Köpfen - sind in diesem Zusammenhang eine der zentralen Quellengrundlagen, da das physische Er-Leben im Weltraum oder die direkte Teilhabe am geheimen Raumfahrtprogramm dem Gros der Menschheit verwehrt blieb. Es bleibt, sich somit den reichen Bilderwelten zu nähern, die aus der Kosmos- und Raumfahrtbegeisterung der sowjetischen Gesellschaft entstanden sind.

Kind und Kosmos in sowjetischen Bildwelten der sechziger Jahre. Alltag und Utopie, oder die Herstellung von Selbstverständlichkeit
Monica Rüthers (Basel)

Der Beitrag geht aus von einer Analyse der Fotografie des Dom Igruski am Kutuzovskij Prospekt, Moskau von M. Cudakov aus dem Jahr 1962. Eine genaue Betrachtung der Aufnahme führt zu der These, dass es sich um eine gestellte Szene kurz vor der Eröffnung des Spielzeuggeschäftes handelt. Anhand des Fundortes und der Archivbestände wird das Foto in einen Entstehungskontext mit bestimmten Bildtraditionen und Aufgabenstellungen der Auftragsfotografie eingeordnet. Die fotografische Dokumentation der sowjetischen Errungenschaften gerade auch im "Alltagsleben" wurde systematisch betrieben. Diese Feststellung führt zur Frage nach Zielen und Zwecken solcher Aufnahmen und zur zweiten These, dass die Bilder unter anderem der Darstellung von "Selbstverständlichkeit" dienten. Der Bildinhalt erlaubt Rückschlüsse auf die Konstitutiven solcher Selbstverständlichkeit oder "Normalität", etwa die Geschlechterrollen oder die Konstruktion von "Kindheit" betreffend. Das leitet über zu weiteren thematischen Kontexten, in die sich die Aufnahme einordnen lässt. Dies ist einmal der Kontext des "rationalen Konsums" im Zusammenhang mit der Entstehung einer modernen Massen- und Konsumgesellschaft in der Sowjetunion seit Ende der Fünfzigerjahre. Zentral im Bild enthalten ist ein weiteres zentrales ikonografisches Motiv der Zeit, Kosmos und Raumfahrt. Hier stellt sich die Frage nach der Rolle solcher Bildmotive in der sowjetischen Alltagskultur. Weitere Beispiele zeigen, dass Kosmos und Raketen besonders häufig in kindorientierte Umgebungen integriert wurden, als Wandmosaike an Schulen, am Moskauer Palast der Pioniere oder als Klettergerüste auf Spielplätzen. Der Beitrag entwirft einen methodisch begründeten Ansatz zur Deutung des Motivkomplexes "Kind und Kosmos" und fragt nach dem machtförmigen Zusammenhang des Motivs mit den gesellschaftlichen Entwicklungen der Zeit und der Herstellung von Normalität.

5.21. Die europäische und die amerikanische Stadt seit dem späten 19. Jahrhundert: Geschichtsbilder - Leitbilder - Trugbilder

Leitung: Dieter Schott (Darmstadt), Friedrich Lenger (Gießen)

Die europäische und die amerikanische Stadt seit dem späten 19. Jahrhundert: Geschichtsbilder - Leitbilder - Trugbilder. Einführung in die Sektion
Dieter Schott (Darmstadt), Friedrich Lenger (Gießen)

Transatlantic Clearing Houses in the 20th Century: The Urban Variable
Pierre-Yves Saunier (Lyon)

Gemeinsinn in Suburbia? Die Gartenstadt als Utopie und Realität im transatlantischen Vergleich
Gisela Mettele (Washington)

Europäische Verwaltung und amerikanische Wohlfahrt. Russische Wahrnehmungen westlicher Stadtdiskurse am Beispiel Moskaus vor 1917
Jan C. Behrends (Berlin)

Amerikanische Einflüsse auf den Wiederaufbau europäischer Städte nach dem Zweiten Weltkrieg
Axel Schildt (Hamburg)

"New Urbanism" und die "Europäische Stadt"
Werner Sewing (Berlin)

Zusammenfassung:
Seit einigen Jahren hat in den Debatten von Architekten, Stadtplanern und Stadtforschern das Konzept der "europäischen Stadt" Konjunktur. Dabei fungiert die "europäische Stadt" nicht zuletzt als Chiffre in den Diskussionen um die mögliche Nachhaltigkeit von Stadtentwicklung und die soziale Polarisierung in den Städten unserer Zeit. Im Gegensatz zur amerikanischen Stadt mit ihrer extremen Flächenausdehnung und Zersiedlung sowie dem Verlust der Vitalität urbaner Kerne biete - so verkürzt die Argumentation - die europäische Stadt durch ihre Dichte, Kompaktheit, soziale und kulturelle Vielschichtigkeit die Chance, Stadtentwicklung mit den Erfordernissen nachhaltiger Entwicklung zu verbinden. Und nur diese Stadt bewahre auch den städtischen Raum als potentiellen Ort einer spezifisch urbanen Öffentlichkeit, der für die Ausbildung zivilgesellschaftlicher Strukturen besondere Bedeutung zukomme.

Für Historiker stellt sich hier natürlich die Frage nach dem Realitätsgehalt solcher Geschichtsbilder. Nahe liegend erscheint dabei die Konzentration auf die Zeit seit dem späten 19. Jahrhundert und die Beschränkung auf die europäisch-nordamerikanischen Industriegesellschaften. Denn zum einen fanden wichtige Diskussionen unter Städteplanern, Architekten oder Sozialreformern seither im engen transatlantischen Austausch statt. Zum anderen entwickelten sich spätestens um die Wende zum 20. Jahrhundert die europäische und die nordamerikanische Stadt zum jeweiligen alter ego der urbanen Selbstwahrnehmung. Deshalb scheint die kritische Rekonstruktion der oft in wechselseitigen Spiegelungen gefangenen Geschichtsbilder der europäischen und der nordamerikanischen Stadt bedeutsam.

Transatlantic Clearing Houses in the 20th Century: The Urban Variable
Pierre-Yves Saunier (Lyon)

This paper will provide an overview of the exchange over the 'urban' across the Atlantic in the long 20th century. This exchange is embedded into the general economy of the circulation of ideas. The urban variable needs to be considered as part of a wider range of economic, political and cultural values and artifacts that participate in these 'Atlantic crossings'.

From the 1880s-1890s different protagonists begin to collect and exchange information on the urban civilization on both sides of the Ocean. The paper will sketch these protagonists, trace changes in this circulation over time and analyse the different regimes that shaped it.

Looking at the protagonists of the exchange I will highlight government activities as in the case of diplomatic support to German city planning in the US at the beginning of the 20th century, or urban consultancy developed by US agencies in Europe after WW2. Attention will also be given to professional networks among engineers, architects or city planners, or municipal governments.

The second part of the paper will ask for the timing and geography of these flows. What were dominant directions, specific flow patterns at certain times. Which were key places, model cities? How comprehensive was the reception of ideas gathered from these model cities?

In the final section an approach will be presented to the configurations that have shaped the transatlantic exchanges on urban matters since the late 19th century, from informal transfers to competitive mazes through organized cooperation. Those regimes did not succeed to one another, but emerged in close interconnection between their protagonists and modi operandi, and are still in operation today to orient the ongoing transatlantic trade in urban ideas.

Gemeinsinn in Suburbia? Die Gartenstadt als Utopie und Realität im transatlantischen Vergleich
Gisela Mettele (Washington)

Seit längerem wird in der Forschung die Forderung erhoben, den suburbanen Raum differenzierter wahrzunehmen. Jedoch fehlt es der neueren Suburbanisierungsdiskussion oft an historischer Tiefenschärfe. Dabei lässt sich spätestens seit dem Ende des 19. Jahrhunderts das Phänomen Stadt weder in Europa noch in Amerika losgelöst von der Realität suburbaner Zersiedelung ("sprawl") diskutieren. Die Forderung nach gesundem, naturnahem Wohnen bildete den Kern der frühen Debatten um Suburbia und die Idee der "Gartenstadt" galt in den internationalen Städtebaureformbewegungen weithin als der Königsweg, um dem ungebändigten Wachstum städtischer Ballungsräume entgegenzusteuern. Sie stand einerseits für eine ökologische Utopie, die versuchte, Natur und Städtewachstum miteinander zu versöhnen. Vor allem aber war sie eine politische Utopie: Im Mittelpunkt von Howards Gartenstadt-Konzept stand die Frage nach der Wiedergewinnung städtischer Qualität. Die Leitidee einer harmonischen Verbindung von Stadt und Land enthielt eine umfassende republikanische Vision, in die alle Lebensvollzüge eingeordnet werden konnten. Umgesetzt wurde die Gartenstadtidee allerdings zumeist als "grüne" Vorstadt, der es zwar nicht an Bäumen mangelte, jedoch an "Gemeinsinn": Ein gehobenes Suburbia, in dem individualisiertes Familienwohnen das Engagement für öffentliche Belange ersetzt. Der Fokus des Vortrags wird auf den zivilgesellschaftlichen Perspektiven liegen, die sich mit der Gartenstadt als Idee und Realität dies- und jenseits des Atlantiks verbinden. Gefragt wird vor allem nach den öffentlichen Räumen in Suburbia bzw. nach deren Aneignungen, die nicht zuletzt geschlechterspezifisch konnotiert waren.

Europäische Verwaltung und amerikanische Wohlfahrt. Russische Wahrnehmungen westlicher Stadtdiskurse am Beispiel Moskaus vor 1917
Jan C. Behrends (Berlin)

Gegen Ende des 19. Jahrhunderts stand die russische Metropole Moskau vor multiplen Herausforderungen. Phänotypisch verkörperte die Stadt noch in vielem das alte Russland: ihr Weichbild war von Märkten, Kirchen und Klöstern geprägt. Aus dem Adelssitz und der Handelsstadt wurde innerhalb nur einer Generation ein Zentrum der Leichtindustrie und moderner Dienstleistungen. Zur Jahrhundertwende war Moskau die am schnellsten wachsende Metropole des russischen Imperiums. Weder die Infrastruktur noch die politischen Institutionen konnten mit diesem rapiden Wandel mithalten. Bei rascher ökonomischer Modernisierung lagen die eigentlichen Probleme Moskaus in der sozialen und kulturellen Sphäre: Die Eingliederung der noch von der archaischen Welt des russischen Dorfes geprägten ländlichen Zuwanderer bildete für die städtische Elite und die Verwaltung eine immense Herausforderung.

In den Experten-Debatten zur Stadtreform zwischen 1906 und 1914 ging es einerseits um die Analyse der eigenen Stadt und die Entwicklung eigener Lösungen. Andererseits wurde jedoch in den einschlägigen Fachzeitschriften wie auch in den Veröffentlichungen der Stadt Moskau breit über europäische und amerikanische Ansätze zur Stadtreform berichtet. Nach einer kurzen Einführung in die soziale Situation Moskau um 1900 werde ich anhand dieser Quellen fragen, welche transnationalen Beobachtungen und Transferprozesse zwischen Russland, Westeuropa und den USA sich aus ihnen beschreiben lassen. Im Hintergrund steht dabei die Frage, inwieweit sich bereits zu Beginn des 20. Jahrhunderts spezifische Muster staatlichen Handelns und zivilgesellschaftlichen Engagements zur Lösung der sozialen Frage isolieren lassen.

Amerikanische Einflüsse auf den Wiederaufbau europäischer Städte nach dem Zweiten Weltkrieg

Axel Schildt (Hamburg)

Die Eingängigkeit architektonischer Bilder - von Manhattan zu Mainhattan - im Kopf des Betrachters bildet bei diesem Thema eine besonders gefährliche Falle. Architektur und Stadtplanung scheinen Felder genuiner "Amerikanisierung" zu bilden. Allerdings sind für das erste Jahrzehnt nach dem Zweiten Weltkrieg nur wenige direkte Ideen-Importe aus den USA zu registrieren. Dies liegt u.a. am bereits in der Zwischenkriegszeit hohen Vernetzungsgrad der Diskussionen um Architektur und Städtebau. Die USA unternahmen als Besatzungsmacht außer in West-Berlin auch keine besonderen Anstrengungen im Bausektor, um einen amerikanischen Weg vorzugeben. Eher ging es im Zeichen des Kalten Krieges um die Propagierung eines als westlich verstandenen "International Style".

Auf diesem Stand könnte man es bei einer schlichten Fehlmeldung belassen: Kein einziges der großen europäischen Wiederaufbauprojekte trägt eine genuin amerikanische Handschrift.

Ein zweiter Blick identifiziert allerdings durchaus Bereiche indirekter Einflussnahme der USA, etwa

- in der Debatte um rationelles Bauen, die in der unmittelbaren Nachkriegszeit begann und ihren Höhepunkt um 1950 erlebte;
- in der Propagierung von Nachbarschaftskonzepten;
- in der amerikanischen Lösung von städtischen Verkehrsproblemen und der damit zusammenhängenden Entwicklung suburbaner Siedlungsstrukturen und
- in der Vorreiterroller der USA im Bereich der Haushaltstechnisierung.

In Architektur und Stadtplanung gab es demnach durchaus US-Einflüsse, die sich aber sehr schwer aus dem Zusammenhang internationaler - nicht zuletzt europäischer - Verflechtungen lösen und zudem nicht prima vista feststellen lassen.

"New Urbanism" und die "Europäische Stadt"

Werner Sewing (Berlin)

Die Wiederentdeckung der "alten Stadt" (Rossi) durch die Postmoderne beendete die urbanistische Selbstreflexion der Moderne. Deren Neukonzeption einer kompakten, funktional gemischten Stadt wurde stillschweigend übernommen und mit der Bilderwelt von Haussmann und Sitte antimodern rekodiert.

Nach dem schnellen Niedergang der damit verbunden postmodernen Ästhetik bereits Mitte der achtziger Jahre entstanden zwei neue, zunächst rein städtebaulich begründete professionelle Auffangbecken antimoderner Leitbilder. Der bereit 1982 in Seaside gebaute New Urbanism gewann in den USA seit seiner Formierung zum Congress for New Urbanism in den neunziger Jahren erheblichen Einfluß auf die Politik (Al Gore, US-Ministerium ‚Housing and Urban Development' und eroberte ein Segment des boomenden Siedlungsbaus. In Europa diente die Idee der kompakten Stadt, die in

Deutschland als "Europäische Stadt" seit der IBA Berlin zum Leitbild geworden war, der kulturellen Nobilitierung von traditionalen Stadtbildern.

Beide Ansätze, deren professionelle Trägergruppen sich zusehends aus der zweiten Generation der Postmoderne rekrutieren, erheben den Anspruch, soziale oder politische Postulate wie Gemeinschaft, Bürgerschaft, Gemeinsinn und Zivilgesellschaft räumlich, aber auch sozial zu ermöglichen. Trotz soziologischer Skepsis scheint der Erfolg aus dieser Vermischung sozialer, kommunitaristisch anmutender Postulate mit traditionalen Raumbildern zu resultieren:

Reduziert sich der Neotraditionalismus auf seine kulturelle und lebensstilpolitische Emblemfunktion für die Wertvorstellungen seiner Trägergruppen, einem Teil der neuen Mittelschichten? Welche Bedeutung hat dann aber die Kultur- und baugeschichtliche Historisierung des New Urbanism, seine Begründung etwa aus amerikanischem Garden Suburb und Beaux-Arts-Urbanismus, aus Small-Town-America und City-Beautiful-Bewegung?

5.22. Staatskult und Nationenbildung. Die Visualisierung politischer Herrschaft in den napoleonischen Satellitenstaaten Deutschlands und Italiens

Leitung: Arnulf Siebeneicker (Kassel)

Formstrenge und Frühkonstitutionalismus. Der "style Empire" als Corporate Design des Königreichs Westphalen
Thorsten Smidt (Kassel)

Der "Pallast der Stände". Zur Bildsprache des Parlamentarismus im Königreich Westphalen
Arnulf Siebeneicker (Kassel)

Kampf der Bilder. Napoleonkult und die Herausbildung einer modernen Öffentlichkeit in Nordwestdeutschland
Armin Owzar (Münster)

Kunstpolitik und Avantgarde in Mailand: Von der Cisalpinischen Republik zu Eugène Beauharnais
Johannes Myssok (Münster)

Zusammenfassung:
In zahlreichen europäischen Staaten setzte Napoleon Verwandte als Herrscher ein. Diese Monarchen konnten nicht auf eine ehrwürdige Tradition zurückblicken, sondern mussten die Loyalität ihrer Bürger erst erringen. Um ihre prekäre Legitimationsbasis zu erweitern, schufen sie einen Staatskult, der sie und ihre Untertanen unter dem Stichwort der „Nation“ vereinte.

Ein zentrales Element dieses Staatskults war die Verehrung Napoleons, die sich in der Schaffung von Monumenten im öffentlichen Raum und in der feierlichen Begehung von Jahrestagen äußerte. Solche Symbole und Rituale wurden auch auf die mit ihm verwandten Herrscher übertragen. Gewürdigt wurden dabei nicht nur die Monarchen selbst, sondern auch die von ihnen initiierten Reformen. Deutlich wird diese Strategie anhand des Wirkens von Jérôme Bonaparte in Kassel und Eugène Beauharnais in Mailand.

Vermittelt wurde dieser Staatskult durch Bilder. Eine wichtige Rolle spielte dabei der „style Empire", der als das künstlerische Äquivalent zum Frühkonstitutionalismus gelten kann. Die Herrscherikonographie der Napoleoniden manifestierte sich in Statuen, Gemälden, Druckgraphiken, Medaillen und Triumphbögen. Urbanistische Planungen bereiteten die Umgestaltung ihrer Residenzstädte vor. Auch die Festkultur mit ihren Kostümen und Bühnenprospekten hatte eine visuelle Komponente. Bei solchen Veranstaltungen mischten sich französische und einheimische Traditionen. Der Rückgriff auf das Mittelalter sollte den neuen Staaten ein historisches Fundament verschaffen.

Doch nicht nur die von den Herrschern errichtete Repräsentationsfassade erlaubt Rückschlüsse auf den Staatskult, sondern auch die Reaktion der Beherrschten. Vielerorts förderte die Auseinandersetzung mit dem Zeremoniell (z.B. im Medium der Karikatur) die Entstehung einer kritischen Öffentlichkeit.

Die Sektion beruht auf Forschungsergebnissen, die im Vorfeld der Hessischen Landesausstellung 2008 erarbeitet werden. Die Ausstellung „König Lustik!? Jérôme Bonaparte und der Modellstaat Königreich Westphalen" wird von der museumslandschaft hessen kassel vorbereitet und findet vom 19. März bis zum 29. Juni 2008 im Museum Fridericianum in Kassel statt. In interdisziplinärer Zusammenarbeit von Kunsthistorikern und Historikern will dieses unter der Leitung von Thorsten Smidt und Arnulf Siebeneicker stehende Projekt die Hofkultur und die Reformpolitik des Königreichs Westphalen kritisch würdigen.

Formstrenge und Frühkonstitutionalismus. Der „style Empire" als „Corporate Design" des Königreichs Westphalen

Thorsten Smidt (Kassel)

Die Errungenschaften der Französischen Revolution zu exportieren und damit die Deutschen moralisch zu erobern, dies war das erklärte Ziel Napoleons bei der Errichtung des Modellstaates Königreich Westphalen. Der sich hier ausbildende Frühkonstitutionalismus war ohne Vorbild, zumal in der alten und neuen Haupt- und Residenzstadt Kassel. Den Bruch mit dem Bestehenden propagierte der König, Jérôme Bonaparte, selbst ein „Fremder" und Herrscher allein von Napoleons Gnaden.

Sinnfällig zum Ausdruck kam dies in dem aus Frankreich importierten „style Empire". Von Napoleon zum Herrschaftsstil erhoben, lagen die Bezugspunkte dieser Spätform des Klassizismus gleichermaßen in römisch-kaiserzeitlicher Kunst wie der Hochrenaissance. Das Empire verkörperte in seiner Gradlinigkeit und Formstrenge die Prinzipien der Rationalität, auf denen auch das Königreich Westphalen fußte. Dem neuen

Repräsentationsstil unterwarf Jérôme das gesamte Staatszeremoniell; er ließ die Schlösser des geflüchteten Kurfürsten in dieser Façon neu ausstatten und berief die dem Pariser Vorbild verpflichteten Leo von Klenze und Grandjean de Montigny zu seinen Hofarchitekten.

Von besonderer Bedeutung waren die regionalen Ausprägungen dieses Stils, die Jérôme mit Aufträgen an ortsansässige Kräfte beförderte. Kassel entwickelte sich zu einem der Zentren des Empire. Von hier aus verbreitete sich der Stil in ganz Norddeutschland und durchdrang dabei die Gesellschaftsschichten. Bürgerliche Mode nahm ihn ebenso auf wie etwa das Kultgerät der westphälischen Juden. Der „style Empire" wurde damit zum visuellen Erscheinungsbild der neuen Herrschaft. Er avancierte gleichsam zum „Corporate Design" des Königreichs Westphalen.

Der „Pallast der Stände" Zur Bildsprache des Parlamentarismus im Königreich Westphalen

Arnulf Siebeneicker (Kassel)

In Kassel trat am 2. Juli 1808 das erste Parlament eines deutschen Staates zusammen. Zu den Delegierten zählten neben Adeligen und Klerikern auch Kaufleute, Fabrikanten und Bauern. Sie repräsentierten nicht ihren Stand oder ihre Region, sondern die ganze „Nation". Zwar waren die Abgeordneten nicht per Urwahl ermittelt, sondern von Wahlkollegien bestimmt worden, deren Mitglieder der König ernannt hatte. Ihre Mitwirkungsrechte umfassten aber immerhin den Kernbereich des Parlamentarismus: die Bewilligung von Steuern und die Verabschiedung des Staatshaushalts. Der hohe Stellenwert, der dem Parlament beigemessen wurde, ergibt sich aus dem Legitimitätskonzept der Napoleoniden, das auf rationalen, traditionalen und charismatischen Elementen beruhte.

Das neuartige Konzept des Volksvertreters bedurfte der Popularisierung. Visuelle Elemente spielten dabei eine wichtige Rolle. Die politische Ikonographie der „Reichsstände" in Kassel verdeutlicht das Selbstverständnis der Urheber dieser spezifischen Form des Frühkonstitutionalismus. So avancierte die feierliche Eröffnung der ersten Sitzungsperiode zum Thema eines großformatigen Historienbildes, das sämtliche Komponenten der westphälischen Staatsideologie bündelte: König, Volk, Militär, Kirche und Parlament.

Hatte die parlamentarische Session des Jahres 1808 noch in provisorischen Räumen stattgefunden, so stand zwei Jahre später ein eigens errichteter, im „style Empire" dekorierter Sitzungssaal zur Verfügung, der neben den 100 Abgeordneten auch 400 Zuschauer aufnehmen konnte. Diesen Raum schmückte ein sorgsam kalkuliertes Skulpturenprogramm. Sitzordnung und Ausstattung entsprachen französischen Vorbildern. Dies gilt auch für die Uniformen, die den Parlamentariern 1810 vorgeschrieben wurden, um die sich in der Kleidung ausdrückenden Unterschiede zwischen den Delegierten einzuebnen.

Mit seiner irritierenden Kombination aus anachronistischen und innovativen Formen behinderte der Staatskult die Nationenbildung im Königreich Westphalen mehr, als dass er sie förderte. Der Ruf der „Reichsstände" litt in den Augen der Öffentlichkeit dadurch, dass die repräsentative Ausstattung des Parlaments dessen politische Bedeutung überstrahlte.

Kampf der Bilder. Der Napoleonkult und die Herausbildung einer modernen Öffentlichkeit in Nordwestdeutschland

Armin Owzar (Münster)

Um ihre Herrschaft in den besetzten Regionen Nordwestdeutschlands zu stabilisieren, bediente sich die napoleonische Obrigkeit verschiedener, zum Teil widersprüchlicher Strategien. Nicht nur gewährte sie eine Vielzahl materieller Vergünstigungen und wandte massive Repressionen an. Sie schöpfte auch aus einem Arsenal traditioneller wie innovativer Formen der Legitimationsstiftung. So gab es eine soziale Strategie, die den karitativen Charakter der napoleonischen Herrschaft betonte, eine nationale Strategie, die auf die Größe des Empire bzw. der Modellstaaten abhob, eine militärische Strategie, die die Siege der kaiserlichen Armee feierte, eine dynastische und sentimentale Strategie, die den Kaiser und seine Familie verherrlichte, sowie eine verfassungspolitische Strategie, die auf den Import der revolutionären Errungenschaften verwies. Dabei bedienten sich die Sinnproduzenten sämtlicher zeitgenössischer Medien und Formen symbolischer Kommunikation, wobei sie in der Regel Napoleon oder seine Verwandten ins Zentrum ihrer Propaganda plazierten. Nicht selten kombinierten sie die Strategien auch miteinander.

Ungeachtet aller damit verfolgten propagandistischen Ziele löste dieses Patchwork von Repräsentationsstrategien eine Eigendynamik aus, die sich der Kontrolle durch die napoleonische Obrigkeit zusehends entzog. Zum einen ermöglichte es einen Vergleich der verschiedenen Strategien und der ihnen zugrunde liegenden Konzepte und trug damit zu einer Relativierung der aus dem Ancien régime überkommenen und mit dem Napoleonkult intensiv verfolgten Legitimationsstrategien bei. Zum anderen wurde der Napoleonkult zunehmend mit einem radikalen Antinapoleonismus konfrontiert, der sich nun ebenfalls sämtlicher Strategien, Medien und Formen bediente. Nolens volens hatte die napoleonische Obrigkeit mit ihrer Patchwork-Strategie damit auf allen Feldern einen Kampf eröffnet, einen Kampf, den sie letztlich nicht gewinnen konnte.

Kunstpolitik und Avantgarde in Mailand: Von der Cisalpinischen Republik zu Eugène Beauharnais

Johannes Myssok (Münster)

Auf der Schwelle zur Moderne stellte das Aufgabenfeld der Visualisierung von Herrschaft neuartige und kaum zu bewältigende Ansprüche. War es schon für Napoleon in Frankreich äußerst schwierig, den Wandel der Herrschaftsform von der Republik zum Kaiserreich durch eine Zeichen- und Symbolsprache visuell eindeutig zu kommunizieren, musste sich das Problem für die napoleonischen Königreiche in Europa in gesteigertem Maße stellen, da sie noch weniger als er selbst auf eine historische Legitimation ihrer Herrschaft verweisen konnten.

Für Italien kulminierte diese Frage 1805 mit der Gründung des Regno d'Italia und der Erhebung von Mailand zur Hauptstadt. Doch während Napoleon andernorts seine Brüder zu Königen einsetzte, erhob er sich in Mailand selbst zum König über Italien und ernannte seinen Stiefsohn Eugène Beauharnais zu seinem Stellvertreter. Diesem fiel dadurch die undankbare Aufgabe zu, Herrschaft in einer Region auszuüben, die nicht nur vor dem Einmarsch der Franzosen 1797 eine prosperierende Zeit unter österreichischer Verwaltung erlebt hatte, sondern seitdem bereits mit zwei eigenständigen Republiken nach französischem Vorbild ein funktionierendes Staatswesen und eine bestens organisierte Verwaltung aufgebaut hatte.

Mit dieser Modernisierung von Politik und bürokratischem Apparat war jeweils auch ein Wandel in der Visualisierung der neuen Herrschaftsformen einhergegangen, so dass in Mailand der Klassizismus bereits ein seit langem verwendeter Stil war, als Eugène die Herrschaft übernahm - die Einführung des französischen Empire-Klassizismus wie andernorts in Europa hätte sich deshalb kaum dazu geeignet, auf einen Herrschaftswandel und die Abkehr vom Ancien Régime hinzuweisen. Der Vortrag verfolgt vor diesem Hintergrund die verschiedenen Maßnahmen, die vor allem in urbanistischer Hinsicht Mailand ein 'napoleonisches Gesicht' geben sollten, jedoch ähnlich wie in Paris erst im fortgeschrittenen 19. Jahrhundert verwirklicht werden konnten.

5.23. Leitbilder der Planung im 20. Jahrhundert

Leitung: Dirk van Laak (Jena), Dieter Gosewinkel (Berlin)

Das Projekt der Planung: Eine kurze Einführung
Dirk van Laak (Jena)

Zwischen Diktatur und Demokratie. Wirtschaftliches Planungsdenken in Deutschland und Frankreich, 1930-1960
Dieter Gosewinkel (Berlin)

Planung und Dekolonisation, 1930er bis 50er Jahre
Andreas Eckert (Hamburg)

Modernisierung und Demokratisierung. Politische Planung in der Bundesrepublik der 1960er Jahre
Gabriele Metzler (Tübingen)

Plan als Legitimationsmittel, Planung als Problem: Die DDR als Beispiel staatssozialistischer Modernität
Peter C. Caldwell (Houston)

Kommentar
Anselm Doering-Manteuffel (Tübingen)

Zusammenfassung:
Im Rückblick auf das 20. Jahrhundert lassen sich mit Ian Kershaw vier Faktoren identifizieren, die dieses extreme Zeitalter prägten: Utopien, Wohlstand, Technologie und Gewalt. Im Schnittpunkt aller vier Bereiche stand die Idee der "Planung": Sie galt als praktische Umsetzung utopischen Denkens, versprach meist eine deutliche Verbesserung der Lebensverhältnisse, bediente sich vor allem technologischer Mittel und war doch nur selten frei von Gewalt gegen Menschen oder die Umwelt. Schon auf dem Mannheimer Historikertag 1976 regte der Soziologe Helmut Klages eine historische Tiefenanalyse der "Planung" an. Dass dieser Hinweis von der Geschichtswissenschaft seither kaum aufgegriffen wurde, verwundert umso mehr, als im 20. Jahrhundert fast berechenbare Pendelausschläge zwischen Phasen staatlicher Planungsbemühung und liberaler Marktorientierung konstatierbar waren. Seit dem Niedergang des sozialistischen Planungsexperiments hat Planung zwar einen Teil ihrer mythischen Attraktion als Leitbild der Moderne eingebüßt, den sie auf östliche, westliche und "Entwicklungsländer" ausübte. Dennoch bleibt vorausschauende Planung für zahllose Bereiche der Gesellschaft unhintergehbar. Eines ihrer spezifischen Merkmale ist die werbende und mobilisierende Kraft bildhafter Anschaulichkeit, visionärer Entwürfe und Zukunftsbilder. Die Sektion führt in Kerndebatten um die "Planung" ein, indem sie das wirtschaftliche Planungsdenken in Deutschland und Frankreich zwischen 1930 und 1960 vergleicht (Dieter Gosewinkel), sodann den "Export" des Planungsdenkens in die spätkolonialen Ökonomien beschreibt (Andreas Eckert), die planungseuphorische Phase der 1960er Jahre in der Bundesrepublik (Gabriele Metzler) erläutert sowie schließlich die Widersprüchlichkeit des "Plans" in der DDR beleuchtet. Das Panel wird durch einen Kommentar von Anselm Doering-Manteuffel abgerundet.

Das Projekt der Planung: Eine kurze Einführung

Dirk van Laak (Jena)

Im Rückblick auf das 20. Jahrhundert identifizierte der britische Historiker Ian Kershaw vor kurzem vier Faktoren, die dieses extreme Zeitalter vornehmlich prägten: Utopien, Wohlstand, Technologie und Gewalt. Im Schnittpunkt aller vier Bereiche stand die Idee der "Planung": Sie galt als praktische Umsetzung utopischen Denkens, versprach regelmäßig eine deutliche Verbesserung der Lebensverhältnisse, bediente sich hierzu vor allem technologischer Mittel und war doch nur selten frei von Gewalt gegen Menschen oder die Umwelt. Schon auf dem Mannheimer Historikertag 1976 regte der Soziologe Helmut Klages daher eine historische Tiefenanalyse der "Planung" an. Dass dieser Hinweis von der Geschichtswissenschaft seither kaum aufgegriffen wurde, verwundert umso mehr, als im 20. Jahrhundert fast berechenbare Pendelausschläge zwischen Phasen staatlicher Planungsbemühung und liberaler Marktorientierung konstatierbar waren. Seit dem Niedergang des sozialistischen Planungsexperiments hat Planung zwar einen Teil ihrer mythischen Attraktion als Leitbild der Moderne eingebüßt, den sie auf östliche, westliche und "Entwicklungsländer" ausübte. Dennoch bleibt vorausschauende Planung für zahllose Bereiche der Gesellschaft notwendig, ja unhintergehbar. Dabei ist eines ihrer spezifischen Merkmale, auf die werbende und mobilisierende Kraft bildhafter Anschaulichkeit, visionärer Entwürfe und Zukunftsbilder zu bauen.

Zwischen Diktatur und Demokratie. Wirtschaftliches Planungsdenken in Deutschland und Frankreich, 1930-1960

Dieter Gosewinkel (Berlin)

"Planung" ruft heute Assoziationen an Dirigismus, Verstaatlichung, Planwirtschaft und damit an ein politisches System hervor, das (spätestens) seit 1989 nach verbreiteter Auffassung der Geschichte anheimgefallen ist. Planung erscheint unserer Gegenwart, die von Deregulierung und Individualisierung bestimmt ist, als ein tiefer Gegensatz.

Dies war grundlegend anders in einer Phase, die vom Ersten Weltkrieg bis in das letzte Drittel des 20. Jahrhunderts reichte. Planung und Planungsbilder spielten in Gesellschaftsentwürfen, insbesondere aber in der Gestaltung der Wirtschaft, eine zentrale, zeitweise eine bestimmende Rolle. Der Beitrag untersucht diese These am Beispiel zweier führender europäischer Industriestaaten, Deutschland und Frankreich: vom Planungsdenken in der Weltwirtschafts- und Weltkriegskrise bis zur Planungseuphorie im Wohlfahrtsstaat der sechziger Jahre. Behandelt werden Planungsvorstellungen in Wirtschafts- und Gesellschaftsentwürfen sozialistischer und konservativer Provenienz mit Blick auf ihre Unterschiede und fließenden Übergänge, die Planungspraxis in der technokratischen Wirtschaftssteuerung Frankreichs und den nationalsozialistischen Vierjahresplänen, schließlich die französische "planification" der Nachkriegszeit und die "Planung" als Instrument gesellschaftlicher Modernisierung in Deutschland während der sechziger Jahre. In der konfliktreichen Geschichte Deutschlands und Frankreichs während des 20. Jahrhundert werden anhand von Planung und Planungsdenken nicht nur Unterschiede und Phasenverschiebungen, sondern auch wechselseitige Bezugnahmen erkennbar, die bis hinein in die supranationale Planung auf der Ebene europäischer Integration zu verfolgen sind.

Planung und Dekolonisation, 1930er bis 50er Jahre

Andreas Eckert (Hamburg)

"We are all planners now", schrieb W. Arthur Lewis, der spätere Nobelpreisträger für Ökonomie, 1949 in seiner im Auftrag der Fabian Society erstellten Studie "The Principles of Economic Planning". Der aus der Karibik stammende Lewis, der erste schwarze Professor, der an einer britischen Hochschule (in Manchester) lehrte, verkörperte in seinen Schriften wie kein zweiter den Optimismus der Periode nach dem Zweiten Weltkrieg und das Vertrauen in die nach Unabhängigkeit ringenden Staaten der sogenannten Dritten Welt. Lewis, der einige Jahre in den Diensten des Colonial Office agierte, war der festen Überzeugung, dass die Volkswirtschaften Afrikas und Asiens auf der Grundlage sorgfältiger Planungen und mit Hilfe der "richtigen" ökonomischen Programme florieren würden. In den 1930er Jahren begannen die europäischen Kolonialmächte, aufgeschreckt durch größere Unruhen in vielen Teilen der kolonialen Welt, die Planung ökonomischer und sozialer Prozesse ins Zentrum ihrer Kolonialpolitik zu stellen. Viele der in London und Paris erdachten Konzepte und Planungen stießen bei den Kolonialbeamten und europäischen Siedlern vor Ort auf große Skepsis, fanden jedoch großen Widerhall bei afrikanischen Nationalisten, welche die von Lewis und anderen formulierten Verheißungen einer "geplanten Moderne" gut hießen und nach der Unabhängigkeit viele Strategien und Praktiken übernahmen. Vornehmlich am britischen Beispiel versucht dieser Beitrag zu zeigen, wie zentral die Kategorie Planung für das Verständnis spätkolonialer Politik und der Dekolonisation ist.

Modernisierung und Demokratisierung. Politische Planung in der Bundesrepublik der 1960er Jahre

Gabriele Metzler (Tübingen)

Die bundesdeutsche Politik der 1960er Jahre war geprägt von einer Planungseuphorie, in der die Ziele der Modernisierung und Demokratisierung von Staat und Gesellschaft in eins fielen. Nur planvolle, rationale, wissenschaftlich fundierte politische Entscheidungen wären, so das zeitgenössische Argument, gleichermaßen effizient und gerecht. Nachdem aus den Erfahrungen der NS-Planung und der staatssozialistischen Planung in der DDR der Gegensatz von "Planung" und "Freiheit" im westdeutschen politischen Diskurs der 1950er Jahre eine zentrale Rolle gespielt hatte - wobei die politische Praxis nicht so "planungsabstinent" war wie offiziell behauptet wurde -, galt als Leitbild der 1960er Jahre, "Freiheit" durch "Planung" zu erlangen, ein Perspektivenwechsel, den nicht zuletzt die veränderten Wahrnehmungsmuster des internationalen Umfelds (Entspannung und "Konvergenz", Notwendigkeit der Planung auf europäischer Ebene und "planification") ermöglichten und förderten. Planung sollte dabei den Markt nicht substituieren, sondern ihn dort ergänzen, wo von ihm keine optimalen Allokationsentscheidungen ausgingen bzw. wo er nicht hinreichend kollektive Güter bereit stellte. Insbesondere von den Sozialwissenschaften wurde Deutungs- und Handlungswissen erwartet, das auf dem Wege der expandierenden Politikberatung Eingang in Entscheidungsprozesse finden sollte. In solchen Erwartungen spiegelte sich zum einen der Gestaltungs- und Machbarkeitsoptimismus der Moderne wider, der in die Aufklärung zurückreichte und seit dem ausgehenden 19. Jahrhundert insbesondere auf den Staat als Akteur bezogen worden war. In der westdeutschen Ausprägung sind zum anderen starke transnationale Einflüsse erkennbar, bot doch namentlich der amerikanische Pragmatismus, der New Deal und Konsensliberalismus fundierte, eine ideelle Basis, die sich von der Planungstradition der "autoritären Hochmoderne" (J.C. Scott) abhob.

Plan als Legitimationsmittel, Planung als Problem: Die DDR als Beispiel staatssozialistischer Modernität
Peter C. Caldwell (Houston)

Der Staatssozialismus versuchte, eine neue Welt auf der Grundlage der bewussten Planung zu errichten. Hier wird am Beispiel der DDR die Rolle des Planes im Staatssozialismus untersucht, um sowohl Ähnlichkeiten als auch Unterschiede mit anderen Planungsversuchen im 20. Jahrhundert zu zeigen. Erstens wird die These aufgestellt, dass sich der Plan auf einem qualitativ anderen Niveau als nur technischer Planung bewegt. Der Plan im Staatssozialismus war kein Mittel zu einem spezifischen Zweck, sondern verfolgte die Absicht, die gesamte Gesellschaft umzuwandeln. Zweitens wurde implizit in diesem Konzept ein einzelner, unitärer, bewusster Wille vorausgesetzt, der hinter dem Plan steht; dieses implizit höhere Bewusstsein der Entwicklungsgesetze und des Endziels spielte eine wesentliche Rolle als Legitimationsmittel für viele technische Intellektuelle in der DDR. Drittens wird argumentiert, dass der Mythos "Plan" in Widerspruch zur technischen Planung geriet, und zwar im Rahmen verschiedener Institutionen: in Firmen, in den Universitäten, in den verschiedenen Zweigen der Rechtswissenschaft. Der Widerspruch zwischen Plan und Planung wird am Beispiel des Problems des Vertragsrechts in der DDR erläutert: Einerseits sollte der Vertrag dem zentralen Plan von vielen Details seines Vollzugs entlasten, andererseits funktionierte der Plan so, dass die Firmen, die Verträge miteinander schliessen sollten, diese Verträge notwendig als "weich", also nicht unbedingt bindend ansahen. Der Plan als Gesamtkonzept wirkte gegen die technische Planung, insofern diese die Verträge für den Plan zu nutzen versuchte.

5.24. Bilder vom eigenen Raum: Die mentale Aneignung des Russländischen Imperiums

Leitung: Ricarda Vulpius (Berlin)

Moderation
Martin Schulze-Wessel (München)

Das imperiale Selbstverständnis russischer Eliten im 18. Jahrhundert
Ricarda Vulpius (Leitung, Berlin)

Die Wahrnehmung der Grenzen des Imperiums: Russländische Expansion im Nordpazifik im 18. Jahrhundert
Martina Winkler (Berlin)

Die Rolle der Russischen Geographischen Gesellschaft bei der mentalen Aneignung Sibiriens durch das Russländische Imperium im 19. Jahrhundert
Claudia Weiss (Hamburg)

Imperiale Selbstimagination: Das Russländische Reich als Welt für sich

Susi Frank (Konstanz)

Zusammenfassung:
Diese Sektion untersucht Formen der mentalen Aneignung des von der russischen Zarenregierung beherrschten Raumes sowie die Entwicklung eines imperialen Selbstverständnisses im 18. und 19. Jahrhundert. Die Beitragenden untersuchen die mentale Aneignung des Raumes und die daraus produzierten Bilder von sich selbst auf zwei Ebenen: Sie analysieren zum einen die miteinander konkurrierenden Konzepte und Strategien der Raumaneignung innerhalb der russischen Kultur und Gesellschaft und untersuchen zum anderen die entsprechenden kollektiven Selbstbilder, die für die Darstellung des Russländischen Imperiums nach außen eingesetzt wurden.

Ricarda Vulpius untersucht Entstehung und Wandel des imperialen Selbstverständnisses unter den Eliten des Russländischen Reiches im 18. Jahrhundert. Martina Winkler beschäftigt sich mit den Folgen des russländischen Ausgreifens in den Nordpazifikraum für die imperiale Selbstwahrnehmung und Darstellung des Russländischen Imperiums. Claudia Weiss analysiert die Rolle der Russischen Geographischen Gesellschaft für die mentale Aneignung Sibiriens. Susi Frank untersucht Strategien der imperialen Selbstimagination im russischen kulturologischen Diskurs, insbesondere die Konzeptualisierung des Rußländischen Reiches als Welt für sich und die dafür zentrale Figur des "Sowohl-als-auch". Damit leuchten die einzelnen Beiträge verschiedene Facetten der mentalen Aneignung des Raumes aus, die im Russländischen Imperium auf die Entwicklung des imperialen Selbstbildes wirkten.

Das imperiale Selbstverständnis russischer Eliten im 18. Jahrhundert

Ricarda Vulpius (Leitung, Berlin)

Nach wissenschaftlichen Definitionen des Imperium-Begriffes ließe sich das Moskauer Reich bereits ab dem 16. Jahrhundert als Imperium bezeichnen. Setzt man hingegen als oberstes Kriterium die Selbstwahrnehmung der Zeitgenossen, dann zeigt sich, dass zwischen der Bildung eines imperialen Staatskörpers, also der bloßen territorialen Expansion unter Einschluß kulturell heterogener Regionen einerseits, und der diskursiven Repräsentanz dieser Expansion andererseits zeitlich eine große Lücke klafft. Ziel des Beitrages ist es, diese subjektive Perspektive und mithin Entstehung und Wandel eines imperialen Selbstverständnisses unter den Eliten des Russländischen Reiches im 18. Jahrhundert nachzuvollziehen.

Folgende Fragen stehen dabei im Zentrum des Interesses: In welchen Begriffen artikulierte sich imperiales Denken, wer waren "Wir", wer waren "die Anderen"? Welchen Wandel erfuhr die Politik gegenüber den kulturell Fremden im Laufe des 18. Jahrhunderts? Und vor allem: Inwieweit lag der russischen Imperialpolitik vor dem Zeitalter der modernen Nationen eine Zivilisierungsmission zu Grunde?

Die Wahrnehmung der Grenzen des Imperiums: Russländische Expansion im Nordpazifik im 18. Jahrhundert

Martina Winkler (Berlin)

Der Vortrag setzt sich mit der Expansion des Russländischen Reichs im Nordpazifik, den geographischen Entdeckungen und der Eroberung Russisch-Amerikas auseinander. In der Perspektive einer Erweiterung des Imperiums über die scheinbar natürlichen Grenzen des Pazifik hinaus stehen dabei folgende Fragestellungen im Zentrum:

Wie wurde diese Ausweitung des Imperiums wahrgenommen? Wie wurde der Raum wahrgenommen und konzipiert, welche Grenzen nahm man wahr, wie wurde deren Überwindung begriffen? Waren die neuen Gebiete in der Wahrnehmung verschiedener Akteure (Regierungen, Wissenschaftler, wirtschaftliche Unternehmer) im Nordpazifik ein Teil des Imperiums, eine Kolonie, eine Exklave?

Wie verbanden und vertrugen sich "nationale" und "internationale" Elemente in der Expansion? Wurde die Teilnahme ausländischer Wissenschaftler und Entdecker als Problem wahrgenommen?

Wie repräsentierte das russländische Imperium sich und seine Expansion im Nordpazifik nach außen? Die Literatur betont stets die Politik der Geheimhaltung; welche Bedeutung hatten Benennungen, die Reklamation von geographischen und kulturellen Entdeckungen und die exakte Kartographierung für das russländische imperial Selbstverständnis?

Die Rolle der Russischen Geographischen Gesellschaft bei der mentalen Aneignung Sibiriens durch das Russländische Imperium im 19. Jahrhundert

Claudia Weiss (Hamburg)

Geographie ist das wichtigste Instrument zur Erschließung von Räumen - sowohl auf konkreter wie auf mentaler Ebene. Im 19. Jahrhundert kamen weltweit Geographische Gesellschaften auf, die sich der Erschließung von geographischen Räumen widmeten, die für ihr Land von Wichtigkeit waren. Die 1845 gegründete Russische Geographische Gesellschaft (RGO) verschrieb sich in diesem Zug der gründlichen Erschließung des Russländischen Imperiums, insbesondere Sibiriens, das von ihr als wichtigste und zukunftsträchtigste Peripherie des Imperiums verstanden wurde. In der Folge wandelten sich innerhalb eines halben Jahrhunderts die Vorstellungen und Bilder von Sibirien von einem nutzlosen und kostenintensiven Ballast des Imperiums hin zu Visionen von einem prosperierenden Zukunftsland, das dem Imperium neben wirtschaftlichem Aufschwung auch eine positive imperiale Identität bescherte. Das Wirken der RGO hatte an diesem Prozess einen entscheidenden Anteil. Als eine zivilgesellschaftliche Vereinigung schuf sie einen Ort der Soziabilität für verschiedene Eliten des Imperiums und verband wissenschaftliche mit gesellschaftlichen, wirtschaftlichen und politischen Interessen, die an diesem Wandlungsprozess mitwirkten.

In meinem Beitrag möchte ich anhand einzelner Beispiele skizzieren, wie und auf welchen Ebenen die RGO ihre Positionierung nutzte, um die mentale Aneignung Sibiriens durch das Russländische Imperium zu unterstützen, an deren Ende Sibirien als ein mental untrennbarer Bestandteil des Imperiums - und auch noch der heutigen Russländischen Föderation - stand.

Imperiale Selbstimagination: Das Russländische Reich als Welt für sich
Susi Frank (Konstanz)

Seit ihren Anfängen ist die russische Kultur charakterisiert einerseits durch Strategien der Abgrenzung gegenüber einem räumlich dynamisierten fremdkulturellen Außenraum, der nach und nach von Russland kolonisiert wurde. Andererseits zeichnet sich die russische Kultur selbst durch räumlich dynamisierte Lebensformen in ihrem Inneren oder an ihren Grenzen aus, die manchmal zu Symbolen der eigenen Kultur erhoben, manchmal aber auch als Symptome eines Mangels der eigenen Kultur kritisiert wurden. Ich möchte die Phänomene des "strannicestvo" (relig. Wanderertum), "kazacestvo" (Kosakentum), "narodnicestvo" (Ins-Volk-Gehen), "brodjaznicestvo" (Landstreichertum) und "kocevnicestvo" (Nomadentum) als Lebensformen und als Konzepte innerhalb des russischen nationalen kulturologischen Diskurses miteinander vergleichen und der Frage nachgehen, welche Rolle sie für die Konzeptualisierung der russischen Kolonisation spielten und ob mit ihnen jeweils vergleichbare Strategien einer imperialen Aneignung verfolgt wurden.

5.25. Warenbilder und ihre Geschichte in Zeiten der Globalisierung

Leitung: Dorothee Wierling (Hamburg), Angelika Epple (Hamburg)

The Making of Global Cotton
Sven Beckert (Harvard)

Die Geburt einer Weltmarke. Gebr. Stollwerck in Europa und den USA
Angelika Epple (Hamburg)

Rauchsignale. Markenbilder als Zeichen von Kontinuität und Wandel auf dem deutschen Zigarettenmarkt
Tino Jacobs (Hamburg)

Fantasien von Universalität? Moderne Frau und Globale Kosmetikwerbung
Uta Poiger (Seattle)

Leitung
Dorothee Wierling (Hamburg)

Zusammenfassung:
Seit Ende des 19. Jahrhunderts haben Warenbilder die Architektur unserer Städte verändert und die visuelle Landkarte der Konsumenten revolutioniert. Mit Recht könnte

man von einem "visual turn" in der Realgeschichte des Konsums sprechen - im Sinne eines Aneignungsprozesses, innerhalb dessen Konsumenten lernten, Bilder und Produkte zu dechiffrieren, sie wie Texte zu lesen und sie mit Gefühlen oder Vorstellungen zu verbinden, die sie zum Kauf verführen - oder davon abhalten. Einerseits kann in diesem Zusammenhang von einem weltweiten Homogenisierungsprozess gesprochen werden. Dieser kontrastiert jedoch andererseits mit einer gegenläufigen Entwicklung, die durch eine zunehmende Differenzierung kultureller Aneignungsweisen charakterisiert ist.

Das Panel möchte anhand verschiedener, global verbreiteter Waren der Frage nachgehen, wie sich in konkreten Fällen Homogenisierungs- und Differenzierungstendenzen zueinander verhalten. Im Zentrum sollen Bilder stehen, mit denen globalisierte Industrieprodukte verbunden wurden, um Konsumenten vom Kauf zu überzeugen. Gemeinsam ist den Produkten, dass sie (zunächst) aus kolonialen Rohstoffen gefertigt und auf je spezifische Weise in unterschiedliche industrialisierte Gesellschaften eingebunden wurden. Sie erscheinen als besonders viel versprechend, wenn man dem Zusammenhang von globaler Wirksamkeit und lokaler Differenz auf die Spur kommen möchte.

The Making of Global Cotton

Sven Beckert (Harvard)

Cotton was a central commodity in the global economy of the nineteenth century. It was at the core of the Industrial Revolution in Great Britain and elsewhere; exploding demand for the fiber reinvigorated slavery in the United States; trade in cotton goods helped redefine the relationship between Europe and Asia; and raw cotton as well as manufactured cotton yarn and cloth were among the most important globally traded commodities. In many ways, the history of nineteenth-century capitalism and its globalization can be told through the lens of cotton.

Already in pre-industrial times, cotton had been the world's most important manufacturing industry and a plethora of different cottons were grown in Africa, Asia and the Americas, to be manufactured into an unbelievably large variety of goods. With the advent of the mechanical production of yarn, this variety presented a problem for manufacturers: On the one side, if mechanical production was to work, they needed predictable and standardized inputs. Moreover, once they began to deal in cotton as an abstract commodity, for example through the sale of futures, they had to mold nature to their categories. On the other side, the mechanized cotton industry from its beginnings served global markets with tremendous variations in taste. Manufacturers were forced to adjust to these variations because of the persistence of non-industrial producers of cottons in much of the world who were attuned to these local tastes. For products to find markets, they had to be differentiated, catering to local preferences. While the "logic" of industrial production thus clearly pointed to the homogenization of inputs and outputs, the "logic" of the cotton plant and the "logic" of global markets forced differentiation upon manufacturers and merchants. Nineteenth-century globalization depended on both homogenization and differentiation.

Die Geburt einer Weltmarke. Gebr. Stollwerck in Europa und den USA
Angelika Epple (Hamburg)

Vor dem Ersten Weltkrieg bewirbt der Kölner Schokoladekonzern Gebr. Stollwerk seine neu eingeführte "Weltmarke" mit einer Weltkugel, auf der in großen Lettern der Name "Stollwerk" zu lesen ist. Tatsächlich kann das Unternehmen zu diesem Zeitpunkt als "Weltkonzern" - der zeitgenössische Ausdruck für "global player" - bezeichnet werden: Er ist über den Rohstoff Kakao mit den Kolonien verbunden, liefert seine Produkte auf alle Kontinente und hat Fabriken in zahlreichen europäischen Ländern und den USA. Dies ist jedoch nur eine eher oberflächliche Interpretation der werbeträchtigen Weltkugel. Hinter dem Stollwerck'schen Konzept der "Weltmarke" steckt eine Vorstellung von ökonomischer Expansion, die auf der potentiellen Übertragbarkeit von Qualitätsstandards jenseits kultureller Einfärbungen basiert. Die "Weltmarke" ist schließlich "made in Germany". Sie soll das Eigene in die Fremde exportieren, ohne umgekehrt durch Fremdes verändert zu werden. Entgegen dieser zeitgenössischen Einschätzung unterschieden sich jedoch die "Biographien" vornehmlich englischer, deutscher und amerikanischer Schokolade so stark, dass kulturelle Besonderheiten und nicht vermeintlich kulturunspezifische Qualitätsstandards den ökonomischen Erfolg bestimmten. Der Vortrag stellt zur Diskussion, ob sich aus dem spezifischen Umgang mit dem Fremden die Globalisierungswelle vor dem Ersten Weltkrieg von nachfolgenden unterscheiden lässt.

Rauchsignale. Markenbilder als Zeichen von Kontinuität und Wandel auf dem deutschen Zigarettenmarkt
Tino Jacobs (Hamburg)

Die Geschichte der Zigarettenproduktion und -konsumption in Deutschland im 20. Jahrhundert ist durch mehrere Brüche und Paradigmenwechsel gekennzeichnet. Die Wandlung der Zigarette vom handgefertigten Luxusaccessoire zum industriell hergestellten Massenkonsumgut und Markenartikel ging einher mit der Erschließung völlig neuer Verbrauchergruppen und grundlegenden Strukturveränderungen der Branche. Wichtige Faktoren waren dabei Maschinisierungs- und Konzentrationsprozesse, aber auch ständige staatliche Eingriffe (Tabaksteuergesetzgebung) und moralisch oder gesundheitlich motivierte Kritik, der das Produkt in der Öffentlichkeit ausgesetzt war. Als Signa dieser Entwicklungen lassen sich die Zigarettenmarken selbst lesen, die mit unterschiedlichem Erfolg auf dem deutschen Markt etabliert wurden. Technische Innovationen und gesellschaftliche Trends schlugen sich dabei ebenso im Warenbild und in den Vermarktungsstrategien nieder wie die persönlichen visuellen Handschriften von Grafikern und Marketing-Experten oder auch weltpolitische Zäsuren (Zweiter Weltkrieg; Ost-West-Konfrontation). So veränderte die nahezu vollständige Ablösung der Orientzigarette durch den American-Blend-Typus nach 1945 auch die Formen und Inhalte der Produktkommunikation fundamental, wobei die ausgeprägte territoriale Fragmentierung des deutschen Marktes keineswegs schlagartig überwunden werden konnte. Regionale Konsumpräferenzen und kulturelle Traditionen mussten von der Industrie in beiden Jahrhunderthälften beachtet werden, wie sich z.B. am Sortiment und der Markentektonik des langjährigen Marktführers Reemtsma aufzeigen lässt. Der komparatistische Blick auf andere nationale Märkte macht die Spezifika der deutschen Entwicklung zwischen Globalisierung, Regionalität und Eigensinn deutlich.

Fantasien von Universalität? Moderne Frau und Globale Kosmetikwerbung
Uta Poiger (Seattle)

In the 1920s, German artists designing cosmetics ads participated in the construction of recognizable, and purchasable, cosmopolitan aesthetic of and for the neue Frau. This international aesthetic included the abstraction of facial features, a combination of ethnic markers such a red hair and East Asian eyes, and the elongation of female bodies. In Germany, this aesthetic became prominent in cosmetics advertizing images of women at the same time that orientalist tropes and explicitly demeaning depictions of blacks and Chinese largely disappeared. Cosmetics companies were among the first to market brands with high advertising budgets, and they tried to appeal to women consumers by highlighting the appeal of their products in countries and cities around the world. This cosmopolitan aesthetic and the appeals to international reach disappeared with the Great Depression. Cosmetics advertisers, under some attack from Nazis who deemed cosmetics display by women "un-German," developed an aesthetic of variant whiteness that adapted aesthetic styles and social practices associated with the neue Frau. In contrast to visual representations, textual representations underwent clear changes with the German defeat in World War II: ad copy of West German and foreign companies claimed a departure from the Nazi past by stressing that cosmetics were linking Germans again with international tastes, thus constructing the Nazi era as a period of deprivation and isolation for all Germans. The paper reflects on the changing visions of ethnic difference, sexuality, and social hierarchies, as well as international connection, that the export-oriented German cosmetics industry and commentators attached to visual representations and personal styles from World War I to the Cold War.

5.26. Popularisierung der Geschichte im Fernsehen - Folgen für die Geschichtswissenschaft?

Leitung: Thomas Fischer (Baden-Baden), Rainer Wirtz (Konstanz)

Popularisierung der Geschichte im Fernsehen? Folgen für die Geschichtswissenschaft?
Rainer Wirtz (Konstanz), Thomas Fischer (Baden-Baden)

Quote, Geld und Wissenschaft - Spannungsfeld zum Spannungsbogen. Eine Fallstudie zum ARD-Dreiteiler ? Die Gestapo?
Holger Hillesheim (TV Schoenfilm)

Populäre Geschichte in populären Darstellungen? Das Unbehagen der Historiker
Fabio Crivellari (FWU)

Die mediale Präsentation der DDR - zwischen Nostalgie und Aufarbeitung
Ulrich Brochhagen (MDR)

Fernsehstar Hitler - Wie viel Wissenschaft verträgt Zeitgeschichte im TV?
Michael Kloft (Spiegel TV)

Geschichte emotional: Darstellungsformen von NS-Dokumentationen
Frank Bösch (Bochum)

Kommentar
Thomas Fischer (Baden-Baden)

Popularisierung der Geschichte im Fernsehen ? Folgen für die Geschichtswissenschaft?
Rainer Wirtz (Konstanz), Thomas Fischer (Baden-Baden)

Die Popularisierung der Geschichte ist eine Konsequenz ihrer fortschreitenden Medialisierung. Damit ist hier die film- und fernsehgerechte Umsetzung von historischen Themen für ein Massenpublikum gemeint. Ausgehend von den frühen Fernsehdokumentationen der 1960er Jahre hat? „Geschichtsfernsehen" hat eine rasante Entwicklung genommen, wobei sich die NS-Zeit in vielen Variationen als das „geeignetste" Themenfeld entpuppte. Das Doku-Drama ist heute das populärste Fernsehformat, darin sind sich die Geschichtsfilme-Macher einig; mit seinem Potential an Spannung und Emotion eignet es sich am besten für Primetime und Quote. Und was die Filmdokumente nicht hergeben, wird mit „gefühlter Authentizität" in Szene gesetzt werden.

Natürlich darf man über diese auf ein Massenpublikum schielenden Produktionen nicht die seriösen, der Aufklärung verpflichteten Dokumentationen vergessen, die von Erwin Leisers „Mein Kampf" (1959) bis zu Guido Knopps „Holokaust" oder den Produktionen von Heinrich Breloer reichen. Nicht alles ist Nazikitsch (Ulrich Herbert) oder Mainzer Clip-Schule.

Wer also produziert die Geschichtsbilder der Gegenwart, Steven Spielberg und Guido Knopp? Oder sind es Historiker wie Ian Kershaw, Hans Mommsen oder Lutz Niethammer? Es sind zur Zeit jedenfalls kaum die Historiker, waren sie es eigentlich jemals? Ist die Situation so paradox, dass der Diskurs über Geschichte zunimmt, die Bedeutung von Geschichtswissenschaft aber abnimmt? Wird die Geschichtswissenschaft durch „Geschichtsfernsehen" marginalisiert?

Historikerinnen und Historiker sind jedoch nicht ganz unbeteiligt an der medialen Produktion von Geschichte. Sie sind an der Schnittstelle zwischen „Geschichtsindustrie" und Geschichtswissenschaft zu finden als Experten und Berater, die gleichsam in teilnehmender Beobachtung durchaus auch kritische Distanz zum medialen Endprodukt gewinnen können.

Gerade sie weisen darauf hin, dass erst die genaue Kenntnis des anderen Metiers die Möglichkeit seriöser Kritik an den Fernsehproduktionen schafft. Historiker müssen „sehen" lernen, sie müssen ihre Dialogfähigkeit im Medienzeitalter unbedingt herstellen, die Medienkompetenz „Geschichte" erwerben. Ein Beitrag dazu ist das Zusammentreffen von Historikern und den Filmemachern im Fernsehen in dieser Sektion. Die Geschichtswissenschaftim 21. Jahrhundert kommt nicht umhin, sich mit den medial produzierten Geschichtsbildern auseinanderzusetzen - nicht zuletzt weil ganze Generationen von Studierenden damit aufwachsen.

Quote, Geld und Wissenschaft - Spannungsfeld zum Spannungsbogen. Eine Fallstudie zum ARD-Dreiteiler „Die Gestapo"
Holger Hillesheim (TV Schoenfilm)

Der Beitrag befasst sich aus Produzentenperspektive anhand des Fallbeispiels „Die Gestapo" und mit der Erfahrung jahrelanger Arbeit in diesem Genre induktiv mit dem Einfluss von Spannungsfeldern, Möglichkeiten und Einschränkungen auf die Produktion historischer Dokumentationen.

Dabei gilt die Prämisse, dass dies keine der „auf ein Massenpublikum schielenden Produktionen" ist, sondern bewusst ein breites Publikum ohne diesen Sehfehler fest im Blick hat. Damit sind wir mittendrin im Spannungsparallelogramm „Sender – Produzent – Wissenschaft - Zuschauer".

Gerade bei einem Primetime-Sendeplatz ist der Quotendruck, also die Erfolgserwartung des Senders, bis zum Ende der Produktion fest verankert. Außerdem sind die finanziellen Grenzen nun endgültig gezogen und nicht mehr diskutabel. Ein weiteres Spannungsfeld, diesmal zwischen optimaler Umsetzung und finanziellen Möglichkeiten, das sowohl innerhalb der Produktionsfirma mit ihren unterschiedlichen Aufgaben als auch zwischen Produzent und Sender (Redaktion) besteht. Der Eckpunkt historische Wissenschaft bildet bei einer Fernseh-Dokumentation dann die thematisch-inhaltliche Folie des Gesamtprojektes. Aber gerade nicht reduziert auf „Korrektur" von Fehlern bei Daten, Namen und Abläufen. Grundsätzliches muss abgearbeitet werden:

Werden Schwerpunkte verständlich, können Betrachtungsperspektiven so vertreten werden, können Zusammenhänge so dargestellt und verkürzt werden? Positionen, die wie selbstverständlich erheblichen Einfluss auf die bestehenden Spannungsfelder nehmen.

Und dann der Sendetag: Jetzt kollidiert unsere, über Jahre erarbeitete „seriöse, der Aufklärung verpflichtete Dokumentation“ mit dem Zuschauerverhalten. Der Zuschauer, vox populi, die personifizierte Quote, entscheidet ganz wesentlich über den Erfolg der Sendung. Eine banale Tatsache, aber Grund genug für die Geschichtswissenschaft sich die Frage um die Folgen der Popularisierung positiv zu stellen: Welchen Nutzen kann sie in unserer medialen Welt daraus ziehen?

Populäre Geschichte in populären Darstellungen? Das Unbehagen der Historiker
Fabio Crivellari (FWU)

Das Verhältnis der historischen Fachwissenschaft zu den audiovisuellen Medien ist entgegen allen anderslautenden Parolen von medialen oder kommunikativen Wenden gelinde gesagt angespannt.

Den zunehmenden Bemühungen der akademischen Geschichte, audiovisuelles Quellenmaterial zusätzlich zum lange Zeit exklusiv favorisierten Text in den Beobachtungshorizont zu integrieren, steht ein habituelles Unbehagen der Fachhistoriker gegenüber, sobald diese audiovisuellen Darstellungen im Geschäft der Geschichtsvermittlung mit dem Text konkurrieren. Emotion statt Argument, Bilderreiz statt Fakten - so lautet die nicht unberechtigte Befürchtung. Nicht zuletzt durch diese Abwehrhaltung scheint die akademische Fachwelt von den audiovisuell dominierten Geschichtsinszenierungen der jüngeren Zeit und damit von einem großem Publikum entfernter denn je. In einem vergleichbaren Dilemma stecken Dokumentarfilmer und Journalisten. Ihre Arbeiten finden bisweilen ein großes Publikum, der aufklärerische Ansatz steht indes zumeist hinter den Quotenzwängen zurück, inhaltliche Impulse für die Wissenschaft bleiben weitgehend aus, sind häufig nicht einmal intendiert. Wo dies doch der Fall ist, finden Filme keinen Sendeplatz oder keinen Verleih.

Dabei haben Fachhistoriker ebenso wie Dokumentarfilmer ihrem Berufsethos das Anliegen von Aufklärung und Bildung eingeschrieben. Und doch sind beide von ihrem Ziel mindestens gleich weit entfernt. Der Vortrag will ausgehend von dieser Analyse die Ansprüche formulieren, die sich aus einer Orientierung der Geschichte am Bildungsgedanken für Historiker und Journalisten auf einer ganz pragmatischen Ebene ihrer Arbeiten ergeben.

Die mediale Präsentation der DDR - zwischen Nostalgie und Aufarbeitung
Ulrich Brochhagen (MDR)

Die untergegange DDR. Vergangenheit, die gegenwärtiger denn je ist. In den Medien, in der politischen Diskussion, in den Köpfen der Menschen. Historische Dokumentationen zur DDR Geschichte können und wollen sich dem nicht entziehen. Fernsehmacher setzen Trends. Und sie sind deren Teil.

Wer sich Film- und Fernsehproduktionen zur DDR während der vergangenen 15 Jahre anschaut, wird, was die Themen und die Genres betrifft, auf ein Spektrum treffen, das kaum breiter sein könnte. Ungezählte Dokumentationen entstanden, preisgekrönte Spielfilme, spannende Enthüllungsstorys in Nachrichten und Politmagazinen, aber auch Unterhaltungssendungen und Ost-Shows. Dass es bei letzteren weniger um Aufklärung als um Zuschauerquoten ging, ist sicherlich unbestritten. Umstritten waren sie allemal.

Wie positionieren sich die, denen es an einer ernstzunehmenden und publikumsnahen Aufarbeitung von Geschichte im Fernsehen gelegen ist, in diesem sich verändernden medialen Kontext? Anhang von zwei Beispielen wird ein Blick in die Werkstatt der Macher geboten. In den Jahren 1992/93 entstand eine siebenteilige ARD-Reihe, die erste umfassende Gesamtdarstellung der DDR Geschichte nach der Wende: "Das war die DDR." Erklärt wurden die Mechanismen der zweiten deutschen Diktatur: Wie funktionierte die DDR-Planwirtschaft? Welche Funktionen erfüllte das Sozialsystem? Wie arbeitete die Stasi?

Fast zehn Jahre später - ein ganz anderer Ansatz. Als hätte die Sabrow-Kommission die Blaupause geliefert, die eine Zuwendung zum "Alltag in der durchherrschten Gesellschaft" empfahl, entstand in den Jahren 2004 und 2005 das umfassende Multimedia-Projekt "Damals in der DDR". Die u.a. mit dem Grimme Preis ausgezeichnete Fernsehreihe wagte den Blick auf das Leben der Menschen in der Diktatur.

Beide Ansätze sind auch Produkte der Zeitumstände, d.h. durch die seinerzeit in den Medien geführten Diskussionen über den rechten Umgang mit 40 Jahre DDR zu erklären. Und beide werfen gravierende Probleme der Darstellung auf. Auf der einen Seite die Gefahr, die die Leipziger Volkszeitung 1993 anlässlich der Ausstrahlung von "Das war die DDR" beschwor. "Das Fernsehen petrifiziert selbstredend den Satz, dass angeblich große Männer Geschichte machen, und vergisst die Wegbegleiter, die kleinen Leute, den Mann auf der Straße." Die Alltagsperspektive wiederum droht zu ostalgisch-kitschigen Verklärung zu geraten, wenn sie losgelöst von historischen Einordnungen und kritischen Bewertungen allein um der Effekte willen präsentiert wird.

Hinzu treten die Gesetze des Mediums Fernsehens: Die unvermeidliche Dominanz visueller Quellen, die erhebliche Bedeutung von subjektiv gefärbten Zeitzeugen-Statements, die Notwendigkeit, Ereigniszusammenhänge durch nachgestellte Szenen zu dokumentieren. Und nicht zuletzt der Anspruch eines Massenmediums, Geschichte seriös einem Millionenpublikum zu vermitteln.

Die Geschichte der DDR bietet den Fernsehmachern ungezählte Fallstricke.

Geschichte emotional: Darstellungsformen von NS-Dokumentationen

Frank Bösch (Bochum)

Historische Dokumentationen zielen vornehmlich auf eine unterhaltsame Wissensvermittlung durch emotionale Stimuli ab. Ihre populären Geschichtsbilder sind nicht einfach – im Sinne eines Top-Down-Modells – als eine Popularisierung wissenschaftlicher Erkenntnisse zu verstehen. Vielmehr bilden sie eine eigenständige Form der Geschichtsgenerierung, die durch spezifische Medienlogiken geprägt ist. Zudem ist im höheren Maße eine zirkulierende Wechselbeziehung zwischen den Perspektiven der Fachwissenschaften und filmischen Darstellungen im weitesten Sinne anzunehmen. Der Einfluss von audiovisuellen Geschichtsdarstellungen auf die Geschichtswissenschaft lässt sich dabei sowohl an der Setzung von Themen als auch an methodischen Zugängen ausmachen.

Der Vortrag versteht sich daher als ein Plädoyer, historische Fernsehdokumentationen nicht einfach zu verdammen oder zu kritisieren, sondern aus der generell zunehmenden Medialisierung der Zeitgeschichte eine doppelte Konsequenz zu ziehen: Einerseits sind Dokumentationen als Ausdruck öffentlicher Geschichtsrekonstruktionen ernst zu nehmen und dementsprechend ihre Deutungsmuster als Quelle und eigener Teil der Zeitgeschichte zu analysieren. Andererseits sind die medialen Darstellungsformen, die im hohen Maße ihre Inhalte und die Rezeption prägen, methodisch zu reflektieren, um einen konstruktiv-kritischen Umgang mit ihnen zu fördern. Der Vortrag untersucht deshalb die Rolle, die einzelne Bausteine der Dokumentation spielen (Erzähler, Zeitzeugen, historisches Filmmaterial etc.) und diskutiert die Folgen, die bestimmte mediale Darstellungstechniken für die Vermittlung von Vorstellungen über den Nationalsozialismus haben.

Kommentar
Thomas Fischer (Baden-Baden)

Geschichte ist im massenmedialen Diskurs des Fernsehens kaum noch Gegenstand fachwissenschaftlicher Analyse, sondern sie kommt zunehmend im Modus des emotionalen Erzählens und der persönlichen Erinnerung daher. Aus einem Programmangebot für fachlich interessierte Minderheiten wurde ein populäres Sendeformat für ein Massenpublikum – wobei Geschichte im TV in erster Linie ein Programm der Älteren, der 60+, war und ist. Unfreiwillige Katalysatoren dieser Popularisierung waren die „Privaten", die seit Mitte der achtziger Jahre den „Öffentlich-Rechtlichen" durch massenattraktive Unterhaltungsprogramme zunehmend Konkurrenz machten. Als Reaktion darauf begannen die „Öffentlich-Rechtlichen", ihre bis dahin eher bildungsbürgerlich ausgerichteten Geschichtsprogramme ebenfalls stärker zu popularisieren. Das gelang dadurch, dass man bei der Präsentation von Geschichte auf abstrakte Strukturanalysen verzichtete und stattdessen konkrete Geschichten aus der Nahsicht mit benennbaren Personen, überschaubaren Schauplätzen und klaren Handlungsabläufen (exemplarisch) erzählte. Bezogen auf das Medium Fernsehen heißt dabei „Erzählen", dass audiovisuelle Archivmaterialien nach quellenkritischer Vorauswahl so mit Zeitzeugenstatements montiert und dann mit der Stimme eines auktorialen Erzählers unterlegt werden, dass den Zuschauern die Gewissheit vermittelt wird, alles, was erzählt wird, habe sich tatsächlich auch so ereignet. Neben einer einfachen und allgemeinverständlichen Erzählweise sind es vor allem die Zeitzeugen, die zur Popularisierung von Geschichte im

Fernsehen beitragen. Geschichte ist in diesem Medium nicht nur „gewusste" sondern wesentlich auch „gefühlte" Geschichte.

5.27. (R)emigrierte deutsche Historiker und das Amerikabild in Nachkriegsdeutschland

Leitung: Winfried Schulze (München)

Die emigrierten Meinecke-Schüler in den Vereinigten Staaten. Leben und Geschichtsschreibung im Spannungsfeld zwischen Deutschland und der neuen Heimat: Hajo Holborn und Hans Rosenberg
Gerhard A. Ritter (Berlin)

Amerikabilder und Deutschlandentwürfe emigrierter und remigrierter Historiker und Sozialwissenschaftler: Von Fritz Epstein bis Franz L. Neumann
Peter Th. Walther (Berlin)

Franz Borkenau - Aus dem Exil in die amerikanische Besatzungszone
Mario Kessler (Potsdam / New York)

"Approaches to the Study of German History". Hans Rosenberg als Gastprofessor an der Freien Universität Berlin 1949/50
Winfrid Halder (Dresden)

Zusammenfassung:
Seit einigen Jahren wird in der Geschichtswissenschaft intensiv der Prozess der "Amerikanisierung" (West-)Deutschlands in der Zeit nach dem Ende des Zweiten Weltkrieges untersucht. Besondere Bedeutung hat dabei die Frage nach dem Anteil, den der von den Vereinigten Staaten ausgehende Einfluss auf kulturelle und mentale Wandlungen in der deutschen Bevölkerung hatte. Das ausgeprägte Interesse an der "erstaunlichen Metamorphose der Deutschen nach dem Ende der NS-Diktatur" wurde jüngst erneut durch die lebhaften Reaktionen auf Konrad H. Jarauschs Studie "Die Umkehr" unter Beweis gestellt.

In der bisherigen wissenschaftlichen Diskussion um die "Amerikanisierung" ist der Beitrag, den nach 1933 in die USA emigrierte deutsche Historiker zur Überwindung des 1945 stark von den Stereotypen der NS-Propaganda geprägten Amerikabildes und zugleich zur Neuorientierung der deutschen Geschichtswissenschaft geleistet haben, zu wenig berücksichtigt worden. Ihr Wirken als Autoren und vielfach auch als (zeitweilig) zurückgekehrte akademische Lehrer hat in der jüngeren Forschung nur unzureichend Aufmerksamkeit gefunden.

Die Sektion richtet sich darauf, exemplarisch aufzuzeigen, mit welchen Exilerfahrungen wichtige Vertreter der Geschichtswissenschaft in das geteilte Deutschland hineinwirkten und welche Anstöße sie deutschen Rezipienten vermittelten.

Die emigrierten Meinecke-Schüler in den Vereinigten Staaten. Leben und Geschichtsschreibung im Spannungsfeld zwischen Deutschland und der neuen Heimat: Hajo Holborn und Hans Rosenberg

Gerhard A. Ritter (Berlin)

Die Grundlage des Vortrages bildet die Edition von Briefen aus dem reichhaltigen Nachlass des deutschen Historikers Friedrich Meinecke, die das Verhältnis der nach 1933 zur Emigration gezwungenen Schüler zu ihrem Lehrer widerspiegeln. Die Briefe zeigen die enge Verbundenheit der Schüler mit ihrem Lehrer, den sie nach ihrer Emigration eingehend über ihr Leben in den Vereinigten Staaten und ihre wissenschaftlichen Pläne unterrichteten, und den sie nach Kriegsende durch die Übersendung von Care-Paketen und in Deutschland nicht erhältlichen Medikamenten am Leben erhielten. Die Briefe aus dem Meinecke-Nachlass werden ergänzt durch Briefe und Aufzeichnungen aus den Nachlässen der Schüler und durch die Analyse einiger Aspekte ihrer Forschungen.

Die Briefe sind eine Fundgrube für viele Fragen, wie die nach ihrer deutsch-jüdischen Identität, die den Schülern z. T. schon in der Weimarer Republik von außen aufgezwungen wurde. Sie werfen ein Licht auf Emigration und Remigration, die Wiedergutmachung, die Biographie und die wissenschaftliche Weiterentwicklung der Schüler. In dem Vortrag wird vor allem das Spannungsverhältnis der Liebe zum Land ihrer Geburt und der Loyalität und Zuneigung zu den Vereinigten Staaten thematisiert werden. Aus dem Kreis der Schüler, die nach den Vereinigten Staaten emigrierten, wurden Hajo Holborn und Hans Rosenberg ausgewählt, da sie am besten die Auseinandersetzung mit dem Leben in zwei Welten und die Beziehungen zwischen den Geschichtswissenschaften Deutschlands und der Vereinigten Staaten vor allem nach 1945 widerspiegeln. In den Schlussbemerkungen werden aber auch Felix Gilbert, einer der führenden Forscher zur Geschichte der Renaissance und zur Geschichte der Geschichtswissenschaft, sowie Dietrich Gerhard, der auf den Spuren de Tocquevilles den Unterschied zwischen dem alten Europa, den Vereinigten Staaten und Russland herauszuarbeiten versuchte, einbezogen.

Amerikabilder und Deutschlandentwürfe emigrierter und remigrierter Historiker und Sozialwissenschaftler: Von Fritz Epstein bis Franz L. Neumann

Peter Th. Walther (Berlin)

Diskutiert wird das Verhältnis zwischen (Weimar-)deutschen Prägungen, den selektiven Wahrnehmungen und Adaptionen US-amerikanischer gesellschaftlicher Normen und Konventionen sowie die offenen und verdeckten Vorschläge für Nachkriegsdeutschland. Dabei soll insbesondere der Frage nachgegangen werden, ob nach 1941 "Weimarer" Reformprojekte als solche für Nachkriegsdeutschland wieder aufgenommen oder aber als originäre amerikanische Reformprojekte "verpackt" werden, um in der politischen Debatte um Nachkriegsdeutschland überhaupt Gehör finden zu können.

Franz Borkenau - Aus dem Exil in die amerikanische Besatzungszone

Mario Kessler (Potsdam / New York)

Franz Borkenau (1900-1957) wurde zwischen Österreich, Deutschland, Frankreich, Panama, Spanien, Australien, England, wiederum Deutschland und der Schweiz hin- und hergerissen. Seine lebenslange Suche nach einem "Sinn der Geschichte" führte den Historiker und Kultursoziologen vom Kommunismus zum Antikommunismus. Borkenau, ein Wegbereiter der internationalen Kommunismus-Forschung, wurde zu einem frühen Vertreter der "Totalitarismus"-Theorie. Als solcher war er 1949-50 mit federführend bei der Initiierung des "Kongresses für kulturelle Freiheit". Er arbeitete für die amerikanische Militärverwaltung und engagierte sich publizistisch in verschiedenen Zeitschriftenprojekten. Die US-Militärverwaltung unterstützte seine indes nur halb geglückte Integration in das westdeutsche Hochschulwesen, das sogar für einen antikommunistischen, gleichwohl dezidiert antifaschistischen Remigranten nur wenig Verwendung hatte. Borkenau blieb trotz seines antikommunistischen Engagements im westlichen Nachkriegsdeutschland ein Außenseiter.

"Approaches to the Study of German History". Hans Rosenberg als Gastprofessor an der Freien Universität Berlin 1949/50

Winfrid Halder (Dresden)

Hans Rosenberg (1904-1988), der Deutschland 1933 hatte verlassen müssen und in die Vereinigten Staaten emigriert war, nahm 1949/50 an der neu gegründeten Freien Universität in Westberlin eine Gastprofessur wahr. Rosenbergs Lehrtätigkeit war durch Vermittlung seines Lehrers Friedrich Meinecke zustande gekommen. Nach dem Zeugnis verschiedener Teilnehmer an Rosenbergs Lehrveranstaltungen haben diese bei den Studierenden einen tiefen, lange nachwirkenden Eindruck hinterlassen. Der Vortrag richtet sich darauf, die von Rosenberg damals vermittelten Inhalte und methodischen Ansätze zu analysieren.

Herausragende Bedeutung kommt dabei der Vorlesung des Sommersemesters 1950 zu: Rosenberg, der sich den Studierenden dezidiert als Amerikaner vorstellte, wählte hier ein zeitgeschichtliches Thema, das deutlich außerhalb seiner im 19. Jahrhundert liegenden Forschungsschwerpunkte lag. Dies zeigt die besondere Bedeutung, die er dem Gegenstand beimaß. Er las über die Geschichte Europas und der Vereinigten Staaten von 1917 bis 1939. In der direkten Gegenüberstellung der Entwicklung in den Vereinigten Staaten und Deutschlands (wie auch besonders der Sowjetunion und Italiens) im "Zeitalter der Extreme" konnte er die Eigenart des politischen Systems und der politischen Kultur der USA scharf konturieren. Sein nicht zuletzt aus der eigenen Erfahrung gespeistes, auch Defizite der Ära Roosevelt keineswegs beschönigendes und gerade daher differenziertes Amerikabild eröffnete den Studierenden Perspektiven weit jenseits der Stereotypen der NS-Propaganda wie auch des Kalten Krieges.

6. Sektionen zur Geschichtsdidaktik

6.1. Deutsch-jüdische Geschichte im Unterricht. Sondergeschichte - Beziehungsgeschichte - gemeinsame Geschichte?

Leitung: Rolf Ballof (Göttingen)

Deutsch-jüdische Geschichte. Möglichkeiten eines gemeinsamen Narrativs
Mosche Zimmermann (Jerusalem)

Die Emanzipation der Juden im Zusammenhang der Emanzipations-bewegungen
Simone Lässig (Washington)

Juden - Israel - Holocaust und der Nah-Ost-Konflikt. In welchem Kontext steht der Unterricht über jüdische Geschichte heute?
Falk Pingel (Braunschweig)

Beispiele für eine integrative Perspektive der deutsch-jüdischen Geschichte
Wolfgang Geiger (Frankfurt am Main), Martin Liepach (Frankfurt am Main), Rolf Ballof (Göttingen)

Zusammenfassung:
Mosche Zimmermann untersucht die Bedingungen möglicher unterschiedlicher Narrative der deutsch - jüdischen Geschichte, die die historiografische Ghettoisierng der deutsch - jüdischen Aspekte der Geschichte mit Hilfe historischer und sozialwissenschaftlicher Begrifflichkeit überwinden kann und die deutsch - jüdische Komponente wegen ihrer Relevanz im größeren Rahmen der deutschen Geschichte verortet.

Simone Lässig untersucht die - auch national - unterschiedlichen Emanzipationsmodelle zunächst auf ihren Erfolg und auf Konsequenzen für innerjüdische Transformationsprozesse. Die Emanzipation der Juden kann so auch als europäisches Phänomen begreifbar gemacht werden. Die Einbettung der Emanzipation der Juden in den Kontext der Beseitigung von Unfreiheit, Individualisierung und Verrechtlichung im 19. Jahrhundert führt zu der Frage, wie weit die Geschichte der Juden als spezifisches Prisma für allgemeine Fragen einer an Mentalitäten und Identitäten und an Vielfalt und Differenz, aber auch an Inklusion und Exklusion ausgerichteten historischen Forschung tauglich ist.

Falk Pingel überprüft das Konzept einer integrierten deutsch - jüdischen Geschichte angesichts von möglichen Lebenskonzepten von Juden in Deutschland nach der Vernichtung der Juden, der Entstehung von Minderheiten durch Immigration und angesichts der Existenz Israels als jüdischer Staat und sucht Antworten auf die daraus entstehenden Fragen.

Die Herren Geiger, Liepach und Ballof untersuchen die Darstellung deutsch-jüdischer Geschichte in Schulbüchern und machen Vorschläge, wie hergekommene Klischees überwunden werden können, die jüdische Perspektive in die allgemeine Geschichte einbezogen werden und wie die die deutsche Geschichte mitprägende Kraft der Juden integriert werden kann.

Deutsch-jüdische Geschichte. Möglichkeiten eines gemeinsamen Narrativs
Mosche Zimmermann (Jerusalem)

Die deutsch-jüdische Geschichte ist ein Kapitel bzw. ein Aspekt der allgemeinen deutschen Geschichte wie auch der allgemeinen jüdischen Geschichte. Dabei teilen sich die Narrative aber nicht zwangsläufig in ein deutsches einerseits und ein jüdisches bzw. israelisches anderseits: Es gibt ja mehr als ein Narrativ in der deutschen wie auch in der jüdischen Geschichte. Die Mehrzahl der Narrative ist eine Gegebenheit, mit der man sich ohne die Absicht, ein einzig legitimes oder "richtiges" Narrativ zu finden, auseinandersetzen muss. Bereits im Geschichtsunterricht darf Geschichte nicht in die Zwangsjacke eines einzigen autorisierten Narrativs gesteckt werden. Das bedeutet aber nicht, dass in einem Werk, im Syllabus oder im Schulbuch die "allgemeine deutsche" und die angeblich "spezifisch deutsch-jüdische" Geschichte nicht in ein Narrativ einmünden können. Gemeinsame deutsch-jüdische Narrative (!) schafft man, indem man jeweils eine Terminologie benutzt, die die Gegenüberstellung "wir" gegen "ihr" meidet. Es gibt mehrere historische und sozialwissenschaftliche Begriffe, mit denen man operieren und die historiographische "Ghettoisierung" der deutsch-jüdischen Aspekte überwinden kann: Emanzipation, Exklusion, Vorurteil, Alltag, Neuzeit, Moderne, Kultur etc. Wenn Geschichte als Unterricht von der Relevanz der historischen Problematik ausgeht, ist die deutsch-jüdische Komponente im größeren Rahmen der deutschen Geschichte an vielen Stellen relevant wie z.B. der Umgang mit Minderheiten, Multikulturalität, Integration, kollektive Erinnerung. Solche allgemeinen Begriffe gelten im Prozess der Auswahl der aus der deutsch-jüdischen Geschichte relevanten Informationen und Fragestellungen als Richtlinie, um dann narrativisch homogene Kapitel zu gestalten. In meinem Referat will ich versuchen, mit Hilfe von historischen Grundbegriffen mehr als ein gemeinsames Narrativ vorzustellen.

Die Emanzipation der Juden im Zusammenhang der Emanzipationsbewegungen
Simone Lässig (Washington)

Die Forschung hat die langwierige und konditionale Judenemanzipation in den deutschen Staaten zumeist kritisch gedeutet. Die deutschen Juden selber sahen sich allerdings schon lange vor ihrer rechtlichen Gleichstellung als Avantgarde eines modernen europäischen Judentums und als Akteure, die den Glaubensgenossen aller anderen Länder "an geistiger Freiheit und produktiver Kraft" (A. Geiger) weit überlegen seien.

Der Vortrag setzt sich mit dieser Differenz zwischen zeitgenössischen Wahrnehmungen und etablierten wissenschaftlichen Urteilen auseinander und fragt zunächst nach verschiedenen Emanzipationsmodellen und deren Erfolgen, also nach nationalen Spezifika im Verhältnis von Staat und Juden und nach den Konsequenzen für die innerjüdischen Transformationsprozesse. Im zweiten Teil werden die Perspektiven gewechselt und die Grenzen der etablierten Narrative diskutiert. Konkret geht es darum, den Blick auch für solche Entwicklungen zu schärfen, die sich jenseits nationalstaatlicher Kategorien bewegen, die grenzüberschreitenden Charakter hatten und die Judenemanzipation als europäisches Phänomen erkennbar werden lassen. Hierbei werden kulturelle Kategorien und Phänomene deutlich stärker gewichtet, als das in der bisherigen Emanzipationshistoriographie geschehen ist. Im dritten Teil des Vortrages soll die Emanzipation der Juden schließlich in den allgemeinen Kontext der Individualisierung, der Verrechtlichung und der Beseitigung persönlicher Unfreiheit im 19. Jahrhundert eingeordnet werden. Daraus leitet sich schließlich die Frage ab, wie sich zentrale Aspekte der nationalen, europäischen und jüdischen Geschichte enger verzahnen lassen und inwieweit sich die Geschichte der Juden als spezifisches Prisma für allgemeine Fragen einer an Mentalitäten und Identitäten, an Vielfalt und Differenz, aber auch an Inklusion und Exklusion ausgerichteten historischen Forschung (und Lehre) anbietet und empfiehlt.

Juden - Israel - Holocaust und der Nah-Ost-Konflikt. In welchem Kontext steht der Unterricht über jüdische Geschichte heute?
Falk Pingel (Braunschweig)

Jüdische Geschichte gilt als Minderheitsgeschichte "par excellence". Die Juden schienen die einzige Minderheit zu sein, die mit der deutschen Geschichte vom Mittelalter bis heute verwoben sind. Entsprechend sahen Lehrbücher und Lehrpläne eigene Abschnitte zu ihrer (Verfolgungs- und Ausgrenzungs-)Geschichte vor ("Die Juden im Mittelalter..."etc.). Das Paradigma war so stilbildend, dass es schließlich auf ähnliche Weise die Integration von Sinti und Roma in die Lehrpläne und Lehrmedien erlaubte. Als Minderheit aber stehen heute die Juden in der Konkurrenz zu den neuen Einwanderungsgruppen. Deren zunehmende Rolle im Bewusstsein der deutschen Gesellschaft führt dazu, dass auch deren Geschichte bis ins Mittelalter zurückverfolgt wird, selbst wenn sie nicht Teil der deutschen Gesellschaft war (gut zu sehen gegenwärtig beim Thema "Muslime/Islam“).

Ein integrierter Ansatz sichert der jüdischen zwar einen selbstverständlichen Platz in der deutschen Geschichte, wie aber lässt sich das Konzept in Hinsicht auf das 20. Jahrhundert und die Gegenwart verwirklichen? Wird jüdische Nachkriegsgeschichte in Deutschland dann im Wesentlichen als Einwanderungsgeschichte erscheinen? Wenn Emanzipation als Integrationskonzept im und durch den Nationalsozialismus (oder schon vorher, in der Weimarer Republik, im Kaiserreich?) gescheitert ist, hat das Folgerungen für das Lebenskonzept von Juden in Deutschland heute?

Wie verträgt sich das Integrationskonzept mit einer Behandlung Israels als eines jüdischen Staates? Kann der Unterricht angesichts der Dominanz des Nah-Ost-Konflikts überhaupt zu einer Analyse der israelischen Gesellschaft vorstoßen, wie es die deutsch-israelischen Schulbuchempfehlungen fordern? Der Vortrag wird zur Beantwortung dieser Fragen auch einen vergleichenden Blick auf Schulgeschichtsbücher aus Frankreich, England und Italien werfen.

Beispiele für eine integrative Perspektive der deutsch-jüdischen Geschichte
Wolfgang Geiger (Frankfurt am Main), Martin Liepach (Frankfurt am Main), Rolf Ballof (Göttingen)

Rolf Ballof:
Versuch eines integrativen Ansatzes der deutsch-jüdischen Geschichte.
Entgegen dem Befund auch in aktuellen Geschichtsbüchern, in denen der jüdische Anteil an der deutschen Geschichte entweder nicht vorkommt oder in Sonderkapiteln - oft zur Verfolgungsgeschichte - dargestellt wird, soll der Versuch unternommen werden, jüdische Geschichte in Deutschland als Teil der deutschen Geschichte zu begreifen. Eine Reduzierung der deutsch - jüdischen Geschichte auf eine Verfolgungsgeschichte wird dem Anteil von in Deutschland wirkenden Juden am kulturellen, sozialen und wirtschaftlichen Leben Deutschlands nicht gerecht; die Berücksichtigung der mitprägenden Kraft von Juden führt zu einer integrativen Perspektive der deutsch - jüdischen Geschichte. An einigen Beispielen (s.u.) soll die integrative Perspektive veranschaulicht werden und Konsequenzen inhaltlicher wie methodischer Art für den Geschichtsunterricht erörtert werden.

Wolfgang Geiger:
Deutsch-jüdische Geschichte im Mittelalter.
Ausgehend von einer Kritik klassischer Darstellungen in Hand- und Schullehrbüchern soll gezeigt werden, wie sich das Klischee der exklusiven Beziehung der Juden zum Geldverleih perpetuiert, weil es vom Vorurteil zum Erklärungsmuster für die Verfolgungen wurde. Dies aufzubrechen gelingt nur durch die Integration der jüdischen in die allgemeine Geschichte (Geldwirtschaft, Bedeutung des Zinsverbots usw.): eine Herausforderung für Wissenschaft und Didaktik.

Martin Liepach:
Deutsch-jüdische Geschichte im Kaiserreich.
Eines der größten Missverständnisse in der inhaltlichen Auseinandersetzung mit der deutsch-jüdischen Geschichte ist die Dominanz antisemitischer Bilder. Kategorisch gilt: Die Geschichte des Antisemitismus ist nicht die Geschichte der Juden. Es sollen daher alternative Zugriffsmöglichkeiten gezeigt werden, die den notwendigen Perspektivwechsel hin zu einer angemessenen Einbeziehung der jüdischen Perspektive unter Berücksichtigung des integrativen Ansatzes ermöglichen.

6.2. Die Aufarbeitung der Stasi-Tätigkeit und ihrer Folgen in Deutschland: ein Modell für den Umgang mit der Hinterlassenschaft europäischer Diktaturen nach 1945?

Leitung: Gabriele Camphausen (BStU, Berlin), Peter Lautzas (VGD)

Einführung
Gabriele Camphausen

Mehr als ein Archiv: Der Umgang mit den Stasi-Unterlagen als Garant für die Aufarbeitung der SED-Diktatur?
Marianne Birthler (Berlin)

Historisch-politische Bildung zur DDR-Geschichte als Diktaturaufarbeitung?
Axel Janowitz (Berlin)

Die Behandlung der SED-Diktatur im Schulunterricht
Martin Bongertmann (Rostock)

Der Umgang mit Diktaturerfahrungen in Ost-Mittel-Europa am Beispiel Polens
Krzysztof Madej (Warschau)

Der Umgang mit Diktaturerfahrungen in West-Europa am Beispiel Spaniens
Sören Brinkmann (Erlangen)

Zusammenfassung:
Auch nach 1945 war Europa nicht frei von Diktaturen: Seien es die kommunistischen Regime in Osteuropa, seien es die Franco-Diktatur in Spanien, das Salazar-Regime in Portugal oder die Militärjunta in Griechenland - sie alle haben die europäische Nachkriegsgeschichte mitgezeichnet.

Die Auseinandersetzung mit der Geschichte und den Hinterlassenschaften der europäischen Diktaturen, so Gabriele Camphausen in ihrer Einführung zu der Sektion, zeigt ein breites Spektrum an Formen und Wegen. Die Herrschaftstypen der Diktaturen differierten, die Übergänge von einer Diktatur zur demokratischen Gesellschaft verliefen sehr unterschiedlich und auch die Wege der Aufarbeitung haben ihre eigenen Ausprägungen: Das Maß an Radikalität oder der Grad an Nachsichtigkeit, und nicht zuletzt: das Tempo sind verschieden.

Diese differierenden Prozesse der Aufarbeitung in Europa standen auch im Mittelpunkt der anschließenden Podiumsrunde. Teilnehmer der Podiumsdiskussion waren Vertreter aus Wissenschaft, Aufarbeitung und Bildung: die Bundesbeauftragte für die Stasi-Unterlagen (BStU) Marianne Birthler, der Bildungsreferent der BStU Axel Janowitz, der Studiendirektor und Dezernent für Geschichte und Europa im Landesinstitut für Schule und Ausbildung in Rostock Ulrich Bongertmann, Krzysztof Madej vom Institut des Nationalen Gedenkens (IPN) in Warschau sowie der Spanienexperte Sören

Brinkmann von der Universität Erlangen. Die Gesprächsleitung hatten Gabriele Camphausen, Historikerin und Mitarbeiterin der BStU, und Peter Lautzas, der Vorsitzende des Verbands der Geschichtslehrer Deutschlands (VGD).

Der Fokus der Diskussion richtete sich exemplarisch auf drei Länder: Polen, Spanien und die DDR bzw. die gesamtdeutsche Bundesrepublik.

Marianne Birthler skizzierte das Aufgabenfeld ihrer Behörde im Rahmen der DDR-Aufarbeitung und charakterisierte den historischen Gegenstand ihrer Arbeit: das Ministerium für Staatssicherheit (MfS), "Schild und Schwert" der Staatspartei SED. 91 000 hauptamtliche und rund 175 000 inoffizielle Mitarbeiter waren für die "Stasi" tätig gewesen (Stand 1989). Stets auf der Suche nach "feindlich-negativen Kräften" baute das MfS eine flächendeckende Kontrolle und Bespitzelung der DDR-Bevölkerung auf. Die Stasi war Geheimpolizei und Auslandsgeheimdienst zugleich, sie führte Ermittlungen durch und sorgte für die von der SED gewünschte Justierung politischer Gerichtsprozesse. Besondere Aktivitäten entwickelte der Staatssicherheitsdienst in der Bundesrepublik und installierte in Kreisen der dortigen Politik, Wirtschaft und Gesellschaft Inoffizielle Mitarbeiter.

Die Sammelwut der Stasi ist legendär: 180 Kilometer Unterlagen, Akten, Ton- und Bildaufnahmen hinterließ das Ministerium. Diese Unterlagen bilden den Materialkern der heutigen Stasi-Unterlagenbehörde, sie werden auf der Grundlage eines besonderen Gesetzes, des Stasi-Unterlagen-Gesetzes (StUG), erschlossen und zur Akteneinsicht bereitgestellt. Eine weitere Aufgabe der BStU besteht darin, die Öffentlichkeit durch eigene Forschungsarbeiten und Bildungsangebote über die Tätigkeit, Struktur und Wirkungsweise der Staatssicherheit zu informieren. Aber die Akten geben nicht nur Auskunft allein über das MfS und seine Verzahnung innerhalb des SED-Herrschaftsapparats: Sie spiegeln vielmehr auch die zahlreichen Schritte der Diktaturverweigerung, des widerständigen Verhaltens und der Zivilcourage in der DDR-Bevölkerung.

Die gesetzlich geregelte Öffnung der MfS-Akten, erläuterte Marianne Birthler, ermögliche die "Enteignung und Aneignung von Herrschaftswissen" und sei ein wichtiger Beitrag zur zivilgesellschaftlichen Vergangenheitsaufarbeitung - eine Entwicklung, die sicherlich auch eine Konsequenz aus den Erfahrungen mit dem NS-Erbe nach 1945 darstelle. Die zweifache Diktaturerfahrung hat - bei allen inhaltlichen Unterschieden, die nicht verwischt werden dürfen - in Deutschland offensichtlich zu einer Schärfung des gesellschaftlichen Bewusstseins geführt und das Beschweigen nach 1989/90 zumindest deutlich erschwert. Die hohe Aufmerksamkeit dokumentieren auch die über 2, 3 Millionen Anträge auf Akteneinsicht, die bis 2005 in der BStU eingereicht worden sind.

Einen anderen Verlauf haben die Aufarbeitungsprozesse in Polen und Spanien genommen.

In Polen, so zeichnet Krzysztof Madej in seinen Ausführungen nach, wurde kontrovers und heftig über den Umgang mit der Hinterlassenschaft der Staatssicherheit debattiert, doch es hat lange gedauert, bis eine konkrete Regelung durchgesetzt werden konnte. Im Jahr 2000 öffnete schließlich das Institut des Nationalen Gedenkens (IPN) seine Türen: der institutionelle Rahmen für die Aufarbeitung der NS-Diktatur und der kommunistischen Herrschaft. Ein bedeutsamer Schritt, doch ist die öffentliche Resonanz des IPN relativ niedrig, weitaus geringer als die der Berliner Partnerbehörde. Erst rund 20 000 Anträge auf Akteneinsicht gingen bislang beim IPN ein. Neben dem IPN sind es vor allem kritische Einzelpersonen, NGO und Teile der katholischen Kirche, die die kritische Reflektion über die Vergangenheit am Leben erhalten. Der große politische und gesellschaftliche Rückhalt ist noch nicht vorhanden.

Auch der Aufarbeitungsprozess der Franco-Diktatur in Spanien zeigt noch erhebliche Entwicklungsreserven, wie Sören Brinkmann feststellte. Eine breite öffentliche Diskussion über die Geschichte und die Folgen der franquistischen Herrschaft sei jahrzehntelang ausgeblieben. Nicht zuletzt mit dem Amnestiegesetz von 1977, das den Franco-Tätern Straffreiheit zusicherte, wurden die Weichen auf Schlussstrich gestellt. In den letzten Jahren kristallisiert sich sehr allmählich und zögerlich eine Abwendung von dem "Gebot des Schweigens" heraus, das jahrzehntelang von den verschiedenen Lagern in Politik und Gesellschaft akzeptiert worden war. Die im Jahr 2000 gegründete Gesellschaft zur Wiederherstellung des historischen Gedächtnisses (Associacion para la recuperation de la memoria historica) ist Ausdruck der sich ändernden Erinnerungskultur in Spanien. Zugleich sind die überlieferten Akten des Diktaturapparats allerdings nach wie vor nicht systematisch erschlossen oder zugänglich. Noch, so Brinkmann, ist die spanische Gesellschaft von einem gemeinsamen Geschichtsverständnis und einer konsensualen Erinnerungskultur weit entfernt.

Dem Einblick in die verschiedenen Aufarbeitungsprozesse folgte die Erörterung, wie Geschichte und Folgen einer Diktatur an Nachgeborene vermittelt werden können, welche Zugänge sich im Bildungsumfeld, insbesondere im schulischen Bereich bewährt haben und vor welchen spezifischen methodischen Herausforderungen Multiplikatoren stehen. Wobei sich die Diskussion primär auf die bundesrepublikanische Situation bezog, haben doch die betreffenden Prozesse in Spanien und Polen bis heute kaum begonnen. Die Frage "Modell Deutschland?" - nicht im Sinne einer "Leitkultur", aber als möglicher Vergleichsrahmen - begegnete hier in besonders konkreter Form.

Zunehmender Anforderungs- und Zeitdruck, so Axel Janowitz von der BStU, behindere die Möglichkeiten zur Auseinandersetzung mit der DDR-Geschichte im Unterricht erheblich. Hinzu komme mancherorts eine Reserviertheit gegenüber der kritischen Betrachtung der SED-Diktatur. Um dem entgegenzuwirken, hat die BStU verschiedene didaktisch-methodische Begleitmaterialien erarbeitet, die für den Geschichtsunterricht geeignet sind. Diese Angebote dienen als Hintergrundsmaterialien, sind teils direkt unterrichtsverwendbar aufbereitet, und sie zeigen wichtige thematische Anknüpfungsoptionen.

Auf die Existenz verschiedener Erinnerungslandschaften in Ost- und Westdeutschland ging Ulrich Bongertmann ein und betonte den Handlungsbedarf zur Weiterentwicklung von Demokratieverständnis und -bewusstsein. Vor allem in den Schulen der neuen Bundesländer gäbe es bei Lehrern, Schülern wie Eltern immer noch einen nicht unerheblichen Widerstand, die DDR historisch als Diktatur zu thematisieren und einzuordnen. Bongertmann verwies in diesem Kontext auf das Konzept der asymmetrisch verflochtenen deutsch-deutschen Geschichte, das die Vermittlung der deutsch-deutschen Geschichte nicht in isolierten Strängen, sondern in ihrer gegenseitigen Verflechtung fordere.

6.3. Geschichtsbild und Handlungsorientierung

Leitung: Elisabeth Erdmann (Erlangen-Nürnberg)

Einführung in die Thematik
Elisabeth Erdmann (Erlangen-Nürnberg)

Geschichtsbilder von Grundschülern und ihre Bedeutung für einen handlungsorientierten Geschichtsunterricht
Carlos Kölbl (Hannover)

Veränderung der Geschichtsbilder durch Museumsbesuch?
Heiner Treinen (Bochum)

Handlungsorientierung im Geschichtsunterricht - Ergebnisse einer Evaluation
Elke Mahler (Nürnberg)

Konzepte des historischen Lernens im Spiegel handlungsorientierter Ansätze
Susanne Popp (Siegen)

Einführung in die Thematik
Elisabeth Erdmann (Erlangen-Nürnberg)

Handlungsorientierung ist mehr als eine motivationssteigernde und effizienzfördernde Unterrichtsform, sondern als Prinzip des Geschichtsunterrichts an geschichtswissenschaftliche und geschichtsdidaktische Standards gebunden. Ausgehend davon soll nach dem Zusammenhang zwischen handlungsorientierten Ansätzen und ihrer Wirkung auf die Geschichtsbilder der Schülerinnen und Schüler gefragt werden.

Geschichtsbilder von Grundschülern und ihre Bedeutung für einen handlungsorientierten Geschichtsunterricht
Carlos Kölbl (Hannover)

Im Rahmen der Hannoverschen Grundschulstudie wurden "Bilder zu früheren Zeiten" von Zweit- und Drittklässlern erhoben und mittels quantitativer sowie qualitativer Analysen ausgewertet. Diese Analysen zu Geschichtsbildern im wörtlichen Sinne können durch Ergebnisse aus Gruppendiskussionen und Fragebogenuntersuchungen mit Grundschülern ergänzt werden, in denen geschichtliche Wissensbestände, Denkoperationen und Interessen rekonstruiert wurden. Zentrale Befunde aus diesen drei Studien, die inhaltliche, strukturelle sowie funktionale Aspekte kindlicher Geschichtsbilder betreffen und im Hinblick auf Alter und Geschlecht variieren, werden in ihrer Bedeutung für einen handlungsorientierten Geschichtsunterricht im Primarbereich diskutiert. Die entsprechenden Überlegungen kreisen dabei insbesondere um Geschichtsbilder als diagnostische Instrumente, als Medien des Unterrichtsgesprächs, als Ansatzpunkte für szenische Rekonstruktionen sowie als Anregungsmittel der historischen Imagination. Im Sinne eines Plädoyers für unterrichtsmethodische Vielfalt und Angemessenheit werden schließlich mögliche Indikationen für Handlungsorientierung im Geschichtsunterricht angesprochen sowie Grenzen entsprechender Bemühungen markiert.

Veränderung der Geschichtsbilder durch Museumsbesuch?
Heiner Treinen (Bochum)

Die Besucher kommen mit unterschiedlichen Bildern von Geschichte ins Museum. Können bestehende Geschichtsbilder durch einen Museumsbesuch verändert werden? Welche Voraussetzungen sind dafür notwendig? Eine empirische Erhebung zur Besucherforschung bietet die Grundlage, um differenzierte Antworten auf diese Fragen zu geben. Dabei werden vor allem jugendliche Besucher in den Blick genommen. Weiter wird aufgrund dieser Erhebung dargelegt, was Handlungsorientierung im Museum bedeutet und welche Auswirkungen sie auf die Besucher haben kann.

Handlungsorientierung im Geschichtsunterricht - Ergebnisse einer Evaluation
Elke Mahler (Nürnberg)

Ausgehend von einer theoretischen Grundlegung der Handlungsorientierung wird ein Konzept zur Vermittlung von Geschichte entwickelt. Dieses wurde im Rahmen eines Ausstellungsprojektes zum Nürnberger Stadtjubiläum mit über 20 Schulklassen erprobt und anschließend empirisch untersucht. Es wird daher anhand der Beschreibung einzelner Unterrichtssequenzen und deren Ergebnisse aufzuzeigen sein, in welcher Weise sich handelnd erworbenes Wissen auf den Lernprozess und das Behalten auswirkt.

Konzepte des historischen Lernens im Spiegel handlungsorientierter Ansätze
Susanne Popp (Siegen)

Der Beitrag präsentiert und diskutiert die Ergebnisse einer Untersuchung der impliziten Vorstellungen von den fachspezifischen Besonderheiten und wesentlichen Aufgaben des historischen Lehrens und Lernens in der Schule, die im Kontext des Begriffs "Handlungsorientierung" in ausgewählten aktuellen und älteren Fachlehrplänen, Lehrwerken, praxisbezogenen Beispielsammlungen und in geschichtsdidaktischer Fachliteratur sichtbar werden.

6.4. Re-Visionen. Zum Wandel von Geschichtsbildern im öffentlichen Geschichtsbewusstsein und für den Schulgebrauch

Leitung: Susanne Popp (Siegen), Andreas Helmedach (Braunschweig)

Osteuropa im deutschen Geschichtsbild - Kontinuität und Wandel
Andreas Helmedach (Braunschweig)

Die Geschichte der Schweiz im Schweizer Geschichtsbewusstsein? Brüche im Kontinuitätsideal
Markus Furrer (Fribourg)

Namibia, Afrika und die Welt. Zum Wandel von Geschichtsbildern in namibischen Schulbüchern
Sonia Abun-Nasr (Basel)

Kontinuität im Wandel: Revisionen der "Geschichte Chinas" in aktuellen chinesischen und taiwanischen Schulbüchern
Claudia Schneider (Braunschweig)

Kontinuität im Wandel: Die Darstellung der deutschen Geschichte in aktuellen Lehrbüchern für den Weltgeschichte-Unterricht
Susanne Popp (Siegen)

Zusammenfassung:
Die Sektion setzte sich mit der Frage auseinander, wie Schulbücher für den Geschichtsunterricht, d.h. Dokumente, die der nachfolgenden Generation administrativ beglaubigte historische Deutungs- und Identifikationsangebote unterbreiten wollen, Wandel in der Gegenwart in der Konstruktion des Narrativs verarbeiten. Dieses ist, der Bildungsfunktion der Lehrwerke entsprechend, daraufhin ausgerichtet, die jeweilige Gegenwart und nahe Zukunft als „sinnvolle" und zugleich „sinnstiftende" Resultate einer langfristigen geschichtlichen Entwicklung zu deuten und zu präsentieren, auch wenn der Kontext möglicherweise einer des fundamentalen Wandels ist. Ziel der Sektion war es nun, anhand von verschiedenen internationalen Beispielen, die unterschiedliche Qualitäten von Wandel in der Gegenwart repräsentieren (vom radikalen politischen Wandel bis hin zum Wandel „trotz" ausgeprägtem Kontinuitätsideal), auszuloten, in welcher Weise und in welchen Formen die Lehrwerke die Aufgabe lösen, die Gegenwart als Fluchtpunkt identitätsbestimmender Tradierungen und Kontinuitätslinien erscheinen zu lassen und einen jeweils passenden Zusammenhang zwischen Kontinuität und Wandel zu konstruieren.

Andreas Helmedach (TU Braunschweig) schloss mit seinem Beitrag „Osteuropa im deutschen Geschichtsbild – Kontinuität und Wandel. Der Blick auf das Schulgeschichtsbuch" an die Diskussion über Prozesse des mental mapping im Bezug auf die historischen Regionen Europas an, die in den letzten Jahren einen neuen Aufschwung erlebt hat. Dabei wurden Historizität und normative Konnotationen, Notwendigkeit und Bedeutung von Großraumbegriffen wie etwa „Osteuropa" für Geschichtsschreibung und -bewusstsein diskutiert. Der heuristische Nutzen der im Fach „Osteuropäische Geschichte" gängigen, flexiblen Raumkonzepte hat sich dabei erneut bestätigt.

Eine Untersuchung der aktuellen deutschen Schulgeschichtsschreibung zeigte allerdings, dass man das von der Osteuropäischen Geschichte angebotene raumkonzeptuelle Ordnungs- und Erklärungsangebot bislang noch nicht angenommen hat und die Arbeitsergebnisse der Osteuropahistoriker allenfalls mit großer zeitlicher Verzögerung rezipiert werden. Nimmt man die Schulgeschichtsbücher als Maßstab, so ist trotz der tief greifenden politischen Veränderungen in Osteuropa von einer sehr großen „Trägheit" der mental map auszugehen.

Dieser Befund wurde jedoch für die historischen Teilregionen differenziert. Gemessen an aktuellen deutschen Lehrwerken befindet sich vor allem Polen langsam auf dem Weg in den „Kernbestand" Europas, wohingegen Russland weiterhin als das „große Andere" porträtiert wird. Bemerkenswert ist auch die verbreitete „Russifizierung" des Sozialismus. Im Falle Südosteuropas schließlich führten die politischen Ereignisse der 1990er Jahre häufig zu einer Verstärkung überlieferter Stereotype, die in diametralem Gegensatz zu Qualität und Quantität der tatsächlichen Behandlung dieser Teilregion Europas in den Lehrwerken steht. Dies gilt ganz besonders für die völlig inakzeptable Verdrängung der osmanischen Epoche.

In *Markus Furrers* (Fribourg) Referat über „Die Geschichte der Schweiz im Schweizer Geschichtsbewusstsein – Brüche im Kontinuitätsideal" stand exemplarisch ein historisches Narrativ im Mittelpunkt der Betrachtung, das für sehr lange Zeit in hohem Maße von Kontinuität und einem entsprechenden Kontinuitätsideal gekennzeichnet war. Hier hatten im Unterschied zu vielen anderen europäischen Staaten die mit den Chiffren „1945" und „1968" verbundenen Umbrüche das populäre Geschichtsbild nicht grundlegend tangiert oder erschüttert, sondern tendenziell sogar zu einer Verdichtung der vertrauten Lesarten geführt. Es ging um ein Selbstverständnis als kleiner Staat, der sich gegen eine Übermacht der Fremden behauptet und sich dabei auf eine historische Identität stützt, die um Rückprojektionen in die Geschichte sowie um Geschichtsmythen, wie z.B. den Rütli-Mythos, zentriert war bzw. ist.

Erst seit 1989 geriet dieses Narrativ, so Furrer, unter Druck. Im Zuge der Erschütterung durch die Diskussion um die Rolle der Schweiz im 2. Weltkrieg wurde die Konkurrenz anderer – transnationaler – Fragestellungen und Narrative z.B. in Gestalt der Europaerzählung wirksam. Diese Entwicklung führte in den Schweizerischen Lehrwerken für den Geschichtsunterricht (daneben werden z.B. im Gymnasium auch deutsche und französische Unterrichtswerke benutzt) zu einer sehr stark ausgeprägten Erosion und Fragmentierung des traditionalen Narrativs, das inzwischen auf einige markante, in ihrer „Unverrückbarkeit" zugleich mythologisch überhöhte historische Eckpunkte der Geschichte der Eidgenossenschaft reduziert ist.

Sonia Abun-Nasr, Leiterin der Basler Afrika Bibliografien, einer wissenschaftlichen Spezialbibliothek, befasste sich in ihrem Vortrag „Namibia, Afrika und die Welt. Zum

Wandel von Geschichtsbildern in namibischen Schulbüchern" mit dem Fall eines radikalen politischen Wandels und dessen Verarbeitung in Schulbüchern. Mit der Übernahme der Regierungsverantwortung durch die frühere Befreiungsbewegung SWAPO ging eine Neuinterpretation namibischer Geschichte einher, die sich in neu gedruckten Schulbüchern niederschlug.

Der Wandel, dies zeigte Abun-Nasr im Vergleich von Weltgeschichte-Lehrwerken aus den Jahren 1985, 1989 und 1991, betraf vorrangig die Umwertung der europäischen Geschichte und des europäischen Einflusses auf die afrikanische und namibische Geschichte. So konstruierte ein 1985 erschienenes Weltgeschichte-Lehrwerk eine Fortschrittsgeschichte der Menschheit in eurozentrischer Perspektive, in der Namibia keine eigene, insbesondere keine vorkoloniale Geschichte vorzuweisen hatte. Kolonialapologetische Tendenzen wies auch das im Kontext der Wahlen von 1989 entstandene Lehrwerk auf, das zwar ethnische Vielfalt als entscheidendes, die Geschichte Namibias bestimmendes Prinzip präsentierte, aber zugleich die deutsche Kolonialherrschaft und die südafrikanische Führungsrolle als Motoren des historischen Fortschritts und damit als legitim erscheinen lässt. Auch wenn im Gegensatz dazu ein ab 1991 erschienenes Lehrwerk, das eine eigenständige namibische Geschichte aus der Perspektive der SWAPO konstruiert, eine grundlegende Veränderung bedeutete, so dürfe man doch, so Abun-Nasr, die starke Kontinuitätslinie nicht übersehen, die darin besteht, dass der europäische Einfluss nach wie vor als entscheidender Motor des geschichtlichen Wandels präsentiert werde.

Claudia Schneider (Georg-Eckert-Institut Braunschweig) zeigte in ihrem Referat zum Thema „Kontinuität im Wandel: Revisionen der ‚Geschichte Chinas' in aktuellen chinesischen und taiwanesischen Schulbüchern" zunächst auf, dass die Geschichte Chinas in der Volksrepublik und der Republik China (Taiwan) bis in die 1980er Jahre sinomarxistisch bzw. dynastisch-empiristisch gerahmt war, gleichzeitig aber unter teils identischen Prämissen und strukturellen Bedingungen vermittelt wurde: Einheitliche Schulbücher fokussierten auf Politik- und Ereignisgeschichte aus Majoritäts- und zentralstaatlicher Perspektive, fällten eindeutige Urteile über historische Persönlichkeiten und dienten explizit nationaler Affirmation und Integration.

Liberalisierung und Pluralisierung (auch des Schulbuchsystems), bildungspolitischer Strategiewandel sowie neue didaktische Ansätze gestatten seit einigen Jahren – im Rahmen des jeweils (identitäts-)politisch Möglichen – verschiedene Schulbuch-Bilder des historischen „Chinas". In Taiwan wurde die chinesische allgemein durch den Bedeutungsgewinn taiwanischer Geschichte von ihrer zentralen Position verdrängt, in Ansätzen dezentriert und in ihrer identitätsstiftenden Funktion hinterfragt. In der Volksrepublik löste ein präsentistisches Geschichtsbild das revolutionär-evolutionistische ab und gewann das multiethnische „chinesische Nationalvolk" als (integrierender) historischer Akteur an Relevanz. Außerdem sind unterschiedliche Präsentationen von „Chinas" – historischem und aktuellen – Verhältnis zur Welt (insbesondere dem Westen) feststellbar, die als Reflektion verschiedene chinesischer Nationalismen gelesen werden können. In beiden Kontexten wurde die „Geschichte Chinas" zudem durch kultur- und alltagsgeschichtlichen Themen diversifiziert und – bspw.

durch die Integration in neuere zivilisations- oder weltgeschichtliche bzw. themenzentrierte Ansätze – in ihrer Insularität, Kontinuität und Monumentalität herausgefordert.

In den Diskussionen wurde immer wieder nach den spezifischen Rahmenbedingungen der Schulbuchgestaltung, aber auch normativ nach der zukünftigen Rolle nationaler Narrative in Geschichtsunterricht und Schulbuch gefragt. Die in der Sektion angestrebte Bestandsaufnahme, wie Schulbuch-Narrative aktuellen politischen Wandel verarbeiten, soll hingegen in einer Publikation vertieft werden, die auf die Sektion aufbaut und weitere internationale Fallbeispiele aufgreift und diskutiert.

6.5. Europäische Identität und Geschichtsunterricht

Leitung: Roland Wolf (Reutlingen)

Europäisches Geschichtsbild als Bildungsauftrag
Konrad Horstmann (Stuttgart)

Europäische Identität als Gegenstand des problemorientierten Geschichtsunterrichts
Roland Wolf (Reutlingen)

Europas antike Wurzeln. Anregungen zu den Bildungsstandards der Klasse 10
Stefan Schipperges (Achern)

Menschen unterwegs - Pilger und Pilgerschaft als Wurzel der europäischen Identität
Christian Ohler (Karlsruhe)

Jenseits des Nationalstaats. Plädoyer für eine europäische Geschichte als Beziehungsgeschichte - am Beispiel der Frühen Neuzeit
Andreas Grießinger (Konstanz)

Europa im Unterricht eines Nachbarlandes - Beispiel Polen
Manfred Mack (Darmstadt)

Zusammenfassung:
Die Herausbildung einer europäischen Identität ist eine Herausforderung für den Geschichtsunterricht. Die Sektion beschäftigt sich mit der Suche nach fachdidaktisch abgesicherten Zugängen, Fragestellungen und Zielen und baut dabei auf den Ergebnissen der Geschichtswissenschaft auf. Im ersten Beitrag spricht Konrad Horstmann (Kultusministerium) vom europäischen Geschichtsbild als Bildungsauftrag. Grundlegende Ideen des Zugangs und der Umsetzung im Geschichtsunterricht sind Thema des Vortrags über europäische Identität und Geschichtsunterricht (Roland Wolf). Ziel ist es Fragestellungen zum europäischen Wertekanon zu entwickeln und zu diskutieren. Exemplarisch soll dies an einem Längsschnitt von der griechischen Isonomie bis zur modernen Demokratie aufgezeigt werden. Dies greift auch der Beitrag von Dr. Stefan

Schipperges auf. Anhand ganz konkreter unterrichtspraktischer Überlegungen und Beispiele wird eine Unterrichtssequenz zum Thema "Europas antike Wurzeln" vorgestellt. Die Gemeinsamkeit Europas im Mittelalter ist Gegenstand des Vortrags von Dr. Christian Ohler. Im Mittelpunkt stehen die Pilger, durch deren Wallfahrten ein gemeinsamer Kommunikationsraum entsteht und Europa näher zusammenrückt. Dr. Andreas Grießinger stellt am Beispiel der Begegnung Europas mit außereuropäischen Kulturen dar, wie sich in der frühen Neuzeit europäische Identität im Umgang mit der Wahrnehmung von Alterität herausbildete. Am Begriffspaar Identität/Alterität wird die Bedeutung von Leitkategorien für nachhaltiges Lernen im Geschichtsunterricht gezeigt. Ein aktuelles Problem eines anderen Landes stellt Manfred Mack dar. Er beschäftigt sich in seinem Vortrag mit dem Spannungsverhältnis zwischen nationaler und europäischer Identität im polnischen Geschichtsbewusstsein, aufgezeigt an Geschichtsbüchern.

Europäische Identität als Gegenstand des problemorientierten Geschichtsunterrichts
Roland Wolf (Reutlingen)

In einer Zeit, in der der Europa-Gedanke als Idee einer politischen Einheit mehr und mehr Gestalt gewinnt, wird auch die Suche nach der gemeinsamen europäischen Vergangenheit Europas gewissermaßen komplementär dazu mitentwickelt. Was kann angesichts der Vielzahl von Staaten, Menschen und Sprachen, die heute in Europa zu finden sind, die Klammer bilden? Die Rückfrage nach den Wurzeln Europas rekrutiert sich demnach wesentlich aus der Frage, was das allen Europäern Gemeinsame ist, aus dem Bedürfnis nach einer gemeinsamen europäischen Identität. Diese Herausbildung einer europäischen Identität ist eine Herausforderung für den Geschichtsunterricht.

Der Vortrag beschäftigt sich mit der Suche nach fachdidaktisch abgesicherten Zugängen und Zielen zu diesem Thema, das eine Reihe von Fragen aufwirft, z.B.:

Welches sind die europäischen Werte? Gibt es eine Schnittmenge zwischen den verschiedenen Formulierungen?
Welche historischen Entwicklungen haben dazu geführt?
Welche Leitkategorien gibt es?
Gibt es Phasen der beschleunigten Entwicklung?
Von welchem Europa ist auszugehen?
Welche Rolle spielen die "Ränder", bzw. die Auseinandersetzungen mit anderen Kulturen (z.B. Islam)?

Da es nicht um eine dogmatische Vermittlung eines Wertekanons gehen kann, ist ein problemorientierter Unterricht angezeigt. Dabei werden die zur Diskussion gestellten Werte überprüft und historisch eingeordnet. Exemplarisch soll dies an einem zentralen Begriff aufgezeigt werden. Dazu wird ein Längsschnitt zur Demokratiegeschichte entwickelt und an dessen Beispiel das Verfahren dargestellt.

Europas antike Wurzeln. Anregungen zu den Bildungsstandards der Klasse 10

Stefan Schipperges (Achern)

In der Rezeption und Auseinandersetzung mit den antiken Errungenschaften, die dabei in mehreren "Renaissancen" erfolgte, besonders während der Karolingerzeit, im Aufkommen der Klöster, später im Humanismus und der eigentlich Renaissance zwischen dem 14. und 16. Jahrhundert, und erneut im sogenannten "Neuhumanismus" und der deutschen Klassik, entwickelte sich die heutige europäische Kultur- und Geistesgeschichte. Zu diesem antiken Fundament gehören vor allem die Philosophie sowie die politische Ideenwelt der Griechen, die unter dem Begriff "Demokratie" Einzug in die europäische Staatenwelt genommen hat, aber auch die römisch-republikanische Staatslehre und das römische Rechtswesen. Und schließlich prägte auch das frühe Christentum mit seinem den europäischen Völkern zunächst so fremden Monotheismus, der Lehre der Barmherzigkeit, aber auch mit seinem Misstrauen gegenüber der Körperlichkeit und der Sexualität Europa.

Solche und ähnliche Fragen und Probleme gehören auch in den Rahmen historischer Bildung an Gymnasien. Anhand ganz konkreter unterrichtspraktischer Überlegungen und Beispiele unter strikter Beachtung des Bildungsplanes von 2004 und seines angestrebten Kompetenzerwerbs wird eine Unterrichtssequenz zum Thema "Europas antike Wurzeln" vorgestellt. Sie geht dabei von oben angeführten Überlegungen aus und stellt zunächst die Frage, was eigentlich "Europa" ist, um daran anschließend die Einflüsse der griechischen Kultur und politischen Ordnung sowie des römischen Rechts und schließlich auch die Einflüsse der christlichen Werte auf Europa zu untersuchen.

Menschen unterwegs - Pilger und Pilgerschaft als Wurzel der europäischen Identität

Christian Ohler (Karlsruhe)

Die Gemeinsamkeit Europas wird vor allem aus zwei historischen Quellen gespeist: Auf der einen Seite stehen die gemeinsame Kultur, Religion, Geschichte ..., auf der anderen Seite "erweist sich das Argument des verbindenden Kommunikationszusammenhangs als tragfähig" (Jürgen Kocka). Dieser Austausch wurde im Mittelalter u.a. von Pilgern gepflegt. Millionen von Menschen aus allen gesellschaftlichen Schichten brachen auf, um die Wallfahrtsstätten zu besuchen: Jerusalem, Rom und Santiago, daneben auch viele ‚kleinere' Orte wie Einsiedeln, Thann im Elsaß oder Aachen.

Was waren die Motive der Wallfahrer, was erlebten sie unterwegs? Die gemeinsame Reise ermöglichte Begegnungen über Standes- und Sprachgrenzen hinweg, der gemeinsame Gottesdienst in Latein erwies sich als verbindendes Element. Die langen Wege wurden ausgebaut und gesichert, es entstand schrittweise eine Verkehrs-Infrastruktur deren Spuren bis heute sichtbar sind. Die Erfahrungen unterwegs und am Ziel prägten die Pilger; oft konnten sie ihre Erfahrungen und Erkenntnisse gewinnbringend zu Hause nutzen. Zugleich konnte die römische Kirche auch dank der Pilger ihre Ideen verbreiten und so den Anspruch auf Führung konkretisieren. Damit rückt Europa näher zusammen, auch entlegene Regionen wurden angebunden. Und in der bewaffneten Wallfahrt ins Heilige Land oder in Spanien erfuhren sich die europäischen Christen in der Konfrontation mit dem Islam als Einheit.

Dieser Vortrag möchte anhand von ausgewählten Quellen zeigen, wie das Thema "Pilger" - gerade auch in der Schule - als Leitfaden eingesetzt werden kann, um zahlreiche Aspekte der mittelalterlichen Geschichte zu thematisieren und einzuordnen und so das Zusammenwachsen Europas im Mittelalter zu verdeutlichen.

Jenseits des Nationalstaats. Plädoyer für eine europäische Geschichte als Beziehungsgeschichte - am Beispiel der Frühen Neuzeit
Andreas Grießinger (Konstanz)

Es sollen Themen und Leitkategorien für eine europäische Geschichte der Frühen Neuzeit dargestellt werden, die sich jenseits nationalgeschichtlicher Perspektiven auf global- und universalgeschichtliche Fragestellungen hin orientiert. Im Mittelpunkt steht dabei die Frage nach Generallinien, die trotz der Pluralität nationaler Traditionen das transnationale Profil des neuzeitlichen Europa prägten (bzw. bis heute prägen). Daran schließt sich die geschichtsdidaktische Frage an, inwieweit solche Generallinien geeignet sind, im Geschichtsunterricht nachhaltiges Lernen durch Vernetzung und Progression zu befördern. Abschließend wird der Stellenwert eines europaorientierten Geschichtsunterrichts für die Entwicklung eines europäischen Geschichtsbewusstseins diskutiert.

Europa im Unterricht eines Nachbarlandes - Beispiel Polen
Manfred Mack (Darmstadt)

In dem Beitrag wird das Spannungsverhältnis zwischen nationaler und europäischer Identität im polnischen Schulbuch thematisiert. Beide Identitäten sind zentrale Bestandteile des polnischen Geschichtsbewusstseins. In der Zeit seit der politischen Wende des Jahres 1989 und dem Beitritt Polens zur Europäischen Union 2004 wurde dieses Spannungsverhältnis zwischen Europagegnern und Europabefürwortern öffentlich immer wieder diskutiert. Gefragt werden soll, inwieweit und mit welchen Akzenten sich diese Diskussion in polnischen Schulbüchern der letzten Jahre niedergeschlagen hat.

7. Podiumsdiskussionen

7.1. Geschichte im Fernsehen - Herausforderung für die Geschichtswissenschaft?

Teilnehmer
Michael Jeismann (Moderation, FAZ)

Michael Kloft (Spiegel TV)

Norbert Frei (Jena)

Hartmann von der Tann (ARD)

Gerhard Paul (Flensburg)

7.2. Historikerausbildung - wofür und wohin? Diskussions- und Informationsveranstaltung zum Doktorandenforum

Monika Danner (Moderation, Deutsche Bahn AG)

Christoph Anz (Bundesvereinigung der Deutschen Arbeitgeberverbände)

Wolfgang Dierker (Hewlett Packard GmbH)

Werner Plumpe (VHD, Frankfurt am Main)

Florian Triebel (BMW Konzernarchiv)

Bericht
Jan Ulrich Büttner (Bremen)

Ein besonderes Plus des Doktorandenforums war die Idee der Veranstalter, eine als „Diskussions- und Informationsveranstaltung" bezeichnete Podiumsdiskussion zu bieten, die „unterschiedliche Perspektiven und aktuelle Entwicklungen der universitären Ausbildung" thematisieren sollte. Gedacht war daran, die Ausbildung an den Hochschulen durch die Perspektive von Außenstehenden zu hinterfragen, die jedoch beide Welten kennen und zu bewerten, inwieweit sie junge Menschen auf ein Berufsleben außerhalb der kleinen akademischen Welt vorbereitet. Gekommen waren vier Historiker und eine Historikerin, von denen vier außerhalb der Universität und ihrer historischen Ausbildung in der „Wirtschaft" arbeiten: die Moderatorin Monika Danner (Deutsche Bahn), Christoph Anz (Bundesvereinigung der Deutschen Arbeitgeberverbände), Wolfgang Dierker (Hewlett Packard), Florian Triebel (BMW Konzernarchiv) und der Wirtschaftshistoriker Werner Plumpe (Universität Frankfurt/Main). Es ging um die Zukunfts- und Berufschancen von angehenden und abgeschlossenen Historikern jenseits der Universitäten, Archive und Museen. Das Thema wurde von zwei Seiten her angegangen, einerseits: wie wird der Student von der Hochschule auf den Arbeitswelt vorbereitet, was wird vermittelt und welche Defizite der Ausbildung sind zu konstatieren; andererseits: was erwartet die „Wirtschaft", besser: die außerakademische Arbeitswelt von den jungen Leuten, die von den Universitäten kommen und als Historiker (oder Philologen, Theologen ...) Arbeit suchen, bzw. was erwartet sie von der Ausbildung durch die Hochschulen.

Es ist nicht nötig, die bald dreistündige Diskussion im Einzelnen nachzuzeichnen. Was an Ratschlägen und Strategien genannt wurde, war in der Regel nicht neu. Einhellig war die Mahnung an die Studierenden, ein Studium nicht gedankenlos zu absolvieren. Die Freiheiten, die es bietet, sollten vor allem zu eigenen Aktivitäten genutzt werden: sich gesellschaftlich (Fachschaft ...) oder akademisch (Gremien ...) zu engagieren, die gebotenen Chancen zu nutzen und ins Ausland zu gehen, sich der Rolle der eigenen Kompetenzen bewusst zu werden, die man erwerben kann, seine Interessen zu erforschen und auszubauen (durch Praktika, freie Mitarbeiten etc.). Aber auch unnütze Dinge (Latein) oder Fähigkeiten (Fußnoten) zu lernen mache nicht nur den Reiz aus, sondern ist Teil einer grundlegenden Ausbildung, die nicht nur auf die Forschung vorbereitet. Beinahe ein wenig verklärend schien der Blick nicht nur der Teilnehmer auf dem Podium, sondern auch der (in der Regel berufenen) Diskussionsteilnehmer aus dem Publikum. (Studierende und Promovierende bildeten leider die Minderheit.) Der Sinn des Studiums liege doch darin, ohne Druck Entscheidungen fällen zu können. Etwas in den Hintergrund trat dabei die Tatsache, dass nur noch wenige Studierende ganz ohne den Druck studieren können, sich selbst finanzieren zu müssen. Dies schränkt die Freiheit doch gewaltig ein.

Erstaunlich blieb, wie weit Christoph Anz sich die (vermeintlichen) Forderungen der Arbeitgeber zu eigen gemacht hat. Folgt man seinen Aussagen, dann wäre die geisteswissenschaftliche Ausbildung nur die Grundlage einer vertikalen Ausbildung, die auf irgendwelche Berufe in der Industrie vorbereitet. So sollten die Studiengänge auch ausgerichtet sein. Dies wurde von akademischer Seite natürlich vehement zurückgewiesen, doch bleiben einige Punkte, die Anz ansprach, wichtig und bedenkenswert. Zu häufig greife ein stilles Bündnis zwischen Lehrenden und Lernenden, wonach man sich gegenseitig nicht im Übermaße behellige und sich so vergleichsweise bequem mit mittelmäßigen Noten durchs Studium mogeln könne. Er mahnte ehrliche Kommunikation an, die zur Betreuung gehöre, man müssen Studenten auch sagen, dass sie für das Studium der Geschichte nicht geeignet sind bzw. sie in ihren besonderen Fähigkeiten unterstützen.

Die Erkenntnis, dass sich beide Seiten mit ihren Forderungen nicht durchsetzen können, weder die Arbeitswelt mit einer auf sie zugeschnittenen Ausbildung an der Universität, noch die Akademiker mit einer elfenbeinernen Jungfräulichkeit des Studiums wurde reihum anerkannt. Sicher käme niemand auf die Idee, den BDA bei der Entwicklung neuer Curricula für Historiker heranzuziehen. Berührungsängste sollte dennoch niemand haben, die jeweilige Bereitschaft auf Angebote und Anfragen des jeweils anderen einzugehen, ist groß. Das macht Arbeit und braucht Engagement. Doch die

Möglichkeiten des public-privat-partnership seien gut und vielfältig, besonders dann, wenn Studenten und Hochschullehrer gezielt mit Projekten auf Unternehmen zugehen. Die größte Chance, für beide Seiten erfolgreich zusammenzuarbeiten, ergibt sich gewiss auf der persönlichen Ebene einzelner Betriebe, Lehrstühle, Institute oder Fachbereiche.

Aber auch das wurde deutlich, sowohl in den Lebensläufen der Podiumsgäste als auch in angeführten Beispielen: außer Ideen, Zielstrebigkeit und Offenheit braucht es Glück, um eine Arbeitsstelle zu bekommen. Strategien versagen immer dann, wenn sie unflexibel sind. Wichtig sei es ja vor allem, niveauadäquat unterzukommen. So kam gegen Ende der Diskussion doch noch die Frage auf, wie man es mit der Promotion halten solle: Wie sinnvoll ist es zu promovieren, wenn sich schon ein Lebensweg außerhalb der akademischen Welt abzeichnet? Die erste Reaktion kam prompt: Eine Promotion ist ein ernstes Hindernis beim Wechsel in die Arbeitswelt und sollte unterlassen werden. Sie erfordere zu viel Zeit, die Leute würden zu alt, erhielten einen fachidiotischen Tunnelblick und erwürben unnütze Fähigkeiten. Das klang etwas seltsam angesichts von vier promovierten Diskussionsteilnehmern, die alle ihren Weg in die außeruniversitäre Arbeitswelt gefunden haben. Nicht nur deshalb kamen auch Gegenpositionen auf. Wer erfolgreich innerhalb einer übersehbaren Zeit promoviert, habe bewiesen, dass er Projektmanagement gelernt habe, konzentriert und zielstrebig eine Sache verfolgen könne und nicht zuletzt Ehrgeiz besitze. Zudem mache sich ein Titel meist nicht schlecht auf der Visitenkarte. Davon abgesehen, so Wolfgang Dierker, sei die Zeit der Promotion die schönste seines Lebens gewesen, es mache auch einfach Spaß, pflichtete Florian Triebel bei. Allerdings solle man nicht unreflektiert eine Promotion beginnen, nur weil man sonst nicht wisse, was man machen solle.

Wie gesagt, wirklich Neues war nicht zu erfahren, dennoch ist es immer wieder wichtig, dass gegenseitige Ansichten und Erwartungen ausgetauscht werden, bzw. dass überhaupt miteinander geredet wird. Den Promovierenden gab diese Podiumsdiskussion etliche interessante Einblicke in unterschiedliche Wissens- und Handelskulturen, die im Alltag meist nur wenig miteinander zu tun haben. Dass die Universität die Begegnung und die Zusammenarbeit mit Unternehmen nicht scheuen sollte, wurde eindringlich klar (zu diesem Punkt passte auch wieder das Publikum). Andererseits sprach Werner Plumpe vielen aus dem Herzen, als er abschließend sagte, die anarchische Selbständigkeit sich solcher äußeren Zwänge zu erwehren und sich ihnen zu entziehen, um eigene Wege zu suchen und schließlich auch zu finden - dazu befähige das Studium der Geschichte in jedem Fall.

7.3. Wissenschaftsfinanzierung als Programmförderung - Chancen und Probleme Experten- und Streitgespräch

Rudolf Schlögl (Leitung, Konstanz)

Andreas Tönnesmann (Gerda Henkel Stiftung)

Wolfgang Rohe (Wissenschaftsrat)

Joachim-Felix Leonhard (Staatssekretär im Hessischen Ministerium für Wissenschaft und Kunst)

Thomas May (Kanzler der LMU München)

Axel Horstmann (VolkswagenStiftung)

Luise Schorn-Schütte (Deutsche Forschungsgemeinschaft)

Frank Suder (Fritz Thyssen-Stiftung)

Bericht
Philip R. Hoffmann (Konstanz), Marcus Sandl (Konstanz)

Der Anteil, den so genannte „Drittmittel" am Gesamtvolumen der Haushalte deutscher Universitäten und Forschungseinrichtungen haben, ist im Vergleich zur Grundausstattung der jeweiligen Einrichtungen in den letzten Jahren stetig gestiegen. Weite Bereiche der Forschung und mittelbar auch der Lehre basieren mittlerweile auf projektbezogenen, d.h. zeitlich befristeten und (kurz- und mittelfristig) erfolgsorientierten Mitteleinwerbungen. Die Weichen hin zur Drittmitteluniversität scheinen somit wissenschaftspolitisch unwiderruflich gestellt. Den Fragen, welche Folgen dies speziell für die Geistes- und Kulturwissenschaften, für ihre Fragestellungen, Organisationsformen und Perspektiven hat, widmete sich die Sektion „Wissenschaftsfinanzierung als Programmförderung", die unter der Leitung von Rudolf Schlögl (Universität Konstanz) stattfand. Als Experten waren Frank Suder (Vertreter des Vorstandes der Fritz-Thyssen-Stiftung), Axel Horstmann (Universität Hamburg/ VW-Stiftung), Andreas Tönnersmann (ETH Zürich/ Universität Basel/ Vorsitzender des Wissenschaftlichen Beirates der Gerda-Henkel-Stiftung), Wolfgang Rohe als Vertreter des Wissenschaftsrats, Peter Funke (Universität Münster/ Mitglied des Senats der DFG), Thomas May (Kanzler der LMU München) sowie Joachim-Felix Leonhard, (Staatssekretär am Hessischen Staatsministerium für Wissenschaft und Kunst) eingeladen.

Rudolf Schlögl eröffnete die Sektion mit einer Einführung, in der er Strukturen, Perspektiven und mögliche Folgen einer zunehmend drittmittelbasierten Forschung skizzierte. Nach Schlögl nimmt die Wissenschaft immer stärker einen „betriebsmäßigen Charakter" an. Indem diese Betriebsmäßigkeit zunehmend an die Stelle der die Universität ursprünglich auszeichnenden „Gelehrsamkeit" trete, verändern sich Vorgaben und

Rahmenbedingungen des Forschens vor allem dadurch, dass Drittmittel den fundamentalen Begründungszusammenhang von Forschung umkehren: immer weniger werde dieser ein Vertrauenszuschuss gewährt und die Mittelvergabe an die Ergebnisse der Forschung geknüpft; vielmehr würden die Mittel konditional und von externen Stellen auf der Grundlage von Forschungsplanung und -organisation vergeben und damit an bestimmte inhaltliche und strukturelle Auflagen gebunden. Die Folgen seien besonders im Bereich der Nachwuchsförderung zu spüren; so werde ein Überschuss an Post-Docs produziert, der angesichts der momentanen Stellenstruktur an deutschen Universitäten nicht mehr untergebracht werden könne. Subtiler sind die Folgen, so Schlögl, allerdings aufgrund der inhaltlichen Steuerung. So führe die Forderung nach thematischer Kohärenz als zentrales Förderungskriterium dazu, dass thematische Moden ganze Alterskohorten von Doktoranden prägten. Von großer Relevanz sei zudem die epistemische Rahmung insbesondere durch die Identifizierung bestimmter Schlüsselthemen und die Festlegung auf Maßgaben, nach welchen sich die „Passfähigkeit" von Projekten bestimme. Dazu gehörten Interdisziplinarität, internationale Vernetzung, Anwendbarkeit oder zumindest Relevanz der Ergebnisse für aktuelle gesellschaftliche Fragestellungen, nicht zuletzt die Forderung nach methodischer und organisatorischer Kooperation mit den Technik- und Naturwissenschaften. Mit der zunehmenden Bedeutung der Drittmittelfinanzierung verändere sich daher die Gegenstandskonstitution der Geistes- und Kulturwissenschaften; nicht mehr der „Eigensinn" und die Eigenlogik der disziplinären Diskurse bilde den vornehmlichen Orientierungspunkt von Forschung, sondern der Ausweis gesellschaftlicher Relevanz und „technisch-ökonomischer Verwertbarkeit". Institutionell verlagerten sich die Entscheidungen sukzessive an Institutionen außerhalb der Universität, was zu einer zunehmenden Beteiligung „bürokratischer Verwaltungsstäbe" führe. Damit wird die Frage der Legitimation der Entscheider und des Entscheidungshandelns nicht nur für die bürokratischen Verwaltungsstäbe, sondern auch für die wissenschaftlichen Mitglieder in den Beiräten und Kommissionen aufgeworfen. Die zunehmende Bedeutung der Projektförderung, so Schlögl abschließend, müsse also in den Wissenschaften mit einer Selbstreflexion verbunden werden, in deren Verlauf zu klären sei, in welchen Formen man Wissenschaft organisieren könne und was wissenschaftstaugliche Legitimitätsmuster für Entscheidungen seien.

Anschließend stellten die Vertreter der Stiftungen, der DFG sowie aus Politik und Universitätsverwaltung ihre Überlegungen und Thesen zu Praxis, Zukunft und Problemen der Forschungsfinanzierung und zu Sinn und Zweck drittmittelfinanzierter Programmförderung zur Diskussion. Dabei wurde immer wieder auf das Problem verwiesen, dass in den letzten Jahren im Zuge der Vervielfachung der Anträge auch die Ablehnungsquote gestiegen sei. Um diese wieder abzusenken, werde, so Suder, auch im Bereich der Geisteswissenschaften diskutiert, ob eine Schwerpunktbildung erfolgen solle. Solche Vorschläge seien jedoch bisher vor allem deswegen abgelehnt worden, weil man die Entwicklung der Forschungsthemen nicht antizipieren und noch weniger steuern könne. Auch bei der VW-Stiftung, so Horstmann, bilde die Programmförderung ein wichtiges Mittel, um die Ablehnungsquote möglichst niedrig zu halten, aber auch zu verhindern, dass sich Schwerpunkte quasi im Wildwuchs ausbildeten. Daneben setze man aber auch wegen der Kritik an der Programmförderung auf die individuelle Förderung. Den Verzicht auf eine programmatische Ausrichtung jenseits der Konzentration auf historische Forschung machte Tönnersmann als besondere Stärke der Gerda-Henkel-Stiftung aus. Rohe äußerte vor diesem Hintergrund die Überzeugung, dass die Einflüsse auf die Forschung zwar auf inhaltlicher Ebene nicht zugenommen hätten, sich dafür aber auf struktureller Ebene, vor allem aufgrund der Verknappung der Grundmittel, verstärkten. Zum anderen würden mit bestimmten drittmittelfinanzierten Maßnahmen wie der Exzellenzinitiative wissenschaftspolitische Ziele, zu welchen er Konzentrationsprozesse und die Stärkung der universitären Autonomie zählte, verfolgt. Die Geisteswissenschaften müssten hierauf reagieren, indem sie zum einen neue Förderungsformen entwickelten, die, wie z.B. die Forschungskollegs, für die geisteswissenschaftliche Forschung adäquat seien. Zum anderen seien von den Geisteswissenschaften selbst vermittelbare Qualitätskriterien zu eruieren, mit welchen man sich nicht zuletzt auch im Vergleich zu den Naturwissenschaften in seiner Eigenheit und Besonderheit behaupten könne. Den Ausführungen Rohes schloss sich Funke an. Aus Sicht der DFG bestehe zwischen der Programmförderung durch koordinierte Verfahren und den Einzelverfahren ein grundsätzliches Spannungsverhältnis; bislang gelinge es aber (noch) gut, beide auszutarieren; hierin liege auch der besondere Zweck der Forschungskollegs. Es werde jedoch diskutiert, inwieweit eine – bisher noch abgelehnte – stärkere thematische Engführung und Steuerung der Forschungsförderung notwendig und sinnvoll sei und ob die Programmförderung grundsätzlich ein geeignetes Instrument für die Geisteswissenschaften darstelle.

Chancen und Grenzen der Programmförderung vor allem aus Sicht der Universitätsverwaltung wurden von Thomas May diskutiert. Vor dem Hintergrund begrenzter Mittel sichere und erhöhe diese die Rationalität von Allokationsentscheidungen an den Universitäten, indem diese vorzugsweise auf leistungsfähige Forschungsinitiativen verteilt werden. Die Existenz rationaler Kriterien für gute bzw. förderungswürdige Forschung sei daher essentiell. Programmförderung unterstütze die institutionenübergreifende Kooperation, wirke damit der Versäulung entgegen und sichere somit letztlich die Reform- und Innovationsfähigkeit der Universität; sie erhöhe zudem die Wahrnehmbarkeit im öffentlichen Raum, was wiederum für die Akquirierung von weiteren Mitteln von großer Bedeutung sei. Gleichzeitig beinhalte die Programmförderung auch Gefahren; da es grundsätzlich einfacher sei, die Förderung von Neuem zu legitimieren, erhöhe sich die Tendenz zu kurzfristigem Denken und opportunistischem Verhalten. Die nachhaltige Förderung von Bestehendem sei dadurch gefährdet.

Die Perspektive der Politik und das Selbstverständnis der Ministerien machte schließlich Leonhard deutlich. Dadurch dass die Ministerien dem Wunsch der Universitäten nach größerer Autonomie verstärkt nachkommen und sich auf die strategische Steuerung beschränken würden, sei es zu einem Paradigmenwechsel im Verhältnis von Ministerien und Hochschulen gekommen. Die (hessische) Politik verfolge dabei das Ziel einer Neustrukturierung der Universitätslandschaft, etwa durch die Konzentration von Forschungsrichtungen an einzelnen Standorten. Die Geisteswissenschaften befänden sich vor allem deswegen in einer schwachen Position, weil sie aufgrund der Atomisierung ihre Interessen nicht artikulieren und durchsetzen könnten. An die Adresse der Universitäten gerichtet forderte er diese auf, sich besser abzustimmen und zu kooperieren anstatt miteinander zu konkurrieren, um auch im internationalen Wettbewerb besser zu bestehen. Auch andere Teilnehmer sahen in der Außendarstellung ein zentrales Defizit der Geisteswissenschaften: sie seien in der Pflicht, sich im öffentlichen Diskurs zu legitimieren und Antworten auf die Frage zu geben, was die auch öffentlich relevanten Perspektiven geisteswissenschaftlicher Forschung seien.

Im Anschluss an die Stellungnahmen der Vertreter des Podiums wurde die Diskussion für das Plenum eröffnet. Die lebhafte Diskussion konzentrierte sich auf drei Themenbereiche: erstens auf die Logik und Postulate geisteswissenschaftlicher Forschung; zweitens auf die Situation universitärer Forschungsorganisation und deren Verhältnis zur Politik sowie drittens auf die Lage des wissenschaftlichen Nachwuchses.

In seinem die Diskussion eröffnenden Beitrag hinterfragte Christof Dipper (Darmstadt) die gerade in der Drittmittelförderung zentralen Postulate der „Interdisziplinarität" und „Internationalität" der Forschung mit Hinweis auf die disziplinäre und nationale Eigenständigkeit und Eingebundenheit der Geschichtswissenschaften. Hingegen betonte Jürgen Kocka (Berlin) die große Bedeutung der internationalen Vernetzung der Forschung. Dies begründete er u. a. mit dem Verweis auf neue Themen wie die Global- oder die Erinnerungsgeschichte, die nur im internationalem Zusammenhang behandelt werden könnten. Kocka konstatierte hier für die deutsche Geschichtswissenschaft einen Nachholbedarf. Auf ein anderes Problem machte Anne Nagel (Gießen) aufmerksam, indem sie die im Rahmen der Exzellenzinitiative geforderte Englischsprachigkeit der Anträge kritisierte. Auch Werner Paravicini (Paris) setzte sich vehement dafür ein, das Deutsche als Wissenschaftssprache zu erhalten und auch in der projektbezogenen Forschung zu fördern.

Ein zweites Themenfeld der Diskussion betraf die Mittelverteilung an den Universitäten, die durch die Verschiebung des Kräfteverhältnisses von Grund- und Drittmitteln sowie die von der Wissenschaftspolitik intendierte Stärkung der Autonomie der Hochschulen im Wandel begriffen ist. Dies habe, so die von mehreren Personen geäußerte Befürchtung, negative Folgen für die universitäre Infrastruktur, vor allem die Bibliotheken. Gleichzeitig würden durch die Globalhaushalte tendenziell kleinere Fächer sowie Bereiche, die auf langfristige Förderung angewiesen seien, benachteiligt. Grundsätzlich, so Kocka, sei jedoch die Eigenständigkeit der Wissenschaft vor allem dadurch gefährdet, dass die Logiken von Politik und Wissenschaft zunehmend auseinander klafften. Durch die von Seiten der Politik induzierte Tendenz zur Beschleunigung und der immerwährenden Produktion von Neuem komme es zunehmend zu Dysfunktionalitäten und Diskrepanzen im Bereich der Wissenschaft. Dem schloss sich May an, der betonte, dass es von essentieller Bedeutung für die Universitäten sei, die Probleme, die sich aus den unterschiedlichen Geschwindigkeiten in Politik und Wissenschaft ergäben, zu lösen. Formen der Programmförderung seien dazu ein wichtiges Mittel.

Zahlreiche Diskussionsbeiträge thematisierten schließlich die Situation des wissenschaftlichen Nachwuchses. So wurde von Heike Bungert (Bremen/Köln) auf das Problem hingewiesen, dass für habilitierte Wissenschaftler außer dem Heisenberg-

Stipendium der DFG keine Förderinstrumentarien zur Verfügung ständen. Problematisch an der wissenschaftlichen Nachwuchsförderung über Drittmittel sei zudem, so Alexandra Wenck, dass nur gerade Lebenswege gefördert würden, die Aspekte wie außeruniversitäre Tätigkeiten oder die Erziehung von Kindern ausschlössen. Auch andere Diskussionsteilnehmer sahen in der Kinderbetreuung ein zentrales Problem. So betonte Suder, dass es hier einen starken Nachholbedarf gebe, wobei er darauf verwies, dass biografische Aspekte zumeist bei der Forschungsförderung keine oder nur eine nachgeordnete Rolle spielten, was sich besonders an dem Problem der Altersbegrenzung zeige. Joachim Eibach (Bern) betonte die Legitimität der Forderung jüngerer, insbesondere habilitierter Wissenschaftler nach kalkulierbaren Risiken und beruflichen Perspektiven. Als ein Lösungsmodell verwies er auf die Einrichtung von Assistenzprofessuren für sechs Jahre, wie sie in der Schweiz üblich seien. Daran anschließend wurde das Problem des „tenure tracks" diskutiert. So sah Maren Lorenz (Hamburg) eine Ursache dafür, dass viele der ins Ausland abgewanderten Wissenschaftler nicht mehr nach Deutschland zurückkämen, im Fehlen des tenure tracks. Dies könne aber, darauf verwies u. a. Ulrich Sieg (Marburg), nur dann funktionieren, wenn es insgesamt mehr Stellen gebe. An diesem Punkt sei die Politik gefragt. Um den tenure-track umzusetzen, sei darüber hinaus, so Funke, eine flexiblere Personalstruktur und die Möglichkeit, eigene Stellen zu beantragen, notwendig. Dagegen wandte sich Paravicini vehement gegen den tenure track, da dieser mit der Tradition des Hausberufungsverbots, mit dem man nur gute Erfahrung gemacht habe, breche. Dieser Sicht schloss sich Tönnesmann an, während aus Mays Sicht unbedingt Strukturen errichtet werden sollten, um junge WissenschaftlerInnen dauerhaft zu beschäftigen.

Die begonnene Diskussion über die Folgen der Programmförderung, so schienen sich alle Teilnehmer einig, muss angesichts der Tatsache, dass die Drittmittelforschung eine immer größere Bedeutung bekommen wird, fortgesetzt werden. Die Vertreter der DFG und der Stiftungen signalisierten große Bereitschaft, die spezifischen Voraussetzungen und Bedingungen der Geisteswissenschaften hierbei zu berücksichtigen. Die Wissenschaftlerinnen und Wissenschaftler ihrerseits, das wurde auch klar artikuliert, müssen auf die vergleichsweise neue Situation, die durch die steigende Bedeutung der Drittmittelförderung entsteht, angemessen und reflektiert reagieren. Das heißt vor allem, sich bewusst zu werden, dass diese Situation die Wissenschaften an die Handlungslogik der Politik und bürokratischer Verwaltungsapparate bindet. Drittmittelförderung ist ein Instrument der Forschungspolitik, ja gegebenenfalls der Gesellschaftspolitik im Allgemeinen, d.h. sie koppelt die Wissenschaften an außerwissenschaftliche Zielvorgaben und Konzepte. Schließlich wird es in Zukunft auch darum gehen müssen, dass die Geisteswissenschaften angemessene Strategien entwickeln, sich gegenüber mächtigen, zum Teil selbstlegitimierten Akteuren (z.B. CHE) zu positionieren und damit auch die Frage der Legitimation dieser Akteure zu stellen.

7.4. Hochschulreform, Studienreform, ... Und kein Ende? Rundgespräch zur Situation der Geschichtswissenschaft in Forschung und Lehre

Peter Funke (Leitung, VHD)

Ulrich Herbert (Freiburg)

Ute Daniel (Braunschweig)

Christof Dipper (Darmstadt)

Regina Wecker (Basel)

7.5. Bildungsstandards Geschichte - Probleme und Lösungsansätze

Leitung: Martin Stupperich (Hannover, VGD)

Entwicklung des Modellentwurfs für Bildungsstandards Geschichte des Verbandes der Geschichtslehrer Deutschlands
Martin Stupperich (Hannover)

Grundsätzliche Anforderungen an Bildungsstandards für das Fach Geschichte
Michael Sauer (Göttingen)

Methodenkompetenz im Rahmen der Bildungsstandards für das Fach Geschichte
Rolf Brütting (Dortmund)

Nachhaltiges Lernen im Geschichtsunterricht
Klaus Fieberg (Leverkusen)

Diskussionsbeitrag
Margret Kaiserm (Hamburg)

Diskussionsbeitrag
Willi Eisele (Wolfratshausen)

8. Doktorandenforum - Plakatausstellung

Bericht:
Jan Ulrich Büttner (Bremen)

Die Einbindung des wissenschaftlichen Nachwuchses durch den Verband der Historiker und Historikerinnen Deutschlands (VHD) in das Programm des Historikertags unterliegt weiteren Veränderungen. Konnte in Halle 2002 erstmals ein Preis für eine herausragende Dissertation vergeben und in Kiel 2004 erstmals das Doktorandenforum in Form einer Posterausstellung präsentiert werden, wurde das Angebot heuer in Konstanz um eine Diskussionsrunde erweitert und die Zahl der dotierten Preise auf drei erhöht. Dabei fiel kaum auf, dass die bisherige, leicht anachronistische Nachwuchsveranstaltung „Junge Historiker stellen sich vor" durch ein erheblich abgespecktes Habilitandenforum mit nur noch fünf Vorträgen (einer je Epoche) ersetzt wurde (vlg. Abschnitt 9). Damit steigt das Gewicht des promovierenden Nachwuchses erheblich an. Womöglich trägt diese Entwicklung der hochschulpolitischen Entscheidung Rechnung, dass die Habilitation als Qualifikation für den Einstieg in die Professur eigentlich abgeschafft ist, jedenfalls in Zukunft deutlich an Bedeutung einbüßen wird.

Die Plakatausstellung

Die Ausstellung der Poster im Format DIN A0 fand also zum zweiten Mal statt. Der Gutachterausschuss hatte 44 Vorhaben ausgewählt (zehn weniger als vor zwei Jahren). Präsentiert wurden sie an zentraler Stelle direkt über dem Tagungsbüro und waren somit deutlich besser aufgestellt als in Kiel. Die ausgestellten Forschungsarbeiten spiegelten in ihrem Ungleichgewicht der Epochen den gesamten Historikertag wider, der gewissermaßen die Vertretung der neueren und neuesten Geschichte ist. 26 der 44 präsentierten Dissertationen beschäftigen sich mit Themen der Zeitgeschichte (seit 1945), neun mit der neueren Geschichte (ab 1800), dagegen nur sechs mit der Frühen Neuzeit und drei mit dem Mittelalter, die Alte Geschichte erscheint nur mittelbar. Damit waren die älteren Epochen sicher unterrepräsentiert, auch wenn die überwiegende Zahl der Dissertationen in der neueren und Zeitgeschichte abgelegt wird. Gänzlich unter den Tisch gefallen ist dieses Mal die Partnerregion: Der Thurgau. Es gab nicht eine Arbeit, die ein Thema der schweizerischen Geschichte behandelt hätte oder von einem schweizerischen Promovenden stammte. Nachfolgend seien hier einige Forschungsprojekte vorgestellt.

Elsbeth Bösl (München) beschäftigt sich mit der westdeutschen Behindertenpolitik zwischen 1945 und 1974 und untersucht das Konzept der „Integration durch Arbeit" körperlich behinderter Menschen nach dem Kriege. Wesentliche Impulse der Fragestellung bezieht sie dabei aus den *disability studies*, deren Fragen und Methoden noch recht jung und sehr im Fluss sind. Für die historische Forschung sind sie bisher kaum nutzbar gemacht worden, daher dürfte Bösls Dissertation ein wichtiges Werk werden, wenn es darum geht, die Möglichkeiten dieser Herangehensweise auszuloten und zu erweitern, vor allem aber, sie für die historische Forschung fruchtbar zu machen.

Mit der Erinnerung und Deutung von Vergangenheit beschäftigen sich u. a. Malte Thießen (Hamburg) und Barbara Ellermeier (Freiburg/Breisgau) an Hand zweier ganz konträrer Themen. Thießen untersucht am Beispiel Hamburgs für die Zeit von 1943 bis 2005 wie dem Luftkrieg und dem Kriegsende gedacht wurde (und wird). Wie das eigene Bild der Vergangenheit im Museum durch die Zeiten hinweg „gemacht" wird, erforscht Ellermeier für die Darstellung der Römerzeit in deutschen Museen für den ganz rezenten Zeitraum 2000-2005. In beiden Arbeiten geht es um Inszenierungen, Diskurse, Erinnerungsorte, Urheberschaften von Deutungen, Interessensgruppen, Störungen und Dienstbarmachungen von Bildern der Vergangenheit. Im einen Falle steht eine „Erinnerungsgemeinschaft" (die Hamburger) im Mittelpunkt der Untersuchung, im anderen Falle eine durch Moden und Zeitgeschmack sehr kurzatmige gewordene Geschichtspräsentationen, deren Verfallszeit nur noch drei bis fünf Jahre beträgt.

Die auf den ersten Blick nicht naheliegende Verbindung von Kultur- und Klimageschichte, die Thomas Horst (München) zieht, ergibt sich aus seinen Quellen, den *Augenscheinkarten*. Diese Karten von „Tatorten" sind Teil von Gerichtsakten seit dem 16. Jahrhundert und liefern äußerst detailreiche Darstellungen von Landschaften, erstellt durch vereidigte Maler. So sind sie für die Kartographiegeschichte äußerst wertvoll, ihre Aussagekraft reicht aber weit darüber hinaus: An ihnen lassen sich Vegetationszonen oder der Verlauf von Alpengletschern ablesen, ebenso wie die Entstehung und Veränderung von Kulturlandschaften. Auch Ulrich Schöntube (Berlin) erschließt bislang von der Geschichtsforschung unbeachtete Quellen, wenn er Emporenbilderzyklen der Mark Brandenburg aus der Zeit zwischen 1598 und 1750 für die Frömmigkeitsgeschichte untersucht. Von der Kunstgeschichte meist als „dürftige Schildereien ... ungeschickter Bauernmaler" abgetan, verraten die Zyklen im Zusammenspiel von Bild und Text mit ihrem jeweiligen Entstehungshintergrund ihre didaktische Funktion für die Gemeinde im Sinne des lutherischen Bildergebrauchs.

Über die Schnittstelle zweier Epochen hinweg untersucht Oliver Schipp (Trier) die Kolonen im Zeitraum vom 4. bis zum 9. Jahrhundert. Es geht ihm darum, die Entwicklung einer Gesellschaftsschicht im Übergang von Spätantike und Frühmittelalter nachzuzeichnen. Eine gründliche Analyse der rechtlichen und sozialen Verhältnisse der Kolonen dieser Zeit im Hinblick auf die Grundherrschaft ist noch immer ein Desiderat und da sich Schipp nicht nur auf die Rechtsquellen der Antike, sondern auch auf literarisches und administratives Schrifttum des Frühmittelalters stützt, könnte diese Arbeit ein wichtiger Beitrag für den in den letzten Jahren intensiv untersuchten Transformationsprozess der Römischen Welt werden.

Mehrere Arbeiten beschäftigen sich mit der Wahrnehmung historischer Ereignisse. Welche integrative oder desintegrative Wirkung innerhalb Europas das „lange Ende der Kreuzfahrerstaaten" zwischen Hattin 1187 und dem Fall Akkons 1291 hatte, untersucht Annette Seitz (Heidelberg) vor allem an mittelalterlichen Weltchroniken. Wie gingen sie mit diesen in die Heilsgeschichte nur schwer einpassbaren Ereignissen um,

wie veränderte sich die Wahrnehmung und Deutung einer plötzlich überlegenen anderen Religion?
Mit ganz verschiedenen Mythen setzen sich Jochen Voit (Jena) und Lars Klein (Göttingen) auseinander. Der Vietnamkrieg brachte eine ganz eigene Generation von Kriegsberichterstattern hervor, jedenfalls begründete sie den Mythos eines neuartigen Journalismus, nah am Geschehen, kritisch gegen das eigene Militär, wahrhaftig in der Berichterstattung. Inwieweit nachfolgende Reportergenerationen dadurch geprägt und beeinflusst wurden (besonders auch vor dem Hintergrund des ersten und zweiten Irakkrieges) und welches Rollenverständnis bei Journalisten, Politikern und Militärs dabei entsteht, untersucht Lars Klein. „Das singende Herz der Arbeiterklasse" als Produzent eines linken Wir-Gefühls in Ost- und Westdeutschland erforscht Jochen Voit. Er schreibt eine politik- und kulturhistorische Biographie von Ernst Busch. Wie der Sänger zwischen 1920 und 1980 zu einer sozialistischen Symbolfigur inszeniert und konstruiert wurde, interessiert Voit vor allem. Andererseits betrieb Busch selbst nicht nur als Interpret, sondern auch als Herausgeber eines Liederkanons wie als Begründer der DDR-Schallplattenproduktion linke Identitätsstifung.

Voits Plakat ist graphisch besonders ansprechend gestaltet und bekam den ersten Preis beim Wettbewerb des Doktorandenforums. Den zweiten Preis erhielt Valeska Huber (Konstanz), der dritte Preis ging zu gleichen Teilen an Sibylle Gausing (Potsdam) und Sita Steckel (Münster).

Es ist auffällig, wie viele der präsentierten Dissertationen innerhalb von Sonderforschungsbereichen (SFB), Schwerpunktprogrammen (SPP) und Graduiertenkollegs der DFG und anderer Institutionen entstehen. Insgesamt waren die Voraussetzungen und Ausschreibungskriterien für die Teilnahme am Doktorandenforum die gleichen wie vor zwei Jahren in Kiel, doch unterscheiden sich die Ergebnisse erheblich. Alles in allem scheinen die Teilnehmer heute weniger gut mit der Präsentationsform des Plakats zurechtgekommen zu sein. Zwar gab es wieder einige graphisch herausragende und originelle Stücke, das Gros jedoch war eher brav und unauffällig. Der Herausforderung, ein Promotionsvorhaben mehr durch graphische Darstellung, Bilder und Farben als durch viele Texte darzustellen, haben sich nur wenige der Teilnehmer und Teilnehmerinnen gestellt (am reduziertesten war Christian Domnitz, Potsdam). So lässt sich konstatieren, dass die inhaltliche, thematische und methodische Breite der Untersuchungen wieder sehr bestechend war, etliches Neues erwarten lässt und die Vielgestaltigkeit der Forschung dokumentiert, die gestalterische Phantasie bei der Präsentation dieses Jahr aber geringer war. Nicht so schlimm, könnte man sagen, solange die Inhalte stimmen. Allerdings geraten die Präsentationsformen und -fähigkeiten immer mehr in den Fokus der Lehre und auch der mittelvergebenden Institutionen. Es steht zu erwarten, dass die Posterausstellungen auch für die Historiker eine zunehmende Rolle spielen wird und immer weniger eine exotische, den Natur- und Technikwissenschaften entlehnte Marotte bleibt. Beim Internationalen Historikertag sind Plakatpräsentationen schon länger üblich. Das Wesentliche eines Forschungsvorhabens also nicht nur in die bekannte Form von Exposés oder Anträgen zu fassen, sondern sie soweit zu reduzieren, dass sie gewissermaßen auf einer Seite zu Blickfängern werden, dürfte uns Historikern immer öfter begegnen. Nebenbei sei gesagt, dass die Veranstalter die Doktoranden des nächstens Historikertages in Dresden 2008 darauf hinweisen sollten, dass sie außer ihren Plakaten noch Faltblätter bereithalten sollten, damit die Betrachter auch etwas schwarz auf weiß nach Hause nehmen können. Dies erhöht die Wirkung allemal.

Die Preise gingen an folgende Präsentationen:

1. „Das singende Herz der Arbeiterklasse"; Kunst und Propaganda bei Ernst Busch (1900-1980). Eine politik- und kulturhistorische Biographie.
Jochen Voit (Jena)

2. „The Turnstile of the World": Der Suezkanal als Schnittstelle verschiedener Mobilitätsformen (1869-1929).
Valeska Huber (Konstanz/Harvard)

Forschungsfrage des Promotionsprojektes ist, wie der Übergang zwischen Europa und Asien nach der Eröffnung des Suezkanals bis zum ersten Weltkrieg einerseits wahrgenommen und inszeniert und andererseits kontrolliert wird. Im Zentrum steht die Überlegung, dass Mobilität vor dem Hintergrund technischer Innovationen zu einem Kennzeichen der westlichen Moderne wird, gleichzeitig aber bestimmte Formen von Mobilität als gefährlich wahrgenommen werden und über Wege, sie zu kontrollieren, nachgedacht wird. Anhand des Beispiels des Suezkanals und des Roten Meeres soll versucht werden, diesem Spannungsverhältnis zwischen verschiedenen Arten von Mobilität genauer auf den Grund zu gehen. Es handelt sich hier um eine Region, die in besonderem Maß Symbol für die neuen technischen Möglichkeiten der Distanzüberwindung ist, in der sich aber auch unterschiedliche Formen von Mobilität in einer besonders dichten Weise überschneiden: im ausgehenden neunzehnten Jahrhundert expandieren Truppentransporte und Kolonialverkehr aber auch pauschal organisierter Tourismus; westliche Reisende begegnen in der Region Karawanen und Pilgern auf dem Weg nach Mekka, teilen sich das Schiff mit *lascars* und sehen Kohleladern aus ganz Ägypten in Port Said bei der Arbeit zu. Neben einer Geschichte der Wahrnehmung dieser Reise-Formen durch (vor allem westliche) Reisende soll es in der Arbeit um die unterschiedlichen Kontrollmomente – Pässe, Visa, Quarantäne – und ihre Implementierung gehen. Zu diesem Ziel sollen französische, britische und ägyptische Quellenbestände ausgewertet und publizierte Reisebeschreibungen herangezogen werden.

Der dritte Preis wurde zweimal vergeben:

(a) Innerdeutscher Handel und westeuropäischer Integrationsprozess – Die These von der Quasimitgliedschaft der DDR in der EWG.
Sibylle Gausing (Potsdam)

Gegenstand des wirtschaftshistorischen Dissertationsprojektes ist der Warenverkehr zwischen der Bundesrepublik Deutschland und der Deutschen Demokratischen Republik in den Jahren 1953 bis 1973. Ein Sonderprotokoll zu den Römischen Verträgen ermöglichte, dass die Regelung des Handels zwischen den beiden deutschen Teilstaaten auch nach Gründung der Europäischen Wirtschaftsgemeinschaft Sache der Bundesregierung blieb. Damit wurde seine Ausnahmestellung weiter erhalten, die sich u.a. in der valutafreien Verrechnung, einem zinslosen Überziehungskredit, der Zoll- und Abschöpfungsfreiheit sowie Umsatzsteuervergünstigungen niederschlug, obwohl der Warenverkehr mit der deutsch-deutschen Grenze auch die zur Montanunion bzw. EWG überschritt. Für die DDR entstand ein wirtschaftlicher Nutzen, auf den von Kritikern und Neidern mit der Frage nach ihrer „heimlichen Mitgliedschaft in der EWG" ab Mitte der sechziger Jahre hingewiesen wurde. Mit diesem Projekt wird erstens dieser Nutzen quantifiziert und seine Konsequenzen für den Handel der DDR mit den anderen EWG-Mitgliedsländern bestimmt. Zweitens wird der Stellenwert des innerdeutschen Handels für die Bundesregierung und die westdeutsche Wirtschaft analysiert. Damit stehen die wirtschaftlichen Aspekte des komplexen Dreierverhältnisses Bundesrepublik - DDR - EWG im Mittelpunkt der Arbeit.

(b) Scientia und Caritas. Gelehrte Kommunikation 800 bis 1100.
Sita Steckel (Münster)

Für die junge Forschungsrichtung der Wissensgeschichte hat sich neuerdings die Frage nach Kommunikation von Wissen als besonders geeigneter Ansatzpunkt erwiesen. Mit der Fokussierung auf Kommunikation unter Gelehrten des frühen und hohen Mittelalters behandelt die Dissertation ein spezifisches Themenfeld – das komplexe Spannungsverhältnis zwischen intellektueller Lehre der Schulen und geistlicher Lehre der Kirche, das die europäischen Bildungslandschaften vor der Epoche der Universitäten prägte. Ansatzpunkt der Untersuchung sind die Rollen des Lehrers und des Schülers, also solche normativen Verhaltensstrukturen, die an der Schnittstelle zwischen der Ordnung der Gesellschaft und der Ordnung des Wissens stehen.

Um die Perspektiven älterer institutionengeschichtlicher Forschungen zu ergänzen, werden dazu methodische Ansätze aus der historischen Kommunikations- und Freundschaftsforschung mit philologischen Zugriffen kombiniert. Anhand von Briefen und Prologen gelehrter Traktate wird im ersten Teil der Dissertation ritualisierten Formen des Umgangs unter Gelehrten und deren Wertebezug nachgegangen; Schwerpunkte sind die Kommunikationspraxis des überregionalen Austauschs sowie die Mechanismen, mit denen Autorität und Kontrolle gelehrten Wissens verhandelt wurden. Der zweite Teil fokussiert historische Differenzierungen unterschiedlicher Typen von Wissensvermittlung. Die Entstehung neuer Rollen, etwa des professionellen Theologen, der zunehmend dem geistlichen Lehrer des früheren Mittelalters gegenübertrat, stellt sich vor allem als von Konflikten vorangetriebener Differenzierungsprozess dar.

Liste der teilnehmenden Doktorandinnen und Doktoranden:

Absmeier, Christine: Das schlesische Schulwesen im 16. Jahrhundert

Bender, Steffen: Zwischen Bureneuphorie, Realpolitik und Anglophobie. Wahrnehmung und Deutung des südafrikanischen Krieges 1899-1902 durch die deutschsprachige Presse

Bösl, Elsbeth: Integration durch Arbeit? Die Rehabilitation von Menschen mit körperlicher Behinderung 1945 bis 1974. Postertitel: "Integration durch Arbeit? Deutsche Behindertenpolitik 1945 bis 1974"

Domnitz, Christian: Europa als Perspektive. Erosion und Neuorientierung im Ostblock 1975-1989

Ellermeier, Barbara: Exponat, Text, Inszenierung – Geschichtsbilder im Museum

Ermis, Fatih: Das Osmanische Wirtschaftsdenken im 18. Jahrhundert: erste Herausforderung der Moderne und das Beharrungsvermögen einer autarken Kultur

Gausing, Sibylle: Innerdeutscher Handel und westeuropäischer Integrationsprozess – die These von der Quasi-Mitgliedschaft der DDR in der EWG

Gerhardt, Kristiane: Männliche Generationalität und Familiarität in jüdischer Öffentlichkeit, Halacha und 'Lebenswirklichkeit'

Glaab, Sonja: Die Rolle der Medien im Konflikt zwischen sozialrevolutionären Terroristen & bundesdeutschem Staat

Görlich, Christopher: Urlaub vom Staat. Zur Geschichte des Tourismus in der DDR

Hammerstein, Katrin: Gemeinsame Vergangenheit – getrennte Erinnerung. Der Nationalsozialismus in Gedächtnisdiskursen und Identitätskonstruktionen der Bundesrepublik Deutschland, der DDR und Österreichs (1945/49-1990)

Hausmann, Katharina: Die transición im Kino. Überwindung des Franquismus im spanischen Films (1970-85)

Hessenauer, Heike: Erinnern und historisches Lernen – Förderung eines kritischen Umgangs mit Geschichte und Geschichtsbildern

Horst, Thomas: Augenscheinkarten als Zeugen für Klima- und Kulturgeschichte

Huber, Valeska: Rites de Passage and Rights of Passage – The Suez Canal as a Global Meeting Point (1869-1929)

Keck, Rolf: Uncle Sam gegen Onkel Hò: U.S. Flugblattpropaganda in Vietnam, 1961-1973

Klein, Lars: Größter Erfolg und schwerstes Trauma. Die „Vietnam-Generation" der Kriegsberichterstattung. Ein amerikanischer Mythos zwischen Vietnam und Irak

Kneipp, Danuta: Geschlossene Gesellschaft: Berufsverbotepraxis in der Veränderung widerständiger Verhaltensmuster in Ost-Berlin, 1970-1989

König, Christopher: „Germanisierung des Christentums". Protestantismus, Nationalismus und völkische Bewegung, 1890-1933

Koffer, Blanka: Zwischen Nische und Drittmittelfinanzierung: Volkskunde als akademische Disziplin in der DDR und der CSSR nach 1989

Kornher, Svenja: Arbeit und Identität im friseurhandwerklichen Diskurs 1900-1960

Linden, Carsten: Evangelisch-lutherische Pastoren Osnabrücks in Opposition zur Staatsideologie und zum Anpassungskurs der Landeskirche 1933-1945. Schwerpunkt: Friedrich Grußendorf (1870-1958)

Linsenmaier, Timo: Zur Evolution eines Bildsystems. Die Entwicklung des sowjetischen Animationsfilms während der Tauwetter-Periode

Longen, Nicole K.: Fronden – Hand- und Spanndienste – Gemeindefron. Zwangsleistungen städtischer und ländlicher Gemeinden in einer Zeit des Wandels im Vergleich (1715-1850)

Lubinski, Christina: Familiy Incorporated? Nachfolgeprozesse, Familieneinfluss und generationelle Führungsstile, Deutschland 1960-2000

Luckey, Heiko: Personifizierte Ideologie: Die Konstruktion von Identifikationsfiguren im Stalinismus und Nationalsozialismus

Mankusa, Zanda: Die evangelisch-lutherische Kirche Lettlands in der Kontaktzone West-/Osteuropas 1945-1985

Manning, Till: Die Italiengeneration. Stilbildung durch Massentourismus in den 50er und 60er Jahren

Meyer, Carla: Die Stadt als Thema. Nürnberg um 1500 in Kunst, Kartographie, Historiographie und Städtelob

Mutz, Mathias: Naturprodukt Papier? Eine Umweltgeschichte der Papierindustrie in Deutschland im 19. und frühen 20. Jahrhundert

Niemsch, Tatjana: Erfahrungsräume in Reval. Innerstädtische Konflikte im 16. Jahrhundert

Obermüller, Gerhard: Geschichte im Spannungsfeld von Marketing, Medienkunst und Wissenschaft: Zur multimedialen Konstruktion historischer Erinnerung

Rigoll, Dominik: Der Radikalenerlass von 1972 und der Streit um die „Berufsverbote“

Schipp, Oliver: Der „weströmische“ Kolonat. Rechtliche und soziale Verhältnisse der Kolonen in Spätantike und Frühmittelalter

Schöntube, Ulrich: „an die Porkirch gesetzt zur Lehr“ – Emporenbilderzyklen des 16. – 18. Jahrhunderts im Kurfürstentum Brandenburg und angrenzender Gebiete: Bestand – Quellen – frömmigkeitsgeschichtlicher Hintergrund

Seitz, Annette: wenn der Andere überlegen wird: das lange Ende der Kreuzfahrerreiche. Wahrnehmung und Deutung des Scheiterns in der lateinischen Christenheit

Siebrecht, Claudia: Künstlerinnen während des Ersten Weltkrieges in Deutschland 1914-1918

Sillies, Eva-Maria: Liebe, Last und Lust. Die Pille als weibliche Generationserfahrung (1960-1980)

Stahl, Heiner: Popkultur und kalter Ätherkrieg – Jugendradio in der geteilten Stadt Berlin (1962-1973)

Steckel, Sita:Scientia und caritas. Gelehrte Kommunikation, c. 800 – 1100

Steinitz, Inbal: „Wer sich grün macht, den fressen die Ziegen“ – Die strafrechtliche Rechtsschutzarbeit des Centralvereins gegen den Antisemitismus im Kaiserreich und in der Weimarer Republik

Strick, Christina: Die Bezirksregierung Düsseldorf 1945 bis 1955. Schnittstelle von Verwaltung und Politik

Thießen, Malte: Gedenken an Luftkrieg und Kriegsende in Hamburg. Kontexte und Formen, Akteure und Funktionen des städtischen Gedächtnisses seit 1943

Voit, Jochen: „Das singende Herz der Arbeiterklasse“ – Kunst und Propaganda bei Ernst Busch (1900-1980): Eine politik- und kulturhistorische Biografie

9. Habilitandenforum

Einführung

Anselm Doering-Manteuffel (Tübingen, VHD)

Das Habilitandenforum auf dem diesjährigen Historikertag tritt an die Stelle der früher üblichen Sektion „Junge Historiker stellen sich vor". Wir haben im Ausschuss des Historikerverbandes die Entscheidung getroffen, nicht nur den Titel der Veranstaltung zu ändern, sondern auch die Aufspaltung in die historischen Teilepochen Altertum, Mittelalter, Frühneuzeit und Moderne zu überwinden. Dafür gibt es gute Gründe.

Die Tatsache, dass ursprünglich der Vertreter der Alten Geschichte im Ausschuss des Historikerverbandes, Herr Kollege Hartwin Brandt (Bamberg), das Habilitandenforum moderieren sollte, und diese Aufgabe jetzt dem Zeithistoriker obliegt, ist kein Zufall.

Sie spiegelt die Absicht wider, in dieser einen Veranstaltung deutlich zu akzentuieren, dass die Geschichtswissenschaft als Gesamtfach zu verstehen ist, als ein Fach, das die Zeit von der Antike bis zur Gegenwart umgreift und einen Zusammenhang bildet in wissenschaftlicher, methodischer und institutioneller Hinsicht.

Täglich lässt sich in den Medien beobachten, in wie hohem Maß das öffentliche Interesse an Geschichte recht gegenwartsnah inszeniert wird. Manchmal kann sogar der Eindruck entstehen, als bestünde die medial kommunizierte Geschichte hauptsächlich aus dem 20. Jahrhundert. Zudem gibt es innerhalb unseres Fachs Tendenzen zur Spezialisierung, was etwa dazu führt, dass Segmente der Geschichtswissenschaft sich auf eigenen Kongressen abseits des Historikertages über aktuelle Fragen von Forschung und Wissensvermittlung in ihrem Spezialgebiet verständigen.

Das ist gewiss nicht schlecht – es ist in mancher Hinsicht sogar unabdingbar – aber es leistet doch dem Trend Vorschub, dass Vertreter – sagen wir – der Zeitgeschichte oder der Frühen Neuzeit oder der Mediävistik nur ihren engeren Teilbereich zur Kenntnis nehmen und sich nicht Rechenschaft darüber ablegen, dass sie in einem größeren Bezugsrahmen des kulturellen Gedächtnisses stehen. Für uns Europäer reicht dieses Gedächtnis von der Gegenwart bis in die Antike zurück. Das ist der Rahmen, innerhalb dessen wir alle arbeiten. Das ist auch der Rahmen für diejenigen von uns, die auf dem Feld der außereuropäischen Geschichte, oder der Kolonialgeschichte oder im Bereich des Globalisierungs-Paradigmas arbeiten. Denn wir alle sind und bleiben Europäer, und als Europäer stehen wir in der Tradition des (nicht ohne Grund so genannten) Alten Kontinents.

Wir haben im Ausschuss des Historikerverbandes ausführlich darüber diskutiert, ob es nicht an der Zeit sei, den unvermeidlichen Tendenzen zur Spezialisierung und Separierung ein Forum wie dieses hier an die Seite zu stellen. Es soll aus der Sache heraus demonstrieren, dass ein jeglicher Kulturzusammenhang, sei er europäisch oder außereuropäisch, nicht nur regional, sondern auch diachron zu verstehen ist. Und gleichzeitig soll das Habilitandenforum natürlich sowohl die Verschiedenheit der Themen als auch die fachspezifischen Ähnlichkeiten in den theoretischen Vorannahmen oder der Methodik demonstrieren.

Wir halten ein solches Profil unserer Veranstaltung auch deshalb für nötig, weil im Zuge der Studiengangs-Reform an vielen Universitäten Zweckbündnisse zwischen verschiedenen Fächern geschlossen werden müssen, damit genügend Dozentenkapazität zusammenkommt, um den Betreuungsaufwand überhaupt leisten zu können. Wo es jeweils nur eine Professur für Alte, Mittelalterliche, Neuere und Neueste Geschichte gibt, reicht die Lehrkapazität für einen Bacherlor-Studiengang nicht aus, vom Master zu schweigen, vom Lehramtsstudiengang ganz zu schweigen. Dann tun sich Historiker vielleicht mit Geographen oder Archäologen oder Politologen oder anderen Fächern, die gerade mal in der eigenen Fakultät vorhanden sind, zusammen und kreieren einen neuen Studiengang. Der trägt dann einen eigens erfundenen Namen, ohne dass erkennbar wird, welche Fächer darin vertreten sind – sagen wir Westeuropäische Kultur, oder Sicherheitsstudien oder Historische Symbolforschung.

Die Studierenden, die in den nächsten Jahren ihren Abschluss erwerben, sind dann examinierte Bachelors für Westeuropäische Kultur, oder Sicherheitspolitik oder Historische Symbolforschung. Aber sie sind nicht Bachelors für Geschichte, Geographie, Politologie, Archäologie. Sie haben vielleicht ein oder zwei Module mit historischen Themen ausgewählt und kombinieren sie mit Modulen anderer Fächer. Damit zerfließen auf dieser Ebene der akademischen Ausbildung die Fachidentitäten.

Wenn wir jedoch den Erst- und Anfangssemestern der nächsten Jahre eine Idee davon vermitteln wollen, *was „Geschichte" eigentlich ist*, müssen wir selbst ein geschärftes Bewusstsein davon haben, dass das Fach nicht nur aus meinem Fachgebiet oder dem meines mediävistischen Kollegen von neben an besteht, sondern einen weiteren Rahmen bildet.

In diesem Sinne soll das Habilitandenforum ein Signal geben, dass wir einander zuhören, einander wahrnehmen und voneinander lernen müssen, um uns selbst kritischer wahrnehmen zu können und neugierigen Menschen eine Vorstellung zu vermitteln, was Geschichtswissenschaft eigentlich ist: ein großes, zusammenhängendes Fach, das von Generation zu Generation immer aufs neue die kulturellen Traditionen durchdenkt, in denen wir stehen.

Das antike Galatien und die prägende Kraft der Bilder
Altay Coskun (Trier)

Seit 278 v.Chr. wurden Galater zur Waffenhilfe nach Kleinasien gerufen und vielfach in Zentralanatolien angesiedelt. Sie waren begehrte Verbündete, gefürchtete Feinde und bald auch Räuber auf eigene Rechnung, bevor sie im 2. Jahrhundert in umfassendere Bündnisordnungen einbezogen wurden. Dem Tetrarchen Deiotaros gelang im 1. Jahrhundert durch seine unbedingte Treue zu Rom und seine Freundschaft zu einflußreichen Imperatoren sogar die Gründung eines Königreichs im Zentrum und Nordosten Kleinasiens. Als Galatien 25 v.Chr. römische Provinz wurde, hielten ihre Führer dem Kaiser die Treue, was sich nicht nur in der Fortsetzung des Heeresdienstes für die Supermacht, sondern auch im Ankyraner Augustus-Kult spiegelt.

Trotzdem galten die Galater als Inbegriff des Barbarischen: Ihr negatives Bild war schon im 3. Jahrhundert v. Chr. geprägt worden, um Königsherrschaften zu legitimieren, und hat – oftmals kontrafaktisch – über die römische Kaiserzeit hinaus noch bis in die moderne Literatur hinein gewirkt. Nicht minder problematisch ist aber der jüngste Gegenentwurf, nach dem die Galater früh hellenisierte Ackerbauern gewesen seien. Wer nach der Ethnogenese der galatischen Stämme, dem Schicksal der phygischen Vorbevölkerung, der politischen Organisation und kulturellen Entwicklung Galatiens, dem Charakter des von Rom etablierten Königtums sowie den Umständen und Folgen der Provinzialisierung fragt, tut gut daran, mit einer Kritik der Galaterbilder zu beginnen. Damit verbunden ist die Notwendigkeit, die Reichweite und Spielarten der *amicitia populi Romani* angemessener zu berücksichtigen. Eine Relecture literarischer Quellen, aber auch die systematische Untersuchung von Personen-, Stammes- und Ortsnamen soll die Grundlage für eine überzeugendere Geschichte der Galater legen. Diese ließe sich auf die kurze Formel 'Von der *Geißel Asiens* zur *romfreundlichen Ordnungsmacht*' bringen.

Vgl. auch A. Coskun: Die tetrarchische Verfassung der Galater und die Neuordnung des Ostens durch Pompeius (Strab. geogr. 12,5,1 / App. Mithr. 560), in: Ad fontes! FS für Gerhard, Wien 2004, 687-711; dens. (Hg.): Roms auswärtige Freunde in der späten Republik und im frühen Prinzipat, 2005, bes. S. 1-30 (zur *amicitia populi Romani*) und S. 127-54 (zu Deiotaros); dens.: Intercultural Onomastics and Some Patterns of Socio-Political Inclusion in the Roman World. The Example of Galatia in Asia Minor, NIO-GaRo 2006.1: http://www.nio-online.net/pubhome.htm.

Soziale Gruppen im Mittelalter — Die Zünfte in Straßburg
Sabine von Heusinger (Mannheim)

Die vorgestellte Untersuchung bietet eine exemplarische Studie der Zünfte in Straßburg, in der Personengeschichte und Netzwerkanalyse vor dem Hintergrund der politischen Geschichte und der verfassungspolitischen Entwicklung Straßburgs zusammengeführt wurden. Sie zeigt Zünfte als ein grundlegendes Element der mittelalterlichen Gesellschaft, die einen großen Bereich des Wirtschaftsleben, der Politik, der Sozialfürsorge und Volksfrömmigkeit, aber auch der Rechtsprechung und Verteidigung prägten. Straßburg wurde als exemplarischer Fall gewählt, da die archivalische Überlieferung weit über normative Quellen hinausreicht und sich das gesamte Spektrum an Zunftformen beobachten lässt: Von der gewerblichen Einung über politische Zünfte bis zur Bildung einer Zunftelite. In einer Personendatei wurden über 6 000 Personen erfasst, von denen über 3 900 (ca. 65 %) den Zünften angehörten. Zudem wurden alle vier Aspekte der Zünfte berücksichtigt (d.h. gewerbliche Zunft, Bruderschaft, Trinkstube und militärische Einheiten) und nicht nur ein Einzelaspekt, etwa die gewerbliche Zunft. Untersucht wurde der Zeitraum seit der Mitte des 13. Jahrhunderts bis zum Verfassungsabschluss im Jahr 1482.

Die Untersuchung der Zünfte ging von zwei Leitfragen aus: Sind Zünfte soziale Gruppen und wie steht es um ihre soziale und wirtschaftliche Mobilität? Zünfte erfüllen eindeutig die Kriterien für soziale Gruppen, wie sie in der Soziologie definiert wurden. Der zentrale Befund der Untersuchung, dass Zünfte außerordentlich dynamische soziale Gruppen waren, wurde bisher von der Forschung übersehen; nur ein mikrogeschichtlicher Ansatz in Verbindung mit einem prosopographischen Zugriff konnte zu diesem Ergebnis führen. Diese Flexibilität und Dynamik resultierte zum einen aus dem breiten Aufgaben- und Funktionsspektrum, das von den Zünften im Mittelalter abgedeckt wurde. Zum anderen lag wohl gerade in dem vorhandenen Spielraum, der den Zünften im Mittelalter zu Eigen war, ein wichtiges Element, warum Zünfte für lange Zeit ein erfolgreiches Modell für das Zusammenleben von Menschen boten.

Konfession, Kultur, Politik: Konfessionskonflikte und politisches Handeln in der Eidgenossenschaft: Die Grafschaft Baden (ca. 1580-1712)
Daniela Hacke (Zürich)

Wie wurde in der Alten Eidgenossenschaft das Sprechen über konfessionelle Differenzen organisiert? Dieser Frage geht das Habilitationsprojekt anhand der eidgenössischen Kommunikation über politische und konfessionelle Konflikte in der Grafschaft Baden nach. Als einem von reformierten und katholischen eidgenössischen Orten (Zürich, Bern, Ev. Glarus, Luzern, Uri, Schwyz, Unterwalden, Zug) gemeinsam verwalteten Untertanengebiet der Eidgenossenschaft bietet sich die Grafschaft Baden als »Laboratorium« für diese Fragestellung besonders an, da Orte unterschiedlicher Konfession wiederum über reformierte und katholische Untertanen herrschten – denn in den gemeinsam verwalteten Vogteien wurde der »cuius regio eius religio« Grundsatz in der Eidgenossenschaft zugunsten einer konfessionellen Toleranz durchbrochen. Methodisch versteht sich die Arbeit als ein Beitrag zu einer kulturhistorisch und kommunikationstheoretisch orientierten Politikgeschichte, die die fundamentalen trans- und interkonfessionellen Aus- und Abgrenzungs-, aber auch die Annäherungsphänomene frühneuzeitlicher Konfessionsgruppen in den Blick nimmt.

Damit wird in diesem Habilitationsprojekt die Herstellung von und der Umgang mit konfessioneller Differenz in der Frühen Neuzeit über einen Zeitraum von ca. 140 Jahren anhand der politischen Kommunikation über zentrale Konfliktfelder – wie der liturgischen Ausstattung der simultan genutzten Kirchenräume, der Verletzung der Religionsfreiheit durch „Schmützen und Schmächen" und der Missachtung der konfessionalisierten Fest- und Fastenzeiten – analysiert. Aufgrund des gestaffelten Herrschaftssystems der Grafschaft Baden blieben die Konflikte selten „im Dorf"; die komplexe staatliche Struktur des Konstruktes „Gemeine Herrschaft" bedingte, dass die regierenden eidgenössischen Orte eine enorme Präsenz bei der Handhabung kommunaler Konfessionskonflikte markierten, während der Landvogt in Baden in diesem gestaffelten und geteilten Herrschaftssystem selbst nur ein Medium war, über das die heterogenen konfessionellen Interessen und Ordnungssysteme seiner „Obrigkeiten" hergestellt wurden.

Somit wurden diese Mehrebenenkonflikte oft über Jahre auf der eidgenössischen Tagsatzung und im diplomatischen Schriftverkehr zwischen den regierenden katholischen und reformierten Orten verhandelt. Innerhalb des eidgenössischen Bündnissystems kamen dieser politischen Kommunikation, so die These, zwei Funktionen zu: Zum einen beförderte sie die Akzentuierung und die Herstellung von konfessioneller Differenz, die durch a) konfessionsspezifische Kommunikationsnetzwerke und b) konfessionsspezifische Argumentationsweisen und politische Entscheidungsprozesse zur Ausdifferenzierung reformierter und katholischer Konfessionskulturen beitrug; zum anderen wirkten diese kommunikativen Akte verbindend, da die eidgenössischen Orte bei aller Betonung von konfessioneller Differenz über die konfessionellen Streitfälle auch weiterhin im Gespräch blieben. Innerhalb des von der Gefahr des Auseinanderbrechens bedrohten Bündnissystems der Eidgenossenschaft lassen sich diese „Händel" als „stabilisierende Konflikte" (Dorothea Christ) charakterisieren.

Visitenkarten aus Stein: Öffentliche Bauten in deutschen Residenzstädten während der 'Sattelzeit'

Marc Schalenberg (Zürich)

Architektur setzt Zeichen – und Grenzen. Sie steuert Verkehrsströme, bietet Bühnen und Räume für politische Inszenierungen und zur Markierung von Standesunterschieden, macht soziale Inklusion und Exklusion augenfällig. Im Rahmen des Habilitationsprojekts soll die Rolle öffentlicher Repräsentationsbauten in einem bestimmten zeitlichen und typologischen Zusammenhang untersucht werden. In deutschen Haupt- und Residenzstädten sind die Bemühungen unverkennbar, die gegebenen politischen und symbolischen Konkurrenzen um Einfluss und Prestige auch in diesem Medium auszutragen: Architektur war ein oft aufwändiger, gleichwohl vielversprechender Weg, Emulation wie Distinktion zu bewerkstelligen. Erstere zielte durch die Nachahmung von Gebäudeformen oder –typen, ganz allgemein durch zitatartige Referenzen zu europäischen Metropolen, auf internationale Satisfaktionsfähigkeit, letztere auf das Bestreben nach Eigenem, Unverwechselbarem, nach zu „vermarktenden" Alleinstellungsmerkmalen für die jeweilige Stadt. In vergleichender Perspektive (für Berlin, Dresden, München, Kassel und Karlsruhe) zu verfolgen, wie dies im ausgehenden Alten Reich, während des napoleonischen Intermezzos und im Vormärz in öffentliche Bauten umgesetzt wurde, bietet einigen Aufschluss über politische Ambitionen und deren soziale Grundierung.

Haupt- und Residenzstädte sind Aushängeschilder für den Staat, den Fürsten, aber auch für die Bürger und namentlich für die aufkommende Gruppe von Experten: Architekten, Ingenieure und höhere Verwaltungsbeamte, die sich Vorteile erhofften von einem loyalen, aber aktiven Beitrag zu deren Wohlergehen. Das gezielt nach außen getragene „Stadtbild" lässt sich in drei Medien untersuchen: 1) in den öffentlichen Repräsentationsbauten selbst sowie den aus ihnen ersichtlichen politischen Ansprüchen und Referenzen, 2) in der Visualisierung dieser Bauten in Plänen, Veduten und Zeichnungen, wobei der „Standpunkt" des betreffenden Architekten oder Künstlers wie die Geschäftsinteressen der beteiligten Verleger kritisch zu beleuchten sind, was ebenso gilt für 3) topographisch-literarische Darstellungen der Städte.

Ausländische Gastronomie in der Bundesrepublik Deutschland. Konsum- und migrationshistorische Perspektiven

Maren Möhring (Köln)

In meinem Habilitationsprojekt verknüpfe ich migrations- und konsumhistorische Ansätze, um die Rolle des ausländischen Restaurants für die Sozial-, Wirtschafts- und Kulturgeschichte der Bundesrepublik zu bestimmen. Der Versuch, empirisch die theoretischen Prämissen der Transkulturalitätsforschung zu überprüfen, ist von der historischen Fragestellung geleitet, auf welche Art und Weise kulturelle Differenzen in Westdeutschland nach 1945 re-artikuliert wurden. Was bedeutet der Konsum ausländischen Essens im Rahmen der Neuordnung der deutschen Gesellschaft und ihrer Beziehungen zum ‚Anderen' nach den Erfahrungen des Nationalsozialismus und des Zweiten Weltkriegs? Trotz der Spezifika, die der bundesdeutsche ‚Fall' in dieser Hinsicht aufweist, ist der Boom ausländischer Küche ein internationaler Trend, der sich in allen westlichen Konsumgesellschaften beobachten lässt.

Auf einer großen Bandbreite von Quellen (Adressbüchern, Akten der Industrie- und Handelskammern, zeitgenössischen Periodika und Filmen, Kochbüchern, Speisekarten und Interviews mit Zeitzeug/innen) basierend, zielt das Projekt auf

- eine Konzeptualisierung des ausländischen Restaurants als transnationalem Ort, der durch interkulturelle Transfers von Nahrungsmitteln, Technologien und

Informationen charakterisiert ist und sich als Knotenpunkt transnationaler Netzwerke verstehen lässt,

eine Sozial- und Wirtschaftsgeschichte des ausländischen Restaurants, die die Entwicklung dieses Zweigs des bundesdeutschen Nahrungsmittelsektors erstmals historisch nachzeichnet, und

eine Kulturgeschichte der Bedeutungen, die mit ausländischen Nahrungsmitteln verbunden sind und insbesondere die politische Dimension ethnisierter Konsumgüter in den Blick nimmt.

10. Vorträge für Schüler

10.1. Troia: Der Mythos einer Stadt und die europäische Kultur

Martin Zimmermann (München)

Die homerischen Epen Ilias und Odyssee markieren den Beginn der europäischen Literatur. Sie bildeten für Jahrhunderte den Referenzpunkt für die antiken Gesellschaften. In den Dichtungen hatte Homer den Griechen und den Römern eine verbindende Frühgeschichte geschaffen. Die Stadt Troia war daher spätestens seit der klassischen Zeit ein besonderer Ort der Imagination. Die Dichtungen hatten zwar eine fiktive Geschichte erzählt, aber der Wunsch den frühen Mythen einen Ort zu geben und sie zugleich als Stadt zu visualisieren, spielte in der Antike eine wichtige Rolle. Aus dem Ruinenhügel wurde bereits in klassischer Zeit ein Freilichtmuseum, in dem man die Schauplätze der Epen zeigte und das man immer wieder erweiterte.

Troia wurde zu der Stadt, in der alle antiken Gemeinwesen ihre gemeinsame und Identität stiftende Vergangenheit lokalisierten. Nachdem mit den Dichtungen Vergils dieser Mythos auch zum zentralen Gründungsmythos des Römischen Reiches geworden war, existierte eine Grundlage, um Troia in Mittelalter und Neuzeit vor dem Hintergrund der Vorstellung der translatio imperii als Keimzelle aller europäischen Nationen und Königshäuser zu postulieren. Selbst die Universität Oxford behauptete im Mittelalter eine Gründung durch exilierte Troianer. Nach dem Fall von Byzanz wurden die Türken von dieser gemeinsamen Gründungsgeschichte, der sie bis in das 15. Jahrhundert angehörten, durch Papst Pius II. ausgeschlossen. Der troianische Gründungsmythos wird nun ein exklusiv europäischer.

Seit gut zehn Jahren wird auf der aktuellen Grabung in Troia wieder das Bild einer Stadt gezeichnet, das auf dem Versuch beruht, die Troia-Mythen nun mit wissenschaftlichen Methoden zu visualisieren. Auf diese Weise ist ein neues Bild der antiken Stadt entstanden, das in der Wissenschaft freilich höchst umstritten ist. Dies liegt auch daran, dass die neuen Troiadeutungen politische Implikationen haben. Die Zugehörigkeit der Türkei zu Europa soll auch dadurch belegt werden, dass ein anatolisches Troia zur gemeinsamen Wurzel der europäischen Kultur erhoben wird. So erweist sich ganz aktuell die Wirkmacht des Mythos von der antiken Stadt.

In der Vorlesung soll also veranschaulicht werden, wie Texte, archäologische Zeugnisse und eine sich wandelnde Erinnerungskultur verschmelzen und immer neue Vorstellungen von einer mythischen Stadt erzeugen.

10.2. Krieg und Medien 1914/1918 oder: Die Geburt der Mediengesellschaft aus dem Geist der Propaganda

Ute Daniel (Braunschweig)

Propaganda? Das ist, so wird es oft aus der deutschen Perspektive vermittelt, was Goebbels in der Zeit des "Dritten Reichs" gemacht hat: also die institutionalisierte Presse- und Meinungslenkung einer Diktatur. Im Umkehrschluss bedeutet das: In nicht-diktatorischen, insbesondere in demokratisch verfassten Gesellschaften gibt es nichts Vergleichbares; sie zeichnen sich, so scheint es, gerade durch die Abwesenheit von Propaganda aus.

Insofern stellt die Ablehnung propagandistischer Medienmanipulationen einen selbstverständlichen Teil des heutigen demokratischen Selbstverständnisses dar. Viel weniger selbstverständlich ist jedoch die Unterscheidung zwischen Medienpolitik und PR-Strategien auf der einen Seite und Propaganda beziehungsweise Manipulation auf der anderen Seite: Ab wann werden denn Medien manipuliert, ab wann funktionieren Medien selbst in propagandistischer Weise? Diese Fragen beschäftigen nicht erst uns Heutige, die wir Zeitgenossen der voll etablierten Mediengesellschaft sind. Sie tauchten bereits vor der nationalsozialistischen Herrschaft auf, und zwar nicht nur in Deutschland. Anlass dafür war der Erste Weltkrieg, in dessen Verlauf der Presse, dem damaligen Leitmedium, eine neue Rolle für die Konstruktion gesellschaftlicher Wirklichkeit zuwuchs. Die Jahre 1914-1918 stehen also am Beginn dessen, was man heute Mediengesellschaft nennt. Und dies führte in allen am Krieg beteiligten Gesellschaften zu neuartigen Schlussfolgerungen für den Umgang der Politik, aber auch der Wissenschaften mit dem Phänomen der (damals noch nicht so genannten) Medien.

Der Vortrag wird in die Mediengeschichte des Ersten Weltkriegs einführen und die Konsequenzen skizzieren, die sie für den Umgang mit den Medien in der Nachkriegszeit hatte. Eine dieser Konsequenzen bestand in der Etablierung dessen, was heute Medienforschung genannt wird. Eine zweite in einem grundsätzlich veränderten Blick darauf, was Gesellschaften zusammenhält.

10.3. Das Schaffhausener Turnier von 1436 und die Selbstdarstellung der Ritterschaft im spätmittelalterlichen Deutschland

Thomas Zotz (Freiburg)

An Fastnacht 1436 versammelten sich über 200 Ritter in der Stadt Schaffhausen am Hochrhein, um hier ein Turnier mit Kampfspielen zu Pferde zu veranstalten. Über dieses Ereignis liegt uns eine ungewöhnlich ausführliche und detailreiche Darstellung aus der Feder eines kastilischen Teilnehmers am gleichzeitig stattfindenden Basler Konzil vor, der seinen Landsleuten auf der Iberischen Halbinsel seine Eindrücke von der ritterlichen Kultur im spätmittelalterlichen Deutschland vermittelt. Die spannende Schilderung dieser Großveranstaltung, die sich über mehrere Tage hinzog, steht im Mittelpunkt des Vortrags. Dabei soll uns die Frage begleiten, wie sich die Ritterschaft auf einem solchen Turnier, dem im späten 15. Jahrhundert noch zahlreiche andere in dichter Folge an die Seite zu stellen sind, selbst präsentiert und etwa vom finanzstarken konkurrierenden Bürgertum der Städte abzugrenzen versucht hat. Welche Funktion hatte das ritterliche Turnier in dieser Zeit, nachdem es bereits seit langem, genauer seit dem 12. Jahrhundert, als spielerische Variante des ernsten Reiterkampfes, der zentralen Lebensform des mittelalterlichen Adels, Alltag und Fest der ritterlich-höfischen Kultur geprägt hat? Die Antwort auf diese Frage kann die Welt des Mittelalters mit ihren glänzenden Ritterrüstungen und farbenprächtigen Wappen unserer Gegenwart erschließen helfen, in der wir immerhin die mittelalterliche Tradition des Turniers im sportlichen Wettkampf weiterpflegen.

Abendveranstaltung im Konstanzer Konzil

Grußwort des Oberbürgermeisters von Konstanz

Horst Frank

Sehr geehrter Herr Professor (Peter) Funke,
sehr geehrter Herr Dr. (Peter) Lautzas,
sehr geehrter Herr Professor von Graevenitz,
sehr geehrter Herr Prof. (Adolf) Muschg,
sehr geehrte Damen und Herren,

Im Namen der Stadt begrüße ich Sie sehr herzlich zum 46. Deutschen Historikertag in Konstanz. Es ist eine hohe Ehre und Würdigung für unsere Stadt, dass der Verband der Historikerinnen und Historiker den größten geisteswissenschaftlichen Kongress Europas an die Universität Konstanz vergeben hat. Der Historikertag 2006 ist für unsere Stadt die größte Kongressveranstaltung seit dem Konstanzer Konzil und wird damit selbst zu einem historischen Ereignis. Hier im historischen Konzilgebäude erhalten Sie einige Einblicke in unsere weit zurückreichende Geschichte, ursprünglich als Kaufhaus gebaut, während des Konzils 1414-1418 dann als Versammlungsraum zur Wahl des neuen Papstes genutzt. Gerade dieses historische Gebäude ist ein schönes Sinnbild dafür, wie der Mut von Bürgern, einmal einen großen Schritt zu wagen, einer Stadt über Jahrhunderte hinweg gute Dienste geleistet hat.

Konstanz ist in vielerlei Hinsicht eine historische Stadt. Einige Beispiele: Das um 590 gegründete Bistum Konstanz war das größte im deutschsprachigen Raum. 1183 wurde einer der bedeutendsten Friedensverträge des hohen Mittelalters vor den Toren der Stadt geschlossen: Kaiser Barbarossa beendete hier seinen langjährigen Krieg gegen lombardische (italienische) Städte. Das bekannteste und bedeutendste historische Ereignis der Stadt ist jedoch das Konzil von 1414-1418, die wohl wichtigste internationale Konferenz des späten Mittelalters. Das Konzil beendete jedoch nicht nur die tiefe Spaltung der Kirche, sondern bedeutete auch das Todesurteil für die Reformatoren Jan Hus und Hieronymus von Prag.

An die große Zeit des Konzils von 1414 bis 1418 soll übrigens auch die Dame erinnern, die sich im Konstanzer Hafen dreht. Imperia heißt sie und ist ein Werk von Peter Lenk, eines Künstlers, der hier am Bodensee lebt. Entlehnt hat er die Figur von Balzac, der in einem Roman darstellt, wie die Kurtisane als wahre "Königin des Konzils“ großen Einfluss hatte: „Denn vor ihr beugten sich alle Autoritäten, die Wissenschaften, Würden und Ämter insgesamt der ganzen Christenheit." War die Statue zu Beginn heftig umstritten, hat sich die Imperia zum beliebten Wahrzeichen der Stadt und damit zu einem „GeschichtsBild“ entwickelt.

Bereits ein kurzer historischer Streifzug genügt, um zu verdeutlichen: Über die Geschichte unserer Stadt gäbe es viel zu erzählen: angefangen von der jüngeren Steinzeit über die keltischen Siedlungen, die Römer, Früh- Mittel- und Spätmittelalter, 17., 18. und 19. Jahrhundert bis schließlich in unsere Gegenwart. Aber bleiben wir beim Konjunktiv. Sie können das auch alles in unserer 3 000 Seiten starken, 6-bändigen Stadtgeschichte nachlesen, zu finden in jeder guten Uni-Bibliothek. Zusammenfassend möchte ich Ihnen drei Zitate mitgeben, das zumindest ansatzweise etwas über die beträchtliche Spannung vermitteln, die unsere Geschichte aufweist. Oswald von Wolkenstein beschrieb Konstanz während des Konzils 1414-1418 als „Paradies am Bodensee“: „Wer wär' in dieser Stadt nicht froh! Ja, Lust und Freude findet man in Kostnitz viel und mannigfalt.“ Die Stadt erlebte damals ihre Blütezeit als wichtiger Knotenpunkt der Handelsstraßen nach Oberitalien, Frankreich und Osteuropa und avancierte zu einem wichtigen Handelsplatz für Pelze, Leinen und Gewürze. Doch dann hat sich einiges geändert. Ich möchte an dieser Stele nur einige Stichworte erwähnen: Schwaben- oder Schweizerkrieg, Reformation und Gegenreformation sowie der Verlust der Reichsfreiheit.

Den Wandel gegenüber dem Loblied, das von Wolkenstein auf Konstanz sang, verdeutlicht vielleicht am besten das Bild, das ein durchreisender Gast aus Frankreich 1790 abgab: „Konstanz, ehemals eine der blühendsten Städte Europas, erscheint als Ruine. Gras wächst in den öden Straßen; einsame Stille herrscht in den geschlossenen Läden, in den leeren Häusern.“ Erst durch die spätere Eingliederung der Stadt in das neu geschaffene Großherzogtum Baden zeigte das Pendel der Geschichte wieder in eine positivere Richtung. Die Ansiedlung neuer Industrien, der Bau der Eisenbahn und die Entwicklung der Dampfschifffahrt verhalfen der Stadt zu wirtschaftlichem Aufschwung und neuen städtebaulichen Akzenten.

Das dritte Zitat stammt aus dem Munde von Otto Schily: „Diese Stadt hätte es verdient, ins Weltkulturerbe aufgenommen zu werden.“ So schwärmte der damalige Innenminister im Jahr 2000 anlässlich einer Innenministerkonferenz hier in Konstanz. Solche Sätze hören wir natürlich gern. Wir verdanken sie dem glücklichen Umstand, dass die Stadt in den Kriegen des vorigen Jahrhunderts und auch in früheren Zeiten von Zerstörungen weitgehend verschont geblieben ist. In der Gegenwart bildet die historische Altstadt zusammen mit den gepflegten Anlagen am See die Voraussetzung für die touristische Attraktivität und für die Beliebtheit der Stadt als internationaler Tagungsort. Die Hochschule Konstanz für Technik, Wirtschaft und Gestaltung und der Bau der Universität in den sechziger Jahren bilden wichtige Grundlagen für die Profilierung von Konstanz als Wissenschaftsstadt.

Die Gründung der Universität wird „als das wichtigste Ereignis in der Konstanzer Geschichte seit dem großen Konzil von 1414/1418 bezeichnet“, wie Lothar Burchardt in der „Konstanzer Stadtgeschichte“ erwähnt. Die Universität Konstanz genießt bundesweit einen hervorragenden Ruf. Das trifft auch auf den Fachbereich Geschichte und Soziologie zu, dem ich an dieser Stelle für die hervorragende Organisation dieser Großveranstaltung ein ganz besonderes Lob zollen möchte.

Der 46. Deutsche Historikertag bietet der breiten medialen Öffentlichkeit die Gelegenheit, die aktuellen Themen und Diskussionen des Faches Geschichte kennen zu lernen. Mit dem Thema „GeschichtsBilder“ wurde ein Motto ausgewählt, mit dem Referenten, Teilnehmern und Publizisten Gelegenheit gegeben wird, den derzeitigen Trend in den (Bild-) Medien, Geschichte und historischen Themen einen breiten Raum einzuräumen, aufzugreifen und zu reflektieren.

Wie brandaktuell im wörtlichen Sinne das Thema ist, zeigte unlängst die Aufregung um die manipulierten Fotos der Agentur Reuters. Ein Foto zeigt angeblich aufsteigende, dicke Rauschwaden über der Innenstadt von Beirut nach einem israelischen Luftangriff. Wie sich wenig später herausstellte, ist das Bild mittels relativ einfacher Manipulationen am Computer verändert worden – die dicken, schwarzen Rauchsäulen waren nachträglich eingefügt. Mit solchen Fälschungen gerät wie im Fall der Nachrichtenagentur Reuters nicht nur ein ganzer Medienkonzern oder gar ein ganzer Berufsstand, nämlich der Fotojournalisten in Verruf. Vielmehr stellt sich die Frage – und damit sind wir wieder beim Thema dieses Historikertages - inwieweit Geschichte durch Bilder manipulierbar wird. Die Gefahr der Manipulation an sich ist nicht neu. Bereits die Athener entwarfen von ihrem Staatswesen Bilder der Selbstverherrlichung und der Selbstüberschätzung.

Im heutigen medialen Zeitalter sind Bilder allgegenwärtig und brennen sich zuweilen je nach Bedeutung des Ereignisses für ein Leben lang in unser Gedächtnis ein. Das heißt, in Erinnerung verbinden wir bestimmte Ereignisse in der Regel mit den immer selben Bildern. Ein anschauliches Beispiel dafür sind die schrecklichen Ereignisse des 11. September. Jeder kennt das Foto, auf dem das Hissen der US-Flagge auf den Ruinen des World Trade Centers zu sehen ist. Dank seiner Symbolkraft geht dieses Foto seit fünf Jahren um die ganze Welt. Dadurch wird eine einzige Momentaufnahme, ein Schnapsschuss, eine fünfhundertstel Sekunde zum Synonym für einen ganzen Krieg und schreibt nebenbei damit selbst Geschichte.

Auch die Gesichtswissenschaft deutet anhand von Bildern die Geschichte. Zum anderen kritisiert sie die Bilder, weil das, was sie erzählen nicht deckungsgleich ist mit dem, was aus anderen Quellen hervorgeht. Durch diese kritische Auseinadersetzung sind Bilder für die Gesichtsschreibung unentbehrlich geworden.

Geschichte hat nicht nur mit Vergangenheit zu tun, sondern Geschichte fängt im "Hier und Heute" an. Historische Tage erlebt Konstanz wie anfangs bereits erwähnt auch mit der Ausrichtung dieses Historikertages. Ich bin überzeugt, dass Konstanz aufgrund seiner Geschichte, seiner kulturellen Prägung und seiner Außenwirkung ein würdiger Austragungsort für den Historikertag 2006 ist. Dass hier in Konstanz das geschichtliche und kulturelle Erbe seit jeher geschützt und gepflegt wird, verdeutlichen mehrere aktuelle Beispiele: Der Neugestaltung des Münsterplatzes im vorigen Jahr, folgte 2006 die Präsentation der Römerfunde auf dem Münsterhügel. Archäologen hatten den sensationellen Fund im Jahr 2003 im Rahmen der Münsterplatzsanierung gemacht. Der Fund galt vor allem deshalb als sensationell, weil seit vielen Jahrzehnten über diese Festung aus dem vierten Jahrhundert nach Christus spekuliert wurde - nun ist das sehr gut erhaltene Fundament eines Wehrturmes beim Münster freigelegt. Damit präsentiert sich der wichtigste Platz der Stadt in einem neuen, geschichtsträchtigen „Gewand“ und wird noch mehr zum Treffpunkt und Besuchermagneten für seine BürgerInnen und Gäste.

Ich wünsche dem 46. Deutschen Historikertag spannende Vorträge, fruchtbare Debatten und vielversprechende Antworten auf aktuelle Fragen der Erinnerungspolitik, der "Geschichtsproduktion" und Geschichtsvermittlung sowie einen angenehmen Aufenthalt in unserer Stadt.

Besten Dank.

Preisverleihung des Historikerverbandes

Preis für hervorragende Leistungen des wissenschaftlichen Nachwuches: Laudatio auf die Preisträgerin PD Dr. Christina Lutter

Peter Funke, Vorsitzender des VHD

Der Verband der Historikerinnen und Historiker Deutschlands verleiht der Mediävistin, Frau PD Dr. Christina Lutter, seinen Preis für ihre Wiener Habilitationsschrift ‚Geschlecht und Wissen, Norm und Praxis, Lesen und Schreiben. Monastische Reformgemeinschaften im 12. Jahrhundert'.

Frau Lutter studierte an der Universität Wien Geschichte, Romanistik und Historische Hilfswissenschaften. Nach ihrem Magistraexamen absolvierte sie von 1992 bis 1995 den renommierten Ausbildungslehrgang am Institut für Österreichische Geschichtsforschung. Im darauf folgenden Jahre 1996 wurde sie mit der Dissertation ‚Politische Kommunikation an der Wende vom Mittelalter zur Neuzeit. Die diplomatischen Beziehungen zwischen der Republik Venedig und Maximilian I. (1495-1508)' an der Wiener Universität promoviert, wo sie sich dann im Jahre 2003 auch habilitierte. Seit 1994 zeichnet Frau Lutter im österreichischen Wissenschaftsministerium für die Entwicklung, Organisation und inhaltliche Betreuung der Forschungsschwerpunkte Cultural Studies/Kulturwissenschaften und Gender Studies verantwortlich. Sie nahm und nimmt daneben Lehraufträge bzw. Gastprofessuren an den Universitäten Wien, Linz, Klagenfurt und Lüneburg sowie an der Humboldt-Universität Berlin wahr.

Das mit dem diesjährigen Historikerpreis geehrte Werk Christina Lutters nimmt sich den Nonnenkonvent von Admont während des 12. Jahrhunderts zum Gegenstand. Frau Lutter versteht dabei ihre Untersuchung als Beitrag zur modernen Gender-Forschung, zu der sie in den zurückliegenden Jahren bereits wichtige theoeretische Überlegungen publizierte.

Vermutlich Ende der 1140er Jahre, so erzählt sie an einer Stelle ihres Buches, trat Sophia, Tochter des Königs Béla II. von Ungarn, als Nonne in das Doppelkloster Admont in der Steiermark ein. Zuvor hatte sich Sophia 1146 auf den Weg zu ihrem Bräutigam Heinrich begeben, dem Sohn des römisch-deutschen Königs Konrad III. Doch als der überraschend starb und kurz danach König Béla ihm ins Grab folgte, entschied sich Konrad III. im großen Heiratsspiel europäischer Dynastien für die byzantinische Karte. Sophia blieb als verstoßene Braut ohne Zuhause in Regensburg. Die Quellen erzählen nun höchst divergierend von ihrer Konversion, zeichnen ein geradezu ambivalentes Bild. Denn so unterschiedlich die Genera – der Bericht Herbords von Michelberg sowie wenige Briefe Sophias, so unterschiedlich ist die Perspektivierung der Handlungsoptionen: einerseits die bewusste, vorbildliche, gegen eine Gesandtschaft der ungarischen

Krone erkämpfte Entscheidung für ein Leben als „Braut Christi", andererseits Flucht ins Kloster angesichts des, wie Frau Lutter schreibt,„Schiffbruchs der irdischen Welt".

In faszinierend geordneten Analyseschnitten vermag Frau Lutter der Ambivalenz sozialer Kategorien, welche die gerade dargebotene Geschichte und zahlreiche andere, von ihr untersuchte Handlungssituationen zeigen, wissenschaftlich beizukommen und sie in einen Erzählzusammenhang zu zwingen. Sie handelt vom Admonter Kloster als Lebensgemeinschaft, von Rollenmodellen und Identifikationsmustern der Nonnen, endlich von Aspekten der kulturellen Vernetzung der Sanktimonialen. Dass Kategorien, soziale Handlungen und politische Motivationen, Geschlecht und Wissen, Emotionen und Kalkül, Verwandtschaft und Herkommen, nicht so einfach dichotomisch geordnet sind, wie es das Exempel der Sophia von Ungarn nahe zu legen scheint, sondern nur in einer kaum übersehbaren Gemengelage identifiziert und beschrieben werden können, dass die Quellen ihr literarisches, auch topisches Eigenleben jenseits der Erkenntnismöglichkeiten historischkritischer Methode entfalten und für die jeweilige „Geschichte" ernst genommen werden wollen, – das alles bietet das methodologisch anspruchsvolle, intellektuell herausfordernde, preisgekrönte Buch.

Welches Konzept liegt der Arbeit zugrunde? Frau Lutter versucht, die soziokulturelle und zugleich analytische Kategorie ‚Geschlecht', wie sie namentlich in den amerikanischen Gender Studies entwickelt wurde, sowie ‚Wissen' als wesentliche Kategorie sozialer Differenzierung auf die andersartigen sozialen Verhältnisse des 12. Jahrhunderts zu übertragen. Dazu macht sie sich, wie sie es nennt, die „mehrfache Relationalität von Kategorien" nutzbar. Das heißt für sie: Lebensbedingungen und Handlungsoptionen sind stets durch das Zusammenwirken verschiedener Kategorien bestimmt. Dabei kommt den wechselnden Beziehungen zwischen sozialen Gruppen und Kontexten, symbolischen Interpretationen und körperlichen Selbst- wie Fremderfahrungen große Bedeutung zu, und zwar gleich, ob sie bewusst oder unbewusst wahrgenommen werden.

Frau Lutter interessieren von daher „Konzepte, Vorstellungen und Bilder", die Menschen von sich hatten oder die sie ihren Beziehungen mit anderen unterlegten, sie untersucht „das semantische Ausdrucksgefüge in den Quellen" in seiner Korrespondenz zu den „Bildern im Kopf" und die Produktionszusammenhänge und die Gebrauchssituationen der überlieferten Texte und Bilder. An der Kategorie ‚Geschlecht' erläutert sie theoretisch-argumentative Differenzdiskurse und analysiert symbolisch und kulturell unterschiedlich präformierte Perzeptionen und ihre Kontexte. Bei der Kategorie ‚Wissen' geht es ihr darum, die Bedingungen auszuloten, unter denen Wissen sozial und kulturell relevant wird. Mithin wendet Frau Lutter in ihrer Schrift konsequent einen Kulturbegriff an, der kulturelle Praktiken ebenso wie kulturelle Artefakte erschließt.

Darüber hinaus bietet die Untersuchung beste Traditionen deutschsprachiger Geschichtsforschung vom Mittelalter: philologische, paläographische und kodikologische Erudition, Quellennähe und souveräner Umgang mit den überlieferten Texten. Es ist aber noch ein weiterer Punkt hervorzuheben, durch den sich Frau Lutters Arbeit auszeichnet: Sie begreift ihre theoretisch-methodologische Einleitung tatsächlich als Handlungskonzept für die Untersuchung und nicht nur wie so häufig als bloßes Postulat, dem es dann aber letztlich doch an analytischer Tatkraft mangelt. Und diese Analyse ist ebenso detailliert und zupackend, tiefgehend und luzide, ja über weite Strecken brillant wie die Exposition. Die herausragende Qualität der Untersuchung beruht dabei nicht nur auf dem Umstand einer sehr günstigen Überlieferung für das Kloster Admont im 12. Jahrhundert, sondern auch darauf, dass es Frau Lutter versteht, die Lokalüberlieferung durch konsequente Komparatistik aus ihren engen regionalen Bindungen zu lösen. Souverän überblickt sie die schier überbordende Literatur internationaler Geschichtswissenschaft zum monastischen Leben im Mittelalter und fügt der im Vergleich zu den Männerklöstern etwas vernachlässigten Forschung zu religiösen Frauengemeinschaften einen Meilenstein hinzu.

Die Arbeit von Christina Lutter besitzt Vorbildcharakter. Das gilt sowohl für das theoretisch-methodologische Konzept wie für die eindrucksvolle, nahezu in allen Teilen auf höchstem Niveau durchgehaltene Analyse. Christina Lutter hat ein wegweisendes Werk vorgelegt, das erneut die hohe wissenschaftliche und auch historiographische Qualität der deutschsprachigen Mediävistik unter Beweis stellt.

Hedwig-Hintze-Preis: Laudatio auf die Preisträgerin Dr. Carola Dietze

Peter Funke, Vorsitzender des VHD

Mit dem diesjährigen Hedwig-Hintze-Preis des Verbandes der Historiker und Historikerinnen Deutschlands wird Carola Dietze ausgezeichnet für Ihre soeben erschienene Göttinger Dissertation „Nachgeholtes Leben. Die Emigration und Remigration Helmuth Plessners“.

Nach ihrem in Lüneburg absolvierten Abitur absolvierte Frau Dietze in den Jahren 1993 – 1994 zunächst ein Studium der russischen Sprache und Literatur in St. Petersburg, bevor sie dann in den Jahren von 1993 bis 1999 an den Universitäten Göttingen, Cambridge und Groningen das Studium der Mittleren und Neueren Geschichte, Soziologie, Philosophie und Slawistik aufnahm, um dann als Doktorandin am Göttinger Max-Planck Institut für Geschichte unter der Betreuung von Hartmut Lehmann das Projekt zur Emigration und Remigration Helmuth Plessners zu bearbeiten, aus dem die heute auszuzeichnendeDissertation hervorgegangen ist, mit der sie 2005 an der Georg-August- Universität in Göttingen promoviert wurde. Seitdem ist sie als Postdoktorandin am Graduiertenkolleg „Transnationale Medienereignisse von der Frühen Neuzeit bis zur Gegenwart“ tätig.

Frau Dietze hat mit der von ihr verfassten Biographie des Philosophen und Soziologen Hellmuth Plessner ein quellengesättigtes, zugleich aber die erzählerischen Erfordernisse der Geschichtsschreibung im besten Sinne erfüllendes Werk vorgelegt, das mit seiner thematischen Fokussierung auf die Exil- und Remigrationsjahre Plessners im übrigen durchaus auch auf das Schicksal der Namensgeberin unseres Preises verweist - geht es doch um die Aufhellung eines deutschen Gelehrtenschicksals im 20. Jahrhundert unter den Bedingungen von nationalsozialistischer Verfolgung und Krieg.

Vom wissenschaftlichen Oeuvre Helmuth Plessners hat sich vor allem sein Buch „Die verspätete Nation" als wirkmächtig erwiesen, dessen erste Fassung in Deutschland bald nach ihrem Erscheinen 1935 verboten und das dann erst wieder 1959 veröffentlicht wurde. Plessner darf zu Recht als Begründer einer Philosophischen Anthropologie gelten. Gleichwohl fristeten seine Arbeiten – wohl auch weil er als ein eher sperriger Autor galt – in soziologie- und philosophiegeschichtlichen Darstellungen lange eher ein Schattendasein. Erst in jüngerer Zeit – nicht zuletzt vor dem Hintergrund des tiefgreifenden politischen Wandels der letzten beiden Jahrzehnte – stößt Hellmuth Plessners Werk wieder auf ein überaus schnell wachsendes Interesse.

Diese Neuentdeckung von Plessners Werk ist nicht zu trennen von der Erhellung einer bemerkenswerten Gelehrtenbiographie. 1892 als einziger Sohn eines aus jüdischer Familie stammenden Arztes und einer Mutter reformierten Glaubens in Wiesbaden geboren, studierte Plessner an den Universitäten Freiburg, Heidelberg, Berlin und Göttingen Zoologie und Philosophie; zu seinen Lehrern zählten Husserl, Windelband und Max Weber. Politisch der Weimarer Demokratie zugeneigt, suchte er in den 1920er Jahren die kritische Auseinandersetzung mit den utopischen Gesellschaftsentwürfen von extremer linker wie rechter Seite.

Als außerplanmäßiger Professor an der Universität zu Köln standen seine Aussichten auf eine akademische Karriere zunächst nicht schlecht, bis ihnen 1933 abrupt der Boden entzogen wurde, als Plessner durch das sogenannte Gesetz zur Wiederherstellung des Berufsbeamtentums aus rassistischen Gründen die Venia Legendi entzogen wurde. Er emigrierte daraufhin in die Niederlande und lehrte an der Universität Groningen, bis er 1943 untertauchen musste. Unmittelbar nach dem Krieg bot ihm die Kölner Universität die Rückkehr auf seine alte Position an. Plessner lehnte aber ab und übernahm stattdessen das Ordinariat für Philosophie an der Universität Groningen. Als ihn dann aber 1950 gleich zwei Rufe erreichten – einer nach Utrecht und einer nach Göttingen – , entschloss sich Plessner doch zur Rückkehr nach Deutschland übernahm – bis zu seiner Emeritierung 1962 – in Göttingen das Ordinariat für Soziologie.

Diese, nur in dürren Worten skizzierten Lebensstationen Plessners sind Ausgangs- und Kernpunkt der Untersuchungen von Carola Dietze. Sie begnügt sich aber keineswegs mit einer bloßen Rekonstruktion der Emigration und Remigration Plessners – auch wenn der Arbeitstitel dies suggeriert. Vielmehr liefert sie eine in das wissenschafts- und gesellschaftsgeschichtliche Gesamtspektrum der damaligen Zeit eingebettete Gesamtbiographie dieses bedeutenden Gelehrten, bei welcher die Zeit seit den 1930er Jahren und mithin die Exilzeit und die Rückkehr geradezu zwangsläufig den größten Teil der Darstellung einnehmen.

Dieses biographische Unterfangen war nicht einfach zu bewerkstelligen, zumal aufgrund der schwierigen Lebensumstände Plessners kein geschlossener Nachlass vorliegt. Die Akten der Göttinger Universität und ein Teilnachlass in der Bibliothek der Rijksuniveriteit Groningen boten zwar über einige Phasen des Schaffens von Plessner wichtige Aufschlüsse; aber darüber hinaus hat Frau Dietze in mehr als zwanzig weiteren in- und ausländischen Archiven vor allem die Nachlässe von Wissenschaftlern gesichtet, mit denen Plessner engere berufliche oder private Kontakte unterhielt. Ergänzt wurden diese Arbeiten durch zahllose Interviews mit ehemaligen Kollegen und Schülern sowie mit Plessners Ehefrau Monika. Dieser Quellenarbeit korrelierte eine mit immensem Fleiß und Engagement betriebene Einarbeitung in die so überaus komplexe und vielschichtige deutsche und europäische Geschichte der Wissenschaft und der Intellektuellen im 20. Jahrhundert, durch deren Darlegung Frau Dietze uns die politische Geschichte in dramatischen Zeiten aus der Perspektive Plessners erschließt und zugleich den geistigen Horizont zum besseren Verständnis der mehr als 150, von ihr intensiv ausgewerteten Veröffentlichungen Plessners aufzeigt.

Dies alles erstickt nicht in Faktenhuberei, sondern wird auf gekonnte Art verdichtet. Die Darlegungen bleiben detailreich, ohne sich im Detail zu verlieren. Die Stärken in der Synthese gehen in eins mit einem weiten Blick für die Kontexte und Zusammenhänge. Für die Exilforschung bietet die Arbeit besonders reichhaltige Erträge in zweifacher Hinsicht. Zum einen ist die Remigration von Wissenschaftlern – ein neuerer Schwerpunkt der Exilforschung und auch auf diesem Historikertag thematisiert – bisher kaum schon in ähnlicher Dichte und Intensität biographisch dargestellt worden. Zum anderen werden die Niederlande als Ort der Emigration stärker als dies bisher landläufig der Fall war, ins Zentrum der Betrachtung gerückt. (Nur am Rande sei hier angemerkt, dass Frau Dietze für ihre Arbeiten eigens die niederländische Sprache erlernt hat und nur auf diesem Wege ihre Ergebnisse zeitigen konnte. – Wo für so etwas künftighin noch Platz bleibt in „gestreamleinten" Master- und punktgenau strukturierten Promotionsstudiengängen, bleibt abzuwarten.)

Die sprachlich auf höchstem Niveau abgefasste Studie von Frau Dietze besticht auch aufgrund ihrer durchgängigen methodischen Reflektion und umsichtigen Einordnung der Befunde. So erlauben der Verfasserin ihre intensiven Recherchen, mitunter auch mehrere Versionen zur Interpretation eines Elements des Lebenswegs Plessners nebeneinander zu stellen und damit auch dem konstruktiven Charakter einer Gelehrtenbiographie gerecht zu werden. Mit großer Sensibilität wird schließlich Skepsis artikuliert, Plessners Remigration als deutsche Erfolgsgeschichte zu deuten, wird die Gebrochenheit einer Biographie durch das erzwungene Exil verdeutlicht, die den Titel – „Nachgeholtes Leben" – als nur teilweise eingelöstes Postulat erscheinen lässt.

Die Arbeit von Frau Dietze vereint in einem neuartigen Zugang Wissenschafts und Universitätsgeschichte mit der Exil- und Remigrationsforschung. Die von stupendem Wissen zeugende Studie bereichert nicht nur in vielfältiger Hinsicht unsere Kenntnisse, sondern überzeugt vor allem durch die eingenommene Perspektive, die es ermöglicht, Helmuth Plessners philosophisch-anthropologisches Denken auf der einen und die Wahrnehmung eines Wissenschaftlers im Exil mit seiner Sehnsucht nach Deutschland und der Remigration, des geistigen Wiederaufbaus in der Nachkriegszeit, auf der anderen Seite in ihren Zusammenhängen nachzuvollziehen.

Die Dissertation von Frau Dietze stellt eine beeindruckende Forschungsleistung dar, die bei aller kritisch-analytischen Nüchternheit immer auch eine spannende und gutlesbare Lektüre bietet. Indem Frau Dietze argumentatio und narratio aufs Beste miteinander verbunden hat, hat sie ein historiographisches Meisterstück vorgelegt, das die heute zu verleihende Auszeichnung verdient hat.

Abendvortrag: Wie deutsch ist die Schweiz? Von mangelhafter Zweiseitigkeit

Prof. Dr. Adolf Muschg

Meine Damen und Herren,
im Jahr 1934 publizierte die Deutsche Buch-Gemeinschaft GMBH Berlin eine kommentierte Briefsammlung unter dem Titel „Deutsch-Schweizerische Freundschaft." Das war in meinem Geburtsjahr, der hohen Zeit des sogenannten „Frontenfrühlings" in der Schweiz, und ich sehe das das stramme Züglein im Räuberzivil noch vor mir, mit dem die „Fröntler" an meinem Elternhaus vorbei, singend in eine große Zukunft marschierten: „Harus, nur immer harus in eine neue Zeit!" Zu diesem Schlachtruf der alten Eidgenossen führten sie auch deren Fähnlein mit, dessen verlängerte Kreuzbalken bei passender Gelegenheit zu Haken geknickt werden konnten. Damals wusste der Volksmund noch Schillers „Tell" zu zitieren: „Die braune Liesel kenn ich am Geläut." Auch wenn die Mahnungen an die Bürger diesseits und jenseits des Rheins sich bald zum Verwechseln gleichen sollten – „Achtung, Feind hört mit!" oder „Wer nicht schweigen kann, schadet der Heimat", galten sie für die große Mehrheit der Schweizer als notwendig verschleierte Ausdrucksformen des Widerstands. Nicht nur die *offizielle* Schweiz war findig darin, die allgemeine Verdunkelung als Gebot der Landesverteidigung und nicht etwa als Vollzug deutschen Willens zu deklarieren. Zwar wurde die „Nationale Front" nach Stalingrad verboten – und im gleichen Atemzug die kommunistische Partei der Schweiz unter neuem Namen wieder zugelassen; zwar war im Haus meines Vaters, der mich auf zwei Retter des wahren Glaubens getauft hatte – auf sich selbst, und Gustav Adolf von Schweden – die Ablehnung Hitlers eher instinktiv als politisch. Dennoch fürchtete man die Deutschen eher, als dass man sie gehasst hätte. Die Witze über ihre Führung behielten etwas Biederes, und leider rechnete man ihnen auch die Verfolgung der Juden, deren Umfang man nicht begreifen wollte, nicht sonderlich an. Meine selbstangelegten Malbücher zeichnen den Krieg als großes Theater, in dem uns Schweizern glücklicherweise, aber auch dank des Verdienstes unserer Armee, nur die Zuschauerrolle zugefallen war. Es war eine Art Stellvertreter-Militarismus, der meine Kindheit namentlich an der Bundesfeier, dem 1. August begeisterte: „Stehn wir den Felsen gleich, nie vor Gefahren bleich, froh noch im Todesstreich, Schmerz uns ein Spott".

„Deutschland" stellte sich im Klassenverband meiner Primarschulzeit in zwei Typen leibhaftig dar. Ernst, Auslandschweizer aus Hamburg, sprach lange nur hochdeutsch, aber er war ein Alphatier, der Hans Hansen aller, die an ihrer Tonio-Kröger-Disposition litten, und er wollte Kapitän werden, wie sein Vater einer gewesen war – das gab es wirklich: eine Schweizer Hochseeflotte! Der Zweite war Manfred, strohblond und schafsgesichtig, unsportlich, ein Deutscher, der die Mundart lispelnd sprach und schon darum herzlich unbeliebt war. Jeden Samstag ging er zur Zürcher Hitlerjugend, und sein Vater hatte über dem Flügel ein überlebensgroßes Führerbild aufgemacht und würde demnächst, sagte Manfred, unser Gauleiter sein: es empfahl sich also, seinen Sohn nicht zu necken. 1945 wurde Manfreds Familie des Landes verwiesen.

Zurück zur Anthologie Deutsch-Schweizerischer Freundschaft: ihr Herausgeber war Eduard Korrodi, hoch angesehener Feuilleton-Redaktor – oder Redakt*eur* – der Neuen Zürcher Zeitung, und zu seiner Ehre sei gesagt: er hat sich dem Trend von 1934 nur in Grenzen gebeugt. Die „deutsch-schweizerische Freundschaft" endete im 19. Jahrhundert mit Briefen Jacob Burckhardts und mahnte nur in vergangener Sprache eine „schicksalsmäßige Verbindung" an, etwa in Gestalt Gottfried Kellers, der einen „stillen Ort am Rhein" gesucht habe, „wo ungestört ich Deutscher darf und Schweizer sein." Das Zitat hätte korrekt lauten müssen: „wo ungestört und unerkannt / Ich Schweizer darf und Deutscher sein", unterschlägt allerdings das Misslingen des politischen Idylls in der letzten Strophe: „Da raschelt`s drüben, und der Scherg / Zweifärbig, reckt das Ohr herein - / Ich fliehe rasch hinan den Berg, / Ade, du stiller Ort am Rhein!" Es ist derselbe Korrodi, der, in einem Artikel nach der „Machtergreifung", mit der Feststellung aufgefallen war, dass ja doch nur die Schriftsteller, nicht aber die Dichter das Dritte Reich verlassen hätten – und damit Thomas Mann zu jener exemplarischen Richtigstellung herausforderte, mit der sein Schicksal als Emigrant besiegelt war.

Lassen Sie mich diesen historischen Momentaufnahmen noch ein aktuelles Streiflicht beifügen. In der Sparte „Aufgefallen" auf der zweiten Seite der NZZ vom 8. September 2006 kommentiert ihr Berliner Korrespondent Eric Gujer die Tatsache, dass die Schweiz heute zum beliebtesten Auswanderungsland hochqualifizierter Deutscher geworden ist, wie folgt: „Der Durchschnittsdeutsche weiß wenig über die Schweiz, und umso mehr liebt er sie. Durch seinen Kopf spuken nicht nur Ferienklischees, die weißen Berge, die Nummernkonten und „Pralinen". Insgeheim hält er die Schweiz für das bessere Deutschland, ordentlicher, sauberer, pünktlicher. Sieht man von der kaum überwindbaren (dialektalen) Sprachbarriere ab, liegt es daher nahe, dass sich Deutsche für die Schweiz als neue Heimat entscheiden."

Übrigens: „Pralinen" setzt der Text zwischen Gänsefüßchen, zu denen einem nicht bereits eingeschweizerten deutschen Leser der Schlüssel fehlen muss. Woher soll ein anderer wissen, daß „Praline" zu den Wörtern gehört, die im deutschschweizerischen Ohr eine ähnliche Allergie auslösen wie ehemals in westdeutschen Ohren die DDR-typische „Sättigungsbeilage" oder der „Broiler"? Es gibt nicht wenige unschuldige deutsche Wörter, die das schweizerische Sprachempfinden augenblicklich jucken machen, wie: *Feinkost*, *lecker*, *deftig*, *urig* – oft führen sie eine Assoziation mit der *bürgerlich* genannten deutschen Küche mit und bezeichnen etwas, was man in der Schweiz nicht riechen kann; daran ändern auch die Sprach-Räusche nichts, die man auf der gehobenen deutschen Speisekarte – oder: Speise*n*karte – findet. Der Hochmut des Kleinen, doch Feinen verlangt an dieser Stelle, das per se edlere Fremdwort: *Praliné* statt Praline, oder *Delikatesse* statt Feinkost. Ein Schweizer stutzt noch immer, wenn er auf einer deutschen Tür statt „stoßen" „drücken" liest – diese Tätigkeit verbindet er mit einem ganz anderen Ort; da *fremdet* – pardon: *fremdelt* er fast so tief, wie wenn er an einem holländischen Klingelknopf lesen muß: *bellen.* Aus solchen Duftmarken, die das eigene Revier anzeigen oder eben ein fremdes, schließt man auch auf verschiedene Nasen.

Schweizer *sprechen* kaum noch hochdeutsch – davon später mehr. Doch bleiben sie Leute, denen es die Deutschen nicht leicht recht machen können. Dieser Befund reicht über das Sprachliche hinaus, und seine Wahrnehmung ist quasi naturgemäß einseitig. Denn die Deutschen finden Schweizerdeutsch *niedlich* – um ein weiteres Reizwort einzuflechten. Ihnen, und nur ihnen, wird es denn auch schlecht gelohnt, wenn sie dieses sogenannte Schweizerdeutsch zu sprechen versuchen; das ist ungerecht, denn fast jedem andern Fremdsprachigen wird es zugute gehalten, bei Frankophonen gar hinreißend gefunden. Deutsche aber brauchen nur einmal „Fränkli" oder „Schwyz" zu sagen, und der Ofen ist aus. Sollen sie doch ihr gutes, ihr besseres, ihr geläufiges Hochdeutsch sprechen – das genügt schon vollständig zur Antipathie.

Wie deutsch ist die Schweiz? *National* ist das weite Feld, auf dem wir uns mit dieser Frage begeben, nicht passend zu definieren. Die Nation war für antike Schriftsteller etwa gleichbedeutend mit Völkerschaft, Ethnie, und, wenn ich mich nicht täusche, immer mit dem Beiklang des Externen. Der Populus Romanus war keine Nation, sondern dazu berufen, „Nationen" zu regieren, durch eine Form der Herrschaft, die in Gesetz und Ordnung begründet war, nicht in Natur und Geburt. Paulus war ein römischer Bürger, Hadrian ein römischer Kaiser, ohne daß beide dafür eines Stammbaums in Latium bedurften. Auch in den folgenden Jahrhunderten berührte sich das sogenannte Nationale nur lose mit dem Politischen. Gruppen, die aufgrund gemeinsamer Herkunft ihrer Teilnehmer zusammen fanden, militärische, studentische, soziale, dehnten die „nationale" Zusammengehörigkeit nicht auf weitere Lebensbereiche aus und setzten sich von staatlichen Obrigkeiten mehr oder minder deutlich ab. Erst über die Clubs des vorrevolutionären Frankreichs beginnt sich die „Nation" staatsförmig zu definieren, aber ihr Protagonist, der Patriot, versteht ihre Verpflichtung grenzüberschreitend. Er pocht nicht auf den Sonderstatus der Nationalität, sondern betrachtet sie als Träger einer befreienden Botschaft an die ganze Menschheit, bei der gerade die Geburt keine Rolle spielen soll. Erst im napoleonischen Kaiserreich fällt dieser universalistische Anspruch mit dem Glorienschein der „Grande Nation" zusammen, und dieser Anspruch macht den Widerstand gegen französische Herrschaft ebenfalls zu einer Sache *nationaler* Ehre.

Damit sind wir endgültig beim Sprachgebrauch des 19. Jahrhunderts angekommen, in dem etwa die Anhänger von „Deutschland, einig Vaterland" sich nicht damit begnügen, ihre Bürger zur Loyalität gegenüber ihrer Nation – sie sei real oder nur behauptet – sondern auch auf bestimmte mit ihr allein verbundene Tugenden zu verpflichten, wovon die „Reinheit" die zum Missbrauch am besten geeignete ist, denn sie bereitete den Boden für die ethnischen Säuberungen des 20. Jahrhunderts. *Right or wrong – my country* – unter diesem Vorzeichen nahm die Humanität – zunächst als Selbstbestimmung der Völker noch ansehnlich – den Weg „über die Nationalität zur Bestialität. Diesen Weg hatte ihr Grillparzer prophezeit, der lieber Untertan eines multinationalen, doch liberalen Universums war als Bürger eines tyrannischen Nationalstaats. Damit schrieb er die im klassischen Weimar proklamierte Maxime fort, welche die Hoffnung der Deutschen, „zur Nation sich zu bilden", als eitel erklärte – „bildet dafür, ihr könnt`s / freier zu Menschen euch aus." Damit konnten sie erst nach der nationalen Katastrophe wieder beginnen, und auch nur, weil diese 1945 – anders als 1918 – für alle Beteiligten als *europäische* Katastrophe, zugleich das Ende des souveränen Nationalstaats bedeutete, faktisch überall, in Westeuropa auch moralisch.

Aber auch wenn der Reflex, die nachbarliche Differenz zum Bild, zum Stereotyp auf Gegenseitigkeit zu befestigen, nicht mehr *bewaffnet* ist: als anthropologische Konstante scheint er durch keinen historischen Wandel ganz zu entkräften. Er überlebt bis heute auch den kleinen Grenzverkehr und stellt sich auch zwischen Konstanz und Kreuzlingen oder Rheinfelden (Baden) und Rheinfelden (Schweiz) immer noch unter nationalem Vorzeichen dar – obwohl oder eben weil die beteiligten Staatswesen besonders weit davon entfernt sind, die Kriterien der Einen und Unteilbaren Nation zu erfüllen. Um so mehr bedürfen sie des Kontrastlieferanten zur Stütze der jeweils eigenen Identität – der kleinere Partner noch mehr als der größere.

Mein Thema handelt also unvermeidlich, zum Glück nicht ganz unverbesserlich, von Prozessen der Projektion und Gegenprojektion. Und ob sie blutig ernst genommen werden müssen oder als Spielobjekte des Spottes oder gar der Selbstironie herhalten dürfen, entscheidet über die Kultur nicht nur an der Grenze, sondern auch im Innenleben der beteiligten Völker.

Daß sogar das Selbstbild den Humor auf eigene Kosten *lernen* kann – wenn es auch nicht, wie der jüdische Witz, damit *anfängt* – hat vor einigen Jahren die Filmkomödie „Beresina" des kürzlich zu früh verstorbenen Daniel Schmid beweisen. Unter dem Titel einer heroisch-tragischen Episode der Schweizer Geschichte nimmt der Film alles auf den Arm, was der Grenzbesetzer-Generation heilig und der sogenannten geistigen Landesverteidigung noch im Kalten Krieg teuer gewesen war. Am Ende des 20. Jahrhunderts war es gerade das „Unschweizerische", die Leichtigkeit im Umgang mit allen heiligen Kühen des Patriotismus, was den Zuschauern den Genuss verschaffte, in der Spaßgesellschaft der Moderne angekommen zu sein. An diesem ungiftig gewordenen Exempel bewies das Schweizer Publikum seine Schockresistenz in eigener Sache, die gleichzeitig schwer geprüft worden war: durch schmerzhafte, im Rampenlicht der Weltöffentlichkeit ausgetragene Prozesse um die Beteiligung der Schweiz am Zweiten Weltkrieg – Stichwort Raubgold und Asylpolitik –, aber auch im Debakel der Swissair, die zugleich ein Gütezeichen erfolgreicher Weltverbundenheit und ein Flaggschiff der eigenen Identität gewesen war. Nachdem ein selbsternannter Rächer mit seiner Maschinenpistole im freundlichen Ratsaal von Zug schreckliche Ernte gehalten hatte, zerstob auch der Schweizerische Sonderfall in alle Winde, an den man viele begünstigte Jahrzehnte, ein für die Schweiz, und für sie fast allein, glückliches 20. Jahrhundert lang, so gründlich gewöhnt gewesen war.

Das Traumatische der von allen Seiten hereinbrechenden Richtigstellung, das Schwinden des eigenen Gewichts und der für den Kleinstaat maßgebend gewesenen Orientierungsmarken macht sich auch im Trotz bemerkbar, dem der Prozess europäischer Einigung in der Schweiz begegnet und in dem man fürchtet, seine Errungenschaften – reale und eingebildete – preisgeben zu müssen. Das ist hier und heute nicht mein Thema; aber es ist als Hintergrund seiner Behandlung nicht zu entbehren: denn gerade auf das deutsch-schweizerische Verhältnis hat es erhebliche Rückwirkungen. Zum Beispiel diese, dass sich – wie Peter Bichsel schon vor Jahren vermutet hat – alles, was „Europa" für Deutschschweizer bedeutet, zuerst in Deutschland verkörpert. Da ist es immerhin bemerkenswert, dass sich das Verhältnis zum großen, jetzt noch größer gewordenen Nachbarn doch merklich entspannt hat. Auch für Senioren ist die Bundesrepublik zum Reise- und Urlaubsziel geworden, was in meiner Jugend unvorstellbar gewesen wäre. 1947 ließ unser Geographielehrer noch darüber abstimmen, ob wir England *oder* Deutschland im Unterricht „durchnehmen" sollten – das Resultat war absehbar und fand seinen ausdrücklichen Beifall. Bis heute ist mir, trotz aller Lesereisen, die bundesdeutsche Topographie weniger geläufig als die amerikanische. Wie wenig Deutschland, längst der wichtigste Exportmarkt des Kleinstaats, als pflegebedürftige Nachbarschaft existierte, zeigte der Schock darüber, als es Baden-Württemberg plötzlich in der Hand hatte, über schweizerische Luftwege nicht nur mitzureden, sondern ihnen geradezu neue Routen vorzuschreiben.

Immerhin: dass man die Deutschen dafür nicht sonderlich lieben kann, unterscheidet sie nicht mehr kategorisch von andern Partnern auf diesem jedenfalls ökonomisch globalisierten Planeten. Die Ernüchterung ist zum Dauerzustand geworden, die Kellers Martin Salander schon in den achtziger Jahren des vorvergangenen Jahrhunderts in die Formel gefasst hat: „C`est chez nous comme partout". In Kellers 19. Jahrhundert war das deutsch-schweizerische „Gegenüber" – so der Titel des zitierten Rhein-Gedichts – jedenfalls zwischen beiderseitigen Demokraten von der herzlichsten Affinität bestimmt, und ihre Nationalität spielte kaum eine Rolle. „Im Hochland fiel der erste Schuß!" jubelte Freiligrath bei Ausbruch des Schweizer Sonderbundskriegs 1847 – und den Sieg des Freisinn und seiner Bundestruppen feierten die Demokraten vieler Länder wie einen eigenen, als ersten Schritt zur Befreiung Europas von Untertänigkeit und Heiliger Allianz. Es sollte 1848 anders kommen – um so mehr wurde das einzige Land, in dem die bürgerliche Revolution Staat gemacht hatte, zur Heimat europäischer Flüchtlinge, die sich, oft bald auch als Bürger, am Aufbau dieses Staates, seinem Bildungs-, Militär- und sogar Rechtswesen beteiligten. Zu dem, was man die kulturelle Identität der vielsprachigen Schweiz nennen konnte, hat – außer Schiller – seit den Tagen der Helvetischen Republik niemand wirkungsvoller beigetragen als der zugewanderte Sachse Heinrich Zschokke, der in Regierungsfunktionen, aber noch mehr als Medien-Unternehmer so etwas wie eine kulturelle Identität der Schweiz erst etabliert hat. In gewissem Sinn blieb die glorreich „verspätete Nation" (Pleßner) sogar dann noch vorbildlich, als sie sich nach Bismarcks deutsch-französischem Krieg zum Zweiten Kaiserreich erhob. In den Neunzigerjahren schafften sich die Eidgenossen eine Nationalhymne an, ein verbindliches Schweizerkreuz (dem Gotthelf noch opponiert hatte), eine Bundesfeier und ein Bundeshaus – eigentlich passt das wilhelminische Pathos dieser Symbole zu einer bundesstaatlichen Kultur wie die Faust aufs Auge. Damals schienen auch die Mundarten auf einem so unwiderruflichen Rückzug, dass sich ein Wörterbuch namens „Schweizerisches Idiotikon" ausdrücklich der Spurensicherung einer sterbenden Sprache verschrieb.

Inzwischen ist die Erinnerung überfällig, dass bisher allein vom Verhältnis der *deutschen* Schweiz zu Deutschland die Rede war – damit habe ich mich jener Verengung des Blicks schuldig gemacht, die Schweizer gerade den Deutschen gerne ankreiden. Natürlich ist das Verhältnis der französischen oder italienischen Schweiz zu den sich nationalisierenden großen Nachbarn nicht weniger komplex als dasjenige der Deutschschweizer. Doch im Ersten Weltkrieg nahmen die romanischen Kulturen eindeutig Partei für *ihre* Zivilisation, und die Schweiz hätte sich spalten können, wenn nicht – so will es die patriotische Legende – ein Schriftsteller in den Riss gesprungen wäre wie einst der Heilige Bruder Klaus. Carl Spitteler mahnte in seiner Rede „Unser Schweizer Standpunkt" vor der Neuen Helvetischen Gesellschaft den Vorrang eidgenössischen Gemeinsinns vor kulturchauvinistischen Sympathien an, was ihn damals seinen reichsdeutschen Markt gekostet, aber gewiss dazu beigetragen hat, dass er 1918 als bisher einziger Schweizer (wenn man von Hesse absieht) den Literatur-Nobelpreis erhielt.

Dabei gehörte gerade Spitteler zu den Schweizer Schriftstellern, die zeitlebens nur hochdeutsch sprachen – und auch damit das Programm fortsetzten, das ein halbes Jahrhundert zuvor Kellers grüner Heinrich seinen Landsleuten als Pflicht zur Doppelbürgerschaft verschrieben hatte. In der Erstfassung des Romans begegnet er, kaum ist er über den Rhein ins gelobte Land der Dichter und Denker gelangt, einem Gesprächspartner, der zugleich ein demokratisch gesinnter Aristokrat und ein liberaler Patriot ist. Er beglückwünscht den jungen Schweizer zu seinem neuen Bundesstaat, dem jetzt nichts mehr fehle als eine eigene Nationalliteratur. Nichts weniger! verwahrt sich Heinrich; Schweizer Dichter dürften nur *eine* nationale Pflicht kennen: sich in der größeren Kultur, sie sei deutsch, französisch oder italienisch, zu bewähren und das Beste davon gewissermaßen unter das Dach des Bundes heimzuführen, zur höheren Ehre eines Landes, das sich in nichts so einig sein dürfe wie in der Anerkennung seiner Verschiedenheit. Bei dieser Lesart ist Keller, der sich selbstverständlich einen „deutschen" Dichter nannte, geblieben und hat eine *Schweizer* Literatur zeitlebens als Missverständnis betrachtet.

Auch wenn sich der Rahmen verändert hat: dieses Verständnis der Nicht-Identität von Kultur und Staat ist in der Schweiz immer noch so weit in Kraft, dass sie vor der Desintegration anderer ethnisch heterogener Bundesstaaten bewahrt blieb. Der Minderheitenschutz, in Form einer *Über*repräsentation der lateinischsprachigen Landesteile, gehört bis heute zum politischen ABC der Eidgenossenschaft, wobei auch die Nicht-Identität kultureller und konfessioneller Grenzen eine segensreiche Rolle spielt. Natürlich war es zu Kellers Zeiten auch noch in aller Bewusstsein, dass ein *deutscher* Klassiker den Schweizern im „Tell" das wahrhaft identitätsstiftende, auch politisch befreiende Nationaldrama geschenkt hatte. Umgekehrt waren, wie Gotthelfs Beispiel zeigt, Bücher prononciert schweizerischer Herkunft, mithilfe erklärender Fußnoten als „Volksbücher" qualifiziert, keine Fremdkörper in Berliner Verlagen. In diesem Zusammenhang eine Geschichte, die jedenfalls gut erfunden ist. Als dem 1932 verstorbenen Phonetiker Eduard Sievers, der sich anheischig machte, mit seiner „Schallanalyse" die Authentizität literarischer Texte nachzuweisen, eine Stelle aus Kellers „Tanzlegendchen" vorgelesen wurde, erkannte er sie sogleich als falsch. Keller könne unmöglich „Musikbübchen" geschrieben haben. Leider stand es genau so im Original. „Da gheißt`s doch Músikbüebli!" sagte ein anwesender Philologe in Mundart zum andern, worauf Sievers das Wort zu wiederholen bat. „Musíkbübchen!" und Sievers: Nein, nein! Sie haben es eben ganz anders ausgesprochen. „Músikbüebli!" wiederholte der andere, und Sievers strahlte;. „Natürlich: *das* hat Keller geschrieben!" Übrigens dürfte der junge Malerstudent Keller in seiner Münchner Schweizerkolonie häufiger Zürcher Dialekt gesprochen haben als in Zürich selbst, wo sein Umgang vor 1848 und wiederum nach der Rückkehr aus Berlin überwiegend aus deutschen Flüchtlingen bestand. Man darf wohl sagen, dass der Dialekt, heute eine trennscharfe Kulturdifferenz, damals zwischen Deutschen und Deutschschweizern „kein Thema", allenfalls ein Reservoir von Witzen gewesen ist, wie demjenigen, der Schweizer Professoren an deutschen Universitäten bis heute verfolgt: wenn sie die Vorlesung in ihrem besten Hochdeutsch gehalten hatte, kommt unvermeidlich der deutsche Kollege, der sich selbst dazu gratuliert, wie gut er der Schweizer Mundart habe folgen können.

Immer wieder landen wir bei der Sprache – doch galoppieren wir noch in nötiger Kürze die Entwicklung deutschschweizerisch-deutschen Verhältnisses zu Ende ab. Nachdem es in der Belle Epoque beiderseits unkritisch zu sein schien, wurde es nach 1918 ein Kriegsopfer der besonderen Art. Die Deutschschweizer verziehen gewissermaßen den Deutschen nicht, dass sie den Krieg verlieren konnten, und noch weniger die Rätedemokratie, den Verfall von Disziplin, Autorität und der deutschen Reichsmark Wenn meine Familienerinnerung nicht trügt, so ist die Entzauberung der deutschen Vorbilds, trotz einiger Faszination durch das neue Sündenbabel Berlin, in den frühen Zwanziger Jahren eingetreten und nicht erst 1933, als mit Hitler wieder die nötige Ordnung ins deutsche Haus einzukehren schien. Der eiserne Besen, mit dem sie hergestellt wurde, störte nicht allzu sehr, so lange er auch die Arbeitslosenheere von der Straße fegte – in welche Art Wirtschaft er sie trieb, konnte einem, wenn man wollte, bis zum Anschluss Österreichs, spätestens der Okkupation der Tschechoslowakei, verborgen bleiben. Danach freilich überwog der Schrecken, die nackte Sorge um die eigene Existenz jede abstrakte Sympathie so gründlich, dass Hitler mit jedem Kriegsjahr mehr zum bisher wirkungsvollsten Einiger der Schweiz wurde.

Mit der auch moralisch totalen Niederlage des Dritten Reiches war für die Schweiz neuerdings eine Art Kriegsgewinn verbunden, dessen Zweischneidigkeit damals fast niemandem auffiel und dessen Folgen das schweizerisch-deutsche Verhältnis, und darüber hinaus: das Verhältnis der Schweiz zu Europa bis heute prägen. Die verschonte Schweiz beanspruchte die Gnade, 1945 keine Zerstörung erfahren – und auch keine bewirkt – zu haben, als politisches und lange auch: als militärisches Verdienst für sich, das sie in die folgenden Jahrzehnte unbesehen mitnahm. Und dieses Selbstverständnis der berechtigten Ausnahme gewann für die folgenden Generationen etwas Reguläres, mit dem man von den Deutschen – je tiefer die Untaten der NS-Zeit ins Bewusstsein drangen – vorteilhaft abstach. Für die Generation meiner Eltern blieb darum die Grenzbesetzung der Kriegsjahre psychologisch erhalten. In gewissem Sinn waren die sprachlich nahestehenden Deutschen eben darum das exemplarische Ausland, blieben es auch als Wirtschaftswundertäter und erst recht als treibende Kraft des europäischen

Prozesses. Der von den Sowjets beherrschte östliche Teilstaat zählte für die Wahrnehmung kaum mit – als das eigentlich Deutsche an ihm registrierte man allenfalls, dass er auch in seinem System die Rolle des Musterknaben übernahm.

Dass man Deutschland nicht mehr fürchten musste, war noch kein Grund, es wie einst zu bewundern; da lag denn doch näher, und war psychologisch dankbarer, sie zu belehren. Jahrzehntelang spielte etwas die Neue Zürcher Zeitung, in dieser Rolle von Adenauer ermutigt, die Rolle eines *Praeceptor Germaniae.* Überhaupt erfreute sich die „schöne Schweiz" einer einseitigen Begünstigung vieler Deutscher, die sie als verschonte Demokratie, als intakte Kultur priesen; für deutsche Pflegekinder nach 1945 war sie das Schlaraffenland, in dem Milch und Honig flossen. Dazu gratulieren wohlwollende Deutsche der Schweiz bis heute, und Schweizer der älteren Generation haben diesen Tribut gerne eingezogen, ohne dass er ihre Distanz zum freundlichen Spender vermindert hätte. Es herrschte von Hüben zu Drüben ein die tatsächlichen Kraftverhältnisse mutwillig umkehrendes Gefälle der Selbstgerechtigkeit, die – beispielsweise – die Betreiber des Zürcher Flughafens nie auf den Gedanken brachte, es empfehle sich vielleicht, auch die betroffene badische Nachbarschaft ein wenig zu pflegen. Es war ein langer Weg, bis sich die Herablassung des Kleinen gegen den Großen zu einiger Verhältnismäßigkeit bequemte, und bis zur inneren Überzeugung ist der Weg immer noch weit. Ich rede natürlich von der politischen Einigung Europas, einem Prozess, in dem Deutschland eine tragende Rolle gespielt hat, über deren psychologische Gründe wir hier nicht reden müssen – genug, dass die Schweizer sich lange davon dispensiert fühlten, vom nördlichen Nachbarn auch die unzweifelhaft guten Gründe für sich zu übernehmen.

„Vom Nutzen und Nachteil der Geschichte für das Leben" – von ihrem Nachteil, jedenfalls wenn man sie vergisst, verdrängt oder frisiert, hat auch die Schweiz im Zusammenhang mit dem Zweiten Weltkrieg inzwischen so viel Saures zu schmecken bekommen, dass man ihr als Patriot auch etwas von ihrem Nutzen gönnen möchte. Und der ist natürlich nicht in ihrem legendären Überbau zu finden, etwa bei Wilhelm Tell, auch wenn das Gemeinwesen dem Apfelschützen viel verdankt – wo nicht im 13. Jahrhundert, so gewiss im 19. – und eben davon pflegt es nicht viel zu wissen. Und hier muss ich vor Historikern doch einmal das leidige Wort „Geschichtsvergessenheit" brauchen. Denn wenn heute die medial vermittelte deutsche Geschichte mit Hitler beginnt und im Holocaust gipfelt, zum Glück nicht mit ihm geendet hat, sondern mit einem dritten Platz an der FIFA-Weltmeisterschaft: auch in der Schweiz ist die eigene Geschichte weitgehend abgemeldet. Dabei ist die „älteste Demokratie der Welt", wenn man ihr Gründungsdatum 1848 ansetzt, jünger als Belgien, und rechnet man die entscheidende Phase der Staatsbildung dazu, einiges jünger als die Vereinigten Staaten und als die folgenden bürgerlichen Revolutionen. Die französische hat mit den Invasionsheeren 1798 die alte Eidgenossenschaft begraben und an ihrer Stelle einen Zentralstaat ohne Untertanenverhältnisse – freilich in Abgängigkeit von Frankreich – aus der Erde gestampft, der zwar keinen Bestand hatte, aber der folgenden Entwicklung entscheidende und nie mehr ganz zurückbuchstabierte Elemente der Menschenrechte und der bürgerlichen Gleichstellung hinterließ. Es war Bonaparte als Erster Konsul, der 1803 eine gemäßigte föderalistische Struktur wiederherstellte, da jede andere zu den Einrichtungen und Gewohnheiten seiner Helvetischen Republik nicht passen wollte. Dazwischen hatte es übrigens auch eine reale Möglichkeit gegeben, das südliche Württemberg und Baden mit der Schweiz zu vereinigen; diese Option fiel erst dahin, als der *Kaiser* Napoleon es für opportuner hielt, die dynastische Karte zu spielen und für seinen Rheinbund wieder auf die Fürsten, nicht mehr auf das Volk setzte. Nach seinem Sturz setzte der Wiener Kongress die alte Gestalt der Schweiz nur in der Form, nicht in der Substanz wieder her; die neuen Kantone, einschließlich ihrer französischen Bezeichnung, blieben bestehen, und das Regiment der älteren wurde durch Konstitutionen eingeschränkt, mit deren ständiger Revision die Bürger in den folgenden Jahrzehnte intensiv beschäftigt waren. Die „immerwährende" und bewaffnete Neutralität der Schweiz war das – auf eine pragmatische Tradition abgestützte – Produkt kontinentaler Ordnungspolitik, wie die heilig genannte Allianz sie verstand. Erst nach 1815 waren es die Schweizer selbst, die – im Laboratorium eines vielfarbigen Föderalismus und in jedem Kanton um die Macht streitenden Parteien – am Ende jene Gestalt erreichten, mit der auf die Dauer alle leben konnten, auch diejenigen, die dazu in einem Bürgerkrieg gezwungen werden mussten. Die neue Bundesverfassung, welche die katholisch-konservativen Glieder immer noch abgelehnt hatten, bot auch ihnen Hand zur Integration und stellte zugleich das Instrumentarium zur Revision bereit – wie 1874 die „total" genannte zur Einführung weit reichender Volksrechte, mit der aus einer repräsentativen Demokratie erst eine direkte wurde. In diesen heißen Jahrzehnten spielte Schillers Tell die Rolle eines Friedensstifters ersten Ranges, denn in seinem Schutz ließen sich Tyrannenfresser und Familienschützer, Wirtschaftsliberale, Sozialisten und Eigenbrödler unter einen Hut bringen. Zugleich führte er die geschlagene Urschweiz ehrenvoll ins Zentrum des nationalen Selbstverständnisses zurück – sie hat dem deutschen Dichter „dankbar" den Naturobelisken im Urner See gewidmet.

Das National-Drama, das aus der Schweiz beinahe eine Nation machte, eröffnet zugleich eine wunderbare, für das schweizerische Selbstverständnis leider kaum noch genutzte Fernsicht in ihre Vorgeschichte. Schillers mittelalterliche Urschweiz fordert ihre Reichsunmittelbarkeit ein; sie ist reichstreu aus starken Gründen, denn das Interesse des Kaisers am freien Zugang zum neu eröffneten Gotthardpass trifft mit dem Unabhängigkeitsbedürfnis seiner Bewacher zusammen. Historikern brauche ich nicht zu sagen, was ich in meiner Schule kaum gehört habe: dass man sich „Freiheit" im Mittelalter als herrschaftliches Privileg übersetzen muss, und dass es an Korporationen, nicht an Individuen verliehen wird, deren Untertanenverhältnisse nicht berührt werden. Schillers Rütlischwur ist korrekterweise ein hoch konservativer Akt. Zugleich durfte ihn das Publikum in Weimar oder am Berliner Gendarmenmarkt als Einladung zu ganz andern Freiheiten verstehen. Die kunstgerechte Vieldeutigkeit des Dramas hielt seine politische Botschaft in der Schwebe, während es zugleich die für jede Lesart nötige Überzeugungskraft verstärkte. Es war gewissermaßen über die herrschende Zensur erhaben, während es sie unübertrefflich zu denunzieren verstand. Aber selbst *die* Deutung bleibt offen, die Dürrenmatt maliziös angesprochen hat: dass nicht die Eidgenossen, sondern die bösen Vögte das historisch fortschrittliche Prinzip repräsentierten. In witziger Umkehrung hat er dafür in seinem Wiedertäuferstück Kaiser Karl V – demselben, über dessen Reich die Sonne nicht unterging – den Satz in den Mund gelegt: „ich bin Aargauer". Es sind immer noch die Dichter, welche die bleibenden Witze stiften, weil sich ihre Wahrheit von keiner Umkehrung der Verhältnisse erschüttern lässt. Wie nennt Dürrenmatts Kaiser Romulus die erste Mahlzeit des Tages? Gut schweizerisch: „Morgenessen" – und als ihm sein Butler hartnäckig korrekt ein „Frühstück" servieren will, erhält er die majestätische Antwort: „Was klassisches Latein ist, bestimme ich."

Wieder im Ernst, und darum nicht einmal weniger witzig: wenn es ein europäisches Land gibt, in dem, unter dem Deckmantel einer kleinen Bundesrepublik – ein Begriff, den wir übrigens dem in Deutschland geadelten Schaffhauser Johannes von Müller verdanken, dem Verfasser von „Geschichten (im Plural!) der schweizerischen Eidgenossenschaft", nebenbei einer Hauptquelle von Schillers „Tell" – wenn es also *ein* europäisches Land gibt, in dem der Duodezcharakter des alten Kaiserreichs auch ohne Fürsten, oder eben darum, wundersam konserviert wurde, dann ist es die Schweiz. Keines repräsentiert in ähnlicher Vielfalt den Flickenteppich des vormodernen Europa, und keines hat ihn, wie sie, im 19. Jahrhundert so exemplarisch zusammengenäht. Es hat seine schon fast tragisch zu nennende Pointe, dass es trotzdem, oder eben darum, an der politischen Einigung eines modernen Europa nicht teilnehmen will, nachdem es ihm den analogen Prozess, wenn auch gewissermaßen im Sandkasten, der im 19. Jahrhundert durchaus keine ganz kleine Welt war, vorexerziert hat. Sie hätte mit ihrer bundeskulturellen Kompetenz, zum Werden eines bundesstaatlich organisierten Europa, einer kontinentalen Eidgenossenschaft, einiges zu melden. Und um auf unser Thema zurückzukommen: sie könnte dabei keinen freundlicheren Türöffner finden als die Bundesrepublik Deutschland – sofern die Schweiz auf ihrem bilateralen Verhandlungsweg mit der EU nicht den günstigsten Augenblick dazu pfiffig verpasst.

Nochmals zur Vorgeschichte: wenn im Rahmen des alten Reichs zwischen Deutschen und Eidgenossen von einem „nationalen" Gegensatz die Rede sein konnte, dann nur im vornationalistischen Sprachgebrauch, etwa wenn Sauschwaben und Kuhschweizer einander freundnachbarlich merkwürdige Tierlieben unterstellten. Im übrigen wäre nach dem verkürzten Verständnis des 19. Jahrhunderts noch die Eidgenossenschaft des 18. ein rein „deutsches" Gebilde gewesen, eingeschlossen das heutige Fribourg – rein deutschsprachig war sie darum gerade nicht, denn im Westen zumal kultivierte die gehobene Gesellschaft das Französische und verwendete es ungefähr bei denselben Gelegenheiten, bei denen sich Deutschschweizer bis ins 20. Jahrhundert des Hochdeutschen zu befleissigen pflegten: schriftlich, amtlich, und zu jedem Zweck besserer Selbstdarstellung. Aber zum deutschen Stamm zählten die Schweizer sich noch lange selbst, nachdem sie im Schwabenkrieg faktisch, im Westfälischen Frieden auch mehr oder weniger formell aus dem Reichsverband ausgeschieden waren. „Zur Nation sich zu bilden" hätten die Schweizer, noch mehr als die Deutschen, vergeblich versucht, wenn sie sich denn überhaupt darum bemüht hätten – vom nationalistischen Sprachgebrauch ließen sie sich zu Ende des 19. Jahrhunderts zwar anstecken, doch blieben sie strukturell eine „Eidgenossenschaft", die nicht nötig hatte, sich als „verspätete Nation" zu verstehen. Die Kohäsion des Bündnisses im Inneren beschäftigte sie auch für ihr Selbstgefühl mehr als ausreichend, fast bis heute. Erst jetzt, da die Schweiz „von Freunden umzingelt“ ist, erweist sich die klassische Neutralität, der General-Ersatz für Außenpolitik, zugleich die Schutzbehauptung zugunsten unbeschränkter Handelsfreiheit, in beiden Stücken als nicht mehr tragfähig zur Sicherung einer unabhängigen Existenz. Dem schweizerischen Staatswesen stehen – selbst ohne die EU – große Schritte zur Erweiterung seines Selbstverständnisses bevor, über die eingeübte Praxis der guten Dienste und des internationalen humanitären Engagements hinaus; denn auch dieses ist in einer zugleich globalisierten und multipolaren Welt nicht mehr, was es bis zum Ende des Kalten Kriegs war.

Dem Gelingen eines sensiblen Bilateralismus, der zwischen Deutschen und Schweizern gefragt ist, können Probleme im Weg stehen, die vergleichsweise klein sind – und davon doch nicht weggehen, dass sie einer der Partner – naturgemäß: der größere – mit einem Diminutiv versieht, der im Umgang mit Schweizern ohnehin naheliegt. Auch *freundliche* Geringschätzung ist nicht angezeigt, wenn es sich um das Verhältnis zur Muttersprache handelt – und diese Geringschätzung beginnt, gewiss unbeabsichtigt, damit, daß die meisten Deutsche nicht ernst nehmen, dass das Hochdeutsche für Schweizer diese Muttersprache *nicht* ist und darum von ihnen stiefmütterlicher behandelt wird, als sie verdient. Aber auch „Schweizerdeutsch“ ist nicht ihre Muttersprache, denn das gibt es gar nicht. Was es gibt, ist eine inzwischen merklich abnehmende Zahl distinkter Dialekte, deren Sprecher sich untereinander einigermaßen verstehen, auch wenn zwischen Oberwalliserdeutsch und Appenzeller- oder Baseldeutsch der linguistische Abstand kaum geringer sein dürfte als derjenige zwischen Oberbayrisch und Mecklenburger Platt. Dafür haben wir es in der Schweiz weder mit schichtenspezifischen noch mit tendenziell rückläufigen Idiomen zu tun. Der deutschschweizerische Dialektgebrauch deckt als *gesprochene* Sprache das vollständige Spektrum zwischenmenschlicher Kommunikation ab und wird darum von Sprachwissenschaftlern „Idiolekt“ genannt; auch Schweizer Nobelpreisträger verständigen sich in ihrem je eigenen Dialekt über ihr Fachgebiet, sei es Quantenphysik oder ein ökonometrisches Theorem, außer sie wechselten gleich zur Wissenschaftssprache Englisch, in der sie auch ihre Aufsätze verfassen und immer öfter auch ihre Vorlesungen halten. In diesem Sinn hat das Englische – obwohl in einem nicht deckungsgleichen Anwendungsbereich – das Latein des Mittelalters oder das Französische des 18. Jahrhundert abgelöst – aber auch das Hochdeutsche des 19. und 20. Jahrhunderts.

Dieses war und bleibt noch immer die dominierende *Schriftsprache* der Deutschschweizer und wird darum auch „Schriftdeutsch“ genannt – freilich macht sich nicht erst für das „Schreiben“ von SMS eine neue Praxis bemerkbar. Schon in Zeiten rein postalischen Briefverkehrs war es unter jungen Schweizerinnen und Schweizern Usus, im Dialekt zu korrespondieren – nicht obwohl, sondern weil er nicht zu einer korrekten Orthographie verpflichtet. Das wollte ich in den Siebzigerjahren erst nicht glauben, bis es mir meine Studenten an der Wandtafel demonstrierten. Sie stehen damit am offenen Ende eines neuen Sonderfalls, einer auf die Schweiz beschränkten Sprachentwicklung, die ich andeutungsweise zu rekonstruieren versuche.

Vor und während des Zweiten Weltkriegs, und bis in die ersten Nachkriegsjahrzehnte galten in der Schweiz die Dialekte – auf dem damaligen politischen Hintergrund – als besonders pflegewürdig. Diese Pflege war Teil der Antwort, welche die „geistigen Landesverteidigung" auf die reichsdeutsche Herausforderung zu geben bemüht war; dass sie ihrem Geist allerhand verdankte, wollte man natürlich nicht so genau sehen. Dieser Dialekt war, grob gesprochen, eine Sache der Schatzsucher oder Schulmeister und bezweckte den Schutz der Artenvielfalt. Dabei war die Stellung des Hochdeutschen nicht nur als geschriebene, sondern auch als schlecht oder recht, jedenfalls gewissenhaft gesprochene Sprache noch unangefochten. Es blieb die Unterrichtssprache aller Schulstufen, von der man erst, dann aber augenblicklich, durch das Klingeln der Pausenglocke befreit wurde. Es war natürlich auch die Sprache der Predigt, des Radios und jeder Situation, in der man sich zu benehmen hatte. Hochdeutsch redete die Generation meiner Eltern selbstverständlich mit jedem Deutschen, aber auch jedem Fremden, dessen Sprache sie nicht beherrschten; bei anderssprachigen Landsleuten wichen sie ins Hochdeutsche aus, wenn mit dem obligatorischen Schulfranzösischen oder dem fakultativen Italienischen nicht durchzukommen war. (Englisch lernte man für den Zusatzbedarf an Weltläufigkeit, aber auch aus Sympathie mit einer Kultur, die man als verwandt empfand.)

Für das normale Sprachempfinden vieler Generationen von Schweizerinnen und Schweizern blieb aber auch Hochdeutsch eine Fremdsprache, freilich die erste und obligatorisch erworbene, denn an ihrem Gebrauch wurden Bildung und sozialer Status gemessen. Schließlich waren auch Kernstücke der *nationalen* Identität – von der Landeshymne über die Bundesverfassung bis zu den „Seldwyler Geschichten" – in dieser Sprache verfasst, die Dürrenmatt treffend die „Vatersprache" der Deutschschweizer genannt hat. Die unausgesprochene Bedingung für ihren Erwerb lag darin, dass das Hochdeutsche – geliebt oder nicht – immer noch fraglos als „Leitkultur" gelten konnte, eine Position, die es in den Nachkriegsjahrzehnten für die Mehrzahl der Deutschschweizer immer mehr eingebüßt hat. Diese Entwicklung läuft keineswegs parallel mit einer Zunahme von „Deutschfeindlichkeit", ganz im Gegenteil: diese ist der jüngeren Generation so gut wie gänzlich fremd – das darf man wohl ein Glück nennen. Zur gemischten Wohltat wird es durch einen anderen Umstand: mit der obligatorischen Zweisprachigkeit jedes Deutschschweizer Kindes – das mit Mundart in die Schule kommt und mit Mundart in die Pause geht, aber dazwischen Hochdeutsch schreiben, lesen *und* sprechen lernte – ist der nächsten und übernächsten Generation nicht nur die *Problematik* dieser Zweisprachigkeit abhanden gekommen, sondern – ein bedenkliches Stück weit – auch der bewusste Umgang mit Sprache überhaupt. Das aber heißt: auch die Mundart hat durch die beschriebene Reduktion nicht gewonnen. Viele Jugendliche sprechen heute eine – wie überall mit englischen Brocken versetztes – Abkürzungs-Idiom, das als „schweizerisch" nur noch an seiner Phonetik zu erkennen ist, an Syntax und Wortschatz nicht mehr – von den besonders reich gewesenen Modusgebrauch der älteren Mundart ganz zu schweigen. Als Adaption der neuen Medien steht es dem aus gleicher Quelle geschöpften Hochdeutschen sogar näher als dem Dialekt meiner Eltern.

Es wird mir – Sie hören es – an diesem Punkt nicht ganz leicht, ein Wort wie „Sprachverfall" zu meiden. Einem neutralen Sprachforscher fiele es wohl nicht schwer, auf dieser neuen Stufe der Kommunikation ein faszinierendes Ausdrucksrepertoire auszumachen. Aber auch er würde wohl nicht leugnen, dass diese Sprache mit derjenigen, „die für dich dichtet und denkt", nichts mehr gemein hat. Wie sollte sie Respekt vor etwas haben, was sie nicht kennt? Es ist ein schwacher Trost, dass sich die junge Generation von Deutschen und Schweizer in dieser Ahnungslosigkeit so problemlos begegnen. Aber selbst wenn diese Entlastung von einem *gebildeten* Ausdruck keine Auffälligkeit deutschsprachiger Gesellschaften wäre – sie würde dazu durch die robuste, in andern Kulturen unbekannte Sorglosigkeit, mit der sie im *ganzen* Bereich deutscher Sprache hingenommen wird. Gewiss: es imponiert beinahe, dass junge Schweizer sich kaum mehr die Mühe machen, in die Sprache des anderen zu wechseln, wenn nicht ganz sicher ist, ob er die ihre versteht. Was „ihr Ding" ist, kommt ja auch so rüber – nur an der *Sprache* hängt es nicht mehr, also ist an ihr auch nicht mehr viel gelegen. Kürzlich habe ich mit einem Deutschen, einem Schweizer und einem Österreicher – das klingt wie der Anfang eines Ethno-Witzes, nur hat er keine Pointe – in einem Zugsabteil gesessen: junge *Businessmen*, die sich von Basel bis Mannheim unterhielten, wie ihnen der Schnabel gewachsen war – *no problem.* Hätte es eins gegeben, sie hätten wohl – wie inzwischen auch Schweizer Parlamentarier – fix ins Englische gewechselt.

Wundern Sie sich also nicht, wenn Sie, in jedem beliebigen Ort der Deutschschweiz, auf Plakaten nur noch zwei Sprachen begegnen – einem ungefähren Schweizerdeutsch und Englisch. Dieser Beobachtung entsprechen die kulturellen Tatsachen so sehr, daß es nötig wurde, neben dem obligaten Frühenglisch an mancher Schule auch Frühhochdeutsch einzuführen, da die Sprache des größten Handelspartners der Schweiz denn doch nicht ganz zu ignorieren ist. Aber dass Sprache mehr sein könnte als die Verpackung einer *message*, nämlich die Sache selbst, um deren Nuancierung es zwischen Menschen geht , ist eine verlorene Wahrheit, und sie wird nicht von vielen vermisst.

Die Brücke vom Dialekt, der während des Zweiten Weltkriegs im Funkverkehr verwendet wurde, damit ihn die Deutschen nicht verstehen sollten, zum unbeschränkten SMS-Verkehr der Kids führt über mehrere von den „Idiotikon"-Verfassern des 19. Jahrhunderts nicht voraussehbare Zwischenschritte. Eine Hauptrolle spielen dabei die Jugendbewegungen der 60er und 70er Jahre. Die Antiatom-Demonstranten im „Dreyecksland" am Oberrhein verwendete in Liedern und Sprechchören vor Wyhl, Fessenheim und Kaiseraugst die Mundart als grenzüberscheitende Sprache des Protests. Hier deklarierte sich, was die Sprache einer Region gewesen war, zur Sprache einer Generation. Ihre Tonart entsprach derjenigen der amerikanischen Bürgerrechts- und Vietnam-Demonstranten und ihrem Woodstock-Lebensgefühl. Was an der Mundart folkloristisch gewesen war, war jetzt als Folk eine Art Lingua franca. Die politische Wiedergeburt der Region – global denken, lokal handeln! - wurde durch eine kulturelle verstärkt. Ihre Äußerung wollte ursprünglich, spontan *und* kunstvoll sein: der Kult der Mündlichkeit – *oralité* - verbreitete sich besonders in der frankophonen Welt als antikolonialistische Reaktion namentlich gegen das kulturelle Zentrum Paris und seine Mandarine. Schon seit den Fünfzigerjahren gab es ja auch die Mund-Art mit Bindestrich, die, als *modern mundart,* von einer literarischen Avantgarde von Graz bis Sao Paulo experimentell praktiziert wurde.

Aus all diesen Quellen sprang der Dialekt aus einer Rückzugsposition an die Spitze des modischen Trends. Und da die Täter von einst nicht selten als Texter in Werbebüros tätig waren, wurde der Sprach-Witz vom Merkmal einer Bewegung gewissermaßen fließend zum zweckdienlichen Instrument dynamischen Marketings. Das für die Achtziger Jahren typische Abwerfen politischen Ballasts kam der Flexibilität des neuen Idioms zugute. Die Utopie mutierte zum *Lifestyle* und was an der Mundart zehn Jahre früher anstößig gewesen war, geriet zur Provokation der Kauflust, aus dem Protestschrei wurde der *dernier cri.* Im Zug marktgerechter Mutation zeigte sich die Salatsauce *revolutionär,* McKinsey empfahl den *Systemwechsel,* und der Neoliberalismus *machte aus dem Staat Gurkensalat.*

Seither ist in der Schweiz Mundart *cool,* auch am öffentlich rechtlichen Fernsehen. Seine staatliche Konzession verlangt für Nachrichten noch gesprochenes Hochdeutsch – das inzwischen bühnenreif klingt, während früher „König" nicht als „Könich" ausgesprochen werden durfte, ohne dass es Proteste hagelte. Aber schon für das Wetter, die *Meteo-show,* darf es wieder Mundart sein und, nach dem neuesten Spruch der Beschwerdeinstanz, auch bleiben. Schließlich haben der französische und der italienische Landesteil je zwei eigene Programme, denen sie das zum Leben Nötige entnehmen können; dass sie das mühsam gelernte – und wenig geliebte – Hochdeutsch in Frankfurt und Hamburg eher verwenden können als in Bern und Zürich, bleibt *ihr* Problem. Dass ein staatspolitisches Problem für den inneren Zusammenhalt der Schweiz damit verbunden sein könnte, bringt die Dialekt-Champions nicht aus der Ruhe.

Natürlich wird auch in Deutschschweizer Wohnstuben Hochdeutsch gesprochen – sogar mehr als je, nämlich aus dem Fernseher. Aber mit dem paradoxen Effekt – Soziolinguisten haben ihn untersucht –, dass man eine Sprache, von der man jeden Abend hören kann, wie sie „richtig" klingt, erst recht nicht mehr selbst gebraucht. Es war schon von einer „Hollandisierung" der deutschen Schweiz die Rede; der Unterschied ist nur, daß sich das Niederländische aus einem rheinfränkischen Dialekt zu einer eigenen Voll- und bedeutenden Literatursprache ausgewachsen hat. Den Anteil an der Weltgeschichte, der dazu gehört, hat die Schweiz nicht zu bieten; ihr eigener, keineswegs geringerer, beruht auf dem Anteil, den sie an den in ihr vereinigten Kulturen nimmt, und was sie sich aus der Begegnung mit ihnen macht – was sie in dieser Begegnung aus sich selbst macht.

Dazu gehört, für Deutschschweizer, die ausgehaltene Spannung zu einer großen europäischen Kultursprache: dem Deutschen. Diese Spannung, nicht ihre Vermeidung – ist eine der wesentlichen Quellen ihrer Eigenart. Der generalisierte Mundartgebrauch leistet also gerade den Dienst kultureller Verortung nicht mehr, den man der Mundart traditionell zugeschrieben hat, und der kosmopolitische Chic, den sie trägt, ist Ausdruck ersparten Aufwands – eine McSprache, die man nur darum nicht oberflächlich nennen kann, weil ihr jeder Begriff für kulturelle Tiefe fehlt. Und die Fröhlichkeit, mit der sie ihn nicht vermisst, hat etwas vom Elend einer gelungenen Lobotomie.

Mit dieser Bemerkung habe ich den Deutschschweizer Sonderfall verlassen, und mein Thema überzogen, das deutsch-schweizerische Verhältnis. Aber: wieviel Verständigung unterschiedliche Kulturen brauchen, wieviel Differenz sie konstruktiv ertragen, ist heute eine Frage, die Schweizer und Deutsche nicht nur untereinander ausmachen. Es ist eine, um nicht zu sagen – *die* Lebensfrage einer globalisierten Zivilisation. Was man „nationale" oder „kulturelle Identität" nennt, kennt seine Tragweite und seine Grenze nicht mehr; es weiß nicht, wieviel Exklusivität wünschbar, wieviel notwendig, wieviel verderblich ist. Ich möchte den Deutschen jetzt nicht zu nahe treten, wenn ich – zugespitzt – sage, sie wagten kaum noch, als Kulturvolk aufzutreten; es sei ihnen an sich selbst so viel verdächtig geworden – und geblieben –, dass sie auch das wahrhaft historische Glück ihrer Vereinigung mit immer neuen Vorbehalten und Hypotheken zu beschweren wissen. Sie haben gewiss nicht auf die Empfehlung eines Schweizers gewartet, aber ich nehme mir heraus, mit einer Hoffnung zu schließen: ich warte auf ein Deutschland, das seine bevorstehende EU-Präsidentschaft dazu nützt, seinen europäischen Beruf entschlossener wahrzunehmen als seine Gesundheitsreform; das sich dafür auf seine große kulturelle Erbschaft, zu der die fragwürdige und missbrauchte der Nationalität gehört, zu besinnen getraut. Eine Erbschaft, die man nicht besitzen kann, aber sehr wohl verlieren, und die man sich nur durch ihren bewussten Gebrauch immer wieder erwirbt. Denn ich meine, die wahre „Leitkultur" Europas sei nicht nur der überwundene Nationalismus, sondern die für eine kosmopolitische Gesellschaft tätige Nation.

Diesen Beruf haben unsere Länder – das große und das kleine – noch nicht verfehlt. Sie bringen dafür unterschiedliche Voraussetzungen mit, aber sie verfügen auch über eine strukturell gemeinsame: die Bundeskultur im Inneren. Ihr Verhältnis zueinander muss nicht reizlos – und das heißt: irritationsfrei werden, damit sie einander etwas zu sagen haben, im Gegenteil. In einem auf die Oberfläche beschränkten Einvernehmen verstummt die Geschichte, erlahmt die Kraft der Integration. Da ist auch kein Raum mehr für die vertiefte Verständigung mit sich selbst. Mag es also in der Beziehung unserer Kulturen peinliche Reste geben: Deutsche und Schweizer, beide Angehörige einer zusammengesetzten, in ihrer Identität unsicheren Nation, haben es immerhin fertiggebracht, für einander etwas übrig zu haben. Luthers Satz, gegen Zwingli gesprochen in der Marburger Disputation 1529: „Ihr Schweizer habt einen anderen Geist als wir" war nicht das Ende der Reformation, schon gar nicht das Ende des Glaubens. Viel eher wäre es das Ende Europas, wenn in ihm der Satz Rimbauds – „Je est un autre" – nicht mehr verstanden würde. Unser Verhältnis ist ein Testfall, wie wir mit Differenz, und das heißt: mit Vielfalt umgehen. Wir mögen einander, in aller gebotenen Skepsis, dazu viel Glück wünschen; es muss aber auch erlaubt sein, von Glück zu reden.

Ich danke Ihnen.

Abschlussveranstaltung

Schlussvortrag: BILD – AKT – GESCHICHTE

Prof. Dr. Horst Bredekamp

Einleitung

Wie ein Nukleus des Historikertages wirkt die von Monika Flacke organisierte Ausstellung "Mythen der Nationen" des Historischen Museums Berlin, die ich gemeinsam mit Etienne François begleiten konnte. 30 Historiker aus allen Ländern Europas haben in einem durchaus schwierigen Prozess zu rekonstruieren versucht, wie die Umbrüche der nationalen Selbstsicht im Medium von Einzelbildern, Filmen und Fernsehserien forciert und stabilisiert wurden.[9]

Die Bereitschaft, Bilder als eine eigenständige Größe zum Gegenstand historischer Forschung zu machen, war durch den gegenwärtigen, seit Jahren ablaufenden Bilderkrieg bestärkt. Aktualisierungen dieser Art haben einen Doppelcharakter; sie können zu vorschnellen Schlüssen verleiten, sie können aber auch die Reflexion scheinbar obsoleter Vorgänge bestärken. Im Falle der Bilder und ihrer physischen Qualität scheint die zweite Variante am Platz, weil es selten einen Moment gegeben haben dürfte, in der sich Historie bis zum Überdruss als Bildgeschichte ereignete. Aus diesem Grund setze ich in der Gegenwart an.[10]

Die Umsetzung des bilderstürmerischen Ediktes der islamischen Emirate Afghanistans vom 26. Februar 2001 war darin symptomatisch, dass die zerstörerische Wirkung durch die Verbreitung über das Fernsehen und das Internet zu einem Ereignis für die gesamte Welt gemacht wurde.[11] Symbiotisch hatte sich mit der Destruktion der Buddha-Statuen von Bamiyan die traditionelle Bildpolitik des Ikonoklasmus mit den hochtechnologischen Massenmedien verbunden. Dies sicherte dem Akt eine ubiquitäre Erschütterung. Die Vernichtung der Statuen war die Entsiegelung des Prinzipes, mit der Zerstörung von Werken auch Symbolbilder zu schaffen, die vor Menschenleben nicht halt machen.

---

[9] Mythen der Nationen. 1945 - Arena der Erinnerungen (Hg.: Monika Flacke), Ausstellungskatalog, 2 Bde., Mainz und Berlin 2004.

[10] Die Etappen des gegenwärtigen Bilderkrieges sind mehrfach beschrieben und analysiert worden; aus diesem Grund sollen nur wenige, systematische Aspekte genannt werden. Vgl. zum Folgenden: Horst Bredekamp, Marks und Signs. Mutmaßungen zum jüngsten Bilderkrieg, in: FAKtisch. Festschrift für Friedrich Kittler zum 60. Geburtstag (Hg.: Peter Berz, Annette Bitsch und Bernhard Siegert), München 2003, S. 163-169.

[11] Finbarr Barry Flood, Between Cult and Culture. Bamiyan, Islamic Iconoclasm, and the Museum, in: The Art Bulletin, Bd. 84, 2002, Nr. 4, S. 641-659, hier S. 651.

Abb. 1: Die Gesichter Mohammeds in: Jyllands Posten 30.09.2005 (Archiv Verfasser).

Die weitere Geschichte ist bekannt: der Angriff auf die New Yorker Zwillingstürme, die verlagerte Reaktion auf den Horror der stürzenden Türme im folgenden Militärschlag, der unter dem bildbezogenen Motto des shock and awe geführt wurde, sowie der Angriff auf die Statuen, Fresken und Gemälde des Diktators. Wenn der amerikanische Verteidigungsminister angesichts der fallenden Bronzefigur von Bagdad bekundete, dass der leibliche Diktator mit diesem Akt zur Nebensache geworden sei, bezeugte die Erwartung, dass die executio in effigie mit den modernen Massenmedien zusammenzuspielen vermöge.[12]

Stieß diese Bildpolitik auf Beifall, so verwandelten die Folterbilder von Abu Ghraib den Rahmen der Perzeption, insofern nun menschliche Körper explizit, wenn auch geheim, als Bilder eingesetzt wurden. In kaum mehr steigerbarer Form wurden auf der Seite der irakischen Gegner seit der Ermordung des Journalisten Nick Berg im Mai 2004 immer wieder Geiseln mit dem alleinigen Ziel umgebracht, zum Objekt der Produktion von Bildern zu werden, die als Videos über das Internet und Telefondisplays abzurufen sind. Bilder sind hier zur Speerspitze der Versuche geworden, den Konflikt über den Sehsinn zu entgrenzen. Eine Tat, die allein zum Zweck begangen wird, gesehen zu werden, macht denjenigen, der diesen Zusammenhang kennt und der dennoch hinsieht, ob er es will oder nicht, zum Beteiligten.[13]

Dasselbe gilt in abgeschwächter Form für den Streit um die Karikaturen (Abb. 1). Wer diese zeigt und wer sie willentlich betrachtet, ist über den Sehsinn in die Entgrenzung des Konfliktes einbezogen. Vom ikonoklastischen Beginn bis zur allseitigen Präsentation getöteter Gegner vollzieht sich ein Konflikt, der Bilder für jeden sichtbar auf derselben Ebene agieren lässt wie eine Waffentechnik, die unmittelbar auf die Körper der Feinde zielt. Der Vorgang ist in jenem Prinzip begründet, das als „asymmetrische Kriegführung" beschrieben wurde, insofern es in einer von der Ungleichheit der Waffen geprägten Auseinandersetzung für den waffentechnisch Benachteiligten darauf ankommt, das Territorium auszugrenzen und andere Mittel einzusetzen als es Gewehre,

[12] Zu diesem Phänomen historisch: Wolfgang Brückner, Bildnis und Brauch. Studien zur Bildfunktion der Effigies, Berlin 1966, S.188ff. und Matthias Lenz, Konflikt, Ehre, Ordnung. Untersuchungen zu den Schmähbriefen und Schandbildern des späten Mittelalters und der frühen Neuzeit (ca. 1350 bis 1600), Hannover 2004.

[13] Horst Bredekamp und Ulrich Raulff, Handeln im Symbolischen. Ermächtigungsstrategien, Körperpolitik und die Bildstrategie des Krieges, in: kritische berichte, Jg.33, 2005, Nr.1, S. 5-11.

Panzer und Flugzeuge darstellen. Die massenmedial erreichbaren Augen auch der Unbeteiligten sind eines der Mittel und Ziele dieser Entgrenzung.[14]

Das Extrem dieser Vorgänge könnte dazu verleiten, in ihm eine Ausnahmesituation zu erkennen, die mit Blick auf gewöhnliche Zustände nicht relevant ist. Die aktive Rolle von Bildern ist jedoch mitnichten auf die kriegerische Auseinandersetzung beschränkt, wie sie der massenmedial vermittelten Weltöffentlichkeit tagtäglich entgegenkommt. Wenn dieses Geschehen gegenwärtig geradezu quälerisch vor den Augen abläuft, so bedeutet dies nicht, dass es nicht auch in weniger offenkundigen und schmerzhaften Sphären virulent ist. Vielmehr gilt die nicht-illustrative Qualität von Bildern für deren gesamte Geschichte. Eine Reihe weit auseinanderliegender Beispiele soll zu zeigen versuchen, dass Bilder weder spiegeln noch illustrieren, sondern mitbewirken, was erst gespiegelt und reflektiert werden kann.

Abb. 2: Jan van Eyck,
Mann mit rotem Turban, 1433, London, National Gallery (Archiv Verfasser).

1. Lebendigkeit des Bildes: Van Eyck

Jan van Eycks "Mann mit rotem Turban" in der Londoner National Gallery ist ungeheuer allein schon durch das Rot des Turbans und die haptische Qualität des Stoffes (Abb. 2). Die Hand möchte in dieses Ungetüm hineingreifen, das sich gebirgig auftürmt und doch durch den Zipfel der linken Seite etwas wimpelhaft Leichtes erhält. Die Farbe saugt den Blick ein, treibt ihn aber sogleich wieder an die Oberfläche seiner irisierenden Beschaffenheit zurück. Im prüfenden Gesicht, das durch die unregelmäßig gestalteten Augen, die lange Nase und den gespannten Mund geprägt ist, zeigen sich Züge einer markanten Verlebendigung im Bereich der schwellenden Haut der Wangen und der Schläfe mit ihren verborgenen Adern und Krähenwinkeln.

[14] Herfried Münkler, Symmetrische und asymmetrische Kriege. Der klassische Staatenkrieg und die neuen transnationalen Kriege, in: Merkur, August 2004, Nr. 664, S. 649-659.

Abb. 3: Leon Battista Alberti, Portraitplakette, um 1435, Washington, The National Gallery of Art, Samuel H. Kress Collection (Archiv Verfasser)

Angesichts der Spannung, mit der jeder Betrachter von jedem Standpunkt aus fixiert wird, ist durchweg angenommen worden, dass hier das erste gemalte Selbstportrait der Kunstgeschichte vorliegt.[15] Nikolaus von Kues hat dieses Vermögen am Beispiel eines verlorenen Selbstportraits von Rogier van der Weyden in einem Passus von *De Visone Dei* reflektiert, der auf van Eycks Bildnis übertragen werden kann: "Ein jeder von euch, von welchem Platze aus er auch das Bild anschauen mag, wird meinen, das Bild schaue ihn allein an. [...] Zu Anfang also staunet, wie es möglich ist, daß es zugleich alle einzelnen und alle zugleich anblickt; denn das Vorstellungsvermögen eines im Osten Stehenden kann es durchaus nicht fassen, daß der Blick des Bildes auch nach einer anderen Seite, etwa nach Westen oder Süden, gerichtet sei."[16] Alle nur möglichen Standorte durchspielend, kommt Nikolaus von Kues zum Ergebnis, dass dem Bild eine autonome Aktivität eigne, weil es unabhängig von den Standorten und Bewegungen der Betrachter, auf jeden Blick simultan reagiere.[17]

---

[15] Diese Technik wird später immer wieder mit dem Blick des Malers verbunden (zuletzt: Andreas Beyer, Das Portrait in der Malerei, München 2002, S. 43. Vgl. die an versteckter Stelle vorgelegte Analyse: Reinhard Liess, Zum Logos der Kunst Rogier van der Weydens. Die "Beweinung Christi" in den Königlichen Museen in Brüssel und in der Nationalgalerie in London, 2 Bde., Münster, Hamburg und London 2000, Bd.2, S. 772-775).

[16] "Et quisque vestrum experietur, ex quocumque loco eandem inspexerit, se quasi solum per eam videri [...] Primum igitur admirabimini, quomodo hoc fieri possit, quod omnes et singulos simul respiciat. Nam imaginatio stantis in oriente nequaquam capit visum eiconvel mieridium" (Nikolaus von Kues, De visione Dei [1453] [= Opera omnia, Bd. 6, Hg.: Adelheid Dorothee Riemann], Hamburg 2000, Praefatio, 3, Z. 2-3, 6-10, S. 5f. Übers. nach Helmut Pfeiffer: Nikolaus von Kues, De visione Dei. Das Sehen Gottes, 2. verb. Aufl., Trier 2002, S. 8f.).

[17] Vgl. Nikolaus von Kues, 2002, S. 8-10.

2. Der Gegenblick: Alberti

Dieser Blickaktivität hat Leon Battista Alberti in den 30er Jahren des 15. Jahrhunderts mit seinem Profilportrait ein nicht minder eindrucksvolles Zeichen gesetzt (Abb. 3). Das Format der Medaille ist gestreckt, um Raum für die Inschrift sowie für das zwischen Halsknoten und Kinn fliegende Auge zu schaffen. Indem es den Kehlkopf zu ersetzen scheint, besetzt das Sehorgan die Region der Sprache. Dieser Kopf sieht und hört, aber er braucht nicht zu sprechen, getreu der Überzeugung Albertis, dass das "mit Adlerflügeln ausgezeichnete Auge"[18] das "unter den Körperteilen das erste und vorzüglichste ist - sowohl König wie auch gleichsam ein Gott."[19]

Abb. 4: Leon Battista Alberti, Geflügeltes Auge, vor 1438, Libri della famiglia, cod. II.IV.38, Florenz Biblioteca Nazionale Centrale (Archiv Verfasser).

Die am Ende von Albertis Schrift über die Familie eingetragene Zeichnung eines weiteren Flugauges bezeugt jedoch, daß gerade in diesem Status des Auges eine tiefe Problematik lag (Abb. 4).[20] Vor den Flügeln züngeln Flammen nach vorn; am unteren Lidrand wehen drei Stränge zurück, und auch die beiden langen Gebilde am Ende des Auges wirken wie ausgerissene Nerven- oder Sehnenstränge. Sie haben Alberti zufolge mit den "zu vertreibenden Haken der Leidenschaften, den Zündfunken der Zornausbrüche und den Flammen der Begierden" zu tun.[21] Mit den Flügeln ist die göttliche Qualität der Augen angesprochen, aber mit den Flammen und Haken haften ihnen Leidenschaften an, die wohl nach außen gedrängt, nie aber ganz abgestoßen werden können. Albertis Auge sucht vergeblich vor sich selbst davonzufliegen. Die-

[18] "Hoc in anulo corona insculpta est quam mediam complet oculus alis aquilae insignis" (Leon Battista Alberti, Opera Inedita et pauca separatim impressa [Hg.: Hieronymo Mancini], Florenz 1890, S. 228).

[19] "Oculo potentius nihil, velocius nihil, dignius nihil; quid multa? Ejusmodi est ut inter membra primus, praecipuus, et rex, et quasi deus sit. Quid quod deum veteres interpretantur esse quidpiam oculi simile, universa spectantem, singulaque dinumerantem?" (Alberti (1890), S.229; vgl. Donat de Chapeaurouge, Das Auge ist ein Herr, das Ohr ein Knecht, Wiesbaden 1983, S. 3f.)

[20] Florenz, Biblioteca Nazionale, cod. II.IV.38, fol. 92r. Vgl. Da Pisanello alla Nascità dei Musei Capitolini. L'Antico a Roma ala vigilia del Rinascimento, Rom 1988, Nr. 3, S. 47. Die Urform entstammt seiner ersten, im Jahre 1424 verfaßten Schrift "Fabula Philodoxeos" (Modena, Biblioteca Estense, ms. lat. 52, Fol. 6v; vgl. die Nachzeichnung in: Da Pisanello alla Nascità dei Musei Capitolini. L'Antico a Roma ala vigilia del Rinascimento, Rom 1988, Nr. 2, S. 46). Sie zeigt, ohne weitere Zutaten, allein das fliegende Auge.

[21] "Hic vero hamos voluptatum, igniculosque irarum et cupiditatum flammas exterminandas dicimus" (Alberti [Anm.10], S. 233.) Daß die Flammen und Haken den Kreis umgeben, wird bei der ersten, summarischen Aufzählung der Ringbilder erwähnt: "Extra circulum vero hamus et flammula incensa est" (ebda., S. 229.)

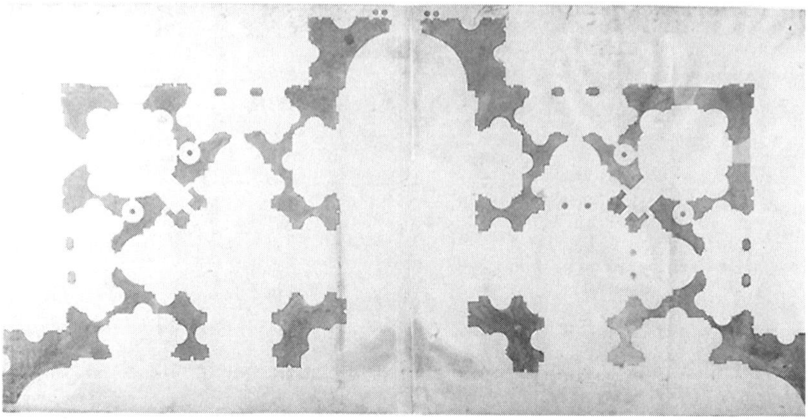

Abb. 5: Bramante, Donato, Pergamentplan von Neu-St. Peter, 1505, Florenz, Uffizien, Gabinetto dei Disegni e delle Stampe, I A (Archiv Verfasser).

sem Zwiespalt fügt sich das drohende QVID TVM, das auf eine der schwärzesten Erzählungen Albertis zurückgeht.[22]

Albertis fliegende Augen formulieren, wie das vom Körper gerissene Sehorgan die Omnipotenz bedeutet, seinerseits aber mit der Macht auch das Grauen verbreitet, und wie dieser Blick, brennend fliegend, ohne voraus schauen zu können, den Betrachter frontal anzusehen versteht. In Albertis Logik löst sich das Auge vom Körper, um zum Blick auf den Blick zu werden. Offenkundig thematisiert auch Alberti die von Nikolaus von Kues so entschieden betonte Lebendigkeit der Bilder.

Eine solche ist dem modernen Bildverständnis zunächst fremd und verdächtig. Dies gilt insbesondere für Kunsthistoriker, die noch die tiefste Unterzeichnung eines Gemäldes in ihrer Beschaffenheit aufzuspüren und in ihrer strikten Materialität zu klären haben. Natürlich wissen dies auch Nikolaus von Kues und Alberti. Aber sie betonen, dass hiervon das Paradoxon des Bildes nicht berührt ist, von Menschen geschaffen zu sein und ihnen dennoch als eine eigenaktive Größe entgegenzukommen.[23]

Van Eyck hat dies in der Zuspitzung einer Schriftformel betont. Auf dem original erhaltenen Bildrahmen spricht das Gemälde in Ich-Form: "JOH(ANN)ES DE EYCK ME FECIT AN(N)O MCCC.33. Jan van Eyck hat mich gemacht." Das Gemälde belebt, was es scheinbar nur wiedergibt. Dass dieser Satz von einem Werk gesprochen wird, das die cusanische Theorie des omnipotenten Blickens vorformuliert, lässt van

---

[22] Mark Jarzombek, On Leon Baptista Alberti. His Literary and Aesthetic Theories, Cambridge, Mass. 1989, S. 30f, 63f. und ders., The Victim and the Hangman: The Tragedy of the Humanist Eye, in: Architecture Califonia, Bd. 14, 1992, Nr. I, S. 43-49. Vgl. mit der jüngeren Literatur: Horst Bredekamp, Bilder bewegen. Von der Kunstkammer zum Endspiel. Aufsätze und Reden (Hg.: Jörg Probst), Berlin 2007, S. 9-22.

[23] Georges Didi-Huberman, Was wir sehen blickt uns an. Zur Metapsychologie des Bildes, München 1999; W. J. T. Mitchell, What Do Pictures Want? The Lives and Loves of Images, Chicago und London 2005.

Eycks Gemälde als eine Inkunabel dessen begreifen, was als Bildakt im allgemeinsten Sinn bezeichnet werden kann.

3. Die Schöpfung aus dem Nichts: Uffizien 20A

Nach der komplexen Lebendigkeit von Bildern ist die Fähigkeit, wie aus dem Nichts, ex nihilo, weit über den eigenen Rahmen hinaus zu formen und zu gestalten, die zweite Sphäre, in der sich die Eigenaktivität von Bildern zeigt.

Zwei der spektakulärsten Beispiele bietet der Bau von Neu-St.Peter in Rom. Onofrio Panvinio hat berichtet, wie der Architekt Donato Bramante Papst Julius II. die nach wie vor unbegreifliche Tat suggerierte, die alte Basilika von St.Peter abzureißen, indem er ihm immer neue Grund- und Aufrisse vorlegte und eloquent kommentierte.[24] Unter den überlieferten Zeichnungen und Grundrissen sprechen Gebilde wie Bramantes Pergamentplan der Uffizien bereits durch die Kostbarkeit des Materials und die nuancierte Pracht der Ausführung für sich (Abb. 5). Er ist in sich abgeschlossene Architektur, die zwar nicht realisiert wurde, ihre Rolle als sketch act aber erfüllte. Denn sie gab die Richtung an, in der weitergedacht und dann auch gebaut wurde.

Der faktenschaffende Zug der Zeichnung äußert sich dann schlagend in der Zeichnung 20A der Uffizien, in welcher die Grundrisse der alten Basilika sowie die im 15. Jahrhundert konzipierte Chorerweiterung eingezeichnet sind. Bramante entwickelt in seiner nervösen, spontan sich entfaltenden Skizze entgegen dem Uhrzeigersinn einen immer stärkeren Strich nutzend, seine kanonische Form der Vierungspfeiler, die er wie einen Pfahl in das Fleisch der alten Basilika treibt, um allen weiteren Plänen ihre Dimension und Plazierung zum Maßstab zu geben. Kein Element ist so suggestiv wie der südöstliche Vierungspfeiler, der die inneren Säulenstellungen der konstantinischen Basilika bereits virtuell wegfräst. Einmal als Gedankenbild in die Welt gesetzt, löste diese Vision offenbar eine Spannung aus, die sich entladen musste. Die Möglichkeit der Zeichnung, Undenkbares nicht nur zu imaginieren, sondern als realisierbar auszugeben, indem es sich durch die Bewegungen der Augen über den vorgefundenen Zustand legt, hatte das Schicksal von Alt-St.Peter besiegelt. Dies ist, was Panvinio ansprach. Die Zeichnung ist hier eine materialisierte Mutprobe; sie wirkt als Mauerbrecher, wohingegen die spätantike Basilika gleichsam zum Papier wird.

Aus diesem Impuls von Zeichnungen, die mächtiger waren als jener Kirchenbau, in der sich das Bündnis von Kirche und Staat erstmals realisierte, entstand der Neubau

---

[24] "Er zeigte dem Papst mal Grundrisse, mal andere Zeichnungen des Baues, redete unaufhörlich auf ihn ein, und versicherte, das Unternehmen werde ihm zum höchsten Ruhm gereichen" (Onofrio Panvinio, De rebus antiquis memorabilibus basilicae sancti Petri, zit. nach: Christoph Luitpold Frommel, Die Peterskirche unter Papst Julius II. im Licht neuer Dokumente, in: Römisches Jahrbuch für Kunstgeschichte, Bd.XVI, 1976, S. 57-136, 90f.). Vgl. Christof Thoenes, Neue Beobachtungen an Bramantes St.-Peter-Entwürfen, in: Münchner Jahrbuch der bildenden Kunst, Bd. XLV, 1994, S. 109-132, hier S. 119, und zu Panvinio: Ingo Herklotz, Historia sacra und mittelalterliche Kunst während der zweiten Hälfte des 16. Jahrhunderts in Rom, in: Baronio e l'Arte. Atti del Convegno Internazionale di Studi Sora 10-13 Ottobre 1984, Sora 1985, S. 21-74, hier S. 25ff., und ders., Cassiano dal Pozzo und die Archäologie des 17. Jahrhunderts, München 1999, S. 219ff.

von St.Peter. Dieses mächtige Bauunternehmen trug bekanntlich dazu bei, das Ablass- und Abgabensystem in ganz Europa zu optimieren. Die folgende Spaltung Europas war auch das Produkt einer Serie von Zeichnungen, und insbesondere des Blattes 20A der Uffizien, das seine wahrhaft epochale Bedeutung darin besitzt, dass es nichts spiegelte und nichts illustrierte.[25]

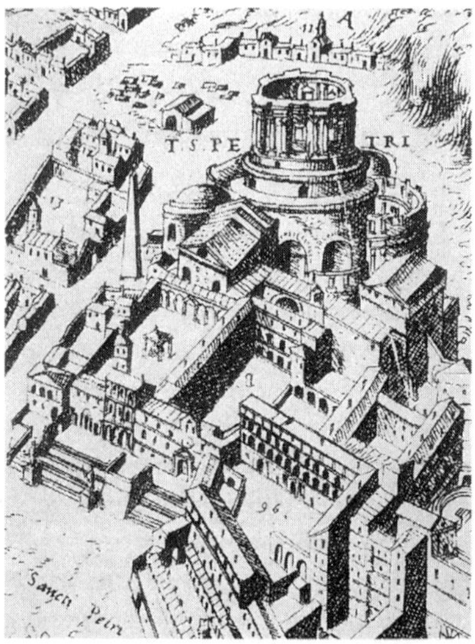

Abb. 6: Etienne Dupérac, Rom-Plan von 1577, Kupferstich (Ausschnitt, Archiv Verfasser)

4. Vorschein der Theorie: Michelangelos Vertrag

Von der Radikalität des Beginns zehrten alle Architekten von Neu-St.Peter, und allen voran Michelangelo, als ihm im Jahre 1545 durch Paul III. die Leitung des riesigen Bauwerkes übertragen wurde (Abb. 6). Mit diesem Bauwerk, und insbesondere dem Wirken Michelangelos, war ein Paradigma des modernen Bauens und damit der Moderne schlechthin verbunden, Konstruktion nicht ohne Zerstörung denken zu können.[26] Dies zeigt sich vor allem darin, dass Michelangelo in weiten Teilen das, was bislang gebaut worden war, abreißen ließ. Für sein Vorgehen benötigte er Vollmachten. Sie sind in einem päpstlichen Erlass niedergelegt, der unter Paul III. formuliert und unter Julius III. nochmals offiziell bekräftigt wurden. Das Dokument ist seit 1906 veröffentlicht, aber in einem so problematischen Latein formuliert, dass es bislang nicht analysiert worden ist.[27]

Das Schriftstück sieht vor, dass Michelangelo unantastbar als Bauleiter eingesetzt wird, dass sein Modell für alle Ewigkeit zu gelten habe, dass er das Recht besäße, ohne Rücksicht auf die Kosten das bereits Gebaute niederzureißen und dass er von allen alten und zukünftigen Geldforderungen freigestellt werde. Allein diese Bestimmungen machen diesen Motu proprio, der von Paul III. ausdrücklich eigenhändig befürwortet wurde, zu einem einzigartigen Dokument.[28] Aber sie waren erst der Beginn. Die fol-

---

[25] Horst Bredekamp, Sankt Peter in Rom und das Prinzip der produktiven Zerstörung. Bau und Abbau von Bramante bis Bernini, Berlin 2000, S. 25-35.

[26] Ebda.

[27] Ernst Steinmann und Heinrich Pogatscher, Dokumente und Forschungen zu Michelangelo, in: Repertorium für Kunstwissenschaft, Bd.XXIX, 1906, S. 387-424, 485-517, hier: 400-403; leicht abweichend nach der Florentiner Fassung: Lucilla Bardeschi Ciulich, I Contratti di Michelangelo, Florenz 2005, Nr.CXVIII, S. 278-280.

[28] Die Textstellen und ihre Ableitungen sind ausführlich ausgeführt in: Horst Bredekamp, "'Und zu unserem Wohlgefallen möge es so sein': Der Motu proprio Pauls III. zur Ermächtigung Michelangelos", ersch. 2007

gende Ausführung betont, dass Michelangelo frei sei, sein eigenes, ewig gültiges Modell nach Belieben zu verändern, und dass er zu dessen Umsetzung Architekten und Bauarbeiter ohne Begründung einstellen und entlassen könne.[29] Ein Schlag ins Gesicht des römischen Adels, der hier seinen Einfluss geltend machte, ist die folgende Freistellung Michelangelos von der aus Kardinälen und Bischöfen bestehenden Baukommission. Nur mit ungläubigem Erstaunen nimmt der Leser zur Kenntnis, daß weder Michelangelo noch seine Mitarbeiter rechtlich in irgendeiner Frage belangt werden könnten. Michelangelo und sein gesamter Stab waren immun.[30] Schließlich, und dies ist das schlechthin Unfassbare dieses Motu proprio, wird Michelangelo mit Unterschrift des Papstes über alle Päpste der Vergangenheit und der Zukunft gestellt. Alle päpstlichen Bestimmungen, die den Plänen Michelangelos entgegenstehen, sowohl die bereits bestehenden wie auch alle zukünftigen, seien außer Kraft zu setzen.[31]

Christoph Thoenes hat vor zwanzig Jahren am Beispiel von Vignolas Caprarola betont, dass der Zwang zur forcierten Formbildung und zur disziplinierten Bauausführung das Prinzip der modernen Organisation früher zum Vorschein kommen ließ als in der Gesellschaftstheorie.[32] Dieselbe Beobachtung erlaubt das Breve Pauls III., insofern es in der Heraushebung Michelangelos selbst über die Päpste Strukturprinzipien zum Vorschein bringt, wie sie in der politischen Theorie erst erheblich später gedacht und ausformuliert wurden. Nicht Jean Bodin, sondern erst wieder Thomas Hobbes kam der Radikalität dieser Bestimmung des Souveräns nahe.

Ohne dieses Breve zu kennen, hat Ernst Kantorowicz dessen Prinzip in seiner Abhandlung zur "Souveränität des Künstlers" erläutert.[33] Aus dem Kirchenrecht entwickelt Kantorowicz, dass allein Herrscher und Künstler als souveräne Universalmächte aufzutreten vermögen, weil nur sie über die Fähigkeit jener creatio ex nihilo verfügen, die sie außerhalb aller bedingenden Größen wie des Amtes, der Ökonomie und des Rechtes stellen. Michelangelos Neu-St.Peter wie auch das Schriftstück, das seine Stellung definiert, repräsentiert und spiegelt ebensowenig wie die Zeichungen Bramantes. Sie alle sind zerstörerische Setzung ex nihilo und damit historisch wirksamer Bildakt. Wenn es eine Modernität der zweiten, katholischen Reformation gegeben haben sollte, so wäre sie hier, in diesem Riesenbetrieb erprobt und exemplarisch durchgesetzt worden. In einer ungeheuren Anstrengung, auf Grund derer unter Sixtus V. schließlich 800 Personen in der Tageshitze unter Zelten und nachts bei Fackelschein kontinuierlich 24

---

im von Georg Satzinger herausgegebenen Sammelband zu St.Peter in Rom. Für Hilfen danke ich Volker Reinhardt und Johannes Helmrath.

[29] Bardeschi Ciulich (2005), S. 279.

[30] Ebda.

[31] Ebda.

[32] Christof Thoenes, Versuch über Architektur und Gesellschaft im Werk Vignolas, in: kritische berichte, Jg.15, 1987, Nrn.3-4, S. 5-19.

[33] Ernst H. Kantorowicz, Die Souveränität des Künstlers. Eine Anmerkung zu Rechtsgrundsätzen und Kunsttheorien der Renaissance, in: Ders., Götter in Uniform. Studien zur Entwicklung des abendländischen Königtums, (Hg.: Eckhart Grünewald und Ulrich Raulff), Stuttgart 1998, S. 329-348.

Abb. 7: Francesco del Prato, Münze für Alessandro de'Medici, um 1530, Florenz, Museo Nazionale (Archiv Verfasser).

Abb. 8: Benvenuto Cellini, Perseus, 1545-1554, Florenz, Piazza della Signoria (Archiv Verfasser).

Stunden am Tag im Schichtbetrieb arbeiteten, wurde der Bau bis auf das im 17. Jahrhundert errichtete Langhaus nach den Plänen Michelangelos verwirklicht.[34]

5. Die Inversion der Form: Cellinis Perseus

Bilder vermögen einen lebendigen Status einzunehmen und, von der Zeichnung bis zum weltwunderhaft monumentalen Bauwerk, aus dem Nichts zu wirken und Geschichte aus der Autonomie ihrer Formierung hervorzurufen. Als dritte Sphäre kommt die nicht-repräsentative Verkehrung hinzu. Das Eigene des Bildes liegt hier in der möglichen Inversion des Gegenstandes, dem es seinen Auftrag verdankt.

Zu Beginn der 30er Jahre, als Michelangelo Florenz als Anhänger der Republik für immer verließ, hatte sich Herzog Alessandro de'Medici auf einer Medaille Francesco del Pratos als Perseus darstellen lassen, der als auf dem Wasser wandelnder Heroe das schlangenumzüngelte Haupt der Medusa gegen die aufbrausenden Wogen des Meeres richtete (Abb. 7). In den Schlangenhaaren wie auch im sturmgepeitschten Meer sahen die Vertreter der Alleinherrschaft das Zeichen der verachteten Demokratie. Im Haupt der Medusa, mit dem das Meer des Aufruhrs beruhigt wird, wurde aus Sicht des Prinzi-

---

[34] Bredekamp (2000).

Abb. 9: Benvenuto Cellini, Perseus, 1545-1554, Florenz, Piazza della Signoria, Detail: Kopf Medusa (Archiv Verfasser)

Abb. 10: Benvenuto Cellini, Perseus, 1545-1554, Florenz, Piazza della Signoria, Detail: Kopf Perseus (Archiv Verfasser)

Abb. 11: Rückseite von Abb. 10. (Archiv Verfasser)

pats die in sich zerstrittene Republik durch ihr eigenes Zerrbild apotropäisch gebannt.[35] Es nützte Herzog Alessandro nichts. Er wurde im Jahre 1536 durch Lorenzino, seinen rebellischen Verwandten, ermordet.

Der verabredete Aufstand blieb bis auf Scharmützel aber aus. Cosimo I. de'Medici, der nach dem Attentat mit 18 Jahren in die Nachfolge des Alessandro gesetzt wurde, ließ mehr als dreißig Republikaner henken und köpfen. Als er in den folgenden Jahren versuchte, die Bevölkerung durch immer schärfere Maßnahmen zu entwaffnen und damit jede Möglichkeit einer Rebellion zu unterbinden, entstand die Idee zur Errichtung einer bronzenen Perseusstatue auf der Piazza della Signoria von Florenz (Abb. 8). Als Bildhauer konnte Benvenuto Cellini gewonnen werden, und dieser ließ keinen Zweifel offen. Im Blutstrom, der sich aus dem Rumpf der Medusa auf die Piazza della Signoria von Florenz zu ergießen scheint, demonstriert er eine drastische Gewalttat als Drohgebärde.

Cellinis Bronzegruppe erinnerte an die Abrechnung des Cosimo so unverhohlen, dass der Dichter Andrea Angolo den Medci mit "Herzog Perseus" ansprach.[36] Wie die Republikaner durch Cosimo getötet worden waren, so sollten deren Nachfolger vor der Gorgo erstarren. Der aus dem Rumpf schießende Blutsturz begleitete die Politik, die Gewalt in der Amtsperson des Herzogs zu monopolisieren, als permanente Strafandrohung.

---

[35] Thomas Hirthe, Die Perseus-Und-Medusa-Gruppe des Benvenuto Cellini in Florenz, in: Jahrbuch der Berliner Museen, Nr. 29/30, 1987/88, S. 197-216, hier S. 205f.

[36] Ebda., S. 211.

Abb. 12: Benvenuto Cellini, Perseus, 1545-1554, Florenz, Piazza della Signoria, Detail: Körper der Medusa (Archiv Verfasser).

Die politische Ikonologie ist mit diesem Zusammenspiel von Herrscher und Künstler jedoch keineswegs erschöpft. So ist das Blut der Medusa keinesfalls nur das Menetekel der geköpften Republik; vielmehr symbolisierte sich der Künstler im Blutstrom der Medusa auch selbst. Dem Mythos zufolge war ihrem Rumpf das Flügelpferd Pegasus entsprungen, das mit seinen Hufen die Quelle der Hippokrene als jene Inspiration aufschlagen wird, die den Künstler über die Sterblichen zu erheben vermochte. In diesem Blutstrom wurde mehr gesehen als nur die Überführung von Horror in Glanz; vielmehr wurde er von den Zeitgenossen als Zeichen der künstlerischen Evokation von Leben und Tod gefeiert. Im Schwert des Perseus und dem Blutsturz des Medusenrumpfes war die Ebenbürtigkeit von Herrscher und Künstler betont.[37]

Umso fragwürdiger wird Cellinis mythologische Vergegenwärtigung des Medici-Herzogs. Das schlangenumzüngelte Gesicht der Medusa (Abb. 9) weist eine eigentümliche Ähnlichkeit mit dem des Perseus auf (Abb. 10), über dessen Locken sich ein Drachenhelm erhebt, dessen Rückseite dem Kopf ein monströses alter ego verleiht (Abb. 11).

Und der kraftvolle Leib der Gorgo dreht sich auf einem Kissen um den Schild der Athena, auf den der siegreiche Perseus das Standbein setzt, während der linke Fuß den Körper der Geköpften behutsam tastend berührt, ohne diese niederzudrücken, wie es die Pose des Siegers verlangt hätte (Abb. 12). Mit der Köpfung geht eine untergründige Zuneigung zu dem schönen Monstrum einher, worauf auch das Kissen des Sardanapal, auf dem die Bestie geruht hat, verweist, und der Sieger erscheint als Doppelportrait des Schreckensbildes.

---

[37] Michael Cole, Cellini's blood, in: The Art Bulletin, Bd. 81, 1999, S.215-235, hier S. 217 u. Anm. 14, auch: 228ff.

Abb. 13: Johann Heinrich Wilhelm Tischbein, Brutus verurteilt seine Söhne, 1789, Paris, Louvre (Archiv Verfasser).

All dies erklärt, warum dieser Perseus dem Herzog, der ihn doch metaphorisch feiern sollte, unheimlich war. Bevor er offiziell enthüllt wurde, ließ Cosimo testen, welche Stimmungen er auslösen würde, und erst, als er nach Stunden der begeisterten Äußerungen von Betrachtern, denen er heimlich zuhörte, überzeugt war, ließ er ihn tatsächlich einweihen.[38]

Cellini war ein Verächter der Republik, schon weil er auf Könige und Päpste bauen mußte, um nach seinen Mordtaten immer wieder vom Galgen entbunden zu werden. Er hat seit seinem 23. Lebensjahr, in dem er erstmals zum Tode verurteilt wurde, immer wieder die Qualität seiner Kunstwerke als Unterpfand seines Überlebens einsetzen müssen. Umso unerhörter ist der Umstand, dass er im Perseus, der dem Souverän die symbolischen Mittel der Gewaltherrschaft verlieh, eine unergründliche Strategie der Verkehrung von Täter und Opfer, Tyrannis und Frieden vermittelte.[39] Dies verleiht dem Perseus den epochalen Rang. Was ihn bildaktiv werden lässt, ist die Subversion des antirepublikanischen Gestus, dem er seine Bestimmung verdankt. Cellini preist den Souverän und dessen Recht auf das Gewaltmonopol, um sich zugleich selbst zum Herren über Gut und Böse zu machen. Ohne Berücksichtigung dieser immer wieder wirk-

[38] Benvenuto Cellini, Mein Leben. Die Autobiographie eines Künstlers aus der Renaissance, (Hg.: Jaques Laager), Zürich 2000, S. 626.

[39] Horst Bredekamp, Cellinis Kunst des perfekten Verbrechens, in: Benvenuto Cellini. Kunst und Kunsttheorie im 16. Jahrhundert (Hg.: Alessandro Nova und Anna Schreurs), Köln u.a. 2003, S. 337-348.

samen Konfliktgeschichte zwischen Herrscher und Künstler bleibt die politische Ikonologie im wesentlichen Herrschaftskitsch.

6. Tragische Prognostik: Davids Brutus

Das zweite Beispiel der bildaktiven Inversion stammt mit dem Konsul Brutus reziprok aus dem Bereich der republikanischen Ikonographie. Wohl kaum ein Stadtpalast und Rathaus Europas von Rang hat zwischen dem 14. und 19. Jahrhundert auf dessen Darstellung als Inkorporation eines unerbittlichen Rechts verzichtet; und allzumal in der Schweiz war Brutus ein Vorbild und alter ego von Wilhelm Tell.[40]

Daher nimmt es nicht Wunder, dass von dem Schweizer Maler Johann Heinrich Wilhelm Tischbein eine der markantesten Darstellungen jener Szene stammt, in welcher der legendäre Begründer der römischen Republik am Ende des fünften Jahrhunderts vor Christus entdeckt, dass seine Söhne auf der Liste einer gegen die Republik gerichteten Verschwörung stehen, um beide zu verurteilen und hinrichten zu lassen (Abb. 13). Auf Tischbeins 1784 gemaltem Gemälde sind der links thronende Brutus, die beiden rechts sich duckenden Söhne sowie der in der Mitte postierte Henker, dessen Beil in seinem Glitzern die Vollstreckung der Todesstrafe anzeigt, umstandslos zu identifizieren.[41] Links neben dem Henker tritt Valerius auf, der die Verschwörung entdeckt

Abb. 14: Giovanni Battista Gaulli, Brutus verurteilt einen seiner Söhne, ca. 1610-20, Paris, Louvre, Département des Arts graphiques, Inv. 9517, Recto (Archiv Verfasser).

[40] Hubertus Günther, Das Urteil des Brutus. Vom Paradigma der Gerechtigkeit zur aufrührenden Tragödie, in: Geschichte und ihre Geschichte (Hg.: Therese Fuhrer, Paul Michel u. Peter Stotz), Basel 2004, S. 89-144.

Abb. 15: Jacques Louis David, Brutus und die hingerichteten Söhne, 1789, Paris, Louvre (Archiv Verfasser).

hatte, während des Prozesses aber schwieg, um Brutus die Möglichkeit zu geben, als Vater milde zu urteilen. Aus diesem Grund verhüllt er seinen Mund, während seine Augen den Kontakt mit dem Betrachter suchen. Über den entsetzten Blick des Mitkonsuls Collatinus geht die Bewegung nach links zu Brutus, der sich mit seinen seherisch ungerichteten Augen in einer anderen Sphäre als dem vor ihm ablaufenden Geschehen zu orientieren scheint. Die linke Hand hält den inkriminierenden Zettel, während die Rechte mit ganzer Fläche nicht etwa waagerecht nach vorn geht, sondern seitlich gezeigt wird.

Frühere Fassungen wie die des Giovanni Battista Gaulli zeigen den mit ausgestrecktem Finger die Verurteilung aussprechenden Brutus, wohingegen Tischbein die Hand aufstellt, wie um eine körperliche Barriere gegen den sich verhüllenden Valerius zu errichten (Abb. 14). Schon in diesem Spiel der Blicke und Gesten entscheidet sich die Botschaft, daß die unbarmherzige Severitas den Sieg nicht nur über die Feinde der Republik, sondern auch über die Anwandlungen der Milde davonträgt.

Umso stärker sticht Davids noch vor dem Ausbruch der Revolution im Jahre 1789 geschaffenes Gemälde des Brutus von dieser Evokation des republikanischen Rechtes ab (Abb. 15). David war von Tischbeins Gemälde beeindruckt, aber er hat nicht den heroisch seine Söhne für die Republik Opfernden gezeigt, sondern den an seiner Tat Verzweifelnden.[42] Das Gemälde zeigt nicht etwa den handlungsstarken Heroen, sondern

[41] Hermann Mildenberger, Die neue Energie unter David, in: Goethe und die Kunst (Hg.: Sabine Schulze), Ausstellungskatalog, Frankfurt am Main und Weimar 1994, S. 280-291, hier: 280ff.

[42] Von Brutus zu Marat. Kunst im Nationalkonvent 1798-1795 (Hg. u. Übers.: Katharina Scheinfuß), Dresden 1973, S. 51.

den in seinem Zwiespalt vereinsamten Helden. David hat das Gemälde noch vor der Revolution gemalt, und als es nach dem Sturm auf die Bastille ausgestellt wurde, erregte es ungeheueres Aufsehen, weil ihm wegen seines antiheroischen Heroismus nicht weniger scharfe Kritik entgegenschlug wie umstandslose Begeisterung.[43]

Davids Gemälde entstand im Auftrag des Königs; das Sujet war als Zeichen einer übermenschlichen Unbestechlichkeit in die Selbstsicht des Ancien Régime zu integrieren. David traf zugleich eine revolutionäre Grundstimmung, natürlich ohne die kommende Revolution zu kennen. Er hat noch vor der Revolution nicht nur deren Ausbruch, sondern auch die Zeit des Terrors und des Grauens, das er trotz all seiner Begründungen auslöste, in ein gleichsam spiralenförmig in die Geschichte weisendes Gemälde gebracht. Es sollte zu einer der Ikonen der Revolution werden, gerade weil es diese in ihrem unauflösbaren Zwiespalt von Gerechtigkeit und Terror zu fassen verstand: die Füße der geköpften Söhne erscheinen menetekelhaft über dem gerechten Richter. Auch dieses Gemälde hat die Betrachter erregt und gequält und nicht etwa in die Ataraxie der Besonnenheit geführt. Es hat darin Geschichte gemacht, dass es sich der eindeutigen Identifizierbarkeit entzog. Es spiegelte nichts, sondern es inkorporierte die kommende Paradoxie von Gerechtigkeit und Terror.

7. Der Blick durch die Wand: die Photos von Birkenau

All diese Formen der Bildaktivität beruhen darauf, dass Bilder Fakten, Ereignisse und Zustände nicht repräsentieren, sondern durch sich selbst konstruieren. Cornelia Brink hat eindrucksvoll rekonstruiert, wie aussichtslos es in den Nürnberger Prozessen wie auch in den Auschwitz-Verfahren war, Bilder ohne Kontextualisierung als Beweismittel wirken zu lassen.[44] Sie stellen Geschichte nicht dar, sondern eine eigene Geschichte her.

Dies gilt schließlich in extremem Maß für eine Objektgruppe aus dem Sommer 1944. Mit "Images malgré tout" hat Georges Didi-Huberman eines der verstörendsten Bücher der letzten Jahre verfaßt.[45] Es handelt von den vier Photographien aus Birkenau, die von Mitgliedern eines der Sonderkommandos unter der Leitung von David Smulewski unter Lebensgefahr aufgenommen wurden. Diese Bilder suchten eine Wirklichkeit zu bezeugen, die für die Umwelt ebenso wie für die Nachwelt als nicht-existent definiert werden sollte. Das Ziel Himmlers lag darin, das Verbrechen in einem Maß anwachsen zu lassen, daß es die Vorstellungskraft übersteigen und dadurch aus dem

---

[43] Thomas Puttfarken, David's "Brutus" and Theories of Pictorial Unity in France, in: Art History, Bd. 4, 1981, S. 291-304; Elmar Stolpe, Klassizismus und Krieg. Über den Historien-Maler Jacques-Louis David, Frankfurt und New York 1985, S. 146-152, 159f.; Stefan Germer und Hubertus Kohle, From the Theatrical to the Aesthetic Hero: On the Privatization of the Idea of Virtue in David's Brutus and Sabines, in: Art History, Bd. 9, 1986, Nr.2, S. 168-184; Klaus Herding, Im Zeichen der Aufklärung, Frankfurt am Main 1989, S. 25f.

[44] Cornelia Brink, Ikonen der Vernichtung. Öffentlicher Gebrauch von Fotografien aus nationalsozialistischen Konzentrationslagern nach 1945, Berlin 1998.

[45] Georges Didi-Huberman, Images malgré tout, Paris 2005.

Gedächtnis verschwinden würde. Ein umfassendes Photographieverbot unterstrich ab 1942 dieses Ziel.[46]

Didi-Huberman rekonstruiert, wie unter diesen Umständen das Herstellen von Photographien im Sommer 1944 als letzte und einzige Möglichkeit gesehen wurde, die Wirklichkeit der großen Tötungsmaschine zu belegen. Sein "malgré tout", "trotz allem" des Titels bezieht sich darauf, dass die Wirklichkeit, die zu Bildern methodisch in einen Kontrast gebracht werden muss, hier allein durch die Bilder bezeugt wird, und gerade auch in ihrer Unschärfe. Im Rahmen eines totalen Bildverbotes erzeugt das Bild den Gegenstand als historische Größe.

8. Die Triebkraft der Form: Der Pleurant von Dijon

Das abschließende, achte Beispiel ist auch gewählt, um die Geschichte aktiver Bilder nicht als eine Höllenfahrt enden zu lassen. Es betrifft mit der variablen Wanderschaft von Formen einen Vorgang, der in die kunsthistorische Allträglichkeit gehört. In diesem Fall ist es aber von einer solchen Intensität, dass es den Schlusspunkt produktiver Bildakte setzen soll.

Im Sommer 1993 besuchte der Architekt Frank Gehry gemeinsam mit dem Kunsthistoriker Irving Lavin die Chartreuse de Champmol in Dijon, wo er unvorbereitet auf die spätmittelalterlichen Skulpturen des Mosesbrunnens und des Grabmales Philipps des Kühnen von Claus Sluter traf. Vor allem die Reihe der Trauernden am Grabmal bewegte ihn, weil das Pathos der Kleidung auf die Urformen seiner eigenen Architektur traf, deren Membranen sich nach ähnlichen Kriterien zu bewegen schienen (Abb. 16).[47]

Abb. 16: Claus Sluter, Grabmal Philipp des Kühnen, 1380-1410, Dijon, Musée des Beaux-Arts, Detail: Trauernder (Archiv Verfasser).

[46] Ebda., S.35f.

[47] Irving Lavin, Decantarse por el Barroco. Frank Gehry y los paños plegados postmodernos [Going for Baroque. Frank Gehry and the Post-Modern Drapery Fold], in: El Croquis, Nr.117, 2003, S. 40-47, hier S. 42f.

Abb. 17: Frank O. Gehry, Modell für die Peter Lewis Residence, Oktober 1993 (Archiv Verfasser).

Nach Los Angeles zurückgekehrt, besorgte er sich umgehend das Buch von Kathleen Morand: Claus Sluter. Artist at the Court of Burgundy, das zwei Jahre zuvor erschienen war.[48] Ihn inspirierten vor allem die Wellenformen des Gesichtstuches eines der besonders charakteristischen Trauernden zu Varianten eines eigenartigen Gebildes, das er mehrfach in Modelle formte, so für die Lewis Residence, deren Räume die kurvigen Bewegungen von Sluters Draperie wiederholten (Abb. 17).[49] Sie führten zu dem sogenannten Samtmodell des Jahres 1994, das zu den aufwendigsten und kostbarsten Modellen der Gehry-Werkstatt überhaupt gehört.[50] In einer geradezu theatralischen Präsenz evozierten die roten Samtgebilde die Bewegungen der Draperie von Sluters Pleurants.

Abb. 18: Whit Preston, Fotografie, Frank O. Gehry, Fieberglasskulptur, 2000 (Archiv Verfasser).

---

[48] Kathleen Morand, Claus Sluter. Artist at the Court of Burgundy, Austin, Texas 1991.

[49] Irving Lavin, Going for Baroque: Observations on the Post-Modern Fold, in: Estetica Barocca (Hg.: Sebastian Schütze), Rom 2004, S. 423-452, 442.

[50] Frank Gehry, Architect (Hg.: J. Fiona Ragheb), Ausstellungskatalog, New York 2001, S. 157.

Abb. 19: Waltraud Krase, Fotografie, Bau des Plenums der DG Bank, 1998 (Archiv Verfasser).

Abb. 20: Waltraud Krase, Fotografie, Frank O. Gehry, DZ Bank AG, 2002, Berlin, Pariser Platz, Lichthof (Archiv Verfasser).

Fieberglasskulpturen haben diese Wellenform in ein anderes Material und eine andere Bestimmung überführt: autonome Skulpturen, die Schädeln von Urwesen zu gleichen schienen (Abb. 18).[51] Nach einer Reihe von Zwischenstufen wurden diese schließlich nicht als Lewis Residence, sondern in einem vollständig anderen Zusammenhang und völlig neuer Funktionsbestimmung realisiert. Gehry hatte den Auftrag erhalten, schräg gegenüber dem Brandenburger Tor von Berlin die DG-Bank zu errichten (Abb. 19).[52] Die in höchster Finesse überraschend reduzierte Fassade lässt allein durch die schräggestellten Fenster, die den Eindruck erwecken, als würde sich eine unsichtbare Blase über den Platz wölben, einen leisen Hinweis auf das konvulsivische Innenleben dieses Gebäudes zu. Es zeigte schon während der Konstruktion eigenartig zeltförmige Umrisse (Abb. 20), die als riesige Skulptur realisiert wurden, die einen Konferenzraum als ein eigenes Gebäude birgt (Abb. 21).

Dieser skulpturale Baukörper erhielt einen eigenen Überzug, der nochmals die stoffliche Feinheit der Sluter-Figuren in die Materialikonologie von Glas und Aluminium transponierte. Auf diese Weise waren Sluters Trauernde in eines der spektakulärsten

[51] Frank Gehry at Gemini, Los Angeles 2001.

[52] Frank O. Gehry. Pariser Platz 3 (Hg.: Luminita Sabau), Lamspringe 2001.

Gebäude des modernen Berlin transgrediert. Das überwältigende Pathos dieser Figuren, die ihre Trauer in die schweren Draperien übertragen, hatte für Gehry die nicht nachlassende Anregung geleistet, auch Stahl und Glas die skulpturale Kraft von steinernen Gewändern zu vermitteln. Über geographisch und funktional disparate Stufen hat sich der Trauernde des Grabmales von Dijon in der Konferenzhalle der DG-Bank von Berlin vollendet. Die Skulptur eines spätmittelalterlichen Bildhauers hat ein neuronales Theater angestoßen, das sich schließlich als Berliner Bankgebäude manifestiert hat.

Abb. 21: Jan Pietersz Saenredam, Die Höhle des Platon, nach Cornelis Cornelisz, 1604, London, British Museum (Archiv Verfasser).

Schluss

Die Fähigkeit von Bildern, historische Wirklichkeit nicht zu spiegeln, sondern zu produzieren, setzt eine fundamental neue Philosophie des Bildes voraus. Die bis auf Platon und sein Höhlengleichnis zurückreichende Tradition stellt Bilder unverrückbar auf die Seite der Epiphänomene. Ihre Schattengebilde überblenden, wie es Jan Pietersz Saenredams Fassung des Höhengleichnisses von 1604 zeigt, die Wirklichkeit so suggestiv, dass die Insassen des Höhlenkinos mit Gewalt aus dieser Zweitwelt zum Licht der Wahrheit geführt werden müssen. (Abb. 21).

Die wahre Verblendung liegt jedoch in eben diesem Denkmodell, das aus Bildern Idole macht, deren sich der Philosoph zu erwehren hat. Bilder lachen über diese Art ihrer Entschärfung als Epiphänomen, weil sie ihre Primärwirkungen umso suggestiver auszuspielen vermögen. Wer sich, die Bilder vergötzend, unüberwindlichen „Bilderschwemmen" oder „Bilderfluten" gegenübersieht, hat ebenso verloren wie derjenige, der verkleinernd von „Bildchen" spricht. Beide Reaktionen, die Verkleinerung wie die Vergötzung, sind Produkte der im Abendland bis heute virulenten, platonischen Grundstimmung.

Ich habe eine Reihe von Fällen zu bestimmen versucht, die sich der Vorstellung, dass Bilder ein andernorts vorhandenes Geschehen sekundär spiegeln, entziehen. Weil sie erzeugen, was sie darstellen, können sie nicht mit Schattengebilden verrechnet werden. Die allsichtig blickenden Portraits, Albertis fliegendes Flammenauge, die Alt-St.Peter zerstörende Zeichnung, Michelangelos den Absolutismus antizipiernde Anmaßung Neu-St.Peters, Davids gebrochener Brutus, die Photographien von Birkenau und schließlich Gehrys Gedankentheater: all diese Beispiele bieten Varianten eines bildaktiven Vermögens, das aus dem Eigentrieb der Bilder eine historische Physis gewinnt.

Die Betonung des nicht-illustrativen und nicht-spiegelnden Elements von Bildern könnte als der symptomatische Kern dessen betrachtet werden, was Kunstgeschichte und Geschichte trennt. Gerade in diesem eigenen, nicht-abgeleiteten, scheinbar lebendigen Pathos von Bildern liegt jedoch jene autonome Substanz, die am tiefsten und nachhaltigsten als geschichtliche Größe aufzutreten versteht. Das für die Geschichtswissenschaft relevante Material ist dort zu lokalisieren, wo die Kunstgeschichte scheinbar allein zuständig ist: in jener formbezogenen Eigenaktivität von Bildern, die Geschichte nicht etwa illustriert oder dokumentiert, sondern hervorbringt. In diesem Sinn ist die Geschichtswissenschaft dort im Zentrum ihrer Fragestellung, wo die Kunstgeschichte ihr scheinbares Arkanum abschirmt. Lassen sie uns, und hierfür hat dieser großartige Historikertag vorzügliche Anregungen gegeben, dieses Ziel von beiden Seiten her angreifen.

Personenregister